Beck-Rechtsberater:
Nachbarrecht von A–Z

Beck-Rechtsberater:
Nachbarrecht von A–Z

Von Helmward Alheit, Amtsgerichtsdirektor

5. Auflage
Stand: 1. April 1995

Deutscher
Taschenbuch
Verlag

Redaktionelle Verantwortung: Verlag C. H. Beck, München
Umschlaggestaltung: Fuhr & Wolf Design-Agentur, Frankfurt a. M.
Umschlagbild: Birgit Koch
Gesamtherstellung: C. H. Beck'sche Buchdruckerei, Nördlingen
ISBN 3 423 05067 5 (dtv)
ISBN 3 406 39899 5 (C. H. Beck)

Vorwort

Das Buch behandelt in Stichworten die wichtigsten Problemkreise aus dem Gebiet des Nachbarrechts, das die Gerichte immer mehr beschäftigt. Es gibt Antwort auf die Fragen, welche Ansprüche durchgesetzt werden können und welche Duldungspflichten unter Berücksichtigung eines gutnachbarlichen Verhältnisses bestehen. Die Erfahrung zeigt, daß neben der Durchsetzung eigener und der Abwehr fremder Ansprüche eine vergleichsweise Lösung in vielen Fällen angestrebt werden sollte. Nachbarn sind durch die Lage ihrer Grundstücke oft lebenslänglich miteinander verbunden. Ein volles Obsiegen eines Nachbarn führt häufig dazu, daß auch der andere erfolgreiche Streitpunkte für sich „entdeckt". Dies wird vielfach zu einer nicht mehr abreißenden Kette von vermeidbaren Streitigkeiten führen. Neben dem privaten Nachbarrecht tritt die Abwehr von Immissionen der Öffentlichen Hand immer stärker in den Vordergrund. Hier steht der Einzelne oft einem übermächtigen Streitgegner gegenüber. Dabei lassen sich die späteren Einwirkungen im Planungs- und Baustadium oft nur schwer beurteilen. Eine gerechte Abwägung der Einzelinteressen und der Belange des Gemeinwohls ist schwierig. Ein gewisses Restrisiko wird sich nie völlig ausschließen lassen. Es ist Aufgabe der Öffentlichen Hand, dies transparent zu machen, um eine allseitige Akzeptanz von technischen Vorhaben zu erreichen.

Für diese 5. Auflage wurde das Buch wiederum gründlich durchgesehen und anhand neuer Rechtsprechung in vielen Punkten erweitert. Unter den hinzugekommen Stichworten sind die Begriffe Anspruch auf baupolizeiliches Einschreiten, Auflage, Schiedsstelle und Schutzgesetz hervorzuheben.

Altötting, im April 1995   Der Verfasser

Stichwortübersicht

(Die im folgenden angeführten Begriffe sind in der alphabetischen Reihenfolge erläutert. Wenn bei einem Stichwort durch → auf ein anderes verwiesen wird, findet sich die Erläuterung unter diesem Stichwort.)

Abbrennen fester Stoffe → Abfallbeseitigung
Abbruch eines Gebäudes
Abenteuerspielplatz → Spielplätze
Abfallbeseitigung
Abmahnung
Abmarkung
Abstand beim Anpflanzen
Abstandsflächen bei Gebäuden
Abstandsvorschriften
Abwehranspruch
Äste → Überhang
Ästhetische Immissionen
Alarmeinrichtungen
Amtshaftung
Anfechtungsklage
Anlage
Anliegergebrauch
Anscheinsbeweis
Anspruch auf baupol. Einschreiten
Antennenanlagen → Funkantenne
Anwenderecht → Betreten des Nachbargrundstücks
Asche
Atomkraftwerk
Aufgrabungen
Auflage
Aufsichtspflicht der Eltern
Ausgleichsansprüche
Ausländischer Nachbar
Aussicht
Autorennen
Autowaschanlage

Baden
Bälle, herüberfliegende
Balkon → Grillen
Baracke
Bauarbeiten
Baugenehmigung
Baugeräte
Baugerüst
Baugrube, Ausheben einer
Baulärm
Baum
Baumaterialien
Baumschutzverordnungen
Baunutzungsverordnung (BauNVO)
Bauplanungsrecht und Nachbarschutz
Bebauungsplan → Bauplanungsrecht und Nachbarschutz
Beeinträchtigungen
Behörde (Anspruch auf Einschreiten)
Behördliche Genehmigung
Beiladung
Beseitigungsanspruch
Besen, Klopfen mit dem → Notwehr
Besitz
Bestandsschutz
Bestandteile
Betreten von Nachbargrund
Beweislast
Bienen
Bienenhaus, -körbe, -stöcke
Biergarten
Biotop

VII

Stichwortübersicht

Blasmusik
Bolzplatz
Bordell
Bräunungsstsudio
Bretterwand
Briefkasten
Brieftauben →Kleintiere
 →Tauben
Bullenzucht
Bundesimmissionsschutzgesetz
Bundeskleingärten
Bundeswehr

Callgirl

Dach
Dachrinne
Dämpfe →Gerüche
Damm
DDR, ehemalige
Dezibel
Dingliche Rechte
Diskothek
Drahtseilbahn
Düngung
Duldungspflicht
Dunggrube
Durchgang als Grenzeinrichtung
Durchschnittsmensch
Durchtriebsrecht
Durchwinterungsfuß
Duschen →Baden

Efeuranken
Ehekrach
Eigenmacht, verbotene
Eigentum
Eigentumsherrschaftsrecht
Eigentumswohnung
Eindringen von Tieren
Eindringen von Wurzeln
 →Wurzeln
Einfriedung

VIII

Einsturz
Einstweilige Verfügung →Vorläufiger Rechtsschutz im Zivilprozeß
Einwirkender →Störer
Einwirkungen
Eisstücke
Elektrische Leitungen
Elektrozaun →Notwehr
Emissionen
Enteignung
Enten →Hühner →Kleintiere
 →Eindringen von Tieren
 →Katzen
Erdhaufen
Erlöschen einer Grunddienstbarkeit
Ersitzung

Fahrradständer →Anliegergebrauch
Fahrzeuge
Fallobst →Überfall
Fasching
Feiern
Feldgeschworene
Fenster
Fensterrecht
Fernsehempfang
Feste Körper
Festplatz →Kirmes →Volksfest
Feuer
Feuerungsanlagen
Feuerwerksrückstände
Flugente
Fluglärm
Folgenbeseitigungsanspruch
Friedhof
Frösche
Früchte
Funkanlage
Funkantenne
Funkenflug
Fußballplatz

Stichwortübersicht

Fußboden → Schallschutz im Wohnungsbau

Gänse → Hühner → Kleintiere → Eindringen von Tieren → Katzen
Garage
Garagentor
Gartenabfälle → Komposthaufen
Gartenfeste
Gartenordnung → Bundeskleingärten
Garten, verwildert
Gartenzwerg → ästhetische Immissionen
Gase → Gerüche
Gaststättenlärm
Gebäudehöhe
Gefahrdrohende Anlagen
Geflügel
Geh- und Fahrtrecht
Gemeingebrauch
Gemeinschaftsordnung
Genehmigte Anlagen
Geräusche → Lärm
Geruchsbelästigungen
Gerüche
Geschoßflächenzahl → Gebäudehöhe
Getränkeautomat
Glockengeläute → Kirchengeläute
Grenzabstand von Bäumen und Sträuchern
Grenzbaum
Grenzeinrichtungen
Grenzfeststellungsvertrag
Grenzgarage
Grenzraine
Grillen
Grillfeste, -plätze
Grunddienstbarkeit
Grundstück
Grundwasser

Hahn
Hammerschlagsrecht
Hammerschlags- und Leiterrecht → Betreten von Nachbargrund
Hausfriedensbruch
Hausmusik
Hausordnung
Haustiere → Kleintiere → Tierhaltung → Eindringen von Tieren
Hauswand → Lichtreflex
Heckenschneiden
Heimwerker
Herüberfall → Überfall
Hinüberfall → Überfall
Hofeinfahrt
Hoheitliche Gewalt
Hühner
Hundehaltung → Zwinger
Hundezucht

Immission
Imponderabilien
Intimsphäre

Jalousie

Kabelfernsehen
Kaminluft
Kampfhund
Katzengeruch
Katzenhaltung
Katzenhaltung, Erlaubnis zur
Keller
Kinderlärm
Kinderspielplatz → Spielplätze
Kirchengeläute
Kirmes
Kläranlage
Klageantrag
Klagebefugnis
Kleingärten → Bundeskleingärten

Stichwortübersicht

Kleintiere
Komposthaufen
Krähen
Kran → Luftraum
Kuhglocken
Kunden- und Lieferantenlärm
Kurort

Lärm
Lärmbekämpfung
Lärmmessung
Lärmschutz
Lärmschutzwall
Lärmschutzwand
Lärmquellen
Lärmterror
Lagerplatz, unaufgeräumter
  → ästhetische Immissionen
Landesimmissionsschutzgesetze
Laub
Laufenlassen von Fahrzeugmotoren
Leiterrecht
Leitungsnotweg
Lichteinfall
Licht, Entziehung von
Lichtimmissionen
Lichtrecht
Lichtreflex
Lichtreklame
Luft, Entziehung von
Luftraum

Manöver → Bundeswehr
Mietwohnung → Besitz, Hausordnung
Militärflughafen
Militärische Anlagen
Motoren
Müll
Müllbehälter
Mülldeponie
Musik → Hausmusik

Nachbarklage
Nachbarliches Gemeinschaftsverhältnis
Nachbarn, unerwünschte
Nachbarrecht der Länder
Nachbarschützende Vorschrift
Nachbarschutz und Eigentum
Nachbarunterschrift
Nacktbadeplatz
Naturkräfte
Naturschutz
Nießbrauch
Normenkontrolle (abstrakte)
  → Bauplanungsrecht und Nachbarschutz
Notstand
Notweg
Notwehr

Ortsüblichkeit

Papagei
Parabolantenne
Parkettboden → Schallschutz im Wohnungsbau
Partylärm
Pfaue
Pferdehaltung
Pferdemist
Planfeststellungsverfahren
Polizei
Priorität
Privatklageverfahren
Privatrecht und öffentliches Recht

Radiogeräusche
Räum- und Streupflicht
  → Verkehrssicherungspflicht
Raketenlager
Rasenmähen
Ratten
Rauch
Rechtsweg

Stichwortübersicht

Regenwasser
Reparaturarbeiten
Röntgenstrahlen
Rohrleitung
Rücksichtnahmegebot
Ruhezeiten
Ruß

Sachverständigengutachten
Samenflug
Sand
Schädlingsbekämpfungsmittel
Schafe
Schallschutz im Wohnungsbau
Scheinwerfer
Schiedsstelle
Schikaneverbot
Schlangenhaltung
Schlichtungsstelle
Schnee
Schrebergärten → Bundeskleingärten
Schützenfest → Volksfest → Kirmes
Schulsportplatz
Schutzgesetz
Schutzwald
Schwarzbau
Schweinemast
Schweinestall
Selbsthilfe
Sirene
Sondermüll → Abfallbeseitigung
Sonn- und Feiertagsruhe
Sozialbindung des Eigentums
Sperrzeit
Spielplätze
Spielstraße
Sportlärm
Sprengstoffabrik
Staub
Staude
Steinbruch → Steine → feste Körper → Einwirkungen

Steine
Störer
Straßenlärm → Verkehrslärm
Straßenleuchten
Streitgenossen, notwendige
Sturmschaden
Sühneversuch → Privatklageverfahren

Tauben
Taubendreck
Taubenhaltung
Technische Anleitung zum Schutz gegen Lärm, TA-Lärm
Technische Anleitung zur Reinhaltung der Luft, TA-Luft
Telefonzelle
Tennisplatz
Tieffluglärm
Tierhaltung
Tierhalterhaftung
Tierlärm
Tonübertragung
Trepp- und Schwengelrecht → Betreten von Nachbargrund
Treu und Glauben
Türe im Gartenzaun
Tür- und Fensterrecht

Überbau
Überfall
Überhang
Umweltschutzgrundrecht
Ungeziefer
Unkrautsamen
Unterlassung
Unterlassungsversprechen
Unterschrift → Nachbarunterschrift
Unvordenkliche Verjährung
Unzulässiger Lärm

VDI-Richtlinie 2058
Verfahren der Freiwilligen Gerichtsbarkeit

Stichwortübersicht

Vergleich
Verjährung
Verkehrslärm
Verkehrssicherungspflicht
Vermessungswesen
Versitzgrube
Versorgungsleitungen
Vertiefung des Grundstücks
Verwilderter Garten → Garten, verwildert
Verwirkung
Viehtreibrecht
Vögel
Volksfest
Vollmachtsurkunde
Vorbelastung der Umgebung
Vorläufiger Rechtsschutz im Öffentlichen Recht
Vorläufiger Rechtsschutz im Zivilprozeß

Wachhund
Wäscheaufhängen
Wäschetrockner
Waschmaschine
Wasser
Wassergeräusch → Baden
Wasserhaushaltsgesetz
Weinranken und Weinstöcke → Grenzabstand von Bäumen und Sträuchern
Wesentliche Beeinträchtigungen
Wesentliche Bestandteile
Widerspruch
Widmung
Wiederholungsgefahr
Wohnungseigentümer → Besitz → Verfahren der Freiwilligen Gerichtsbarkeit
Wurzeln

Zapfen → Laub
Zaun
Ziervögel
Zimmerlautstärke → Hausmusik
Zufahrt zum Grundstück
Zugang zu Gewässern
Zumutbarkeit
Zwangsvollstreckung
Zweige
Zwinger

Allgemeine Hinweise

Das Buch ist nach Stichworten aufgebaut, wobei zu einer Gesamtschau des Problems auch die neben den Stichworten stehenden und mit einem Pfeil versehenen Begriffe zu beachten sind. Ferner wird im Text des einzelnen Stichworts wieder auf weitere Begriffe verwiesen, die zum angeschnittenen Problemkreis gehören.

Die juristische Aufarbeitung eines Falles geht dagegen von Anspruchsgrundlagen aus. Das Nachbarrecht stellt dabei im wesentlichen auf Ansprüche des *Eigentümers* (§ 1004 BGB) bzw. auf Duldungspflichten des Eigentümers eines *Grundstücks* (§ 906 BGB) ab. Den vielfältigen Beeinträchtigungen ist jedoch im gleichen Maße der *Besitzer* (Mieter, Pächter) ausgesetzt. Dieselben Duldungspflichten, die den Eigentümer nach § 906 BGB treffen, gelten auch für den Besitzer (BGH NJW 1955, 19), wenn dieser im Besitz gestört wird (§ 862 BGB).

Als *Prüfungsschema* bietet sich etwa die Prüfung folgender Fragen an:

1. Liegt eine Beeinträchtigung des Eigentums i. S. des § 1004 BGB oder Störung des Besitzes i. S. des § 862 BGB vor?
   (→ Abwehranspruch, verbotene Eigenmacht, Einwirkungen, ästhetische Immissionen)
2. *Wer* ist zur Geltendmachung von Ansprüchen berechtigt?
   (→ Klagebefugnis)
3. Gegen *wen* sind Ansprüche zu richten?
   (→ Störer, Widerspruch, Nachbarklage)
4. Sind die Beeinträchtigungen nach § 906 Abs. 1 BGB zu dulden?
   a) Duldungspflicht wegen nur *unwesentlicher* Beeinträchtigung (→ wesentliche Beeinträchtigung, Durchschnittsmensch, Sachverständigengutachten, Lärmmessung, TA-Lärm, VDI 2058, Feste Körper, Kleintiere, Wasser).
   b) Duldungspflicht bei wesentlicher Beeinträchtigung in Fällen *ortsüblicher* Benutzung des *anderen* Grundstücks (→ Ortsüblichkeit, Zumutbarkeit).
   c) Bestehen sonstige gesetzliche Duldungspflichten? (→ Betreten von Nachbargrund, Gemeingebrauch, Notwehr, Notstand, Luftraum, Notweg, Überbau, Widmung, nachbarschaftliches Gemeinschaftsverhältnis)
   d) Sind Ansprüche ausgeschlossen oder eingeschränkt durch behördliche Genehmigungen? (→ Genehmigte Anlagen, Unterlassung, Bundesimmissionsschutzgesetz, Planfeststellungsver-

Allgemeine Hinweise

   fahren, Baugenehmigung, Nachbarunterschrift, behördliche Genehmigungen)
   e) Sind Ansprüche eingeschränkt, weil Störer die *Öffentliche Hand* in Ausübung *hoheitlicher Gewalt* ist oder geht die Beeinträchtigung auf einen lebens- oder gemeinwichtigen Betrieb zurück? (→ Hoheitliche Gewalt, Unterlassung)
   f) Sind anstelle von Ansprüchen auf *Beseitigung* oder *Unterlassen* Ansprüche anderer Art gegeben? (→ Ausgleichsansprüche, Unterlassen, genehmigte Anlagen, Beseitigungs-Folgenbeseitigungsanspruch)
5. Ist ein Rechtsstreit vor den Zivilgerichten oder im Verwaltungsrechtsweg geltend zu machen? (→ Rechtsweg, Privatrecht und öffentliches Recht, Verfahren der freiwilligen Gerichtsbarkeit)
6. Ergeben sich Besonderheiten für sog. *Eilverfahren?* (→ Vorläufiger Rechtsschutz im Zivilprozeß bzw. im öffentlichen Recht)
7. Welche Anforderungen ergeben sich hinsichtlich des Klageantrags? (→ Klageantrag, Vertiefung)
8. Wie werden Ansprüche vollstreckt? (→ Zwangsvollstreckung, Unterlassen)

Abkürzungsverzeichnis

aA	anderer Ansicht
aaO	am angegebenen Ort
AbmG	Abmarkungsgesetz
Abs.	Absatz
AG	Amtsgericht
AGBG	Gesetz zur Regelung des Rechts der Allgemeinen Geschäftsbedingungen
AGBGB	Gesetz zur Ausführung des BGB und anderer Gesetze (Bayern)
AgrR	Zeitschrift für das Recht der Landwirtschaft, der Agrarmärkte und des ländlichen Raums
Anm.	Anmerkung
Art.	Artikel
AtomG	Atomgesetz
AVBEltV	Verordnung über allgem. Bedingungen für die Elektrizitätsversorgung von Tarifkunden
AVBGasV	Verordnung über allgem. Bedingungen für die Gasversorgung von Tarifkunden
BauGB	Baugesetzbuch
BauNVO	Verordnung über die bauliche Nutzung der Grundstücke
BauR	Baurecht, Zeitschrift für das gesamte öffentl. und zivile Baurecht
BayImSchG	Bayerisches Immissionsschutzgesetz
Bayer-Lindner . . .	Bayerisches Nachbarrecht
BayNatSchG	Bayerisches Naturschutzgesetz
BayObLG	Bayerisches Oberstes Landesgericht
BayObLGZ	Entscheidungssammlung des BayObLG
BayRS	Bayerische Rechtssammlung
BayVBl.	Bayerische Verwaltungsblätter
BayVerfGH	Bayerischer Verfassungsgerichtshof
BayVGH	Bayerischer Verwaltungsgerichtshof
BayWaldG	Bayerisches Waldgesetz
BB	Der Betriebs-Berater
BArtSchVO	Bundesartenschutzverordnung
BBauG	Bundesbaugesetz
Bekl.	Beklagte(r)
BFH	Bundesfinanzhof
BFStrG	Bundesfernstraßengesetz

Abkürzungen

BGB	Bürgerliches Gesetzbuch
BGBl.	Bundesgesetzblatt
BGH	Bundesgerichtshof
BGHZ	BGH – Amtliche Sammlung in Zivilsachen
BImSchG	Bundesimmissionsschutzgesetz
BImSchV	Bundesimmissionsschutzverordnung
BNatSchG	Bundesnaturschutzgesetz
BO (BayBO)	Bauordnung (Bayerische Bauordnung)
BV	Bayerische Verfassung
BVerfG	Bundesverfassungsgericht
BVerwG	Bundesverwaltungsgericht
BVerwGE	Entscheidungen des BVerwG
DB	Der Betrieb
DNotZ	Deutsche Notar-Zeitung
DÖV	Die öffentliche Verwaltung
DtZ	Deutsch-Deutsche Rechtszeitschrift
DVBl.	Deutsche Verwaltungsblätter
DWE	Der Wohnungseigentümer
DWW	Deutsche Wohnungswirtschaft
EGBGB	Einführungsgesetz zum BGB
EGStGB	Einführungsgesetz zum Strafgesetzbuch
ErbbRVO	Verordnung über das Erbbaurecht
evt.	eventuell
f. ff.	folgende (Seite(n))
Fn.	Fußnote
GastG	Gaststättengesetz
GBO	Grundbuchordnung
GewArch	Gewerbearchiv
GewO	Gewerbeordnung
GG	Grundgesetz
GVBl.	Gesetz- und Verordnungsblatt
GVG	Gerichtsverfassungsgesetz
HansOLG	Hanseatisches Oberlandesgericht Hamburg
h. M.	herrschende Meinung
i. d. F.	in der Fassung
i. d. R.	in der Regel
i. S.	im Sinne
i. V. m.	in Verbindung mit

Abkürzungen

JW	Juristische Wochenschrift
JZ	Juristen-Zeitung
Kaub	Der liebe Nachbar
KG	Kammergericht
Kl.	Kläger(in)
LG	Landgericht
LM	Lindenmaier-Möhring, Nachschlagwerk des BGH in Zivilsachen
LuftVG	Luftverkehrsgesetz
MDR	Monatsschrift für Deutsches Recht
Meisner-Ring . . .	Nachbarrecht in Bayern
MüKo-(+Bearbeiter) . . .	Münchener Kommentar zum BGB
m. w. N.	mit weiteren Nachweisen
NdsRPfl.	Niedersächsische Rechtspflege
NJW	Neue Juristische Wochenschrift
NJW-RR	NJW, Rechtsprechungs-Report
Nr.	Nummer
NuR	Natur und Recht
NVwZ	Neue Zeitschrift für Verwaltungsrecht
OLG	Oberlandesgericht
OLGZ	Entscheidungen der OLG in Zivilsachen
OVG	Oberverwaltungsgericht
OWiG	Ordnungswidrigkeitengesetz
Palandt	BGB, Kommentar (jeweils verbunden mit dem Namen des Bearbeiters)
PBefG	Personenbeförderungsgesetz
RdL	Recht der Landwirtschaft
RdNr.	Randnummer
RG	Reichsgericht
RGBl.	Reichsgesetzblatt
RGZ	Entscheidungen des RG in Zivilsachen
Rpfleger	Der Deutsche Rechtspfleger
SchlHAnz	Schleswig-Holsteinischer Anzeiger
SeuffA	Seufferts Archiv für Entscheidungen der obersten Gerichte in den deutschen Staaten

Abkürzungen

Soergel-Baur	BGB, Kommentar
Sprau	Justizgesetze in Bayern
Stadler	Das Nachbarrecht in Bayern
Staudinger	BGB, Kommentar (jeweils verbunden mit dem Namen des Bearbeiters)
StGB	Strafgesetzbuch
str.	strittig
StVO	Straßenverkehrsordnung
TWG	Telegraphenwegegesetz
u. a.	unter anderem
UPR	Umwelt- und Planungsrecht, Zeitschrift für Wissenschaft und Praxis
VersR	Versicherungsrecht
VerwArch	Verwaltungsarchiv
VDI	Verband deutscher Ingenieure
VGH	Verwaltungsgerichtshof
vgl.	vergleiche
Vorbem.	Vorbemerkung
VRS	Verkehrsrechts-Sammlung
VwGO	Verwaltungsgerichtsordnung
VwVfG	Verwaltungsverfahrensgesetz
WEG	Wohnungseigentums-Gesetz
WeideG	Gesetz über die Ausübung und Ablösung des Weiderechts auf fremden Grund und Boden
WHG	Wasserhaushaltsgesetz
WM	Wertpapiermitteilungen
ZMR	Zeitschrift für Miet- und Raumrecht
ZPO	Zivilprozeßordnung

A

Abbrennen fester Stoffe. Das Abbrennen von festen Stoffen, um Bestandteile zurückzugewinnen, ist außerhalb von gesetzlich genehmigten Anlagen verboten, Art. 13a BayImSchG; diese Vorschrift regelt Nachbarrecht im Bereich des öffentlichen Rechts.
→ Abfallbeseitigung.

Abbruch eines Gebäudes. Wird beim Abbruch eines Gebäudes ein benachbartes Grundstück in der Form geschädigt, daß der Boden seine Stütze verliert, so ist fraglich, ob dafür Ersatz zu leisten ist. § 909 BGB betrifft lediglich den Fall, daß für → Vertiefungen Schadensersatz zu leisten ist, die zu einem Stützverlust des Nachbargrundstücks führen. Diese Vorschrift ist auf den Fall des *Abbruchs* eines Gebäudes mit dadurch bedingtem Stützverlust für ein Nachbargrundstück nicht entsprechend anwendbar (BGH VersR 1962, 572).

Der (vorsichtige) Abbruch des eigenen Gebäudes kann also auch dann durchgeführt werden, wenn die Stützfestigkeit des Nachbargrundstücks dadurch betroffen wird.

Etwas anderes gilt, wenn zwei Gebäude durch eine gemeinsame Giebelmauer miteinander verbunden sind.

Abenteuerspielplatz → Spielplätze.

Abfallbeseitigung. Der sog. „Wohlstandsmüll" und die Produktion von Stoffen, die nicht mehr natürlich abgebaut werden können, haben zu ernsten Problemen geführt. Das Abfallgesetz vom 27. 8. 1986 regelt die Fragen der Entsorgung und Abfallvermeidung.

Die Entsorgung kann nicht mehr wie bisher durch Ablagern erfolgen. Gemäß § 3 Abs. 2 Satz 3 AbfallG ist der Abfall zu verwerten, wenn dies technisch möglich ist und keine unzumutbaren Mehrkosten verursacht und wenn für die gewonnenen Stoffe oder Energie ein Markt vorhanden ist.

Abfälle dürfen nur in zugelassenen Anlagen behandelt, gelagert und abgelagert werden.

Als Abfall i. S. des Gesetzes zählen auch Autowracks und Altöl (§ 5 Abs. 2, 5a AbfallG).

Den Schutz der Umwelt vor gefährlichen Stoffen regelt weiterhin das Chemikaliengesetz von 1980, das schon Anforderungen an die Produktion von Chemikalien setzt.

Die umweltgefährdende Abfallbeseitigung ist Straftatbestand nach § 326 StGB.

Abmahnung

Die Abfallbeseitigung ist nach dem Landesrecht verschiedenen öffentlichen Trägern zugewiesen worden.

Für die Entsorgung von Sondermüll kann dessen Besitzer selbst verpflichtet werden (§ 3 Abs. 4, 3 AbfallG).

Zur Verwirklichung des Straftatbestands des § 326 StGB (umweltgefährdende Abfallbeseitigung) kann auch das Verbrennen von *Hausmüll* genügen. Auch die Verbrennung von Abfällen, die nicht Sondermüll sind, wird von § 326 StGB erfaßt. Durch die Verbrennung muß die Umwelt *nachhaltig verunreinigt* werden, die bloße Belästigung von Anwohnern durch Verbrennen von Holzkisten, Papierabfällen und Plastikbestandteilen erfüllt den Tatbestand nicht (OLG Zweibrücken NJW 1988, 3029f.).

Das Ablassen von 10 000 Liter Rindergülle in das Erdreich beim Betrieb einer Bullenmast erfüllt den Tatbestand der umweltgefährdenden Abfallbeseitigung (BayObLG NJW 1989, 1290). Dabei kommt es nicht darauf an, daß Rindergülle auch als Düngemittel bei maßvollem Einsatz verwendet werden kann, da die *Menge* hier entscheidend ist. Für die Erfüllung des Tatbestandes spielt es keine Rolle, ob eine zugelassene Anlage für die Beseitigung von Gülle existiert oder nicht (BayObLG aaO; aA OLG Celle NJW 1986, 2326).

Bei der Ablagerung von Abfall außerhalb einer Deponie ist der Tatbestand der umweltgefährdenden Abfallbeseitigung auch dann erfüllt, wenn eine *konkrete* Gefährdung der geschützten Rechtsgüter (Leben, nützliche Tiere, Gewässer, Boden, Luft) zunächst ausgeschlossen ist (BayObLG NJW 1989, 1290). Das Gericht verurteilte daher einen Bauunternehmer, der beim Abbruch eines Tunnelofens Ziegelsteine, Mörtelreste und Schamottsteine in einer Kiesgrube endlagern wollte, da das Steinmaterial eine hohe organische und Salzbelastung hatte.

→Komposthaufen, Müll, Störer.

Abmahnung. Macht der Mieter, Pächter oder Nießbraucher von der Sache vertragswidrig Gebrauch (z. B. unerlaubte Haustierhaltung, Lärm und Geruchsbelästigung, Lagern gefährlicher Gegenstände etc.), so kann der Vermieter (Verpächter, Eigentümer) nicht sofort Klage auf →Unterlassung erheben (§ 550 BGB).

In Fällen dieser Art muß vielmehr zuvor eine Abmahnung erfolgen, in welcher die Vertragswidrigkeit genau bezeichnet und zu deren Unterlassen aufgefordert wird. Geschieht dies durch einen *Bevollmächtigten* (Rechtsanwalt), so ist die Abmahnung unwirksam, wenn eine *Vollmachtsurkunde* nicht vorgelegt wird und die Abmahnung aus diesem Grund unverzüglich zurückgewiesen wird (§ 174 BGB). Die Urkunde muß im *Original* vorgelegt werden.

Die Zurückweisung ist ausgeschlossen, wenn der Vollmachtgeber den anderen von der Bevollmächtigung in Kenntnis gesetzt hatte (§ 174 Satz 2 BGB).

Abmarkung. Die A. ist das Errichten oder Wiederherstellen fester Grenzzeichen für zwei benachbarte Grundstücke (§ 919 Abs. 1 BGB). Berechtigt und verpflichtet dazu sind die jeweiligen Eigentümer, Erbbauberechtigten und die in Art. 68 EGBGB genannten Nutzungsberechtigten. Da die A. die *einverständliche* Ziehung der Grenzen beinhaltet, kann der Anspruch nach § 919 BGB nicht bei Streit über die Grenzen geltend gemacht werden und setzt in diesem Falle eine Grenzscheidungsklage nach § 920 BGB voraus.

Art und Verfahren der A. regelt sich nach den Landesgesetzen (MüKo-Säcker, Fn. 8 zu § 919 BGB) oder der Ortsüblichkeit (§ 919 Abs. 2 BGB).

Bei Einverständnis der Beteiligten mit der A. erfolgt diese im Verfahren der FGG in Verbindung mit den landesrechtlichen Vorschriften, ansonsten im Zivilprozeßverfahren mit dem Antrag auf Mitwirkung bzw. Zustimmung, je nachdem, ob die A. selbst oder durch Dritte durchgeführt wird.

Durch die A. wird die Grenze nicht bindend geregelt, jedoch spricht bei gemeinsamer A. zunächst alles für ihren Verlauf, wenn auch der Gegenbeweis geführt werden kann (KG OLGZ 15, 351).

Über weitergehende Wirkungen siehe
→ Grenzfeststellungsvertrag.

Abstand beim Anpflanzen (Bayern). Der erforderliche Grenzabstand von Pflanzen ist in Art. 47–52 AGBGB 82 geregelt. Durch diese Vorschriften wird der Eigentümer eines Grundstücks vor Beeinträchtigungen durch Pflanzen auf dem Nachbargrundstück, insbesondere in Form des Entzugs von Sonne und Licht geschützt.

Art. 47–52 AGBGB 82 ergänzen den Nachbarschutz vor pflanzlichen Einwirkungen und stehen neben § 910 BGB (Herüberhängen von Zweigen, Eindringen von Wurzeln) sowie den §§ 906, 1004 BGB (Laub-, Nadelfall). Die Vorschriften sind deswegen von besonderer Bedeutung, weil sie durch ausdrückliche gesetzliche Regelung einen Schutz vor dem Entzug von Licht und Sonne durch Pflanzen gewähren. Diesen Schutz gewähren die §§ 906, 1004 BGB nicht, da es sich bei dem Entzug von Licht und Sonne um negative Einwirkungen handelt, die nicht unter den Begriff der Immissionen einzuordnen sind.

Ebenso wie die im Baurecht üblichen Vorschriften über die Einhaltung des Grenzabstandes bei Bauwerken haben Art. 47–52 AGBGB 82 nachbarschützenden Charakter.

Die Grundregel des Art. 47 Abs. 1 AGBGB 82 besagt, in welchem

Abstand beim Anpflanzen (Bayern)

Grenzabstand Pflanzen bis zu welcher Höhe gehalten werden dürfen; daneben gibt es verschiedene Sonderregelungen, die im Hinblick auf bestimmte Nutzungsarten der aneinandergrenzenden Grundstücke die Abstände vergrößern oder verringern.

Gemäß Art. 47 Abs. 1 AGBGB 82 dürfen in einem *Grenzstreifen von 0,50 Meter Tiefe* Bäume, Sträucher oder Hecken, Weinstöcke oder Hopfenstöcke nicht gehalten werden, wenn der Nachbar damit nicht einverstanden ist. Aus der Aufzählung der Pflanzen und dem Sinn der Bestimmung geht hervor, daß andere, nicht aufgeführte Pflanzen auch in dieser engsten Schutzzone gepflanzt und gehalten werden können. Das trifft insbesondere auf Blumen und Stauden zu. Stauden unterscheiden sich von Sträuchern dadurch, daß die ganze Pflanze oder jedenfalls alle Pflanzenteile über der Erde im Herbst und Winter absterben. Sträucher sind demgegenüber dadurch gekennzeichnet, daß sie nicht absterbende verholzte Pflanzenteile über der Erde aufweisen.

Wenn man etwa an mehrere Sonnenblumen denkt, mag es durchaus Stauden oder Blumen geben, die dem Nachbarn in beachtlichem Maße Licht und Sonne nehmen, wenn sie in einem geringeren Abstand als 0,5 Meter von der Grenze wachsen. Da aber Artikel 47 eine verfassungsrechtlich nicht zu beanstandende Beschränkung der Rechte des Eigentümers (BVerfG, 1 BvR 1222/82, Beschluß vom 4. 6. 1985) in der Nutzung seines Grundstücks bedeutet, ist die Bestimmung eng auszulegen. Das Halten von Pflanzen, die im Gesetz nicht aufgeführt sind, ist demnach hinzunehmen, soweit von ihnen nicht Beeinträchtigungen ausgehen, gegen die man nach § 910 oder den §§ 906, 1004 BGB vorgehen kann (Bayer-Lindner, S. 121).

In der von der Grenze aus gesehen anschließenden Zone bis zu einem Gesamtabstand von zwei Metern können alle Arten von Pflanzen gehalten werden.

Sie dürfen jedoch – bei Widerspruch des Nachbarn – eine Höhe von 2 m nicht überschreiten. Die Abmessungen sind gerade wegen der Häufung kleinerer Grundstücke im modernen Siedlungsbau heute in besonderem Maße angebracht.

Wie der seitliche Abstand von der Grenze jeweils gemessen wird, bestimmt Art. 49 AGBGB. Danach kommt es bei Pflanzen, die einen Stamm haben, auf die Mitte des Stammes an, da, wo dieser aus der Erde hervortritt. In welcher Höhe über dem Erdboden der Stamm Äste nach welcher Seite trägt, ist ohne Bedeutung.

Tritt die Pflanze nicht mit einem Stamm, sondern mit mehreren Trieben aus dem Boden hervor (Sträucher und Hecken), so geht es um die *Mitte des Triebes,* der zunächst an der Grenze aus dem Boden wächst.

Abstand beim Anpflanzen (Bayern)

Bei Hopfenstöcken wird von der Stange oder dem Steigdraht abgemessen.

Die *Höhe der Pflanzen* bemißt sich vom Austritt aus der Erde bis zur obersten Spitze. Bei Gefälle ist nicht auf der Erdoberfläche, sondern von der Grenzlinie aus in einer waagrechten Abmessung über oder unter der Erde zu messen (Bayer-Lindner, S. 121f.).

Die *Regelabstände* des Art. 47 Abs. 1 sind auf Verlangen grundsätzlich einzuhalten, ohne daß der Nachbar, der sich darauf beruft, im einzelnen eine tatsächliche Beeinträchtigung durch Entzug von Licht oder Sonne dartun oder beweisen muß. Je nach der Nutzung eines der beiden Grundstücke ist stets zu beachten, daß es zahlreiche *Sonderbestimmungen* über den Grenzabstand gibt.

So kann der Eigentümer eines *Waldgrundstückes* von seinem Nachbarn nur verlangen, mit dem Halten der in Art. 47 Abs. 1 aufgezählten Pflanzen einen Abstand von 0,5 Meter einzuhalten, Art. 47 Abs. 2 Satz 1. Jenseits eines Abstandes von 0,5 Meter können Pflanzen beliebiger Höhe gehalten werden. Das gilt auch dann, wenn auf beiden Grundstücken Wald steht. Nach Art. 47 Abs. 2 Satz 2 kann der Eigentümer eines Grundstücks, auf dem Wein oder Hopfen angebaut wird, von seinem Nachbarn nur die Einhaltung eines Grenzabstandes von 0,50 Meter verlangen – dies allerdings nur, wenn der Wein- oder Hopfenbau in dieser Lage nach den örtlichen Verhältnissen üblich ist, d. h. wenn eine größere Anzahl von Grundstücken in derselben Gegend in gleicher Weise genutzt wird.

Hält der Eigentümer Pflanzen hinter einer Mauer oder sonstigen dichten Einfriedung und überragen die Pflanzen diese Mauer oder Einfriedung nicht oder nicht erheblich, ist überhaupt kein Grenzabstand einzuhalten, Art. 50 Abs. 1 Satz 1.

Weiterhin ist eine Bepflanzung bis unmittelbar an die Grenze auch dann möglich, wenn sie auf einem öffentlichen Platz gehalten wird oder zum Uferschutz, zum Schutz von Abhängen, Böschungen oder einer Eisenbahn dient, Art. 50 Abs. 1 Satz 2.

Das Recht, die Einhaltung eines bestimmten Grenzabstandes verlangen zu können, gilt ferner nicht für Bepflanzungen, die *längs einer öffentlichen Straße* gehalten werden, Art. 50 Abs. 1 Satz 2. Nach dieser Vorschrift kann der Eigentümer eines an eine öffentliche Straße angrenzenden Grundstücks nicht verlangen, daß die Bepflanzung entlang der öffentlichen Straße, etwa auf einen Gehweg, einen Grenzabstand einhält. Er muß das, wie bei einer Bepflanzung auf einem öffentlichen Platz, aus Gründen des Allgemeinwohls hinnehmen.

Andererseits kann aber auch der Eigentümer einer öffentlichen Straße aus nachbarrechtlichen Gründen von dem angrenzenden Nachbarn nicht verlangen, daß dieser mit seiner Bepflanzung einen Grenzabstand einhält. Etwas anderes gilt nur, wenn die Straßenbau-

Abstand beim Anpflanzen (Bayern)

behörde nach öffentlichem Recht vorgeht. Dies ist dann möglich, wenn z. B. eine Regelung vorhanden ist, wonach Angrenzungen beseitigt werden können, soweit sie die Sicherheit und Leichtigkeit des Verkehrs durch Sichtbehinderungen beeinträchtigen können. In diesem Fall ist dem Eigentümer i. d. R. eine angemessene Vergütung zu bezahlen. Darüber hinaus hat die Straßenbaubehörde das Recht, als Grundeigentümer statt nach öffentlichem Straßenrecht nach §§ 910, 1004, 906 BGB vorzugehen, wenn die Voraussetzungen dieser Vorschrift erfüllt sind (Bayer-Lindner, S. 122 ff.).

Gemäß Art. 51 gelten Sonderregelungen für Bäume, Sträucher und Hecken und für Waldgrundstücke, die am 1. 1. 1900 bereits vorhanden waren.

Einen *größeren Abstand* als den Regelabstand nach Art. 47 Abs. 1 kann der Eigentümer eines *landwirtschaftlich* genutzten Grundstücks verlangen. Dies gilt aber nur, wenn die wirtschaftliche Bestimmung des landwirtschaftlich genutzten Grundstücks durch Schmälerung des Sonnenlichts erheblich beeinträchtigt werden würde, Art. 48 Abs. 1. Von einem landwirtschaftlich genutzten Grundstück kann man nur dann sprechen, wenn durch die Nutzung des Bodens Früchte oder andere Ernteerträge gewonnen werden; darunter kann auch ein gärtnerisch genutztes Grundstück fallen. Liegen die Voraussetzungen des Art. 48 vor, so kann verlangt werden, daß Bäume von mehr als 2 m Höhe einen Abstand von 4 m zur Grenze einhalten. Dieser Grenzabstand muß jedoch nach dem Wortlaut des Gesetzes nicht bei Sträuchern, Hecken, Wein- und Hopfenstöcken gewahrt sein (Bayer-Lindner, S. 125).

Das Landwirtschaftsprivileg des Art. 48 hat jedoch wiederum Ausnahmen; Art. 48 Abs. 1 gilt nämlich nicht für Stein- (z. B. Apfel) und Kernobst (z. B. Kirsche); diese Bäume können, auch wenn sie mehr als 2 m hoch sind, bis 2 m an die Grenze des landwirtschaftlich genutzten Grundstücks herangepflanzt werden, Art. 50 Abs. 2, Art. 47 Abs. 1.

Bei der *Durchsetzung* des Anspruchs ist zu beachten, daß die Haltung von Pflanzen innerhalb der Grenzabstände der Art. 47 ff. nicht von vorneherein und ohne weiteres untersagt ist. Die Abstände müssen vielmehr erst und nur dann eingehalten werden, wenn der betroffene Nachbar das „verlangt". Dieses Verlangen ist nicht an eine Form gebunden. Wird der *Grenzverlauf geändert,* und kommen Pflanzen dadurch in eine zu große Nähe zur Grenze, so ist für die Messung des Grenzabstandes auf die Neufestlegung der Grenze abzustellen.

Ist eine Bepflanzung überhaupt noch nicht ausgeführt, steht sie aber bevor – etwa dann, wenn es der Nachbar ankündigt –, so kann bereits in diesem Zeitpunkt eine Unterlassungsklage nach § 1004

Abstand beim Anpflanzen (Bayern)

BGB oder Feststellungsklage erhoben werden, wenn deren Voraussetzungen vorliegen, § 256 ZPO (Bayer-Lindner, S. 127 m. w. N.).

Bei Fragen des Grenzabstands ist im Streitfall zusammenfassend somit folgenden Fragen besondere Aufmerksamkeit zu schenken:
a) Fällt die Pflanze überhaupt in den Regelungsbereich des Art. 47 AGBGB?

Zu beachten ist, daß nur Bäume, Sträucher und Hecken von der Regelung erfaßt sind.

Bäume sind mehrjährige Holzgewächse mit Stamm und Krone, wobei Anforderungen an die Höhe nicht zu stellen sind. Auch ein kleiner Baum (Zwergbaum) fällt unter die Regelung des Art. 47 AGBGB.

Sträucher sind ebenfalls mehrjährige Holzgewächse. Zur Unterscheidung vom Baum teilt sich deren Stamm bereits von der Wurzel an in mehrere Zweige (z. B. Flieder, Holunder, Forsythie). Auch die sog. *Halbsträucher* (Himbeere, Brombeere) zählen noch zu den Sträuchern. Für sie ist typisch, daß die früchtetragenden Zweige im Herbst absterben, die anderen aber verholzen. Dagegen sind → *Stauden* keine Sträucher i. S. der Vorschrift. Unter *Hecken* versteht man eine einheitliche und ausgerichtete Vielzahl von Bäumen oder Sträuchern (vgl. LG Limburg NJW 1986, 595).

Das Halten von Pflanzen mit Ausnahme von Bäumen, Sträuchern und Hecken ist somit landesrechtlich nach dem AGBGB nicht untersagt.
b) Welchen Inhalt hat der Anspruch aus Art. 47 AGBGB?

Zunächst einmal wichtig ist der Hinweis, daß kein → Selbsthilferecht wie bei überhängenden → Zweigen nach § 910 BGB besteht. Nach dem Gesetzeswortlaut kann etwas *verlangt* werden, wozu sich der Berechtigte bei Weigerung gerichtlicher Hilfe bedienen muß. Trotz des an sich klaren Gesetzeswortlauts herrscht zum Inhalt dessen, was man verlangen darf Meinungsvielfalt. Eine Meinung gewährt bei Verletzung der Abstandsvorschriften allein den Anspruch auf *Beseitigung* der Pflanze. Die wohl nun h. M. läßt es dagegen genügen, wenn die Pflanzen auf die zulässige Höhe *zurückgeschnitten* werden (Meisner-Ring-Götz, 7. Auflg., § 18, Rn. 8; Sprau, Justizgesetze in Bayern, Rn. 24 zu § 47 AGBGB; Stadler 10D II 5). Betont wird, daß der Anspruch auf nicht mehr gehen darf als auf die Herstellung des gesetzmäßigen Zustands und eine völlige Beseitigung gegen das sog. Übermaßverbot verstoßen würde. Dem ist zuzustimmen, wenn auch nicht zu übersehen ist, daß durch Nachwuchs eines zurückgeschnittenen Baumes bereits der Kern für weitere Streitigkeiten vorhanden ist. Verweigert der Verpflichtete den Rückschnitt, so hat der Berechtigte

Abstand beim Anpflanzen (Bayern)

einen Beseitigungsanspruch. Zu beachten ist jedoch, daß der *Verpflichtete* es stets selbst in der Hand hat, wie er das Ziel der Herstellung eines gesetzmäßigen Zustands erreicht, ob durch völlige Beseitigung oder durch Rückschnitt. Dabei handelt es sich nicht um zwei verschiedene Ansprüche, vielmehr ist der Anspruch auf Rückschnitt als minus im Beseitigungsanspruch enthalten (vgl. LG Limburg NJW 1986, 595).

Ein *Beseitigungsanspruch* besteht jedoch immer bei Pflanzen im Grenzabstand *bis 50 cm,* da dieser Raum von Pflanzen i. S. des Art. 47 AGBGB [vgl. a]) völlig freizuhalten ist. Hier sind Stamm und Wurzeln zu entfernen.

Im Bereich zwischen 50 cm und 2 m entstehen Ansprüche erst bei *Überschreitung* der zulässigen Höhe (str.). Nach anderer Meinung soll es darauf ankommen, ob die gesetzte Pflanze üblicherweise die Höhe von 2 m überschreitet.

c) Wer ist Berechtigter und Verpflichteter?

Berechtigt sind der/die Eigentümer, der Erbbauberechtigte (§ 11 ErbbVO) und die dinglich Berechtigten, deren Berechtigung im Zusammenhang mit dem Schutzzweck des Art. 47 AGBGB steht (z. B. der Nießbraucher).

Nicht berechtigt sind daher Mieter und Pächter, sie können aber das fremde Recht des Eigentümers prozeßweise mit deren Zustimmung im eigenen Namen geltend machen (Prozeßstandschaft). Dagegen können Mieter und Pächter als Verpflichtete in Anspruch genommen werden, denn sie sind → Störer, weil sie das Grundstück mit den beanstandeten Pflanzen nutzen. Daneben ist *auch* der Vermieter/Eigentümer Störer und Verpflichteter.

d) Welche Besonderheiten sind bezüglich der *Verjährung* zu beachten?

Der Anspruch auf Beseitigung eines die Art. 47 bis 50 und 51 Abs. 1, 2 AGBGB verletzenden Zustands verjährt in *5 Jahren* (Art. 52 AGBGB). Zu beachten ist, daß man sich bei Eigentümerwechsel die schon beim Voreigentümer abgelaufene Zeit anrechnen lassen muß, da die Ansprüche nicht personen- vielmehr grundstücksbezogen sind.

Fristbeginn ist der Ablauf des Jahres, in welchem die Verletzung *erkennbar* wird (§ 52 Abs. 1 S. 3 AGBGB). Somit muß z. B. die zulässige Höhe von 2 m überschritten sein; nicht genügend ist, daß ein Gewächs mit einer üblicherweise 2 m übersteigenden Höhe gepflanzt wurde (Sprau, Rn. 6 zu Art. 52 AGBGB; Meisner-Ring-Götz § 18 Rn. 9).

Beachte: Art. 52 AGBGB regelt lediglich die Verjährungsfrist und deren Beginn sowie in Abs. 2 auch die Wirkung der Verjährung.

Abstandsflächen bei Gebäuden

Differenziert sieht dies Stadler (BayVbl 1990, S. 9f.). Wird in einem Abstand bis zu 0,50 m gepflanzt (dieser Raum ist gemäß § 47 AGBGB gänzlich freizuhalten, ohne daß es auf die Pflanzhöhe ankommt), so ist der Verstoß sofort erkennbar; damit beginnt die Verjährung mit dem *Anpflanzen*. Wird im Abstand von 0,50 bis 2 m gepflanzt, so beginnt der Anspruch auf Beseitigung und der Lauf der Verjährung mit dem Zeitpunkt, in dem die Höhe von 2 m überschritten wird.

Alle übrigen Verjährungsfragen richten nach nach dem BGB, also die Frage der Hemmung und Unterbrechung der Verjährung (§§ 202–207 BGB, 208–217 BGB) und deren Wirkung als *Einrede* (§ 222 BGB), auf die sich der Berechtigte berufen muß. Kann Beseitigung eines Gewächses wegen Verjährung nicht verlangt werden, so ist dadurch nur die bereits *vorhandene* Pflanze geschützt. Sie kann daher nicht entgegen Art. 47 AGBGB an gleicher Stelle durch eine neue ersetzt werden, insoweit entsteht ein neuer – nicht durch Verjährung belasteter – Beseitigungsanspruch.

e) Wann ist der Anspruch zu erfüllen?

In einzelnen Nachbarrechtsgesetzen anderer Bundesländer ist der Anspruch auf Zurückschneiden beschränkt auf die Zeit vom 1. 10. bis 15. 3.

Dies sieht das AGBGB für Bayern dem Gesetz nach nicht vor. Dennoch wird man auch in Bayern einen Rückschnitt nur in der hierfür (gärtnerisch) üblichen Zeit verlangen können (Sprau, Justizgesetze in Bayern, RdNr. 39 zu Art. 47 AGBGB).

→Grenzabstand von Bäumen und Sträuchern, Laub, Wurzeln, Zweigen.

Abstandsflächen bei Gebäuden. Ob der Nachbar genügend Licht, Sonne und Luft in den Räumen seines Hauses hat, hängt weitgehend davon ab, in welchem Abstand das benachbarte Gebäude errichtet wird. Die hierfür maßgeblichen Abstandsflächen ergeben sich aus den Bauordnungen der Länder. Es handelt sich hierbei um sog. →nachbarschützende Vorschriften und Schutzgesetze i. S. von § 823 Abs. 2 BGB (BGH NJW 1976, 1888).

Die Abstandsflächen müssen grundsätzlich auf dem Grundstück liegen, das bebaut wird. Sie können aber auch auf das Nachbargrundstück verlagert werden, wenn die Nichtbebauung dieser Fläche durch Bestellung einer →Grunddienstbarkeit gesichert ist. In diesem Falle muß sich der jeweilige Eigentümer des belasteten Grundstücks auf dem die Abstandsfläche plaziert wird verpflichten, diesen Teil seines Grundstücks nicht zu überbauen (RGZ 47, 356). Wer sich als Eigentümer beim Verkauf von Grundstücken in der Nähe des eige-

Abstandsvorschriften

nen Grundstücks von Anfang an sichern will, verkauft unter Einräumung einer Grunddienstbarkeit, nach der vom Käufer beim Bau ein bestimmter Abstand einzuhalten ist (RGZ 61, 338).

Der Nachbar hat es daher in der Hand, die Einhaltung der Abstandsflächen sicherzustellen, denn wenn er keine Grunddienstbarkeit bestellt, wird der Bauantragssteller regelmäßig mit seinem Antrag scheitern. Hier kann nur ein gutnachbarliches Verhältnis verbunden mit einem angemessenen Ausgleich in Geld für eine zu bestellende Grunddienstbarkeit weiterhelfen.

Beachte: Hat ein Nachbar selbst Abstandsflächen nicht eingehalten, so kann er dem anderen Nachbarn gegenüber nicht entgegenhalten, dieser beachte die Abstandsflächen nicht (vgl. zur Bayerischen Bauordnung bei Simon RdNr. 55 zu Art. 6 und RdNr. 16 zu Art. 73).

Abstandsvorschriften. Gelegentlich enthalten Bebauungspläne aufgrund von § 9 Abs. 1 Nr. 25 BauGB Vorschriften über die Bepflanzung. Durch diese Vorschriften können die Abstandsvorschriften des AGBGB nicht ausgeschlossen werden, denn eine gemeindliche Satzung kann das Landesrecht nicht verdrängen.

Abwehranspruch. Wird das Eigentum in anderer Weise als durch Entziehung oder Vorenthaltung des Besitzes (in diesen Fällen muß der Eigentümer Herausgabe gemäß § 985 BGB verlangen oder von seinem Verfolgungsrecht gemäß § 1005 BGB Gebrauch machen) beeinträchtigt, so stehen dem Eigentümer Ansprüche auf Beseitigung oder Unterlassen gemäß § 1004 BGB zu. § 1004 BGB ist die wichtigste Anspruchsgrundlage des Nachbarrechts. Voraussetzung des Anspruchs ist eine *Beeinträchtigung* des Eigentums.

Hauptanwendungsfall der Beeinträchtigung bei Grundstücken sind die Fälle des →Betretens von Nachbargrundstücken und der Zuführung von →Einwirkungen i. S. des § 906 BGB. Das Eigentum wird ferner beeinträchtigt durch benachbarte →gefahrdrohende Anlagen (§ 907 BGB), →Vertiefungen (§ 909 BGB) und bei Fällen des →Überbaus (§ 912 BGB). Das bloße Bestreiten des Eigentums ist noch keine Beeinträchtigung i. S. des § 1004 BGB. In diesen Fällen muß der Eigentümer Klage auf *Feststellung* (§ 256 ZPO) erheben. Etwas anderes kann gelten, wenn ein Nachbar nicht nur das Eigentum bestreitet, sondern dessen Nutzungen durch den (wahren) Eigentümer dadurch behindert, daß er für den Fall der weiteren Ausnutzung einer Eigentümerstellung mit empfindlichen Nachteilen droht (RG JW 1931, 1192).

Der durch die Beeinträchtigung geschaffene Zustand muß *rechtswidrig* sein. Dies ist er nicht, wenn eine *Duldungspflicht* i. S. des § 1004

Ästhetische Immissionen

Abs. 2 BGB besteht. Der in Anspruch genommene →Störer kann sich auf die allgemeinen Rechtfertigungsgründe der Notwehr (§ 227 BGB), Notstand (§ 904 BGB) und Selbsthilfe (§ 229 BGB) berufen, er kann aber auch im Hinblick auf ein →dingliches Recht oder einen schuldrechtlichen Vertrag berechtigt sein. Er kann sein Recht auch auf das sog. →nachbarschaftliche Gemeinschaftsverhältnis stützen, wenn ihm die Vorschriften des Nachbarrechts nach den §§ 906 f. BGB oder des →Nachbarrechts der Länder nicht weiterhelfen.

Bei Sachen im öffentlichen Eigentum ist zu prüfen, ob →Gemeingebrauch besteht. Weitere Duldungspflichten ergeben sich auf Grund Öffentlichen Rechts (→Unterlassen). Neben der Rechtswidrigkeit des Zustands ist ein *Verschulden* des Störers nicht erforderlich. § 1004 BGB gewährt einen Anspruch auf →Beseitigung oder Unterlassen, evt. auch einer erst *künftigen* Beeinträchtigung (→Unterlassen, Wiederholungsgefahr).

→Eigentumsherrschaftsrecht.

Äste →Überhang.

Ästhetische Immissionen. Ob Abwehransprüche nach den §§ 1004, 906 BGB dann gegeben sind, wenn die Beeinträchtigung darin besteht, daß ein unästhetischer Anblick geduldet werden muß, ist strittig.

Die Rechtsprechung hat dies bislang verneint und darauf hingewiesen, daß sich die störenden Einwirkungen nicht auf das *Eigentum* an den Nachbargrundstücken auswirken würden.

Auch daß mittelbar der Wert des Nachbargrundstücks betroffen ist, soll dabei unerheblich sein (MüKo-Medicus, RdNr. 30 zu § 1004 BGB). Soweit sich ein Nachbar also durch einen häßlichen Ausblick auf einen unaufgeräumten Lager- oder Schrottplatz gestört fühlt, sind Ansprüche aus den §§ 1004, 906 BGB auf Unterlassung oder Beseitigung nicht gegeben (RGZ 76, 130 f.; BGH NJW 1969, 1208; BGH NJW 1970, 1541; BGH NJW 1985, 2823; aA z. B. Ermann-Hefermehl RdNr. 13 zu § 1004 BGB; Baur JZ 1969, 432).

Dies bedeutet aber nicht, daß der gestörte Nachbar überhaupt keine Ansprüche hätte. Wird der häßliche Anblick bewußt zur Störung des Nachbarn geschaffen, sind Ansprüche nach den §§ 823 Abs. 2, 226 (als Schutzgesetz nach § 823 Abs. 2 BGB) und 826 BGB gegeben, ein weiteres Vorgehen könnte sich aus den Bauordnungen der Länder ergeben (→Behörde).

→Bordell.

Dagegen können ästhetische Gesichtspunkte innerhalb der Gemeinschaft von *Wohnungseigentümern* durchaus eine Rolle spielen. Gemäß § 14 Nr. 1, 3 WEG kann jeder das *gemeinschaftliche* Eigentum

Alarmeinrichtungen

in der Weise nutzen, daß hierdurch den anderen kein unvermeidlicher Nachteil erwächst. Als Nachteil kommen auch ästhetische Gesichtspunkte zum Zuge. So hat ein Wohnungseigentümer mit Erfolg die Beseitigung zweier *Gartenzwerge* durchgesetzt, welche im gemeinschaftlichen Garten der Wohnanlage von einem anderen Eigentümer aufgestellt worden waren (OLG Hamburg NJW 1988, 2052). Als weitere Fälle unzulässiger Nutzung von Gemeinschaftseigentum ist auf folgende Entscheidungen hinzuweisen:
- Ballspielen auf dem Rasen (OLG Düsseldorf DWE 1986, 64) –
- Aufstellen eines Oldtimers auf einer Terasse im Garten einer Eigentumswohnungsanlage (BayObLG MDR 1981, 937) –
- Aufstellen einer Gartenhütte (BayObLG ZMR 1986, 452; hierfür ist die Zustimmung aller Eigentümer nötig – BayObLG NJW-RR 1988, 591).

Dagegen ist die zeitweilige Dekoration der Wohnungstür mit Oster- oder Adventskränzen von den übrigen Wohnungseigentümern zu dulden, sofern dadurch keine Behinderung der übrigen Bewohner entsteht (LG Düsseldorf 25 T 500/89).

Alarmeinrichtungen (Sirenen). Außenwand-Alarmsirenen zum Schutze vor Ladeneinbrüchen sind grundsätzlich unzulässig bei erheblichen Störungen Dritter durch solche Anlagen (OLG Schleswig ZMR 1980, 146f. Leitsatz).

Bei sonstigen Sirenen – z. B. Feuerlarmsirenen – ist zu berücksichtigen, daß diese nur gelegentlich und zur Erfüllung eines gesetzlichen Zwecks in Betrieb sind.

Störungen in diesen Fällen sind sozialadäquat, auch wenn kurzzeitig die zulässigen Geräuschspitzen die Richtwerte der VDI Richtlinie 2058 überschreiten (BayVGH, BayVBl. 1986, 690, 691). Dennoch ist bei der Aufstellung der Feuerwehrsirene darauf zu achten, daß übermäßige Lärmbelästigung der Nachbarschaft vermieden wird (BVerwG 7 C 33/87).

Anwohner müssen den Lärm aber dann nicht mehr hinnehmen, wenn der Lärm der Feuerwehrsirene den Einbau von Schallschutzfenstern erforderlich macht. Dies ist nötig, wenn der Lärm außen 97 dB(A) und in den Räumen 73 dB(A) erreicht.

Amtshaftung. 1. Die Ansprüche aus Amtshaftung haben vor allem dann einen nachbarrechtlichen Bezug, wenn es um Baugenehmigungsverfahren oder Genehmigung von Anlagen nach dem →BImSchG geht. Hier kann einmal der *Antragsteller* als Anspruchsteller auftreten, dem eine Genehmigung entweder nicht erteilt wird oder dessen Genehmigung mit unannehmbaren Auflagen verbunden ist. Möglicherweise kann sich der Bauantragsteller auch darauf berufen, die Behörde habe die Erteilung der Genehmigung zu lange hinausgezögert. Mit Einwendungen dieser Art kann der Bauantragsteller Erfolg haben, denn die Baubehörde muß den Bauantrag im Rahmen der Vorschriften gewissenhaft, sachdienlich und zügig prüfen, sollen Amtspflichten nicht verletzt werden. Die Erteilung der Genehmigung *muß* bei Fehlen von Versagungsgründen erfolgen (BGHZ 39, 358 f.), jegliche Schädigung des Antragstellers ist zu vermeiden.

Erteilt die Baubehörde eine *rechtswidrige* Baugenehmigung, so kommt, wenn diese etwa nach teilweisem Baubeginn später auf →Widerspruch des Nachbarn wieder aufgehoben wird, der *Bauherr* als geschädigter Anspruchsteller in Betracht. Wird eine rechtswidrige Genehmigung erteilt, so kommt aber auch der *Nachbar* als Anspruchsteller eines Amtshaftungsanspruchs in Betracht. Dieser kann sich allerdings nicht auf jede Rechtsverletzung der Behörde berufen, er muß vielmehr die Verletzung →nachbarschützender Vorschriften dartun (BGHZ 86, 356).

Eine zusammenfassende Darstellung über Fälle der Amtshaftung bei Fehlern im *Bauleitplan* und im *Baugenehmigungsverfahren* findet sich in der Zeitschrift für deutsches und internationales Baurecht 1984, Seite 20 f. und in BauR 1984, Seite 114 f. von Kröner und Nierwetberg.

2. Anspruchsgrundlage für Ansprüche aus Amtspflichtverletzung ist § 839 BGB i. V. m. Art. 34 GG.

Folgende Anspruchsvoraussetzungen müssen erfüllt sein:

a) Es muß ein *Beamter* gehandelt haben oder ein *Angestellter,* dem ein öffentliches Amt übertragen wurde. Entscheidend ist somit nicht der staatsrechtliche Beamtenbegriff, vielmehr ist maßgeblich, ob dem Handelnden – wie häufig auch bei Angestellten im öffentlichen Dienst – hoheitliche Gewalt anvertraut wurde.

b) Der Beamte/Angestellte muß eine *Amtspflicht* verletzt haben. Er muß alle Vorschriften in den Gesetzen, aber auch die internen Dienstvorschriften beachten, er muß Anträge zügig und sachgerecht entscheiden.

c) Die Amtspflicht muß gegenüber einem *Dritten* bestehen. Hierfür maßgeblich ist, ob es letztlich bei der Amtspflicht auch um die Interessen einzelner Personen geht (dann Amtspflicht gegenüber Dritten) oder ob die Amtspflicht nur dem Schutz der *Allgemeinheit* (z. B. Schutz der öffentlichen Ordnung dient; vgl. BGH NJW 1966, 1456).

d) Die Amtspflicht muß *vorsätzlich* oder *fahrlässig* verletzt worden sein, wobei ein entschuldbarer Irrtum Fahrlässigkeit ausschließt.

e) Liegt eine lediglich fahrlässige Amtspflichtverletzung vor, so besteht nur eine Haftung, wenn der Geschädigte nicht auf andere

Anfechtungsklage

Weise Ersatz zu erlangen vermag (§ 839 Abs. 1 Satz 2 BGB). Werden Amtshaftungsansprüche klageweise geltend gemacht, so muß in der Klage vorgetragen werden, daß und weshalb anderweitig kein Ersatz verlangt bzw. durchgesetzt werden kann (BGH NJW 1964, 1895). Der Anspruchsteller muß allerdings gegen einen Dritten vor Geltendmachung von Amtshaftungsansprüchen nicht vorher prozessieren (BGH VersR 1960, 663).

f) Keine Ersatzpflicht besteht, wenn es der Verletzte vorsätzlich oder fahrlässig unterlassen hat, den Schaden durch Gebrauch eines *Rechtsmittels* abzuwenden (§ 839 Abs. 3 BGB). Rechtsmittel ist dabei im weitesten Sinne zu verstehen. Gemeint sind alle nur möglichen verfahrensmäßigen Einwendungen, die gegen eine Amtshandlung oder eine pflichtwidrig unterlassene Amtshandlung vorgebracht werden können.

g) Der eingetretene Schaden muß auf die Nichteinlegung eines Rechtsbehelfs im weitesten Sinne zurückzuführen sein (Kausalität). Wäre der Rechtsbehelf ohnehin erfolglos geblieben, so kann die Nichteinlegung einem Geschädigten auch nicht entgegengehalten werden (BGH NJW 1986, 1924).

Anfechtungsklage. Will der Nachbar die baurechtliche Genehmigung eines ihn störenden Vorhabens zu Fall bringen, so muß er → Widerspruch und Anfechtungsklage erheben. Diese Rechtsbehelfe haben grundsätzlich aufschiebende Wirkung (§ 80 Abs. 1 VwGO) und bewirken eine Verzögerung des Bauvorhabens. Ausnahmen gelten in den neuen Bundesländern und bei ausschließlicher oder überwiegender Nutzung zu Wohnzwecken (→ Widerspruch, Nachbarklage).

Anlage

1. Regelungsgegenstand des →Bundesimmissionsschutzgesetzes ist der *anlagenbezogene* Immissionsschutz. Das Gesetz erfaßt also nicht die Fälle des menschlichen oder tierischen Fehlverhaltens, sondern nur den bestimmungsgemäßen Betrieb einer technischen Anlage.

Ob eine Anlage gewerblich betrieben wird oder nicht, ist unerheblich. Dies gilt auch für die Form des Betriebs der Anlage als privatrechtlich oder hoheitlich betriebene Anlage. Anlagen in diesem Sinne können daher auch Sportanlagen und Spielplätze, ebenso Getränkeautoamaten und Kirchenglocken (BVerwG NJW 1984, 989) sein. Auch „Arbeiten" auf einem Grundstück fallen nach § 3 Abs. 5 Nr. 3 BImSchG in die Regelung des BImSchG, wenn sie nicht nur gelegentlich ausgeführt werden. Als „Arbeit" gilt auch die Freizeitbetätigung.

Anliegergebrauch

Wegen der nicht erfaßten Vorgänge treffen die →Landesimmissionsschutzgesetze die nötigen Regelungen. Nicht als Anlage i. S. des BImSchG gelten Flugplätze und atomrechtliche Anlagen sowie öffentliche Verkehrswege und Verkehrsfahrzeuge (§§ 2 Abs. 2, 3 Abs. 5 BImSchG). Für Anlagen der *Landesverteidigung* kann der Bundesminister der Verteidigung Ausnahmen von den Anforderungen des BImSchG zulassen (§ 60 Abs. 1 BImSchG).

2. Wer sich im Einwirkungsbereich einer Anlage i. S. des BImSchG befindet und von ihr zeitlich und räumlich betroffen ist, muß vor *schädlichen Umwelteinwirkungen* geschützt werden (§ 3 Abs. 1 BImSchG). Er muß somit vor Immissionen geschützt werden, die geeignet sind, Gefahren, erhebliche Nachteile oder erhebliche Belästigungen herbeizuführen. Seine Rechte kann er bei *genehmigungsbedürftigen* Anlagen mit →Widerspruch oder →Nachbarklage gegen den immissionsschutzrechtlichen Genehmigungsbescheid geltend machen. Ist eine Genehmigung bereits bestandskräftig erteilt, so ist der Anlagenbetreiber nicht mehr →Störer in polizeirechtlichem Sinne (BVerwG DVBl. 1978, 710). Ob eine Anlage genehmigungsbedürftig ist, ergibt sich aus § 4 Abs. 1 S. 3 BImSchG i. V. m. der 4. BImSchV vom 14. 2. 75 i. d. F. vom 24. 7. 85 (BGBl. I 1586). *Nachträgliche* Schutzmaßnahmen gegen den Betrieb der Anlage sind aber über die §§ 17, 21 BImSchG möglich. § 17 ermöglicht nachträgliche Anordnungen (z. B. Verkürzung von Betriebszeiten, Errichtung von Abgasreinigungsanlagen etc.), § 21 sogar den *Widerruf* einer rechtmäßig erteilten Genehmigung.

3. Auch bei *nicht* genehmigungsbedürftigen Anlagen muß der Schutz vor schädlichen Umwelteinwirkungen i. S. des § 22 Abs. 1 Nr. 1, 2 BImSchG gewährleistet sein. *Nicht* Regelungsgegenstand ist aber anders als bei § 5 Abs. 1 Nr. 1 BImSchG der Schutz vor sonstigen Gefahren, erheblichen Nachteilen und erheblichen Belästigungen. Vielfach wird zwar eine Genehmigung nach dem BImSchG nicht erforderlich sein, wohl aber eine Baugenehmigung. In diesem Falle muß die Baugenehmigungsbehörde natürlich auch die sich aus dem BImSchG ergebenden Schutzpflichten für die Nachbarn beachten. →Bundesimmissionsschutzgesetz, gefahrdrohende Anlagen, genehmigte Anlagen.

Anliegergebrauch. Neben dem jedermann zustehenden Benutzungsrecht an einer kraft →Widmung oder Gesetzes im →Gemeingebrauch stehenden Sache, steht dem *Grundstückseigentümer/Anlieger* der weitergehende Anliegergebrauch zu. Der Anliegergebrauch geht inhaltlich so weit, wie die angemessene Nutzung des eigenen Grundstücks eine Benutzung der öffentlichen Straße als Kommunikations-

Anscheinsbeweis

mittel erfordert (BVerwG NJW 1980, 354). Der Anliegergebrauch ist keine Sondernutzung und steht dem Anlieger ohne Verleihung durch eine Behörde zu.

Im Rahmen des Anliegergebrauchs wird z. B. für zulässig erachtet:
1. Werbung im Luftraum für Firmen (nicht für Waren) durch sog. Nasenschilder (BVerwG NJW 1979, 440).
2. Aufstellen von Radständern (OVG Lüneburg SchlHAnz 63, 80).
3. Errichtung eines Bauzaunes, aber nicht zur Anbringung von Fremdreklame am Zaun (BGHZ 22, 397).
4. Parken des PKW (Laterngarage) und mehrtägiges Abstellen von Wohnwagenanhängern (BVerwG NJW 1986, 337).

Ob der Anliegergebrauch bei Erteilung einer Baugenehmigung beeinträchtigt sein könnte, ist von der Baugenehmigungsbehörde zu prüfen. Dies kann z. B. der Fall sein, wenn auf öffentlichem Straßengrund ein Verkaufskiosk errichtet wird und der Anlieger gerade diese Fläche zur angemessenen Nutzung seines Grundstücks ebenfalls benötigen würde (BVerwG NJW 1977, 1789).

Anwohner eines verkehrsberuhigten Bereichs haben keinen Rechtsanspruch auf Schaffung öffentlicher, für sie reservierter Parkmöglichkeiten (BVerwG NJW 1989, 729f.). Auch das durch Art. 14 Abs. 1 GG gesicherte Recht auf Anliegergebrauch gewährleistet dies nicht (BVerwG NJW 1983, 770).

Zur (verneinten) Frage, ob der Anlieger einen Anspruch auf Schaffung eines *weiteren* Zugangs zur Straße hat, wird auf die Entscheidung des Bayerischen Obersten Landesgerichts in BayObLGZ 1989, 107/108 verwiesen.

Anscheinsbeweis. Kommt es zu → Einwirkungen i. S. von § 906 BGB, so ist im Streitfall der Einwirkende beweispflichtig dafür, daß die Einwirkung unwesentlich, ortsüblich und nicht durch wirtschaftlich zumutbare Maßnahmen zu verhindern ist.

Strittig ist, wie die Lage beweisrechtlich anzusehen ist, wenn bei Einwirkungen die immissionsschutzrechtlichen Richtwerte (→ TA-Lärm, TA-Luft, VDI 2058) überschritten werden.

Nach Auffassung des BGH hat die Überschreitung nur indizielle Bedeutung (BGHZ 69, 105, 117) und entbindet nicht von einer Feststellung im Einzelfall.

Nach anderer Ansicht soll bei Überschreiten der Richtwerte der Beweis des ersten Anscheins für die Unzulässigkeit der Immission sprechen, wie auch umgekehrt bei Einhalten der Richtwerte dies prima facie für eine unwesentliche Beeinträchtigung sprechen soll.

Obwohl die Grenzwerte der TA-Lärm, TA-Luft oder VDI-2058 nur sog. indizielle Bedeutung haben, ist wohl immer bei deren Überschreiten eine wesentliche Beeinträchtigung anzunehmen (BGH

Antennenanlagen

NJW 1983, 2935; BGH NJW 1985, 48 mwN). Ist die Überschreitung festgestellt, so muß der → Störer beweisen, daß die Einwirkung ortsüblich ist und daß er alle Schutzvorkehrungen getroffen hat (BGH NJW 1978, 280). Kann er dies beweisen, so sind Ansprüche auf Beseitigung oder Unterlassung wegen § 906 Abs. 2 Satz 1 BGB nicht mehr gegeben, wohl aber bleiben ihm → Ausgleichsansprüche in Geld (§ 906 Abs. 2 Satz 2 BGB) erhalten.

Hierauf muß er seinen → Klageantrag dann umstellen.
→ Beweislast.

Anspruch auf baupolizeiliches Einschreiten. Widerspricht eine Anlage dem öffentlichen Baurecht, so hat der Nachbar zunächst einen Anspruch auf ermessensfehlerfreie Entscheidung. Dieser Anspruch kann sich jedoch zu einem Anspruch auf Tätigwerden der Behörde verdichten. Dies z. B. dann, wenn gegen nachbarschützende Grenzabstandsvorschriften verstoßen wird und das Nachbargrundstück nicht unerheblich beeinträchtigt wird (OVG Lüneburg MDR 94, 62f. mwN).

Weitere Fallgruppen ergeben sich bei:
- Verstößen gegen das Gesetz der Rücksichtnahme bei Immissionen
- Verstößen gegen die geplante Nutzungsart
- bei nachbarschützenden Genehmigungsauflagen
- bei schriftlichen Zusagen der Baubehörde

(vgl. zusammenfassend Sarnighausen in NJW 1993, 1623f.).
→ Nachbarklage, Verwirkung.

Antennenanlagen. Dem Grundstückseigentümer stehen nach dem BGB keine Beseitigungs- oder Schadensersatzansprüche zu, wenn durch ein neben seinem Bauwerk errichtetes Gebäude der Rundfunk- und Fernsehempfang gestört wird. Diese Beeinträchtigungen durch Einrichtungen, die nicht unmittelbar auf das Nachbargrundstück einwirken, sondern allein durch ihr Vorhandensein stören – sog. negative Einwirkungen –, fallen nicht unter § 906 BGB, so daß der Nachbar nicht die Möglichkeit hat, mit der Klage aus §§ 1004, 906 BGB gegen sie vorzugehen (vgl. BGH MDR 1984, 387). Wenn nicht im Einzelfall aufgrund des nachbarrechtlichen Gemeinschaftsverhältnisses ein Abwehranspruch gegen besonders schwere Beeinträchtigungen besteht, muß daher die Störung des Rundfunk- oder Fernsehempfangs hingenommen werden. Entsprechendes gilt, wenn ein Hochhaus den Fernsehempfang nicht durch sog. Abschattung, sondern dadurch stört, daß es Fernsehwellen reflektiert (BGH MDR 1984, 387). Zum Teil verbessern landesrechtliche Vorschriften die Rechtsstellung geringfügig (z. B. § 26 NachbarrechtsG für das Land Nordrhein-Westfalen; vgl. auch BGH NJW 1984, 731).

Anwenderecht

Eine grundlegende höchstrichterliche Entscheidung zum Abwehranspruch gegen negative Einwirkungen wie die Verschlechterung des Fernsehempfangs durch Abschattung oder Reflexion, bedingt durch ein benachbartes Hochhaus, ist BGHZ 88, 344 (abgedruckt in BGH NJW 1984, 729, wobei ausführlich auch auf den Meinungsstand eingegangen wird). Die sog. negativen Einwirkungen sind keine Beeinträchtigungen i. S. v. § 1004 BGB. Von negativen Einwirkungen spricht man, wenn der Eigentümer sein Grundstück zwar nur innerhalb seiner Grenzen nutzt, das Nachbargrundstück dadurch aber gewisse Vorteile verliert, insbesondere bisher vorhandene natürliche und positive Einflüsse ferngehalten werden. Eine rechtlich relevante Beeinträchtigung des Eigentums, die zu einem Abwehranspruch aus § 1004 BGB führen könnte, liegt bei einer Verschlechterung des Fernsehempfangs nicht vor, weil grundsätzlich jeder Eigentümer entsprechend der Wertung von § 903 BGB in den Grenzen seines Grundstücks jede ihm genehme Nutzung vornehmen kann, es sei denn, sie verstößt gegen eine gesetzgeberische Entscheidung. Die Nutzung des eigenen Grundstücks bedarf daher innerhalb seiner Grenzen zivilrechtlich keiner besonderen Rechtfertigung. Dem entspricht es, wenn § 906 Abs. 1 BGB die negativen Einwirkungen nicht erwähnt (Meisner-Ring, RdNr. 7 zu § 34).

Wird der Fernsehempfang durch ein benachbartes Hochhaus behindert, kann u. U., gestützt auf das *nachbarschaftliche Gemeinschaftsverhältnis,* ein Anspruch des betroffenen Eigentümers bestehen, sein Haus an die Gemeinschaftsantenne des beeinträchtigenden Gebäudes anschließen oder notfalls eine eigene Antenne errichten zu dürfen (Staudinger-Gursky, § 1004, RdNr. 51 m. w. N.). Keinesfalls aber kann der beeinträchtigte Eigentümer verlangen, daß ein derartiger Anschluß auf Kosten des Nachbarn herzustellen ist (BGH NJW 1984, 730). Soweit Bundesländer in entsprechenden Gesetzen Duldungspflichten des störenden Nachbarn hinsichtlich der Mitbenutzung der Antennenanlagen erlassen haben, wurde dabei zwar die Kostenfrage offen gelassen; man ging dabei aber nach Ansicht des BGH ersichtlich davon aus, daß der Nachbar selbst die erforderlichen Anschlußkosten zu tragen hat.

→Kabelfernsehen, Funkantenne, Parabolantenne.

Anwenderecht →Betreten des Nachbargrundstücks.

Asche. Die →Einwirkung von Asche zählt zu den in § 906 BGB geregelten Zuführungen. Im Einzelfall kann eine wesentliche Beeinträchtigung vorliegen (vgl. VersR 1956, 459 für den Fall der Beeinträchtigung durch Flugasche von einem Großkraftwerk).

Atomkraftwerk

Atomkraftwerk. 1. Ist ein Atomkraftwerk noch *nicht genehmigt*, so stellt sich die Frage, ob der Nachbar eines Atomkraftwerks zivilrechtliche Mittel gegen das Atomkraftwerk geltend machen kann. Als Anspruchsgrundlage kommt § 907 BGB in Betracht, mit dessen Hilfe gegen → gefahrdrohende Anlagen vorgegangen werden kann. Anspruchsberechtigt sind alle Nachbarn im weiteren Sinne, die im Einwirkungsbereich der Anlage liegen.

Der Anspruch nach § 907 BGB ist nur erfolgreich, wenn mit *Sicherheit* vorauszusehen ist, daß durch die gefahrdrohende Anlage unzulässige Einwirkungen auf das Nachbargrundstück ausgehen. Diese Einwirkungen müssen auf Grund des normalen Zustands und der ordnungsgemäßen Benutzung auftreten (BGHZ 51, 396).

Eine absolute, mathematische Sicherheit kann nicht verlangt werden. Die Gefahr eines technischen Versagens genügt aber nicht. Bei dem derzeitgen Stand der Technik und bei ordnungsgemäßer Benutzung sind unzulässige Einwirkungen nicht mit Sicherheit Folge des Betriebs eines Atomkraftwerks.

2. Der öffentlich-rechtliche Rechtsschutz bei der Errichtung von Atomkraftwerken ist insoweit erweitert, als der Kreis der zur Klage befugten Personen weit zu fassen ist. Während bei Anlagen nach dem BImSchG nur die angrenzenden Anwohner in unmittelbarer Nähe zur Betriebsstätte klagebefugt sind, ist dieser Kreis spätestens ab der Tschernobyl-Katastrophe so weit wie möglich zu fassen. Dieses Ereignis hat gezeigt, daß Immissionen mehrere Ländergrenzen überschreiten.

Bei der Errichtung von Atomkraftwerken in Deutschland dürfte somit die Klagebefugnis jedes Deutschen wegen der ungeheuren Auswirkung der Anlage im Störungsfall nicht mehr zur Debatte stehen.

3. Die Folgen einer atomrechtlichen Genehmigung für ein Atomkraftwerk sind weitgehend. § 7 Abs. 6 AtomG verweist insoweit auf § 14 BImSchG und die sich daraus ergebenden Duldungspflichten nach erteilter Genehmigung. Ist nämlich die atomrechtliche Genehmigung erteilt, so kann der davon betroffene Nachbar wegen der Wirkung der §§ 7 Abs. 6 AtomG, 14 BImSchG folgende Ansprüche nicht mehr geltend machen:

a) Ansprüche des privaten Nachbarrechts nach den §§ 1004, 862, 869, 907 f. BGB auf Beseitigung der Anlage oder Einstellung des Betriebs.

b) Ansprüche auf → Schadensersatz nach § 823 BGB, soweit dieser in der Form der Naturalrestitution (Beseitigung der Anlage, Einstellung des Betriebs) begehrt wird.

c) Ansprüche aus dem privaten Nachbarrecht der Länder auf Beseitigung oder Einstellung.

Aufgrabungen

Nicht ausgeschlossen sind dagegen Ansprüche aus Vertrag und →dinglichen Rechten, sowie der Anspruch auf Schutzvorkehrungen welche die benachteiligenden Wirkungen ausschließen (§ 14 BImSchG). Sind solche Maßnahmen nach dem Stand der Technik nicht möglich oder ist der finanzielle Aufwand dafür wirtschaftlich unvertretbar, so bleibt es bei Ansprüchen auf →Schadensersatz.

Aufgrabungen. Durch Aufgrabung des eigenen Grundstücks darf keine unzulässige →Vertiefung (Vertiefungsschäden) i. S. von § 909 BGB entstehen.

Der Nachbar kann zwar unter den Voraussetzungen des § 905 Satz 2 BGB berechtigt sein, *unterirdisch* Rohre und Leitungen durch ein fremdes Grundstück zu ziehen (→Eigentumsherrschaftsrecht). Dies berechtigt aber nicht dazu, die hierzu nötigen Arbeiten durch Aufgrabung der Erdoberfläche des fremden Grundstücks zu ermöglichen.

Auflage. In vielen behördlichen Genehmigungsbescheiden werden bestimmte Maßnahmen (etwa die Errichtung gewisser Schutzvorrichtungen oder das Unterlassen gewisser Betätigungen) ausgesprochen. Fraglich ist in all diesen Fällen, ob der Nachbar aus einer solchen Auflage für sich persönlich Rechte herleiten kann oder nicht. Wurde die Auflage festgesetzt, um z. B. gerade Beeinträchtigungen von den Nachbarn zu vermeiden, so können die Nachbarn die Erfüllung der Auflage verlangen. Dies gilt auch dann, wenn ohne Beachtung der Auflage eine →wesentliche Beeinträchtigung der Nachbarn i. S. des § 906 BGB nicht festgestellt werden kann (BGH NJW 1993, 1580 f.). Im dort entschiedenen Falle enthielt eine Baugenehmigung für eine Ballettschule die Auflage, wonach die Fenster während der Übungsstunden bzw. wenn Tonwiedergabegeräte laufen, geschlossen werden müssen. Dem Betreiber der Ballettschule gelang es nicht, diese Auflage mit der Behauptung außer Kraft zu setzen, die Nachbarn würden auch bei geöffneten Fenstern nicht wesentlich beeinträchtigt.

→Lärmschutzwall, Lärmschutzwand

Aufsichtspflicht der Eltern. Richten *Minderjährige* einen Schaden in der Nachbarschaft an, so sind sie selbst nicht haftbar, da sie bis zur Vollendung des 7. Lebensjahres nicht verantwortlich sind (§ 828 Abs. 1 BGB) oder im Alter von 7 bis 18 Jahren noch nicht die erforderliche Einsichtsfähigkeit besitzen (§ 828 Abs. 2 BGB).

In Fällen dieser Art stellt sich die Frage, ob die *Eltern* wegen Verletzung der Aufsichtspflicht nach § 832 BGB haften.

Das Maß der gebotenen Aufsicht bestimmt sich dabei nach Alter,

Ausgleichsansprüche

Eigenart und Charakter des Kindes, nach der Vorhersehbarkeit des schädigenden Verhaltens und danach, welche Anforderungen zumutbarerweise an die Eltern gestellt werden können. Neigt ein Kind zu „üblen Streichen", so erhöhen sich die Anforderungen an die Eltern. Nach einer Entscheidung des Bundesgerichtshofs (NJW 1984, 2575) kann Kindern im Alter von 8 bis 9 Jahren das Spielen im Freien auch *ohne Aufsicht* gestattet werden, und zwar auch in einem räumlichen Bereich, der ein sofortiges Eingreifen der Eltern nicht gestattet.

Im Streitfall obliegt den Eltern der Beweis dafür, daß sie ihrer Aufsichtspflicht genügt haben oder daß der Schaden auch bei gehöriger Aufsicht eingetreten wäre (§ 832 Abs. 1 Satz 2 BGB).

Ausgleichsansprüche. 1. Der Eigentümer eines Grundstücks hat auch *wesentliche* Beeinträchtigungen zu dulden, wenn sie durch eine ortsübliche Benutzung des anderen Grundstücks herbeigeführt werden (→ Ortsüblichkeit) und nicht durch wirtschaftlich zumutbare Maßnahmen technisch verhindert werden können (§ 906 Abs. 2 Satz 1 BGB).

Als Ausgleich für die Duldungspflicht gewährt § 906 Abs. 2 Satz 2 BGB einen angemessenen Ausgleich in Geld, wenn die zu duldende Immission die ortsübliche Nutzung des Grundstücks oder den Grundstücksertrag über das objektiv zumutbare Maß hinaus beeinträchtigen.

Anspruchsgegner ist nicht der unmittelbare Handlungsstörer (→ Störer), sondern der wirtschaftlich verantwortliche „Halter" des Grundstücks, in der Regel (aber nicht notwendigerweise) dessen Eigentümer (BGH NJW 1966, 42).

Ob der immissionsgeschädigte Eigentümer Ersatz des *vollen* Schadens oder nur Ausgleich in Anlehnung an die Grundsätze der Enteignungsschädigung (so BGH NJW 1968, 549) verlangen kann, ist strittig. Der BGH hat an seiner Rechtsprechung trotz beachtlicher Gegenstimmen in der Literatur (Palandt-Bassenge, § 906 4f.; MüKo-Säcker, § 906 RdNr. 118) festgehalten (BGH NJW 1985, 872f.).

Ein *Verschulden* des Störers ist für den Ausgleichsanspruch nicht nötig. Unerheblich ist auch die Frage, ob der Geschädigte den Schaden durch frühere Geltendmachung von Abwehransprüchen nach § 1004 BGB hätte verhindern können (BGH NJW 1990, 1910).

2. Bei der Höhe der Ansprüche ist gegenüberzustellen der Wert des mit den Immissionen belasteten Grundstücks mit dem Wert, den das Grundstück hätte, bei der der Eigentümer die Immission noch zu dulden hätte. Diese Differenz ist gemäß § 287 ZPO zu errechnen (BGH NJW 1958, 749). Auszugehen ist dabei vom Verkehrswert des Grundstücks, ohne daß dessen hypothetische Steigerungen (BGHZ

Ausländischer Nachbar

62, 361) berücksichtigt werden. Zu Lasten des Anspruchstellers sind die Umstände wertmindernd in Abzug zu bringen, die sich aus sonstigen (immissionsunabhängigen) Gründen ergeben.

Dem Anspruchsteller kann auch anders als bei → Abwehransprüchen (→ Priorität) entgegengehalten werden, er habe die Benutzung des belasteten Grundstücks erst in Kenntnis der schädlichen Einwirkungen begonnen (BGH NJW 1977, 894f.). Auch bauliche Maßnahmen des Eigentümers, durch die eine wesentliche und nicht ortsübliche Beeinträchtigung seines Grundstücks erst begünstigt wurde, können ihm entgegengehalten werden (BGH NJW 1973, 326f.).

3. Die vorstehenden Ansprüche regeln das Verhältnis zu *privaten* Störern. Erfolgt die Einwirkung auf das Grundstück durch → hoheitliche Gewalt, so kommen als Anspruchsgrundlage → Enteignung und → enteignungsgleicher Eingriff in Betracht. Da auch der Anspruch aus § 906 Abs. 2 Satz 2 BGB schon nach den Grundsätzen der Enteignungsentschädigung abgewickelt wird, ergeben sich zu vorstehend ausgeführten Grundsätzen keine erheblichen Änderungen (vgl. BGH NJW 1978, 1051).

Ausländischer Nachbar. Wird eine Anlage i. S. d. BImSchG errichtet, ergeht die Entscheidung über die Zulässigkeit der Anlage in einem öffentlichen Verwaltungsverfahren, an dem sich außer dem Antragsteller auch alle anderen Interessierten beteiligen können. Das Ergebnis dieses Verwaltungsverfahrens hat Wirkung für und gegen alle und schließt einen Anspruch nach § 1004 BGB aus. Nicht klageberechtigt ist dabei nur jener, der so weit von der Anlage entfernt wohnt, daß zivilrechtliche Ansprüche ernsthaft nicht in Betracht kommen können (Jarass NJW 1983, 2845). Nachbar ist also, wer von den Auswirkungen der Anlage in unzulässiger Weise betroffen sein kann und zugleich in einer engeren räumlichen und zeitlichen Beziehung zum Genehmigungsgegenstand steht. In jedem Fall genügt es, wenn der Betroffene ständig im Einwirkungsbereich wohnt. Ob auch Personen, die *im Ausland* ihren engeren Lebensbereich haben, Nachbarn sein können, wenn der Einwirkungsbereich der Anlage sich zumindest teilweise auf ausländisches Gebiet erstreckt, ist umstritten (zu den Abwehransprüchen deutscher Grundeigentümer gegen den Fluglärm des Flughafens Salzburg vgl. BVerfG NJW 1986, 2188).

Um in grenznahen Bereichen den Bau immissionsintensiver Anlagen nicht dadurch unangemessen zu erleichtern, daß kaum jemand berechtigt ist, im Sinne eines aktiven Umweltschutzes gegen die Genehmigung Klage zu erheben, wird man auch ausländischen Nachbarn eine Klagebefugnis zubilligen müssen, wenn auch das entsprechende ausländische Recht den deutschen Nachbarn eine Klagemöglichkeit gibt (Jarass NJW 1983, 2448).

Autowaschanlage

Aussicht. Wer als Hauseigentümer eine schöne Aussicht genießen kann, wird auf deren Fortbestand großen Wert legen. Umso größer ist die Enttäuschung, wenn durch Ausweitung von Baugebieten die Aussicht genommen oder geschmälert wird. Die rechtlichen Möglichkeiten, dies zu verhindern, sind gering. Die Aussicht ist kein Recht des Grundeigentümers, ihr Fortbestehen ist lediglich eine Chance (BVerwG DVBl 1970, 60). Etwas anderes gilt nur, wenn sich aus dem *Bebauungsplan* entnehmen läßt, daß dieser gerade zu dem Zweck geschaffen wurde, einer begrenzten Anzahl von Grundstücken eine ungestörte Aussicht zu verschaffen (BVerwG DÖV 1971, 497).
→ Bretterwand.

Autorennen. Wendet sich ein Anlieger gegen eine behördlich genehmigte Sportveranstaltung auf einer öffentlichen Straße, so ist, wenn er sich gegen die *Veranstaltung* als solche (und nicht gegen die erteilte Genehmigung) wendet, der → Rechtsweg zu den Zivilgerichten gegeben (OLG München DAR 1989, 225/226; BGH MDR 1974, 571).

Nach Auffassung des OLG München begründet die erteilte → behördliche Genehmigung eine → Duldungspflicht nach § 1004 Abs. 2 BGB für den Anlieger, der damit nicht mehr Unterlassung des Rennens begehren könne. Vielmehr sei der zivilrechtliche Anspruch auf Unterlassung ausgeschlossen, unabhängig davon, ob die Einwirkungen durch das Autorennen sich als wesentlich und/oder ortsüblich darstellen.

Die Entscheidung des OLG München zur Auswirkung der erteilten behördlichen Genehmigung steht allerdings im Widerspruch zur h. M., wonach grundsätzlich eine öffentlich-rechtliche Genehmigung ohne Einfluß auf zivilrechtliche Ansprüche auf Unterlassung ist, es sei denn, dies sei gesetzlich so vorgegeben.

→ BImSchG, behördliche Genehmigung, genehmigte Anlagen, Privatrecht und Öffentliches Recht.

Autowaschanlage (A.). Der gewerbliche Betrieb einer A. an Sonn- und Feiertagen verstößt gegen den Schutz der Sonn- und Feiertagsruhe (BayObLG NJW 1987, 3146). Dabei kommt es auf die Frage, ob eine Störung der Mitbürger hervorgerufen wird, nicht an. Ausreichend ist schon, daß das Autowaschen optisch wahrnehmbar ist. Das gilt auch außerhalb von Wohngebieten.

Das Autowaschen durch private Autobesitzer, denen ein Waschplatz nebst Utensilien zur Verfügung gestellt wird, verstößt ebenfalls gegen den Schutz der Sonn- und Feiertagsruhe (VGH Kassel NJW 1988, 2257 f.).

Baden

Es gehört nicht zum heute üblichen Feiertagsverhalten der Bevölkerung, Kraftfahrzeuge an Sonn- und Feiertagen zu waschen (VGH aaO).

B

Baden. Baden und Duschen ist auch nach 22 Uhr erlaubt, weil es sich in der Regel um normale Wohngeräusche handelt. Mit Rücksicht auf die Nachbarn darf allerdings der Badevorgang 30 Minuten nicht übersteigen. So verurteilte das OLG Düsseldorf einen Mieter wegen Verstoßes gegen das Landesimmissionsschutzgesetz NRW zu einem Bußgeld, weil ein Nachbar durch das Baden aus dem Schlaf gerissen wurde (OLG Düsseldorf NJW 1991, 1625).

Zur Regelung der Dusch- und Badezeiten durch Hausordnung in einer Wohnungseigentümergemeinschaft siehe auch die Entscheidung des BayObLG in NJW 1991, 1620 f.

Bälle, herüberfliegende. Bälle, die von einem Sportplatz oder Kinderspielplatz auf fremde Grundstücke gelangen, führen oft zu nachbarlichem Ärger. Dies vor allem, weil die Bälle oft durch unberechtigtes Betreten des Nachbargrundstücks zurückgeholt werden und weil dabei Schäden an Blumen/Pflanzen verursacht werden.

Nach § 906 BGB muß der Eigentümer nur →Einwirkungen i. S. dieser Vorschrift dulden, wenn sie sich nicht als →wesentliche Beeinträchtigungen darstellen. Ein Ball fällt nicht unter diese Einwirkungen, er ist ihnen auch nicht ähnlich. Vielmehr handelt es sich bei Bällen um →feste Körper, für die § 906 BGB nicht gilt. Sie können daher nach § 1004 BGB abgewehrt werden, ein Ausschluß dieses Abwehranspruchs ist hier aus dem Gesichtspunkt des →nachbarlichen Gemeinschaftverhältnisses möglich.

Mit dem Problemkreis hat sich das OLG Stuttgart (Az. 4 U 46/85) auseinandergesetzt (NVwZ 1985, 784).

Das OLG verneinte eine Duldungspflicht aus allen Gesichtspunkten, weil es zumutbare Maßnahmen zur Abwehr gäbe, so die Aufstellung eines Tores zum Grundstück der Klägerin hin nur bei Übungsspielen, Abschluß von Vertragsstrafevereinbarungen für den Fall von Zuwiderhandlungen des Sportclubs und ggf. auch Anbringung eines höheren Ballfangnetzes. Allerdings hat der beeinträchtigte Nachbar keinen Anspruch auf bestimmte Maßnahmen, vielmehr bleibt es dem Beklagten überlassen, wie er das Ziel erreicht, daß künftig Bälle nicht mehr auf Nachbars Grund gelangen (→Klageantrag).

Im Gegensatz zur Entscheidung des OLG Stuttgart bejahen Meisner-Ring (§ 13 RdNr. 11) die Anwendbarkeit des § 906 BGB, wenn nur selten Bälle ins Grundstück des Nachbarn gelangen. Hierbei handelt es sich danach um eine unwesentliche Beeinträchtigung. Diese hat der Grundstückseigentümer zu dulden, nicht aber das unerlaubte Betreten seines Grundes durch Dritte. Mit dem Problemkreis hat sich zuletzt der VGH Kassel (NJW 1993, 3088 f.) befaßt. Im entschiedenen Fall grenzte ein öffentlicher Sportplatz an ein Ackergrundstück, das beim Zurückholen von Bällen betreten und beschädigt wurde. Der VGH führt aus, eine Pflicht zur Duldung des Eigentümers ergebe sich grundsätzlich nicht. Lediglich ausnahmsweise unter Berücksichtigung des Verhältnismäßigkeitsgrundsatzes und des nachbarlichen Gemeinschaftsverhältnisses ergibt sich eine Duldungspflicht. Im konkreten Fall betrug der Schaden des Landwirts jährlich ca. 350 DM, demgegenüber hätte die Gemeinde für Ballfangeinrichtungen mindestens 10000 DM aufwenden müssen. Die Klage des Landwirts, wonach die Gemeinde Maßnahmen zur Vermeidung des Hinüberfliegens der Bälle ergreifen sollte, blieb daher erfolglos. Unabhängig davon ist allerdings die Frage des Schadenersatzes. Offengelassen wird ferner, ob dies alles auch gilt, wenn ein *Wohn*grundstück an einen Fußballplatz angrenzt und zum Zwecke des Zurückholens von Bällen betreten wird.

Balkon. Hat ein Nachbar unrechtmäßig einen Balkon an seinem Haus so gebaut, daß er über die Grenze ragt, regeln die Folgen die §§ 912 ff. BGB. Dabei spielt es keine Rolle, daß die Grenzüberschreitung – wie beim Balkon üblich – nur über der Erdoberfläche erfolgte (vgl. BGH NJW 1963, 807; NJW 1976, 669). Nach § 912 BGB hat der Nachbar den Überbau zu dulden, wenn der Eigentümer eines Grundstücks bei der Errichtung eines Gebäudes über die Grenze gebaut hat, ohne daß ihm Vorsatz oder grobe Fahrlässigkeit zur Last fällt, es sei denn, der Nachbar hat vor oder sofort nach der Grenzüberschreitung Widerspruch erhoben.

Der Nachbar ist durch eine Geldrente zu entschädigen. Für die Höhe der Rente ist die Zeit der Grenzüberschreitung maßgebend.

Sind die Voraussetzungen des § 912 Abs. 1 BGB nicht erfüllt und hat der Nachbar dem Überbau nicht zugestimmt, dann kann der Eigentümer des Nachbargrundstücks Beseitigung des Überbaus gemäß § 1004 BGB auf Kosten des Überbauers und Herausgabe der überbauten Fläche gemäß § 985 BGB verlangen; eine langjährige Duldung alleine führt nicht zur Verwirkung dieses Anspruchs.

Durch Balkone können sich Nachbarn häufig belästigt fühlen, weil diese die Möglichkeit geben, das benachbarte Grundstück einzusehen. Die Vorschriften über das →Fensterrecht räumen einem Grundstückseigentümer unter bestimmten Voraussetzungen das

Baracke

Recht ein, von seinem Nachbarn zu verlangen, Balkone im Grenzbereich besonders auszugestalten. Die Beschränkungen sind in landesrechtlichen Vorschriften enthalten, wie z. B. Art. 43 ff. AGBGB für Bayern, §§ 4 ff. des Nachbarrechtsgesetzes für das Land NRW.
→ Überbau.

Vogelhaltung auf dem Balkon zur Ruhe- und Nachtzeit ist unzulässig (LG Köln 2 O 370/86). → Grillen.

Baracke. Baracken sind in der Regel (vgl. BGHZ 8, 1) keine → wesentlichen Bestandteile eines Grundstücks.

Bauarbeiten. Ein Nachbar (Hotelbesitzer) hat gegen einen anderen grundsätzlich keinen Anspruch darauf, daß dieser bei der Ausführung eines genehmigten Bauvorhabens lärmintensive Arbeiten zu bestimmten Zeiten unterläßt (LG Konstanz NJW-RR 1991, 916).
→ Baulärm

Baugenehmigung. Mit der Erteilung der Baugenehmigung ist die behördliche Feststellung verbunden, daß den eingereichten Plänen im Zeitpunkt der Entscheidung *öffentlich*-rechtliche Vorschriften nicht entgegenstehen. (BVerwGE 50, 282/290).

Dem Nachbarn wird zur Wahrung seiner Rechte ein Beteiligungsrecht eingeräumt. Ihm sind die Pläne und Bauzeichnungen zur → Nachbarunterschrift vorzulegen. Hat der Nachbar unterschrieben, so kann er später nicht mehr erfolgreich mit → Widerspruch und → Nachbarklage gegen die Baugenehmigung vorgehen, da ihm die Klagebefugnis nach § 42 Abs. 2 VwGO fehlt und auch ein Rechtsschutzbedürfnis nicht gegeben ist. Unterschreibt der Nachbar nicht, so kann die Baugenehmigung dennoch erteilt werden und der Nachbar kann dann öffentlich-rechtliche Rechtsbehelfe geltend machen. Neben diesen stehen dem Nachbarn auch zivilrechtliche Abwehrmöglichkeiten zur Verfügung, denn die Baugenehmigung wird unbeschadet privater Rechte Dritter erteilt.

Die erteilte Baugenehmigung – auch wenn sie materiell rechtswidrig ist – führt aber dennoch zu einer Bindung des Zivilrichters im Wege der sog. Tatbestandswirkung. Ist in einem Zivilprozeß als *Vorfrage* zu prüfen, ob ein Vorhaben *öffentlich*-rechtlich zulässig ist, so ist dies zu bejahen, solange die Baugenehmigung nicht aufgehoben ist. Macht der Nachbar privatrechtliche Abwehransprüche geltend und stützt diese darauf, sein Gegner habe → nachbarschützende Vorschriften des öffentlichen Rechts verletzt, so ist auch hier die Tatbestandswirkung von Bedeutung. Nachbarschützende Vorschriften des öffentlichen Baurechts sind zwar gleichzeitig im Zivilprozeß Schutzgesetze i. S. von § 823 Abs. 2 BGB. Besteht aber eine Bauge-

Baugrube

nehmigung – auch wenn sie materiell rechtswidrig ist –, so liegt auch ein Verstoß gegen ein Schutzgesetz nicht vor, weil die Baugenehmigung verbindlich die Feststellung beinhaltet, daß das Vorhaben öffentlich-rechtlichen Vorschriften entspricht (Breuer, Baurechtlicher Nachbarschutz DVBl 1983, 431/438).

Dieses Ergebnis erscheint ausgewogen. Der ein Bauvorhaben abwehrende Nachbar hat die Möglichkeit der →Nachbarklage, andererseits muß der Bauherr nicht nach Ablauf der Fristen gegen die Baugenehmigung befürchten, noch jahrelang (§ 852 BGB: 3 Jahre) Ansprüchen ausgesetzt zu sein, die sich aus dem öffentlichen Recht ableiten und die nach Eintritt der Bestandskraft seiner Baugenehmigung von ihm als erledigt betrachtet wurden. Dies alles gilt aber nur für die Fälle, in denen eine Baugenehmigung überhaupt vorliegt und nicht abweichend von der Genehmigung gebaut wird.

Die sog. Tatbestandswirkung gilt im übrigen nur, wenn die *öffentlich*-rechtliche Zulässigkeit des Vorhabens als *Vorfrage* im Zivilprozeß entscheidungserheblich ist, kann aber eine zivilrechtliche Klage auf Unterlassung (§§ 1004, 906 BGB) eines Vorhabens nicht verhindern (Breuer, Baurechtlicher Nachbarschutz DVBl 1983 431/438).

→Behördliche Genehmigung, Duldungspflicht.

Baugeräte. Die Beseitigung eines Lagerplatzes für Baugeräte in einer Wohngegend kann nicht ohne weiteres verlangt werden (BGH JZ 1969, 431 f.). Abwehransprüche nach den § 1004 BGB i. V. mit § 906 BGB setzen eine *Einwirkung* auf das Eigentum voraus. Der bloße Anblick von Baugeräten in einer Wohngegend ist keine Einwirkung in diesem Sinne, auch wenn eine erhebliche Belästigung vorliegt (BGH NJW 1969, 1208; BGH NJW 1985, 2823).

→Ästhetische Immissionen.

Baugerüst. In der Rechtsprechung wurde das Recht zur Aufstellung eines Gerüstes auf dem Nachbargrundstück zwecks Verputzarbeiten bejaht, wenn diese sonst nicht durchgeführt werden können (LG Duisburg MDR 1958, 514; OLG Hamm NJW 1966, 599, wonach das Recht jedoch entfallen soll, wenn sich der Nachbar unfreundlich verhalten hat). Für Bremen und Bayern, die in den landesrechtlichen Nachbargesetzen ein Leiterrecht nicht vorgesehen haben, kann diese Rechtsprechung jedoch nur in engen Grenzen und in besonderen Ausnahmefällen angewandt werden.

→Betreten von Nachbargrund, Hammerschlags- und Leiterrecht.

Baugrube, Ausheben einer. Grundsätzlich ist das Ausheben einer Baugrube, die auch das Nachbargrundstück beeinträchtigt, unzulässig. Für den Bereich des Nachbarrechtsgesetzes für das Land

Baulärm

NRW hat der BGH (VersR 1980, 650) zwar eine andere Auffassung vertreten; dies beruht aber darauf, daß § 24 des Nachbarrechtsgesetzes für das Land NRW einen von den anderen landesrechtlichen Bestimmungen abweichenden Wortlaut enthält.

Muß der Bauherr allerdings aufgrund planungsrechtlicher Vorschriften an die Grenze bauen, kann sich aus § 242 BGB eine Duldungspflicht des Nachbarn hinsichtlich des Baugrubenaushubs ergeben, wenn diese öffentlich-rechtliche Pflicht durch Einsatz geeigneter und kostenmäßig zumutbarer technischer Mittel anders nicht erfüllt werden kann und die Beeinträchtigung des Nachbarn im Verhältnis zu den sonst bestehenden Schwierigkeiten des Bauherrn gering ist. Das Grundstück des betroffenen Nachbarn ist insoweit planungsrechtlich vorbelastet, auch, wenn ein Bebauungsplan keine unmittelbar privatrechtsgestaltende Wirkung hat, zivilrechtliche Ansprüche also nicht ausschließt. Die Festsetzungen des Bebauungsplans sind aber bei der Auslegung von § 242 BGB zu berücksichtigen (Meisner – Ring, § 25 RdNr. 2).

Baulärm. Maßgeblich für die Frage, ob durch den Baulärm eine →wesentliche Beeinträchtigung hervorgerufen wird, ist die →TA-Lärm sowie die VDI 2058. Liegt eine wesentliche Beeinträchtigung vor, so muß der Baulärm dann hingenommen werden, wenn er →ortsüblich ist und nicht durch wirtschaftlich zumutbare Maßnahmen verhindert werden kann (§ 906 Abs. 2 Satz 1 BGB). Bau- und Baustellenlärm wird in den *Städten* als ortsüblich angesehen (BGH LM § 906 Nr. 14; BGH NJW 1971, 94f.). Die eingesetzten Arbeitsgeräte müssen aber hinsichtlich des Schallschutzes dem Stand der Technik entsprechen (BGH NJW 1971, 94f.). Die Arbeiten müssen ferner während der üblichen Arbeitszeit ausgeführt werden.

Im Hinblick auf die verbesserte Technik der Baugeräte und wegen der großen Akzeptanz der Bevölkerung im Hinblick auf die Unumgänglichkeit der Arbeiten sind die Streitfälle nicht mehr so häufig wie früher.

Komplizierte Probleme gibt es beim Baulärm im Verhältnis Vermieter – Mieter. Geht der Baulärm von einem Nachbargrundstück aus, so stellt der Lärm einen Fehler der Mietsache i. S. des § 537 BGB dar und gibt Ansprüche auf Minderung des Mietzinses. Dies gilt auch dann, wenn sich der Vermieter seinerseits deshalb nicht beim Störer schadlos halten kann, weil er in seinem Eigentum nicht über das zumutbare Maß betroffen ist (BayObLG, NJW 1987, 1950f.).
→Bauarbeiten

Baum. Das Eigentum am Baum steht demjenigen zu, auf dessen Grundstück der Stamm aus dem Boden heraustritt. Die Wurzeln und

Baum

Zweige des Baumes folgen notwendigerweise dem Eigentum am Stamm. Die Rechte des Eigentümers, in dessen Grundstücksbereich Wurzeln oder Zweige eines benachbarten Baumes eindringen, regelt demgegenüber § 910 BGB. Ein auf der Grenze stehender Baum steht im Miteigentum der Nachbarn (Meisner-Ring, § 2 RdNr. 9 im Gegensatz zur h. M.). Durchschneidet die Grenze einen Baum oder Strauch, so handelt es sich um einen Grenzbaum i. S. v. § 923 BGB. Die Eigentumsverhältnisse am Grenzbaum sind umstritten; wegen des Vorrangs von § 93 BGB gegenüber § 94 BGB ist mit Meisner-Ring (§ 10 RdNr. 2) davon auszugehen, daß der Grenzbaum oder Grenzstrauch im Miteigentum der beiden betroffenen Nachbarn steht. Dem entspricht es, daß der Baum, nachdem er gefällt ist, gemäß § 923 Abs. 1 BGB den Nachbarn zu gleichen Teilen gehört. Auf das Verhältnis der Miteigentümer zueinander sind §§ 741 ff. BGB anzuwenden. Jeder Nachbar kann die Beseitigung des Baumes verlangen; keiner der beiden Nachbarn hat das Recht, den Baum ohne Einwilligung des anderen zu fällen. Gemäß § 923 Abs. 2 BGB besteht also kein Selbsthilferecht, sondern nur ein Anspruch auf Zustimmung des Nachbarn. Der Beseitigungsanspruch besteht dann nicht, wenn der Baum als Grenzzeichen dient und er den Umständen nach nicht durch ein anderes zweckmäßiges Grenzzeichen ersetzt werden kann; außerdem kann der Beseitigungsanspruch durch Naturschutzvorschriften ausgeschlossen sein. Der Anspruch auf Beseitigung des Grenzbaums oder Grenzstrauches verjährt gemäß § 924 BGB nicht.

Gemäß § 907 Abs. 2 BGB sind Bäume und Sträucher *keine Anlagen* i. S. v. § 907 BGB. Für Bäume und Sträucher gelten daher nur § 910 BGB und landesrechtliche Vorschriften.

Ist ein alter, schwacher Baum, der jenseits der Grenze steht, so morsch, daß er vom nächsten Sturmwind auf das Haus des Nachbarn geworfen werden kann, besteht *kein Abwehranspruch aus § 908 BGB*. Auch § 907 BGB ist insoweit nicht anwendbar, weil – wie bereits ausgeführt – der Baum keine Anlage im Sinne dieser Vorschrift ist.

Der gefährdete Grundstückseigentümer kann jedoch selbst die Schutzmaßnahmen treffen, die zur Beseitigung der Gefahr notwendig sind. Er darf daher zu diesem Zweck auch das fremde Grundstück betreten und es – soweit notwendig – benutzen (Meisner-Ring, § 15 RdNr. 4).

Fruchtfall: Vor der Trennung gehören die Früchte eines Baumes oder Strauches dem Baum-Eigentümer. Daran ändert sich auch nichts, wenn sich diese Früchte an einem Zweig befinden, der über die Grenze in das Nachbargrundstück hinüberragt. Es besteht zwar kein Recht, das Nachbargrundstück zum Abernten zu betreten, aber der Baumeigentümer darf zum Abernten in den Luftraum des Nach-

Baum

bargrundstückes hinübergreifen, auch mit Hilfe eines Gerätes zum Obstpflücken. Der Eigentümer des Grundstücks, in dessen Luftraum der fruchttragende Zweig hinüberragt, darf die Früchte nicht abschütteln oder pflücken, es sei denn, es liegen die Voraussetzungen des § 910 BGB vor.
→ Überhang.

Gemäß § 911 BGB gelten jedoch Früchte, die von einem Baum oder einem Strauch auf ein Nachbargrundstück hinüberfallen, als Früchte dieses Grundstücks. Gemeint sind von dieser Vorschrift nur Früchte im engsten Sinne, also z. B. nicht Äste. Der Nachbar darf aber die Früchte nicht selbst abtrennen oder abschütteln, denn in diesem Fall erwirkt er kein Eigentum und haftet auf Schadensersatz (§§ 823 ff.). Nach § 911 S. 2 BGB gelten die Regeln beim Hinüberfall jedoch nicht, wenn das Nachbargrundstück dem öffentlichen Gebrauch dient. In diesem Fall bleibt auch beim Hinüberfall der Eigentümer des Baumes Eigentümer an den gefallenen Früchten, insbesondere kann er das öffentliche Grundstück betreten und die Früchte seines Baumes aufnehmen. Tut er dies für längere Zeit nicht, kann davon ausgegangen werden, daß er das Eigentum an diesen Früchten aufgeben will und daß diese herrenlos sind (§§ 959, 958 BGB). Dies hat zur Folge, daß dann jedermann berechtigt ist, die Früchte sich anzueignen.

Fallen von Bäumen Blüten, Samen, Blätter und Nadeln auf das Nachbargrundstück oder werden sie dorthin geweht, müssen derartige Beeinträchtigungen in der Regel hingenommen werden, weil die Voraussetzungen der möglichen Anspruchsgrundlagen, §§ 1004, 906 BGB in aller Regel nicht vorliegen. Zwar sind Laub und Blütenflug eine störende Beeinträchtigung i. S. d. § 1004 Abs. 1 BGB, aber diese Beeinträchtigungen müssen nach § 1004 Abs. 2 i. V. m. § 906 BGB hingenommen werden, sodaß Ansprüche des Nachbarn regelmäßig ausgeschlossen sind. → Laub. Grundsätzlich steht dem betroffenen Nachbarn auch kein Ausgleichsanspruch in Geld zu, weil in der Regel die Einwirkung die ortsübliche Benutzung des Grundstücks oder dessen Ertrag über das zumutbare Maß hinaus nicht beeinträchtigt. Dies gilt vor allem dann, wenn Blüten, Laub, Nadeln oder Samen dazu führen, daß Terrassen, Rasenflächen, Garagen- oder Hausdächer, Dachrinnen und Abflüsse verunreinigt und verstopft werden, aber in der betreffenden Gegend die Verunreinigung üblich ist, weil alle Grundstücke und Gärten mit Bäumen oder Sträuchern bepflanzt sind. Es wird dann als nicht unzumutbar angesehen, die übliche Benutzung des eigenen Grundstücks dadurch sicherzustellen, daß man störende Einwirkungen dieser Art selbst und auf eigene Kosten entfernt (vgl. LG Stuttgart NJW 1980, 2087).

Kommt ausnahmsweise ein angemessener Ausgleich in Geld in

Betracht, so kann er als einmalige Abfindung oder als wiederkehrende Rente festgesetzt werden. Die Höhe ist nach § 287 ZPO durch das Gericht zu schätzen. Dabei wird auf zusätzlich anfallende Reinigungskosten abgestellt (Bayer-Lindner, S. 77 m. w. N.; Entscheidungen, in denen Anspruch auf Geldausgleich zugesprochen werden: LG Wiesbaden NJW 1979, 2617; OLG Karlsruhe NJW 1983, 2886; OLG Nürnberg RdL 1972, 36, abgedruckt in Bayer-Lindner, S. 189 f.).

Bei der *Zerstörung* eines Baumes hat der BGH (NJW 1975, 2061) in einer grundlegenden Entscheidung ausgeführt, daß ein Baum wesentlicher Bestandteil des Grundstücks i. S. v. § 94 BGB ist und seine Zerstörung eine Beschädigung des Grundstücks darstellt. Da die Kosten für die Neupflanzung eines gleichwertigen alten Baumes außerordentlich hoch sein können, ist die Zumutbarkeit für den Schädiger gemäß § 251 Abs. 2 BGB zu beachen. Nur dann, wenn ein Eigentümer beim Absterben eines alten Baumes ohne Fremdverschulden den eigenen Schaden dadurch beheben würde, daß er sofort wieder einen alten Baum pflanzen und sich nicht mit dem Setzen eines jungen Baumes zufriedengeben würde, kann auch von einem ersatzpflichtigen Schädiger voller Ersatz für die Anpflanzung eines gleichwertigen alten Baumes verlangt werden. Regelmäßig wird das jedoch nicht der Fall sein. Zu ersetzen sind dann nur die Kosten für die Anpflanzung eines jungen Baumes unter Berücksichtigung eines gewissen Wachstumsrisikos, sowie der Wertminderung, die das Grundstück dadurch erleidet, daß es nun nicht mehr mit einem alten, sondern mit einem jungen Baum bestanden ist. Für die Methode der Berechnung verweist der BGH auf Koch. Dieser stellt die auf dem neuesten Stand gebrachte Problematik im VersR 1984, 110 dar (Bayer-Lindner, S. 140).

→ Baumschutzverordnungen, Laub.

Baumaterialien. Die Beseitigung eines Lagerplatzes für Baumaterialien in einer Wohngegend kann nicht ohne weiteres verlangt werden (BGH JZ 1969, 431 m. Anm. von Baur, JZ 1969, 432).

→ Ästhetische Immissionen.

Baumschutzverordnungen. Die Naturschutzgesetze der Länder ermächtigen die Behörden, Baumschutzverordnungen zu erlassen (vgl. z. B. Art. 12, 9, 37, 45 Bayerisches Naturschutzgesetz). Die erforderliche Ermächtigungsgrundlage gibt Art. 124 EGBGB. Verbietet eine nach dem Naturschutzgesetz wirksam erlassene Verordnung oder Anordnung, an einem geschützten Baum oder Strauch Veränderungen überhaupt oder über einen bestimmten Umfang hinaus vorzunehmen, so ist das Recht des beeinträchtigten Nachbarn

Baunutzungsverordnung

durch diese Regelung eingeschränkt (OLG Nürnberg, 6 U 565/84, abgedruckt in Bayer-Lindner, Anhang Nr. 6, für einen auf § 1004 gestützten Anspruch auf Beseitigung überhängender Zweige). Da landesrechtliche Einschränkungen gemäß Art. 124 EGBGB zulässig sind (vgl. Stadler, 10 A II 12), entfällt das Selbsthilferecht gemäß § 910 BGB ebenso wie der Beseitigungsanspruch gemäß § 1004 BGB, wenn ein Baum oder Strauch durch eine Baumschutzverordnung oder durch eine Einzelanordnung geschützt ist. Durch eine Baumschutzverordnung kann auch der Anspruch auf Einhaltung des Grenzabstandes ausgeschlossen sein.

Liegt eine wirksame Baumschutzsatzung vor, so wird dadurch eine →Duldungspflicht i. S. des § 1004 Abs. 2 BGB begründet. Diese trifft nicht nur den Eigentümer des Baumes, der weder Zweige noch Wurzeln entfernen darf, vielmehr kann auch der durch den Baum (Laub, Blüten, Zapfen, Nadeln) beeinträchtigte Nachbar nicht Entfernung des Baumes verlangen. Der Baumschutz endet nicht an der Grundstücksgrenze (vgl. OLG Düsseldorf NVwZ 1989, 1807).

Beachte: Zu prüfen ist somit zunächst, ob in der betreffenden Gemeinde eine Baumschutzsatzung existiert, ob sie auf bestimmte Gebiete innerhalb des Ortes beschränkt ist und ob die störenden Bäume nach Höhe und Stammumfang von der Satzung erfaßt sind.

Baunutzungsverordnung (BauNVO). Die BauNVO vom 15. 9. 77 (BGBl. I S. 1763) in der Form der Änderung vom 19. 12. 86 (BGBl. I S. 2665) regelt die Art und das Maß der baulichen Nutzung von Grundstücken.

Dabei sind in den *Flächennutzungsplänen* die für die Bebauung vorgesehenen Flächen als Wohnbauflächen, gemischte Bauflächen, gewerbliche- oder Sonderbauflächen darzustellen. Diese Flächen können weiter untergliedert werden, so in *reine* Wohngebiete, *allgemeine* Wohngebiete und *besondere* Wohngebiete (§ 1 Abs. 2 BauNVO). Auf den Flächennutzungsplan baut der Bebauungsplan auf, der innerhalb seines Geltungsbereiches die planungsrechtliche Zulässigkeit von Bauvorhaben regelt (→Bauplanungsrecht und Nachbarschutz). Im Bebauungsplan sind die Baugebiete festzusetzen. In *reinen* Wohngebieten sind z. B. neben Wohngebäuden lediglich Läden und nicht störende Handwerksbetriebe zur Deckung des täglichen Bedarfs der Bewohner sowie kleine Beherbergungsbetriebe zulässig. In allgemeinen Wohngebieten sind darüberhinaus Anlagen für kirchliche, kulturelle, soziale und gesundheitliche Zwecke zugelassen. *Ausnahmsweise* können auch z. B. Tankstellen, Gartenbaubetriebe, Anlagen für Veranstaltungen sowie für sportliche Zwecke und Beherbergungsbetriebe zugelassen werden (§ 4 BauNVO). Auch sonstige nicht störende Gewerbebetriebe und Ställe für Kleintierhaltungen als Zubehör zu

Bauplanungsrecht und Nachbarschutz

Kleinsiedlungen und landwirtschaftliche Nebenbetriebe kommen ausnahmsweise in Betracht.

Wird also z. B. dem Eigentümer eines Grundstücks in einem *reinen* Wohngebiet eine Tankstelle in die Nachbarschaft gesetzt, so kann er dagegen mit Erfolg vorgehen (→ Bauplanungsrecht und Nachbarschutz, Nachbarklage, nachbarschützende Vorschrift, Widerspruch).

Geht es dagegen darum, *wie* das Nachbargrundstück ausgenutzt wird (vgl. §§ 16 f. BauNVO – Geschoßflächenzahl, Gebäudehöhe etc.), so kann dies der Nachbar nicht mit Erfolg rügen (str.; → nachbarschützende Vorschriften).

Bauplanungsrecht und Nachbarschutz. 1. Mit der Erteilung der → Baugenehmigung ist die Feststellung verbunden, daß dem Vorhaben öffentlich-rechtliche Vorschriften nicht entgegenstehen. Die Baugenehmigung begünstigt den Bauherrn, belastet aber gleichzeitig den (die) Nachbarn. Man spricht hier von einem Verwaltungsakt mit Doppelwirkung. Gegen die erteilte Genehmigung kann der Nachbar Rechtsbehelfe einlegen. Das Baugenehmigungsverfahren ist in den Bauordnungen der Länder enthalten und stellt inhaltlich einen Teil des Rechts der Öffentlichen Sicherheit und Ordnung dar. Die Vorschriften des Baurechts bezwecken aber auch teilweise den Schutz des Nachbarn, auf dessen Sphäre sich ja die Genehmigung auswirkt (→ nachbarschützende Vorschriften, Nachbarklage, Nachbarunterschrift).

2. Demgegenüber stehen im Bauplanungsrecht andere Interessen im Vordergrund, nämlich die der *Planungshoheit* der Gemeinden. Die Gemeinde macht hiervon durch Aufstellung von Flächennutzungsplänen und Bebauungsplänen Gebrauch (§ 1 Abs. 2 Baugesetzbuch vom 8. 12. 1986). Aufgabe der Bauleitplanung ist es, die bauliche Nutzung der Grundstücke zu regeln. Die Bebauungspläne sind gemäß § 10 BauGB *Satzungen*. Dies gilt auch für ältere noch als Verwaltungsakt erlassene Baulinienpläne.

Bei der Aufstellung von Flächennutzungs- und Bebauungsplänen sind öffentliche und private Belange gegeneinander und untereinander gerecht abzuwägen (§ 1 Abs. 6 BauGB).

Will sich ein Grundstückseigentümer gegen einen Bebauungsplan wenden, so muß er wegen des Rechtscharakters als Satzung ein *abstraktes Normenkontrollverfahren* gemäß § 47 VwGO durchführen lassen. Die Satzung der Gemeinden wird dann vom VGH/OVG auf ihre Gültigkeit überprüft. Die Verletzung → nachbarschützender Vorschriften muß nicht vorgebracht werden. Antragsberechtigt ist vielmehr jeder, der die Verletzung seiner geschützten Interessen geltend macht.

Aus nachbarrechtlicher Sicht interessant ist aber nicht so sehr die

Bebauungsplan

Angriffsmöglichkeit gegen einen Bebauungsplan, sondern vielmehr die Frage, ob und wie dessen Vorgaben von der Bauaufsichtsbehörde eingehalten werden. Dieses Problem stellt sich, wenn der Nachbar sich gegen eine von einem Bauwerber beantragte Baugenehmigung wendet und vorträgt, dieser überschreite Art und Maß der baulichen Nutzung. Nach h. M. sind Festsetzungen über die *Art* der baulichen Nutzung (§§ 1–15 BauNVO) *nachbarschützend* (BVerwG NJW 1967, 1770; BVerwG NJW 1983, 2460). Mit Erfolg sind daher in letzter Zeit eine Reihe von Spiel- und →Tennisplätzen als in allgemeinen Wohngebieten unzulässig angesehen worden.

Dagegen sind die Vorschriften über das *Maß* der baulichen Nutzung (§§ 16f. BauNVO) nicht nachbarschützend (str.). Hierbei geht es um die Frage der Geschoßflächenzahl, die Gebäudehöhe, die Größe des Baugrundstücks, die Dachgeschoßnutzung u. ä.

→nachbarschützende Vorschriften, Baunutzungsverordnung.

Bebauungsplan →Bauplanungsrecht und Nachbarschutz.

Beeinträchtigungen →wesentliche Beeinträchtigungen

Behörde (Anspruch auf Einschreiten). Der Anspruchsteller kann die Verfolgung seiner nachbarrechtlichen Ansprüche selbst in die Hand nehmen (→Abmahnung, einstweilige Verfügung, Klageantrag), er wird aber auch in vielen Fällen auf das Einschreiten der zuständigen Behörde vertrauen. Probleme dieser Art stellen sich vor allem im Baurecht (→Schwarzbau) und bei Errichtung von genehmigungspflichtigen Anlagen. Werden solche von Anfang an ohne Genehmigung errichtet und können auch nachträglich nicht genehmigt werden, so sind die Bauten oft bereits erstellt, ehe der Nachbar tätig werden kann. Bleibt die Behörde dann untätig, so wird der Nachbar oft an Stelle zivilrechtlicher Ansprüche die Beseitigung der störenden Anlage von der Behörde erwarten. Einen Anspruch auf ein bestimmtes behördliches Einschreiten hat der Nachbar aber selbst bei Verletzung →nachbarschützender Vorschriften nicht (BVerwGE 11, 95).

Der Nachbar hat lediglich Anspruch auf fehlerfreie Ermessensentscheidung der Behörde, dieses Ermessen kann sich in Extremfällen aber dahingehend reduzieren, daß nur ein Einschreiten als einzige Maßnahme übrig bleibt.

Bei der Ausübung des Ermessens muß die Behörde abwägen zwischen der Intensität der Störung für den Nachbarn und den Interessen des Bauherrn oder Erstellers der Anlagen, die oft mit hohen finanziellen Aufwendungen errichtet wurden und deren Beseitigung unverhältnismäßig sein könnte.

Etwas anders soll dann gelten, wenn der Bauherr auf Grund einer zunächst nicht bestandskräftigen Genehmigung gebaut hat, deren sofortige Vollziehung gemäß § 80 Abs. 2 Nr. 4 VwGO angeordnet war. In Fällen dieser Art wird die erbaute Anlage als Folge eines rechtswidrigen Verwaltungshandelns angesehen und grundsätzlich jede andere Entscheidung als ein behördliches Einschreiten als ermessensfehlerhaft angesehen (BVerwG NJW 1985, 819). Die Beeinträchtigung wird der Behörde zugerechnet, der Nachbar hat ihr gegenüber einen →Folgenbeseitigungsanspruch (→Nachbarklage).

Behördliche Genehmigung. Grundsätzlich begründen behördliche Genehmigungen für den Nachbarn keine Duldungspflicht i. S. v. § 1004 Abs. 2 BGB. Solche Erlaubnisse stellen lediglich fest, daß der Tätigkeit keine polizeilichen Gründe entgegenstehen und sie geben den Weg zur Ausübung von Privatrechten frei. Sie erweitern aber Privatrechte ebensowenig, wie sie private Rechte anderer beschränken, auch wenn die Behörde bei Abwägung der Interessen Dritter auch deren private Rechte zu berücksichtigen hat (so schon BGH NJW 1959, 2013). Eine Baugenehmigung begründet noch keine Duldungspflicht. Sie ergeht unter dem Vorbehalt der Rechte Dritter. Ausnahmsweise wird allerdings eine Duldungspflicht begründet, wenn das Gesetz die Genehmigung mit einer entsprechenden Wirkung ausgestattet hat. So kann nach § 14 BImSchG nicht die Einstellung des Betriebes einer genehmigten Anlage verlangt werden. Es können nur Vorkehrungen verlangt werden, die die benachteiligenden Wirkungen ausschließen. Ist schließlich eine solche Vorkehrung nicht möglich, besteht lediglich ein Schadensersatzanspruch. Ähnliches ergibt sich aus § 7 AtomG und § 11 LuftVG (Birkl, Nachbarrecht des Bundes C, RdNr. 49f.)

→Baugenehmigung, BImSchG, genehmigte Anlagen, Planfeststellungsverfahren.

Beiladung. (B.) Verfolgt der Bauwerber seinen Anspruch auf Erteilung einer Baugenehmigung vor der Widerspruchsbehörde oder dem Verwaltungsgericht, so ist zu prüfen, ob der Nachbar im Verfahren beigeladen werden muß (§ 65 Abs. 1 VwGO).

Dieselbe Fragestellung ergibt sich, wenn der Nachbar sich gegen eine erteilte Baugenehmigung wendet für die B. des Antragstellers.

Die Frage ist von großer Bedeutung, da der Beigeladene durch Stellung von Anträgen und durch die Möglichkeit der Einlegung eines Rechtsmittels das Verfahren wesentlich beeinflussen kann.

Wendet sich der Nachbar gegen eine erteilte Baugenehmigung, so ist der Bauantragsteller *notwendigerweise* beizuladen (§ 65 Abs. 2 VwGO – BVerwG NJW 1975, 70).

Beseitigungsanspruch

Ob dies im Falle der Klage auf Erteilung der Baugenehmigung auch für Nachbarn gilt, ist strittig, wird aber vom Bundesverwaltungsgericht abgelehnt (NJW 1978, 64). Wird im Wege der verwaltungsgerichtlichen Nachbarklage ein bauordnungsbehördliches Einschreiten begehrt, so sind nur die Adressaten der erstrebten Anordnung notwendig beizuladen. Dies ist nicht (auch) der Erwerber des Grundstücks, wenn er es im Laufe des Prozesses erworben hat (BVerwG, NJW 1992, 79 f.).

Außer dieser notwendigen B., die vom Gesetz her vorgeschrieben ist, verbleibt es in Fällen dieser Art dann bei der einfachen B. gem. § 65 Abs. 1 VwGO.

Wird eine notwendige B. vom Gericht übersehen, so führt dies zur Zurückverweisung durch das Revisionsgericht, während bei der einfachen Beiladung ein Fehler sich auf das Verfahren nicht auswirkt.

Beseitigungsanspruch. 1. Wendet sich der Betroffene gegen Beeinträchtigungen seines Eigentums durch eine Privatperson, so gibt ihm § 1004 Abs. 1 BGB einen Anspruch auf Beseitigung der Beeinträchtigung. Ein Verschulden des →Störers ist nicht erforderlich. Der durch die Beeinträchtigung verursachte Zustand muß rechtswidrig sein und noch andauern.

2. Wendet sich der Betroffene gegen eine Beeinträchtigung durch Öffentliche Gewalt, so besteht ein →Folgenbeseitigungsanspruch.

3. Verstößt der Nachbar gegen öffentlich-rechtliche Vorschriften mit nachbarschützendem Inhalt (→nachbarschützende Vorschriften), so kann er dies nicht mit § 1004 BGB angreifen (Staudinger-Gursky § 1004 RdNr. 54). Dies gilt z. B. für die Nichteinhaltung von Abstandsflächen beim Bauen (→Abstandsflächen und Nachbarschutz). Nachbarschützende Vorschriften des öffentlichen Rechts sind aber auch Schutzgesetze i. S. des § 823 Abs. 2 BGB. Nach h. M. besteht hier ein deliktischer Beseitigungsanspruch analog §§ 823, 1004 BGB (Palandt-Bassenge, § 1004 Anm. 1 b; str.).

Besen, Klopfen mit dem →Notwehr.

Besitz 1. Der Besitz ist die *tatsächliche* Herrschaft einer Person über eine Sache (§ 854 BGB). Daraus folgt, daß z. B. auch der Geschäftsunfähige Besitzer sein kann, die Geschäftsunfähigkeit wirkt sich lediglich auf den Erwerb des Eigentums aus. Beide Fragen sind streng zu trennen, auch wenn im täglichen Leben die Begriffe Eigentum und Besitz oft vermengt werden.

Bei Entziehung des Besitzes oder Störung des Besitzes liegt →verbotene Eigenmacht (§ 858 BGB) vor. Der Besitzer hat ein

Besitz

Recht zur →Selbsthilfe (§ 859 BGB) und auf Wiedereinräumung des Besitzes nach § 861 BGB.

Ferner kann gemäß § 862 BGB vom →Störer Beseitigung der Störung und – wenn weitere Störungen zu besorgen sind →Wiederholungsgefahr – auch →Unterlassung verlangt werden.

Ansprüche sind nach § 862 BGB dann nicht gegeben, soweit ein Eigentümer die Einwirkungen nach § 906 BGB zu dulden hätte. Dafür stehen aber auch dem Besitzer die sich aus § 906 BGB ergebenden Ausgleichs-, Schadensersatz- und Entschädigungsansprüche zu (→Ausgleichsansprüche).

Wer die tatsächliche Gewalt über eine Sache lediglich infolge sozialer Abhängigkeit – entscheidend Weisungsgebundenheit – ausübt, ist nicht Besitzer (§ 855 BGB). In Fällen dieser Art ist Besitzer der sog. Besitzherr, während derjenige, der die tatsächliche Gewalt innehat als *Besitzdiener* bezeichnet wird. Dieser hat lediglich ein Recht zur Selbsthilfe nach § 860 BGB, die weiteren Ansprüche nach §§ 861, 862 BGB stehen ihm nicht zu.

2. Der typische Fall des Besitzers ist der Mieter oder Pächter. Fühlt sich somit der Mieter in seiner Wohnung durch den Lärm eines benachbarten Gewerbebetriebes übermäßig belästigt, so kann er nach vorheriger →Abmahnung bzw. Androhung einer Klage seine Ansprüche auf Unterlassung weiterer Störungen seines Besitzes (§ 862 BGB) klageweise geltend machen (→Klageantrag).

Im Rahmen des Anspruchs kommt es auch zur Prüfung der Frage, ob der Mieter den Gewerbelärm als unwesentlich i. S. des § 906 BGB zu dulden hat. Denn § 906 BGB bezieht sich nicht nur auf Abwehransprüche des Eigentümers nach § 1004 BGB, sondern er ist vielmehr auch im Rahmen der Prüfung von Ansprüchen wegen Besitzstörung (§ 862 BGB), Beseitigung einer →gefahrdrohenden Anlage (§ 907 BGB) und bei der Geltendmachung von →Schadensersatzansprüchen (§ 823 BGB) anwendbar (BGH NJW 1984, 2207; BGH NJW 1962, 1342).

3. Kommt es zum Streit eines Mieters oder Pächters gegen einen anderen, weil z. B. die Zimmerlautstärke nicht eingehalten wird oder weil im Übermaß →Hausmusik ausgeübt wird, so ist auf die dann geltend gemachten Besitzstörungsansprüche § 906 BGB gleichfalls anzuwenden (BGH LM § 906 Nr. 1).

4. Bei Wohnungseigentum ist jeder bezüglich seines *Sondereigentums* Teilbesitzer i. S. des § 865 BGB und kann dieselben Rechte aus den §§ 859 f. BGB geltend machen wie ein Alleinbesitzer. Dagegen sind die Wohnungseigentümer *Mitbesitzer* des *gemeinschaftlichen* Eigentums. Soweit es hier um die Grenzen des dem Einzelnen zustehenden Gebrauchs geht, findet ein Besitzschutz nicht statt (§ 866 BGB). Bei Besitzstörungen durch andere Wohnungseigentümer ist

Bestandsschutz

der Eigentümer auf Ansprüche nach §§ 13 bis 15 WEG verwiesen (BGHZ 62, 248). Hier kann er verlangen, daß er das gemeinschaftliche Eigentum im Rahmen der geltenden Gebrauchsregelung z. B. für Waschküche, Trockenräume etc. benutzen kann. Bei völliger Vorenthaltung des Besitzes besteht dagegen ein Anspruch auf Einräumung des Mitbesitzes (BGHZ 29, 377).

Beachte: Bei *Beeinträchtigung* des Mitbesitzes sind Ansprüche nach § 43 Abs. 1 Nr. 1 WEG im Verfahren der freiwilligen Gerichtsbarkeit geltend zu machen, bei völliger *Entziehung* des Mitbesitzes sind Ansprüche im Verfahren der streitigen Gerichtsbarkeit mit Klage zu erheben. Das Vorstehende gilt, wenn innerhalb der Wohnungseigentümergemeinschaft gestritten wird. Gegen außerhalb der Gemeinschaft stehende Dritte gilt immer der Besitzschutz nach §§ 859 f. BGB.
→ Eigentum.

Bestandsschutz. Der Betreiber einer → genehmigten Anlage nach dem BImSchG erhält durch die Genehmigung eine gesicherte Rechtsposition, die unter den Eigentumsschutz des Art. 14 GG fällt. Hierdurch wird der Bestand des Betriebes zum Zeitpunkt der Genehmigung geschützt, umfaßt ist aber auch eine im Rahmen liegende Ausweitung, sofern sie nicht so erheblich ist, daß von einer neuen Anlage gesprochen werden muß. Die genehmigte Anlage bedarf daher nach völliger Auswechslung einer erneuten Genehmigung. Die genehmigte Anlage und ihre üblichen Einwirkungen werden als nur unerhebliche Belästigungen i. S. des § 5 Abs. 1 Nr. 1 BImSchG angesehen. Die genehmigte Anlage kann allerdings auch nachträglich noch durch Anordnungen gem. § 17 BImSch verändert werden, sofern die nachträglichen Auflagen nicht unverhältnismäßig den Betreiber der Anlage belasten, denn dies würde in den Bestandsschutz unzulässig eingreifen (§ 17 Abs. 2 BImSchG).

Bestandteile → Wesentliche Bestandteile

Betreten von Nachbargrund. Das Betreten des eigenen Grundstücks durch Dritte stellt für den Eigentümer, der gemäß § 903 BGB mit seinem Eigentum grundsätzlich nach Belieben verfahren und andere vom Gebrauch ausschließen kann (→ Eigentumsherrschaftsrecht), einen erheblichen Eingriff dar oder wird als solcher empfunden.

Ein Recht zum Betreten kann sich im einzelnen aus folgenden Gesichtspunkten ergeben.
1. Der Eigentümer kann die Benutzung seines Grundes einem Dritten *gestatten*, ohne daß hierüber besondere vertragliche Vereinba-

Betreten von Nachbargrund

rungen geschlossen wurden. Diese Gestattung kann der Eigentümer ohne Angabe von Gründen *widerrufen*. Ist der fremde Grund auf Grund der Gestattung eine längere Zeit z. B. als Weg benutzt worden, so kann – da sich der Dritte auf das Weiterbestehen eingestellt hat – der Widerruf nicht von heute auf morgen erfolgen. Geboten ist eine gewisse Übergangszeit einzuräumen.

2. Der Eigentümer kann durch *schuldrechtlichen* Vertrag (Miete, Pacht) dem Dritten das Benutzungsrecht einräumen.
3. Die Inanspruchnahme kann auf Grund eines →Notwegerechts erfolgen.
4. Der Dritte kann sich auf ein dingliches Recht am Grundstück (→Grunddienstbarkeit, Geh- und Fahrtrecht) berufen. Streitpunkt in diesen Fällen ist dann meist nicht die Berechtigung als solche, vielmehr die Frage, in welchem *Umfang* das Recht die Inanspruchnahme des fremden Grundes ermöglicht.
5. Der Dritte kann sich auf →Notstand (§ 904 BGB) berufen.
6. Teilweise gewähren die →Nachbarrechtsgesetze der Länder ein Anwende-, Trepp- oder Schwengelrecht. Danach darf der Eigentümer eines landwirtschaftlichen Grundstücks das Nachbargrundstück zum Zwecke der Bewirtschaftung des eigenen Grundstücks betreten, um auch die äußerste Grenze seines eigenen Grundes erreichen zu können. Ein solches Recht findet sich in den Nachbargesetzen von Baden-Württemberg (AGBGB 50), Bayern (53), Hessen (16 Abs. I), Niedersachsen (31 Abs. 1) und Nordrhein-Westfalen (36 Abs. 2).
7. Teilweise (mit Ausnahme von Bayern und Bremen) gewähren die Nachbarrechtsgesetze der Länder ein *Hammerschlags- und Leiterrecht*. Hierunter versteht man das Recht, ein fremdes Grundstück zu betreten, wenn nur von dort aus *Reparaturarbeiten* am eigenen Grundstück ausgeführt werden können. Dabei umfaßt das Recht nur ein Betreten und Benutzen. Ein Benutzen liegt aber nicht mehr vor, wenn in die Bodensubstanz eingegriffen wird, so bei vorübergehendem Aushub zum Zwecke der Schaffung eines Arbeitsraumes (OLG Düsseldorf in MDR 1992, 53 zu entspr. Bestimmung des Landesnachbargesetzes für NRW).
8. Nach den Nachbarrechtsgesetzen kann sich weiter eine Duldungspflicht dahingehend ergeben, daß Schornsteine, Lüftungsleitungen und →Antennen auf dem Nachbargrund befestigt werden (vgl. die Landesgesetze von Baden-Württemberg, Berlin, Hamburg, Hessen, Niedersachsen, Nordrhein-Westfalen, Rheinland-Pfalz, Saarland und Schleswig-Holstein).
9. Ein Betretungsrecht kann sich darüberhinaus auch aus dem →nachbarschaftlichen Gemeinschaftsverhältnis ergeben.
10. Gemäß § 14 WEG ist der Wohnungseigentümer verpflichtet, das

Beweislast

Betreten und Benutzen seines Sondereigentums zu gestatten, wenn am *gemeinschaftlichen* Eigentum Instandhaltungs- oder Instandsetzungsarbeiten durchgeführt werden.
11. Gemäß § 905 Satz 2 BGB kann der Eigentümer solche Einwirkungen nicht verbieten, die in solcher Höhe oder Tiefe vorgenommen werden, daß er an der Ausschließung kein Interesse hat. Stützt sich ein Nachbar hierauf und möchte unterirdisch Rohre durch den Garten des Nachbarn verlegen, so kann er unter Berufung auf § 905 Satz 2 BGB nicht verlangen, daß er zum Zwecke der Arbeitsdurchführung die *Oberfläche* des Nachbargrundstücks in Anspruch nimmt.
12. Steht eine Sache im →Gemeingebrauch, so darf fremdes Eigentum von jedermann ohne Entgelt benützt werden.
13. Der Eigentümer muß schließlich auch die Inanspruchnahme seines Eigentums dulden, soweit dies im Rahmen der →Sozialbindung des Eigentums steht.

Beweislast. Kommt es zu einer gerichtlichen Auseinandersetzung, so hängt die zu treffende Entscheidung oft von der Frage ab, wer für streitige Tatsachen beweispflichtig ist. So werden zur Frage der Wesentlichkeit/Unwesentlichkeit einer Beeinträchtigung i. S. von § 906 BGB oft die Aussagen auseinandergehen.

Hier ist zu beachten, daß nicht der Betroffene die Wesentlichkeit der Beeinträchtigung, vielmehr der →Störer deren Unwesentlichkeit beweisen muß (BGH MDR 1971, 119). Weiterhin muß der Störer auch die Ortsüblichkeit und Unvermeidbarkeit i. S. von § 906 BGB beweisen (BGH WM 1971, 134/138; BGHZ 72, 289/296).

Bienen. Es ist allgemein anerkannt, daß Bienen Immissionen i. S. v. § 906 BGB sind, so daß das Einfliegen von Bienen als eine Einwirkung i. S. v. § 906 BGB angesehen werden muß. Der beeinträchtigte Nachbar kann versuchen, das Einfliegen von Bienen durch geeignete Maßnahmen zu verhindern, soweit ihm dies möglich ist. Anspruchsnorm für den Abwehranspruch ist § 1004 BGB. § 906 BGB normiert demgegenüber eine Duldungspflicht, die im Rahmen des Abwehranspruchs gemäß § 1004 Abs. 2 BGB zu berücksichtigen ist. Durch § 906 BGB wird der Eigentümer des beeinträchtigten Grundstücks nicht gehindert, eine Immission durch tatsächliche Vorkehrungen selbst abzuwehren. Der Abwehranspruch aus § 1004 BGB wird ergänzt durch das in § 228 BGB normierte Notstandsrecht (Angriffsnotstand). Der beeinträchtigte Nachbar kann daher die in seinem Garten eingeflogenen Bienen einfangen und verwahren. Er hat die Bienen in jedem Fall wieder an den Eigentümer herauszugeben. Er darf die Tiere nicht töten. Denn von den bestehenden Abwehrmög-

Bienen

lichkeiten ist jene zu wählen, die für die Bienen am wenigsten schädlich ist. Die Vorschriften des Tierschutzrechts sind zu beachten. Bei der Behandlung von Pflanzen im eigenen Garten ist die Verordnung über bienenschädliche Pflanzenschutzmittel vom 25. 5. 1950 (BGBl. I 131) einzuhalten.

Soweit die Bienen nicht durch tatsächliche Vorkehrungen abgehalten werden können, ist grundsätzlich der Flug der Bienen zu dulden, da im Regelfall eine *wesentliche* Beeinträchtigung i. S. v. § 906 BGB nicht vorliegt. Jedenfalls in ländlichen Gebieten wird der Bienenflug i. d. R. nicht als wesentliche Beeinträchtigung angesehen werden können. Liegt eine wesentliche Beeinträchtigung vor, kommt es darauf an, ob eine Bienenzucht, die in der Nachbarschaft betrieben wird, als *ortsüblich* anzusehen ist. Auch die Ortsüblichkeit wird in der Literatur und Rechtssprechung eher in ländlichen als in städtischen Gebieten bejaht, da der Durchschnittsbewohner in der Stadt die Belästigung durch Bienen eher als wesentlich und nicht ortsüblich betrachte. Letztlich ist die Sachlage jeweils nach den Einzelfall zu beruteilen, denn auch auf dem Land gibt es enge Siedlungsgebiete mit kleinen Grundstücken (Reihenhaussiedlungen), auf denen die Bienen in Nachbars Garten eine erhebliche und nicht ortsübliche Belästigung darstellen können.

Tötet der betroffene Nachbar die eingeflogenen Bienen, hat deren Eigentümer grundsätzlich einen Schadensersatzanspruch; ist jedoch ein Verteidigungsnotstand i. S. v. § 228 BGB gegeben, entfällt die Verpflichtung zum Schadensersatz.

Die Verordnung über bienenschädliche Pflanzenschutzmittel, nach der es verboten ist, blühende Bäume, Sträucher und Pflanzen mit bienenschädlichen Mitteln zu behandeln, ist ein Schutzgesetz i. S. v. § 823 Abs. 2 BGB mit der Folge, daß der Imker bei einem Verstoß gegen die Verordnung Ersatzansprüche hat, wenn ihm hierdurch ein Schaden entsteht. Andererseits haftet der Imker als Halter der Bienen für den durch Bienen herbeigeführten Schaden gemäß § 833 S. 1 BGB, denn Bienen sind keine Haustiere i. S. v. § 833 S. 2 BGB. Der Halter der Bienen wird jedoch dann nicht mehr als Störer angesehen, wenn ein Bienenschwarm infolge Ausziehen *herrenlos* geworden ist, § 971 BGB. In diesem Fall besteht der Abwehranspruch aus § 1004 BGB gegen den Imker nicht mehr. Der Imker, der das jeweilige Grundstück nur vorübergehend nutzt und keine eigenständige Sachbefugnis hat, hat selbst keine Abwehransprüche gegen Einwirkungen auf das fremde Grundstück – z. B. durch giftige Gase –, es sei denn, der Tatbestand von § 823 BGB ist erfüllt. Ein Schadensersatzanspruch aus § 823 Abs. 2 BGB und damit ein deliktischer Unterlassungsanspruch sind zu bejahen, wenn beim Einsatz bienengefährlicher Pflanzenschutzmittel gegen die Bienenschutzverordnung

Bienenhaus, -körbe, -stöcke

verstoßen wird. Die Vergiftung von Bienen durch Gase auf dem Nachbargrundstück oder durch ausgestreutes Gift ist Eigentumsverletzung i. S. v. § 823 Abs. 1 BGB (BGH NJW 1955, 747).

Ein *Verbot der Bienenhaltung* wird von der Rechtsprechung zum einen in reinen Wohngebieten (vgl. LG München I, U. v. 16. 4. 1986, Az. S 22975/85) und zum anderen in den Fällen, in denen der anliegende Nachbar unter einer Bienengiftallergie leidet (LG Ellwangen, NJW 1985, 2339) ausgesprochen. Zu Recht hat das Landgericht Ellwangen für den Fall einer *Bienengiftallergie* ausgeführt, daß auch für den Fall, daß die Bienenhaltung als ortsüblich i. S. v. § 906 Abs. 2 BGB anzusehen ist, die Entfernung der Bienenstöcke verlangt werden kann, weil das nicht als gering zu bewertende Interesse des Imkers an der ungestörten Ausübung seines Hobbys, der Bienenhaltung, gegenüber den Interessen des gegen Bienengift allergischen Nachbarn an der Entfernung der Bienenstöcke zurücktreten müsse. Dem hat sich auch das OLG Bamberg in einer Entscheidung vom 16. 9. 1991 (AZ. 4 U 15/91) angeschlossen.

§ 906 BGB begrenzt die Abwehransprüche gemäß §§ 862, 907 BGB, ebenso wie den Schadenersatzanspruch aus § 823 BGB. Eine Handlung i. S. v. § 823 BGB ist nämlich dann nicht rechtswidrig, wenn sie sich im Rahmen von § 906 BGB bewegt. Da der Abwehranspruch gemäß §§ 862, 1004 BGB durch die Grundsätze des nachbarschaftlichen Gemeinschaftsverhältnisses, im Ergebnis also durch § 242 BGB und das sich daraus ergebende Gebot zur gegenseitigen Rücksichtnahme begrenzt ist, hat der betroffene Nachbar grundsätzlich beim Einfliegen von Bienen eine Duldungspflicht – jedenfalls soweit es sich nicht um wesentliche oder zumindest ortsübliche Beeinträchtigungen handelt und damit keinen eigenen Abwehranspruch gemäß §§ 862, 1004 BGB. Alleinige Anspruchsnorm für den Abwehranspruch ist § 1004 BGB, soweit ihm gegenüber nicht § 906 BGB eine Duldungspflicht normiert.

Mit der Frage, ob der Grundstückseigentümer in einem Wohngebiet bei der Carnica-Biene als einer weniger aggressiven Bienenart Abwehransprüche hat, befaßt sich das OLG Hamm bejahend in einem Urteil vom 3. 7. 89 (MDR 1989, 993). Zur Frage der →Tierhalterhaftung und zu Ausgleichsansprüchen nach § 906 Abs. 2 Satz 2 BGB siehe BGH in NJW 1992, 1389f.

Bienenhaus, -körbe, -stöcke. Das Bienenhaus ist eine gefahrdrohende Anlage i. S. v. § 907 BGB. Bienenkörbe sind als solche Anlagen anzusehen, wenn sie zwar nicht in einem festen Bienenhaus, aber einzeln und standfest mittels Pflöcken auf der Erde aufgestellt sind. Fahrbare, nur vorübergehend aufgestellte Bienenkörbe sind demgegenüber keine Anlage i. S. v. § 907 BGB (LG Lübeck MDR 1970, 506; Soergel-Baur, § 907 RdNr. 2).

Gemäß § 907 BGB kann der Eigentümer eines Grundstücks verlangen, daß auf den Nachbargrundstücken nicht Anlagen hergestellt oder gehalten werden, von denen mit Sicherheit vorauszusehen ist, daß ihr Bestand oder ihre Benutzung eine unzulässige Einwirkung auf sein Grundstück zur Folge hat. Gegen ein Bienenhaus oder gegen angepflockte Bienenkörbe kann der betroffene Nachbar daher gemäß § 907 BGB vorgehen und die Beseitigung der ganzen Anlage verlangen. § 907 BGB kann neben § 1004 BGB angewendet werden und gibt einen über diesen hinausgehenden Unterlassungs- und notfalls Beseitigungsanspruch. Während mit Hilfe von § 1004 BGB nur die Beseitigung und Unterlassung von Einwirkungen verlangt werden kann, gibt § 907 BGB die Möglichkeit, die gefahrdrohende Anlage selbst abzuwehren. Dabei muß das Grundstück, auf dem sich das Bienenhaus oder der angepflockte Bienenstock befindet, nicht unmittelbar angrenzen, sondern der Begriff „Nachbargrundstück" erstreckt sich auf alle Grundstücke, die sich im *Einwirkungsradius* der Anlage befinden (MüKo-Säcker, § 907 RdNr. 6).

Da § 907 BGB einen vorbeugenden Abwehranspruch gewährt, kann durch diese Vorschrift sowohl die Herstellung eines Bienenhauses oder aufgepflockten Bienenstockes verhindert als auch ihre Beseitigung herbeigeführt werden. Der Anspruch auf Beseitigung setzt nicht voraus, daß der Nachbar der Erstellung zuvor widersprochen hat.

Der Abwehranspruch aus § 907 BGB steht neben dem Eigentümer auch dem dinglich Berechtigten und dem Mieter bzw. Pächter zu. Anspruchsgegner, also der Verpflichtete des Abwehranspruchs aus § 907 BGB ist der Störer, also derjenige, der die Anlage errichtet oder errichten läßt. Dies kann sowohl der Eigentümer als auch ein dinglich Berechtigter sein, genauso wie der Mieter oder Pächter.

Die mit *Sicherheit* zu erwartende Einwirkung muß eine unzulässige Einwirkung sein, d. h. eine solche, die nicht gemäß § 906 BGB zu dulden wäre; s. hierzu.
→ Bienen.

Biergarten. Die von einer Gaststätte ausgehenden Beeinträchtigungen können besonders störend sein, wenn sich der Betrieb im Freien abspielt und dazu Musikdarbietungen erfolgen. Gegen eine solchermaßen erteilte Gaststättenkonzession, wonach an vier Tagen der Woche ein Biergarten mit Zithermusik bis spätestens 21.30 Uhr betrieben werden darf, hat sich ein Nachbar erfolglos gewandt (VGH München CE 84 8 1894). Ob das auch bei Musik durch Musikgruppen (Blasmusik) so gilt, darf trotz der allgemeinen Beliebt-

Biotop

heit der immer weniger vorhandenen Biergärten bezweifelt werden. Die erteilte Konzession stellt keinen Freibrief für Lärm dar, der sich ohnehin zeitlich wegen des Zahlvorgangs und dem Verlassen des Lokals in die Ruhezeit verschiebt. So hat nun das Verwaltungsgericht München (M 16 K 3078 – noch nicht rechtskräftig) entschieden, daß der Biergartenbetrieb zugunsten der lärmgeplagten Anwohner eingeschränkt werden muß. Das Gericht folgte zwar dem Antrag insoweit nicht, als dieser eine Reduzierung der Sitzplätze von 2000 auf 500 erreichen wollte. Dagegen muß die Gaststätte an jedem 1. und 3. Sonntag des Monats schließen und muß an Werktagen die Schänke um 21.30 Uhr einstellen.
→ Blasmusik.

Biotop. Bäume und Sträucher halten Feuchtigkeit im Boden fest und sind eine Brutstätte für Insekten und andere kleine Tiere: Sie sind daher ein Biotop. Es gelten hier die landesrechtlichen Vorschriften (z. B. Art. 47 – Art. 50 AGBGB in Bayern), die bestimmen, daß beim Anpflanzen von Bäumen, Sträuchern, Hecken, Wein- und Hopfenstöcken ein bestimmter Abstand einzuhalten ist.

Blasmusik. Übungen eines Blasorchesters muß man zweimal pro Woche über sich ergehen lassen, wenn der Lärm nur bei angestrengter Konzentration wahrnehmbar ist (LG Offenburg, 2 O 322/86).

Bolzplatz. Ein Bolzplatz ist ein abgegrenztes und mit einem Ballfangzaun versehenes Spielfeld, auf dem (meist) lärmintensiv und ohne feste Regeln Fußball gespielt wird. Es handelt sich um keine Sportanlage i. S. der SportanlagenlärmschutzVO (OVG Berlin MDR 1994, 169 f.), → Sportlärm. Die Zulässigkeit von Bolzplätzen in allgemeinen und besonders in reinen Wohngebieten ist in der Rechtsprechung strittig (→ Spielplätze). Nicht gedeckt ist die Benutzung der Bolzplätze durch Erwachsene und in den späten Abendstunden, sowie an Sonn- und Feiertagen. Gegen solche Störungen muß polizei- und ordnungsrechtlich vorgegangen werden (Berkemann, NVwZ 1992, 817 f.).

Bordell. Wird auf dem Nachbargrundstück ein Bordell oder Eros-Center o. ä. betrieben, besteht ein Beseitigungs- oder Unterlassungsanspruch nach §§ 1004, 906 BGB im Regelfall nur, wenn mit dem Betrieb eine Lärm- oder Lichtbelästigung (grell auf- und abblinkendes Neonlicht) verbunden ist. Da es sich bei den Einwirkungen i. S. v. § 906 BGB um sinnlich wahrnehmbare Einwirkungen handeln muß, sind ästhetische oder moralisch-sittliche Beeinträchtigungen keine Einwirkungen i. S. v. §§ 1004, 906 BGB. Bei nur „morali-

Bordell

schen" Immissionen hat der Nachbar keinen Abwehranspruch. Nach der Rechtsprechung des BGH (NJW 1985, 2823 ff. m. w. N.) begründet eine das sittliche Empfinden von Nachbarn verletzende Nutzung eines Grundstücks, die nach außen nicht wahrnehmbar ist, keinen Beseitigungs- oder Unterlassungsanspruch nach §§ 1004, 906 BGB. § 1004 Abs. 1 BGB setzt eine Beeinträchtigung des Eigentums voraus. Der sich gestört fühlende Grundstückseigentümer kann nur solche vom Nachbargrundstück ausgehenden Einwirkungen verbieten, die entweder auf das Grundstück und die dort befindlichen Sachen schädigend einwirken oder auf dem Grundstück sich aufhaltende Personen derart belästigen, daß ihr gesundheitliches Wohlbefinden gestört oder ein körperliches Unbehagen bei ihnen hervorgerufen wird. Die §§ 1004 Abs. 1, 906 BGB greifen nicht ein, wenn auf dem Nachbargrundstück nur das Schamgefühl oder das ästhetische Empfinden verletzende Vorgänge sichtbar werden (so schon grundlegend RGZ 76, 130 ff.). Das Darbieten eines nur das ästhetische Empfinden des Nachbarn verletzenden Anblicks kann nicht nach § 1004 Abs. 1 BGB unterbunden werden. Auch bei Vorgängen, die das Schamgefühl verletzen, scheidet ein Abwehranspruch des Nachbarn nach § 1004 Abs. 1 BGB jedenfalls dann aus, wenn dessen seelisches Empfinden nicht durch die Wahrnehmung dieser Vorgänge beeinträchtigt wird, sondern lediglich dadurch, daß er hiervon Kenntnis erlangt. Dies gilt selbst dann, wenn durch das Bekanntwerden dieser der sinnlichen Wahrnehmung entzogenen Ereignisse auf dem Nachbargrundstück das Grundstück des sich gestört fühlenden Eigentümers in der allgemeinen Wertschätzung leiden sollte. Der beanstandete, sinnlich nicht wahrnehmbare Vorgang oder Zustand auf dem Grundstück des Nachbarn wird nicht allein dadurch zu einer Einwirkung i. S. d. § 906 BGB und einer Beeinträchtigung i. S. d. § 1004 BGB, daß er einen Wertverlust der Sache zur Folge hat (BGH NJW 1970, 1541). Solange also die Räume, in denen das Bordell betrieben wird, vom Nachbargrundstück aus nicht eingesehen werden können und die Vorgänge im Haus auch nicht auf sonstige Weise von außen wahrgenommen werden können und schließlich außerhalb der Wohnung ein anstössiges oder schamverletzendes Verhalten der Bordellkunden nicht an den Tag gelegt wird, kann ein Beseitigungs- oder Unterlassungsanspruch nicht auf die „moralische" Immission erfolgreich gestützt werden. So hat schon das Reichsgericht die Anwendung von § 906 BGB abgelehnt, als es um den Anblick halbnackter Badegäste in einem städtischen Freibad ging (RGZ 76, 130).

Die Unterhaltung eines Bordells löst auch keinen Abwehranspruch aus unerlaubter Handlung aus, denn ein Anspruch wegen einer Verletzung des allgemeinen Persönlichkeitsrechts („sonstiges

Bräunungsstudio

Recht" i. S. d. § 823 Abs. 1 BGB) kommt nicht in Betracht, weil sich die die allgemeine Sittenordnung mißachtende Prostitutionsausübung im Nachbarhaus nicht unmittelbar gegen den sich gestört fühlenden Nachbarn richtet (BGH NJW 1985, 2823/2824; 1975, 1161). Nur in besonders schwerwiegenden Fällen kann das allgemeine Persönlichkeitsrecht Rechtsgrundlage für einen Abwehranspruch sein (vgl. MüKo-Säcker, § 906 RdNr. 21). § 1004 BGB kann in diesem Zusammenhang schon deswegen keine Anspruchsnorm sein, weil es sich um keine Beeinträchtigung des Grundstückseigentums handelt und der Betroffene nicht als Eigentümer seines Grundstücks verletzt ist, sondern in seinem moralischen und ästhetischen Empfinden.

§ 823 Abs. 2 BGB scheidet als Anspruchsgrundlage jedenfalls dann aus, wenn das Bordell außerhalb des Geltungsbereichs einer aufgrund des Art. 297 EGStGB ergangenen Sperrbezirksverordnung betrieben wird. Denn in diesen Fällen ist die Prostitution, auch wenn sie in Wohngebieten stattfindet, nicht ohne weiteres strafbar oder ordnungswidrig.

Betreibt jemand ein Bordell, um dadurch bewußt das Nachbargrundstück in seinem Verkaufs- oder Mietwert zu schädigen, so fügt er damit dem Nachbarn in sittenwidriger Weise vorsätzlich einen Schaden zu mit der Folge, daß ein Schadensersatzanspruch nach § 826 BGB bestehen kann (RGZ 57, 239).

Im Regelfall wird durch den Betrieb eines Bordells weder das allgemeine Persönlichkeitsrecht des Nachbarn noch das Eigentum am Nachbargrundstück verletzt, denn es wird dadurch zwar der Wert des beeinträchtigten Nachbargrundstücks gemindert, diese Vermögensbeschädigung führt aber zu keiner unmittelbaren Einwirkung zumindest i. S. eines Nutzungsentgangs.

Im Ergebnis kommen daher als Anspruchsgrundlagen beim Betrieb eines Bordells auf dem Nachbargrundstück nur § 826 BGB und § 823 Abs. 2 BGB – soweit Schutzgesetze verletzt werden – und das allgemeine Persönlichkeitsrecht in extremen Ausnahmefällen in Betracht. § 1004 BGB kommt selbst dann nicht als Anspruchsgrundlage in Betracht, wenn der Grundstückswert darunter leidet, dies deshalb, weil die Benutzung eines Grundstücks innerhalb seiner Grenzen keiner besonderen Rechtfertigung bedarf (BGH NJW 1984, 729).

Besteht zugunsten eines Grundstücks, auf dem ein Bordell betrieben wird, ein → *Geh- und Fahrtrecht,* ist die Zweckentfremdung einer Fahrt als Kontakthof des Bordells unzulässig (OLG Oldenburg NdSRPfl. 1976, 13). → Callgirl.

Bräunungsstudio. Der Betrieb eines Bräunungsstudios an Sonn- und Feiertagen mit dem dadurch bedingten Publikumsverkehr kann

von den Nachbarn nicht abgewehrt werden (BVerwG NJW 1993, 872; Leitsatz NVwZ 1993, 182).
→ Sonn- und Feiertagsruhe.

Bretterwand. Die Errichtung einer den Nachbarn störenden Bretterwand kann häufig Streitpunkt sein. Ein Anspruch auf Beseitigung besteht dann, wenn die Bretterwand eine Anlage i. S. von § 907 BGB (→ gefahrdrohende Anlage) wäre. Dies ist nicht der Fall, da es sich bei den Einwirkungen i. S. von § 907 BGB um positive grenzüberschreitende Einwirkungen handeln muß.

Eine Nutzung des eigenen Grundstücks durch Aufstellen einer Bretterwand auf eigenen Grund wirkt aber auf das Nachbargrundstück nur mittelbar durch Abhaltung von Licht, Luft und Beeinträchtigung der Aussicht ein.

In Fällen dieser Art besteht ein Beseitigungsanspruch nach § 907 BGB nicht (RGZ 51, 253; 98, 217). Ebensowenig kann mit Hilfe des § 1004 BGB gegen den Entzug von Licht oder Aussicht vorgegangen werden (→ Aussicht).

Unabhängig davon kann aber bei Nichteinhaltung von Abstandsvorschriften oder bauordnungsrechtlichen Vorschriften die zuständige → Behörde einschreiten.

Briefkasten. Zum Schutz der häuslichen Sphäre gehört auch die Abwehr von nicht erwünschten Sendungen in den Briefkasten.
1. Bringt der Mieter oder Haus-/Wohnungseigentümer an seinem Briefkasten einen Hinweis an, daß Reklamesendungen nicht erwünscht sind, so liegt in der dennoch durch *Austräger* eingelegten Handzettelwerbung ein Verstoß gegen Eigentums-, Besitz- und Persönlichkeitsrechte vor (BGH NJW 1989, 902). Hierauf kann eine Unterlassungsklage gegen die werbende Firma gestützt werden.
2. Wird die Werbung in *Briefform* durch die Bundespost verteilt, so gilt dies allerdings nicht (BGH aaO).
3. Keine Ansprüche bestehen ferner, wenn die Bundespost einem Postgiroteilnehmer trotz Widerspruchs bis zu dreimal im Monat zusammen mit den Auszügen postfremde *Werbeeinlagen* zusendet (BVerwG NJW 1989, 2409).

Neue Entscheidungen haben zu weiteren Variationen in der Werbung Stellung genommen wie folgt:
4. So hat das OLG Karlsruhe (NJW 1991, 2910 f.) den Einwurf eines kostenlosen Anzeigenblattes mit *redaktionellem* Teil für zulässig erachtet, obwohl der Empfänger am Briefkasten mit einem Aufkleber zum Ausdruck gebracht hatte, er wolle keine „Werbewurfsendungen und Prospekte". Das Gericht führt aus, es sei nicht

Brieftauben

eindeutig erklärt, daß der Empfänger hiermit auch ein Anzeigenblatt mit redaktionellem Teil ablehnen wollte.
5. Eine beliebte Werbeform stellt inzwischen die *Beilage zu Tageszeitungen* dar. Hierdurch wird der Abonnent „genötigt", die Zeitung von unnötigem Ballast zu trennen. Als ein Abonnent von der Zeitung verlangte, ihm in Zukunft die Zeitung ohne Werbebeilage zu übersenden, kündigte der Zeitungsverlag fristlos. Die Klage des Abonnenten auf weitere (werbefreie) Belieferung hat das OLG Karlsruhe (NJW 1991, 2913f.) abgewiesen. Das Gericht stellt fest, Liefergegenstand sei eine Zeitung als solche und deren Form und Umfang unterliege der Entscheidungsfreiheit des Verlegers.
6. Der VGH Mannheim (NJW 1990, 2145) hatte sich mit *Postwurfsendungen* (anschriftslos) an alle Haushaltungen zu befassen und stellte fest, die Bundespost sei nicht verpflichtet, bei der Auslieferung die Hinweise auf den Briefkästen (keine Werbung) zu beachten (Urteil nicht rechtskräftig).
7. Läßt die werbende Firma die Werbung durch Austräger verteilen und informiert diese, Briefkästen mit der Aufschrift „keine Werbung" nicht zu beliefern, so besteht ein Anspruch bei nur wenigen Verstößen nicht. Werden die Austräger informiert und kontrolliert und ist ihnen bei Zuwiderhandlungen die Entlassung angedroht, so hat die werbende Firma alles Zumutbare getan (BGH I ZR 287/90 – Urteil vom 30. 5. 1992).

Brieftauben → Kleintiere → Tauben.

Bullenzucht. Die von einer Bullenzucht ausgehenden Geruchsbelästigungen sind regelmäßig als erhebliche Belästigungen i. S. einer schädlichen Umwelteinwirkung nach § 22 BImSchG anzusehen. Dabei ist einerseits das Durchschnittsempfinden eines objektiven Betrachters zu berücksichtigen und andererseits der Gebietscharakter, in dem die Bullen gehalten werden. So muß in einem ländlichen Gebiet oder in einem Ortsteil mit dörflichem Charakter ein Tiergeruch eher und in stärkerer Intensität hingenommen werden, als in einem reinen Wohn- oder Stadtgebiet.
→ Tierhaltung.

Bundesimmissionsschutzgesetz (BImSchG). 1. Das BImSchG vom 15. 3. 1974 (BGBl. I S. 721, 1193) in der Fassung vom 14. 5. 1990 (BGBl. I S. 881) hat den Zweck, Menschen, Tiere und Pflanzen und andere Sachen vor schädlichen Umwelteinwirkungen und, soweit es sich um genehmigungsbedürftige Anlagen handelt, auch vor Gefahren, erheblichen Nachteilen und erheblichen Belästigungen, die auf andere Weise herbeigeführt werden, zu schützen und dem

Bundesimmissionsschutzgesetz

Entstehen schädlicher Umwelteinwirkungen vorzubeugen (§ 1 BImSchG). Ob eine solche vorliegt, ist entsprechend der Frage der Wesentlichkeit der Beeinträchtigung nach § 906 BGB zu beurteilen. Beide Begriffe sind in diesem Zusammenhang identisch (BVerwG NJW 1988, 2396 f.).

Das Gesetz regelt die Beziehung der *Behörden* zu denjenigen, auf die eine schädliche Emission zurückzuführen ist, nämlich:
a) den Errichtern und Betreibern von Anlagen
b) den Herstellern, Inverkehrbringern und Einführern von Anlagen, Brennstoffen und Treibstoffen, Stoffen und Erzeugnissen aus Stoffen nach Maßgabe der §§ 32 bis 37
c) denjenigen, die für die Beschaffenheit, Ausrüstung, den Betrieb und die Prüfung von Kraftfahrzeugen sowie von Schwimmkörpern und schwimmenden Anlagen und ihren Anhängern und von Schienen-, Luft- und Wasserfahrzeugen nach Maßgabe der §§ 38 bis 34 und
d) denjenigen, die für den Bau öffentlicher Straßen sowie von Eisenbahnen und Straßenbahnen nach Maßgabe der §§ 41 bis 43 verantwortlich sind (§ 2 des Gesetzes).

Die Vorschriften gelten nicht für Flugplätze und im Geltungsbereich des Atomgesetzes vom 23. 12. 1959.

2. Der Schutz des Nachbarn richtet sich danach, ob er sich gegen eine nicht genehmigungsbedürftige Anlage wendet oder gegen eine solche, die der Genehmigung bedarf, wobei die Genehmigung alle anderen öffentlich-rechtlichen Genehmigungen einschließt (§ 13 BImSchG). Nachbar ist nur der, der sich im Zeitpunkt der Verwaltungsentscheidung im räumlichen Einwirkungskreis der Anlage aufhält. Wer erst danach „zuzieht", kann evtl. nachträgliche Anordnungen oder den Widerruf nach den §§ 17, 21 BImSchG verlangen (BVerwG NVwZ 1987, 131 f.).

Bei der nicht genehmigungsbedürftigen Anlage kann der Nachbar seine behaupteten Rechte auch auf dem Verwaltungsrechtsweg auf Grund der ihm nach §§ 17 Abs. (1), 20 Abs. (2), 24 und 25 Abs. (2) BImSchG gewährten subjektiv-öffentlichen Rechte verfolgen.

Bei genehmigungsbedürftigen Anlagen können sowohl nachbarschützende Bestimmungen des öffentlichen Rechts als auch privatrechtliche Ansprüche eingewendet werden (Jarass, Der Rechtsschutz Dritter bei der Genehmigung von Anlagen, NJW 1983, 2844, 2846).

Hierbei ist jedoch die *Verwirkungspräklusion* des § 10 Abs. 3 S. 3 BImSchG zu beachten. Danach gelten durch die Veröffentlichung des Vorhabens im amtlichen Veröffentlichungsblatt und in der örtlichen Tageszeitung und die Auslegung der Planunterlagen zur Einsicht alle nicht binnen 2 Monate ab Bekanntmachung vorgebrachten Einwendungen als ausgeschlossen, die nicht auf besonderen privat-

Bundeskleingärten

rechtlichen Titeln beruhen. Dieser Ausschluß betrifft nicht nur das Verwaltungsverfahren, vielmehr auch das gerichtliche Verfahren (BVerwG DVBl. 1980, 1001).

Die Präklusion gilt nicht bei Tatsachen, die nach der Einwendungsfrist liegen und bei Änderung wissenschaftlicher oder technischer Erkenntnisse. Ist die Einwendungsfrist schuldlos versäumt, so *Wiedereinsetzung in den vorigen Stand* nach § 32 VwVfG.

3. Ist die Genehmigung erteilt, so treten die Wirkungen des § 14 BImSchG ein (→ genehmigte Anlagen).

Der Anlagenbetreiber ist nach erteilter Genehmigung auch nicht mehr Störer im polizeirechtlichen Sinne (BVerwG DVBl. 1978, 710). Nach der Erteilung der Genehmigung bleiben dem Nachbarn lediglich Ausgleichs- und Schadensersatzansprüche nach §§ 906 Abs. 2 BGB, 14 S. 2 BImSchG (Martens, DVBl. 1981, 597, 605f.).

Weiter bleiben der Behörde die in den §§ 17 und 21 BImSchG vorbehaltenen Eingriffsmöglichkeiten. Somit besteht durch nachträgliche Anordnungen oder Widerruf der Genehmigung eine Möglichkeit, die Allgemeinheit oder die Nachbarn zu schützen, wenn deren ausreichender Schutz nicht gewährleistet ist.

Im übrigen kann sich ein Nachbar auch bei verwirkten Einwendungen i. S. des § 10 Abs. 3 S. 3 BImSchG noch darauf berufen, die später erteilte Genehmigung weise schwere und offensichtliche Fehler auf, so daß die erteilte Genehmigung *nichtig* sei. Dies ist mit der Klage auf Feststellung der Nichtigkeit geltend zu machen (BVerwG DVBl. 1980, 1009).

Bundeskleingärten. Soweit Kleingärten (häufig auch Schrebergärten genannt) im Eigentum der Gemeinden, der Bundesbahn oder der Kirchen stehen, gilt für sie ein *eigenes Nachbarrecht,* und zwar das Nachbarrecht, das vertraglich vereinbart worden ist. Wesentliches Kennzeichen der Kleingärten ist, daß das Grundstück nicht vom Eigentümer genutzt wird, sondern daß ein als gemeinnützig anerkannter Kleingartenverein die Parzelle verpachtet, wobei der Kleingartenverein in der Regel mit der Gemeinde oder mit einer anderen Körperschaft des öffentlichen Rechts oder mit der Kirche einen Zwischenpachtvertrag geschlossen hat. Im Regelfall beträgt die Größe einer derartigen Kleingartenparzelle 250–400 m^2, wobei nach dem Gesetz die maximale Größe von 400 m^2 nicht überschritten werden soll. Anders als dies bei Wochenendsiedlungen der Fall ist, dürfen die zu den jeweiligen Parzellen gehörenden Gartenlauben nicht für Wohnzwecke benutzt werden. Wesentliches Kennzeichen dieser Kleingartenanlagen ist, daß Gemeinschaftseinrichtungen, insbesondere sanitäre Anlagen, Spielplätze, Lagerhäuser etc. vorhanden sind und daß die gemeinsame Nutzung ein hohes Maß an gegenseitiger

Bundeskleingärten

Rücksichtnahme verlangt. Das bedeutet für den Pächter, daß er sich zusammen mit dem Pachtvertrag jeweils auch der herrschenden Gartenordnung unterwerfen muß. Dabei steht es jedem Kleingartenverein frei, sich eine eigene Gartenordnung zu geben, die von allen Pächtern akzeptiert werden muß.

Kaub zitiert als Beispiel (in „Der liebe Nachbar", S. 118ff.) folgende *Gartenordnung,* die von einem großen bayerischen Kleingartenverband aufgestellt wurde:

„Tierhaltung ist nicht gestattet. Werden Haustiere, z. B. Hunde, Katzen oder Vögel mitgebracht, so hat der Pächter des Gartens dafür zu sorgen, daß niemand belästigt wird.

Ein vorhandener Abfallsammelplatz darf nur zur Sammlung nicht verrottbarer Abfälle benutzt werden. Die Lagerung und Verwendung von nicht aufbereiteten Hausabfällen sowie das Düngen mit Fäkalien ist nicht gestattet. Das Abtrennen von Abfällen in den Gartenanlagen und im Anlagenbereich ist verboten. Papier, Materialabfälle, Speisereste u. a. dürfen nicht herumliegen. Soweit ihre Kompostierung nicht möglich ist, hat der Pächter für die einwandfreie Beseitigung selbst Sorge zu tragen.

Das Ausbringen von Pflanzenbehandlungsmitteln (Pflanzenschutzmittel und Wachstumsregler) ist zu vermeiden. Durch Anbauweise und Artenwahl soll biologisch einer übermäßigen Vermehrung von Schadorganismen vorgebeugt werden.

Soweit Pflanzenbehandlungsmittel aufgebracht werden müssen (insbesondere gemäß einer Verordnung, die aufgrund des § 3 Abs. 1 Nr. 3 des Pflanzenschutzgesetzes ergeht), darf dies nur an windstillen Tagen geschehen. Der einzelne Pächter hat dabei auf Obst und Gemüse in den benachbarten Gärten Rücksicht zu nehmen und die angrenzenden Nachbarn rechtzeitig zu verständigen.

Mindestens die Hälfte der nicht überbauten Kleingartenflächen ist für Obst- und Gemüseanbau zu nutzen. Der übrige Teil kann als Erholungsfläche mit Ziersträuchern, Blumen und Rasen angelegt werden.

Wald-, Obst- und Ziergehölze, die im ausgewachsenen Zustand eine Höhe von mehr als vier Meter erreichen, dürfen nicht gepflanzt werden.

Werden sie doch gepflanzt, sind diese zu entfernen, wenn sie die Höhe von vier Metern erreicht haben. Vom Vorstand können im Hinblick auf die Besonderheit des Einzelfalles (z. B. wenn der Schattenwurf überwiegend Gemeinschaftsflächen trifft) Ausnahmen zugelassen werden. Die gesetzlichen Abstandsvorschriften für Pflanzungen sind bezüglich des Kleingartens so zu beachten, als wenn es ein selbständiges Grundstück wäre.

Nach dem bayerischen Nachbarrecht sind Bäume, Sträucher oder

Bundeskleingärten

Hecken (lebende Zäune) bis zu einer Höhe von 2 Meter, mindestens 0,50 Meter von der Grenze entfernt zu pflanzen. Der Abstand ist von der Mitte des Stammes, wo er aus dem Boden tritt, bei Sträuchern und Hecken von der Mitte der zur nächsten Grenze befindlichen Triebe zu messen. Grenzbepflanzungen dürfen mit Einfriedungen nicht verwachsen. Bohnen, Himbeeren, Brombeeren usw. müssen so gepflanzt werden, daß sie dem Nachbargarten keinen Schaden zufügen."

Die Kleingartenverbände haben sich in der gesamten Bundesrepublik im wesentlichen gleich lautende Gartenordnungen gegeben. Das Bundesland Bremen verfügt über keine gesetzliche Regelung des Nachbarrechts, sodaß die Bestimmungen nach der Gartenordnung des Landesverbandes der Kleingärtner Bremen besondere Bedeutung haben. In dieser Gartenordnung sind – anders als dies in den übrigen Bundesländern der Fall ist – auch Regeln über den Grenzabstand von Bäumen und Sträuchern enthalten, ebenso wie die Regeln für die Anlage von Komposthaufen und für die Tierhaltung.

Kaub hat die wichtigsten Regeln aus der Gartenordnung des Landesverbandes Bremen (in „Der liebe Nachbar", S. 120ff.) zusammengestellt; sie lauten:

Kompost und Dünger

a) Kompost- und Düngerablageplatz dürfen nicht an der Straße oder am Kolonienweg angelegt werden. Diese Anlagen müssen vor Einsicht geschützt sein und dürfen nicht zur Belästigung der Nachbarn führen.

b) Für die Kompostherstellung nicht verwertbares Material soll untergegraben oder verbrannt werden. Abfallhaufen und Gerümpelecken sind nicht zulässig. Ablagern von Abfällen und Unrat an Straßen, Wegen, Plätzen, Deichen, Gräben usw. ist nicht statthaft.

c) Das Verbrennen von Materialien im Freien ist in den Monaten November bis März uneingeschränkt, in den Monaten April bis Oktober nur an Werktagen bis 10.00 Uhr zulässig. Die feuerpolizeilichen Vorschriften sind zu beachten. Auf Nachbarn und Passanten ist Rücksicht zu nehmen.

d) Das Entleeren von Fäkalien- und Jauchebehältern sowie das Jauchen und das Ausklopfen von Gegenständen dürfen werktags von 8.00 Uhr bis 12.00 Uhr ausgeführt werden, zu anderen Zeiten nur mit Zustimmung der Nachbarn. Die polizeilichen Vorschriften bleiben unberührt.

Bundeskleingärten

Obstbäume

a) je 200 qm Gartenland dürfen nicht mehr als 1 Hoch- bzw. Halbstamm sowie 2 Buschbäume auf stark wachsender Unterlage gepflanzt werden. Bei Neuanlagen bzw. Sanierungen sind die im Gesamtplan für diese Bäume festgelegten Standorte zu berücksichtigen.

b) Kleinbaumformen auf schwach wachsender Unterlage sowie Beerenobststräucher und -stammformen müssen unter sich den nach gärtnerischen Erkenntnissen erforderlichen Pflanzenabstand haben.

c) Der Grenzabstand zu den Nachbargärten bei Hoch- und Halbstamm und Buschbäumen auf Sämlings- oder Wildlingsunterlage muß mindestens 4 m betragen.

d) Bei Obstbäumen auf schwach wachsender Unterlage, Himbeeren und Brombeeren muß der Grenzabstand mindestens 1,50 m, bei Beerenobststräuchern und -stammformen mindestens 1,00 m betragen.

e) Das Anpflanzen von Holunder, Walnuß und Haselnuß ist nicht erlaubt.

Ziergehölze

a) Bei der Anpflanzung von Ziergehölzen (Laub- und Nadelgehölzen) sind mit der Ausnahme des Absatzes b) nur solche Arten zu wählen, die eine Wuchshöhe von 2,50 m nicht überschreiten. Im Bereich eines Sitzplatzes können heckenartige Gehölze verwendet werden. Ein Grenzabstand von 1,50 m ist einzuhalten.

b) Je 100 qm Gartenland ist die Anpflanzung von zwei Stück Ziergehölzen bis zu einer Wuchshöhe von 4,00 m gestattet. Ein Grenzabstand von 2,50 m ist einzuhalten. Vorhandene Ziergehölze über 4,00 m Wuchshöhe sind zu entfernen oder zurückzuschneiden.

Tierhaltung

a) Die Haus- und Kleintierhaltung ist im Kleingarten nicht erlaubt.
b) Hunde müssen in der Kleingartenanlage an der Leine geführt und im Garten unter Aufsicht gehalten werden.
c) Katzen dürfen keinesfalls im Garten gehalten oder dahin mitgenommen werden.

Pflanzenschutz und Schädlingsbekämpfung

Die von den zuständigen Behörden empfohlenen Maßnahmen zur Schädlingsbekämpfung und zur Erlangung gesunden Ernteguts sollten beachtet und befolgt werden. Aufforderungen des Zwischenpächters, kranke und absterbende Bestände sowie hartnäckige Un-

Bundeswehr

kräuter wie Distel und Franzosenkraut zu entfernen, sind unverzüglich zu befolgen.

Bienenschutz

Im Interesse der Förderung und zum Schutze der Bienenhaltung sind bei der Anwendung von Giftmitteln im Pflanzenschutz die notwendigen Schutzmaßnahmen zur Erhaltung der Bienen genauestens durchzuführen.

Vogelschutz

Der Pächter soll für die Schaffung von Nistgelegenheiten sowie Futter- und Tränkeplätzen für Vögel sorgen. Während der Brutzeit hat der Schnitt von Hecken und Sträuchern zu unterbleiben.

Bundeswehr. Die Bundeswehr als →Störer i. S. des § 1004 BGB ist in letzter Zeit durch die Diskussion über die →Tiefflüge in den Vordergrund getreten. Auch bei der Durchführung von Manövern werden sich →wesentliche Beeinträchtigungen i. S. des § 906 BGB für Dritte nie vermeiden lassen. Ein Abwehranspruch in Form von Beseitigung oder Unterlassen besteht gegen derartige Störungen, die zur Erfüllung eines Verfassungsauftrags im Gemeinwohl liegen, nicht (BGH NJW 1973, 326; BGH NJW 1984, 1876).

Der grundsätzlich bestehende öffentlich-rechtliche Beseitigungsanspruch ist nämlich dahingehend eingeschränkt, daß lediglich Schutzvorkehrungen in zumutbarem Umfang verlangt werden können und – falls dies nicht möglich ist – ein Entschädigungsanspruch zu gewähren ist (BGH NJW 1984, 1876).

→Hoheitliche Gewalt.

C

Callgirl. Läßt die Teilungserklärung einer Eigentumswohnungsanlage auch die gewerbliche Nutzung der Wohnung zu, so kann ein Callgirl in der Wohnung auch Besucher empfangen. Allein das sittlich anstößige Verhalten reicht zu einer Untersagung nicht aus, wenn nicht weitere unzumutbare Belästigungen hinzutreten (LG Nürnberg-Fürth 14 T 214/90).

→Bordell, Eigentumswohnung.

D

Dach. Das Eigentum am Grundstück erstreckt sich auch auf den →Luftraum. Überschreitet der Nachbar die Grenze in der Luft durch hereinragende Gebäudeteile wie Dächer, Balkon und Erker, so wird in der Regel ein →Überbau vorliegen (BGH NJW 1963, 807; 1976, 669).

Eine Duldungspflicht nach § 905 Satz 2 BGB kommt nur dann in Betracht, wenn die Einwirkung in solcher Höhe erfolgt, daß der Eigentümer an ihrer Ausschließung kein Interesse hat.
→Balkon.

Dachrinne. Gemeinsame Dachrinnen zwischen zwei Häusern können Grenzeinrichtungen i. S. v. § 921 BGB sein (OLG Dresden Recht 1904 Nr. 2490). Die gesetzliche Vermutung des § 921 BGB wird durch den Nachweis widerlegt, daß die Grenzeinrichtung im Alleineigentum eines beteiligten Nachbarn steht, obwohl sie sich auf der Grenze befindet. Der Eigentümer darf sein Dach nicht so bauen, daß es in den Luftraum des Nachbarn hineinreicht; dies gilt auch für Vordächer und Dachrinnen. Bringt er an seinem Dach keine Dachrinne an, sondern läßt er das Wasser von der Dachtraufe abfallen, so dürfen die Tropfen nicht unmittelbar auf dem Grundstück des Nachbarn auftreffen.

Dämpfe →Gerüche.

Damm. Ein Damm ist ein „anderes Werk" i. S. v. § 908 BGB (vgl. JW 1905, 370 Nr. 10, Deichbruch; JW 1908, 196, Bahndamm; RGZ 97, 112, Dammbruch; RGZ 97, 114, Damm). § 908 BGB ergänzt die Schadensersatzanspruchsnorm des § 836 BGB und den in § 1004 BGB normierten Anspruch auf Beseitigung einer bereits vorhandenen Störung um einen vorbeugenden Abwehranspruch. Dabei schützt § 908 BGB nicht nur bei ausschließlich natürlichen Einwirkungen, sondern auch, wenn die Gefährdung aufgrund einer mangelhaften Unterhaltung der Anlage besteht. Nach § 908 BGB kann der Eigentümer von demjenigen, der für den eintretenden Schaden verantwortlich sein würde, verlangen, daß er die zur Abwendung der Gefahr erforderlichen Vorkehrungen trifft, wenn einem Grundstück die Gefahr droht, daß es durch den Damm infolge Einsturz oder Ablösung beschädigt wird. Der Anspruch steht selbständig neben den Ansprüchen aus §§ 836, 1004 BGB, da danach nur eine Beseitigung der eingetretenen Störung oder Schädigung verlangt werden kann, während § 908 BGB schon *vorbeugende Abwehrmaßnah-*

DDR, ehemalige

men zuläßt. Im Unterschied zu § 907 BGB ist bei § 908 BGB nicht erforderlich, daß der Einsturz mit Sicherheit zu erwarten ist. Für die Anwendbarkeit von § 908 BGB spielt es keine Rolle, ob der Einsturz des Dammes durch menschliches Tun oder durch Naturereignisse, z. B. Durchbruch eines Dammes infolge Wasserflut, ausgelöst wird (BGHZ 58, 149).

Die Beschädigungsgefahr muß auf dem baufälligen Zustand des Dammes beruhen, wobei die Ursache dafür keine Rolle spielt, da es auf ein Verschulden des Anspruchsgegners nicht ankommt. Ausreichend ist bereits, daß mit dem Einsturz zu rechnen ist, wenn menschliches Handeln oder Naturkräfte mitwirken. Die Gefahr droht, wenn dies nach Lage der Dinge zu gewärtigen ist, also von einem verständigen Menschen, der dies ruhig betrachtet, befürchtet wird. Es reicht bereits die nicht ganz entfernte Möglichkeit des Schadenseintrittes aus. Eine subjektive Befürchtung ist jedoch nicht ausreichend.

Anspruchsberechtigter ist wie bei § 907 BGB der Eigentümer, der Miteigentümer (§ 1011 BGB), Nießbraucher (§ 1065 BGB), Erbbauberechtigte (§ 11 ErbbRVO), Dienstbarkeitsberechtigte (§§ 1027, 1090 BGB), Wohnungs- und Teileigentümer und Inhaber von Dauerwohnrechten (Bayer-Lindner, S. 82f. m. w. N.). Keinen Anspruch aus § 908 BGB besitzen Mieter, Pächter und Besitzer (Palandt-Bassenge, Anm. 2 zu § 908 m. w. Nachw.; aA MüKo-Säcker, RdNr. 7 zu § 908).

DDR, ehemalige. 1. Die im *Bürgerlichen Gesetzbuch* enthaltenen nachbarrechtlichen Vorschriften der §§ 903 bis 923 BGB gelten nunmehr ab 3. 10. 1990 auf Grund Art. 8 des Einigungsvertrages auch in den neuen Bundesländern.

2. Ob auch durch die Wiedergeltung des Art. 124 EGBGB frühere *landesrechtliche* Vorschriften daneben gelten, ist strittig. Seit der Einführung des Zivilgesetzbuches der DDR gab es kein Landesrecht auf dem Gebiet des Nachbarrechts mehr. Teilweise waren (aus heutiger Sicht) landesrechtlich zu regelnde Materien in das DDR-ZGB aufgenommen worden.

Mit *Dehner* (Nachbarrecht in den neuen Bundesländern – DtZ 1991, 108f., ist davon auszugehen, daß durch die Wiedereinführung des Art. 124 EGBGB das vor Erlaß des DDR-ZGB am 19. 6. 1975 bestehende alte Landesrecht wieder Geltung erlangt hat. Welches Recht dies ist, setzt historische und rechtshistorische Kenntnisse voraus. Dehner (aaO) ermittelt insoweit folgende Rechtsquellen:

Sachsen (alle Landesteile des früheren Königreichs und Freistaats ohne Rücksicht auf zwischenzeitliche Grenzänderungen). Es gilt das Bürgerliche Gesetzbuch aus dem Jahre 1863.

DDR, ehemalige

Thüringen

a) Ehemals zu Preußen (bis 1945) gehörende Gebiete: Es gilt das Allgemeine Landrecht für die Preußischen Staaten mit Ausnahme des Gebiets Erfurt (hier gilt Erfurter Provinzialrecht, soweit das Gebiet früher zum Kurfürstentum Mainz gehörte).

b) Sonstige Gebiete: Es gilt die Verordnung vom 16. 5. 1923, welche in den §§ 74 bis 81 Nachbarrecht regelte (Gesetzessammlung 225). Soweit die Verordnung vor 1900 bestehende Vorschriften in Kraft gelassen hat, blieb es dabei auch nach 1923. Inzwischen liegt vor das Thüringer Nachbarrechtsgesetz vom 22. 2. 1992 (GVBl. 599).

Sachsen-Anhalt

a) Früher zur preußischen Provinz Sachsen gehörende Gebiete: Es gilt das Allgemeine Landrecht mit folgenden Ausnahmen:
– Für den rechtselbischen Teil des Herzogtums Magdeburg gilt Magdeburger Recht,
– für den linkselbisch früher zum Königreich Westfalen gehörenden Teil gilt allgemeines Landrecht ohne Einschränkungen,
– für die Teile, die 1815 von Sachsen an Preußen abgetreten worden waren, galten noch einzelne unbedeutende Lokalrechte.

b) In dem zu Braunschweig gehörenden Teil galt das Gemeine Recht.

c) In Anhalt galt Art. 34 bis 43 des Ausführungsgesetzes zum BGB.

Brandenburg

Es gilt das Allgemeine Landrecht, dem allerdings das Oberlausitzer und Niederlausitzer Provinzialrecht und das märkische Provinzialrecht vorging.

Mecklenburg

Es galt bis 1900 das Gemeine Recht; ihm gingen Partikularrechte vor.

Vorpommern

Es gilt das Gemeine Recht, dem das Lübische Recht in den Städten vorging (Gebiete nordwestlich der Peene). Südöstlich der Peene galt subsidiär nach bestehenden Lokalrechten das Allgemeine Landrecht.

Berlin-Ost

Anzuwenden ist hier seit dem 3. 10. 1990 das Berliner Nachbarrechtsgesetz vom 28. 9. 1973 (GVBl. 1654) auf Grund der Vereinheitlichung des Berliner Landesrechts gemäß §§ 1 Abs. 1 und 7 Abs. 1 des Gesetzes vom 28. 9. 1990 (GVBl. S. 2119; vgl. auch Janke in DtZ 1992, 311 ff.).

Es ist zu hoffen, daß die neuen Bundesländer alsbald von der ihnen gegebenen Möglichkeit zum Erlaß neuer landesgesetzlicher Vorschriften (Art. 218 EGBGB) Gebrauch machen.

Dezibel

Beim Nachbarschutz gegen Baugenehmigungen ergeben sich für die neuen Bundesländer zeitliche Einschränkungen. Die aufschiebende Wirkung von →Widerspruch und →Anfechtungsklage entfällt nämlich bis 30. 4. 1998 (Ziff. 3 des Gesetzes zur Beschränkung von Rechtsmitteln in der Verwaltungsgerichtsbarkeit, BGBl. 1993 S. 487). Der Nachbar kann seine Rechte jedoch behördlich oder gerichtlich sichern lassen (§§ 80a Abs. 1 Nr. 2, 80a Abs. 3 VwGO).

3. Gemäß Art. 8 des Einigungsvertrages vom 31. 8. 1990 (BGBl. II S. 889) tritt auch weiteres Bundesrecht in Kraft, soweit nicht Sondervorschriften des Einigungsvertrages entgegenstehen. Hiervon ist das *Bundesimmissionsschutzgesetz* betroffen. Hierzu und zu einigen Verordnungen (Kleinfeuerungs- und GroßfeuerungsVO, StörfallVO) sieht Anlage I Kapitel XII Sachgebiet A des Einigungsvertrages besondere Bestimmungen zur Überleitung von Bundesrecht und Abweichungen für das Beitrittsgebiet vor.

Dezibel. Maßeinheit für Lärm (→ Technische Anleitung zum Schutz gegen Lärm).

Dingliche Rechte. Ansprüche auf Beseitigung und Unterlassung nach § 1004 BGB im Bereich des Nachbarrechts stehen dem *Eigentümer* des beeinträchtigten Grundstücks, aber auch dem *dinglich* Berechtigten zu.
→ Klagebefugnis.

Diskothek. Der Betrieb einer Diskothek bringt erhöhte Belästigung infolge der elektrischen Verstärkung und der besonderen Betonung der rhythmischen Impulse (MüKo-Säcker, § 906 RdNr. 50).

Soweit es sich um eine Beeinträchtigung durch Lärm handelt, sind die Richtwerte nach →VDI 2058 und →TA-Lärm zu beachten. Ein Unterschreiten der Richtwerte schließt aber eine wesentliche Beeinträchtigung i. S. v. § 906 Abs. 1 BGB nicht aus. Die Grenzwerte sind nur beschränkt anwendbar. Es kommt hauptsächlich auf das Maß der empfundenen *Lästigkeit* der Lärmbeeinträchtigung an (MüKo-Säcker, § 906 RdNr. 35). Entscheidend ist die Lästigkeit, für die die Lautstärke nur eine Komponente ist (Palandt-Bassenge, § 906 Anm. 3b aa). Über das Maß der Belästigung ist ohne Bindung an Grenzwerte in Verwaltungsvorschriften wie TA-Lärm und VDI-Richtlinien zu entscheiden (Palandt-Bassenge, § 906 Anm. 3b aa). Die Immissionswerte stellen nur allgemeine Erfahrungswerte dar und sind wegen ihrer Ausrichtung auf nachbarlichen Ausgleich eher zu hoch als zu niedrig angesetzt (MüKo-Säkker, § 906 RdNr. 33). Die Richtlinien geben nur einen allgemeinen Anhalt (BGH NJW 1966, 1858; BGH NJW 1983, 751 „Tennis-

Düngung

platz"). Maßgeblich ist letztlich die eigene Empfindung des Tatrichters, der u. U. einen Sachverständigen beiziehen muß (vgl. BGH NJW 1968, 1133).

Wegen des Lärms einer Diskothek in einem Wohngebiet hat der VGH Kassel die Sperrstunde auf *1 Uhr* festgesetzt (8 UE 68/86). Kommt es zeitlich früher zu wesentlichen Beeinträchtigungen durch Disco-Gäste, so kann zivilrechtlich schon die Schließung ab 21.30 Uhr angeordnet werden, wenn der erzeugte Lärm nachts 40 →Dezibel übersteigt (OLG Frankfurt 8 U 63/83).

→Durchschnittsmensch, Gaststättenlärm, Lärmmessung, Sachverständigengutachten.

Drahtseilbahn. Das Recht des Eigentümers erstreckt sich auch auf den Raum *über* der Oberfläche seines Grundstücks (§ 905 Satz 1 BGB). Ein Abwehranspruch aus § 1004 BGB scheitert jedoch dann, wenn die Einwirkung auf das Grundstück in einer solchen Höhe vorgenommen wird, daß der Eigentümer an der Ausschließung kein Interesse hat (§ 905 Satz 2 BGB). Ob dies bei einer das Grundstück überquerenden Drahtseilbahn der Fall ist, hängt von den tatsächlichen Gegebenheiten ab. Nicht hinnehmen nach § 905 Satz 2 BGB muß der Eigentümer eine Drahtseilbahn in 9.5 m Höhe (BGHZ 60, 122). Ob der Eigentümer ein schutzwürdiges Interesse an der Verbietung von Einwirkungen im →Luftraum hat, richtet sich nach der Verkehrsanschauung, wobei auch *ästhetische* Interessen geschützt sind.

Fehlt es im übrigen an einer Gestattung, einer dinglichen Absicherung oder an den Voraussetzungen des § 905 Satz 2 BGB, so kann sich der Erbauer einer Drahtseilbahn für die Überquerung fremden Grundes auch nicht auf ein Notwegrecht berufen (BayObLG SeuffA 62, Nr. 41; aA Staudinger-Beutler, RdNr. 20 zu § 917 BGB).

Düngung. Die Düngung und das Ausbringen von Gülle auf Äckern und Wiesen sind als nur *gelegentliche* Arbeiten i. S. v. § 3 V 3 BImSchG anzusehen (OVG Münster, U. v. 23. 1. 1986, 21 aA 1517/84, UPR 1986, 433).

Der Begriff „Arbeiten" ist zwar nicht eng anzusehen, denn auch Freizeitbeschäftigungen (Sport) fallen hierunter. Nur gelegentliche Arbeiten, auch wenn sie mit Immissionen verbunden sind, erfüllen den Begriff Arbeiten i. S. des BImSchG aber nicht. Insofern sind etwaige landesrechtliche Vorschriften zu beachten, die den *verhaltensbezogenen* Immissionsschutz betreffen. Dieser wird vom →BImSchG nicht erfaßt, denn menschliches oder tierisches Fehlverhalten ist nicht Regelungsgegenstand des BImSchG.

Duldungspflicht

Duldungspflicht. Dem grundsätzlichen Anspruch auf Beseitigung oder Unterlassung nach § 1004 BGB steht in vielen Fällen eine Duldungspflicht entgegen (§ 1004 Abs. 2 BGB), die zum Ausschluß der Abwehransprüche führt. Die Duldungspflicht kann sich auf Grund Gesetzes in folgenden Fällen ergeben: →Notstand (§ 904 BGB), fehlendes Verbietungsinteresse i. S. des § 905 Satz 2 BGB (→Eigentumsherrschaftsrecht, Luftraum), Fehlen einer →wesentlichen Beeinträchtigung oder, bei gegebener wesentlicher Beeinträchtigung, →ortsübliche Nutzung (§ 906 BGB), fahrlässiger →Überbau (§ 912 Abs. 1 BGB), →Notwegrecht (§ 917 Abs. 1 BGB), gemeinschaftliche Berechtigung bei Grenzanlagen (§ 921 BGB) und § 242 BGB (→nachbarschaftliches Gemeinschaftsverhältnis).

Weitere Duldungspflichten ergeben sich bei →genehmigten Anlagen aus § 14 BImSchG, § 7 AtomG, § 11 LuftVG und § 11 WHG sowie nach Durchführung von →Planfeststellungsverfahren. Sind Grundstücke einem besonderen Zweck gewidmet, so besteht gegen den sich im Rahmen des →Gemeingebrauchs haltenden Benutzer kein Abwehranspruch.

Ebenso ist ein Anspruch ausgeschlossen, wenn sich der Anspruchsgegner auf eigene →dingliche Rechte berufen kann oder sein Recht vom dinglich Berechtigten ableitet. Schließlich reicht zum Ausschluß von Abwehransprüchen auch eine schuldrechtliche Verpflichtung in Form der Miete, Pacht, Leihe oder sonstiger Gestattung.

Weitere Duldungspflichten ergeben sich bei Immissionen auf Grund →hoheitlicher Gewalt oder bei Betrieben, die im öffentlichen Interesse nichthoheitlich tätig sind.

Das Vorliegen einer →*behördlichen Genehmigung* führt nur dann zu einer Duldungspflicht nach § 1004 Abs. 2 BGB, wenn das Gesetz der Genehmigung diese Wirkung ausdrücklich zuerkennt (→genehmigte Anlagen). Eine →*Baugenehmigung* begründet keine Duldungspflicht für den Nachbarn, sie wird vielmehr – so der übereinstimmende Wortlaut der Bauordnungen der Länder – unbeschadet und unter dem Vorbehalt der Rechte Dritter erteilt. Der in seinen Rechten beeinträchtigte Nachbar kann damit seine Ansprüche sowohl dadurch verfolgen, daß er mit →Widerspruch und →Nachbarklage gegen die erteilte Baugenehmigung vorgeht als auch dadurch, daß er *zivilrechtliche* Ansprüche geltend macht (BGH DVBl 1971, 744). Diese Doppelgleisigkeit des Rechtsschutzes ist nach wie vor sehr umstritten. Eine gewisse Einschränkung ergibt sich dadurch, daß auch das Zivilgericht an eine erteilte Baugenehmigung, auch wenn sie materiell-rechtswidrig ist, gebunden ist. Ist somit die öffentlich-rechtliche Zulässigkeit eines Vorhabens in einem Zivilprozeß als *Vor-*

Dunggrube

frage zu behandeln, so kommt der erteilten Genehmigung sog. Tatbestandswirkung zu. Hält sich der Bauherr an die erteilte Genehmigung (auch wenn sie materiell unrichtig ist) und weicht auch nicht von ihrem Rahmen ab, so verstößt er nicht gegen →nachbarschützende Vorschriften des öffentlichen Rechts und damit auch nicht gegen Schutzgesetze i. S. von § 823 Abs. 2 BGB (Breuer, Baurechtlicher Nachbarschutz, DVBl 1983, 431/438). Eine Duldungspflicht ergibt sich im übrigen nicht nur aus Bundes- oder Landesrecht. Gesetz ist vielmehr jede Rechtsnorm (Art. 2 EGBGB). Auch die wirksam erlassene →Baumschutzsatzung einer Gemeinde begründet eine Duldungspflicht. So muß der Nachbar den Fall von Laub, Zapfen etc. dulden, weil der Baumeigentümer die überhängenden Zweige des Baumes im Hinblick auf eine Baumschutzsatzung nicht beseitigen darf (OLG Düsseldorf NVwZ 1989, 1807).

→Baugenehmigung, Behördliche Genehmigung, Bundesimmissionsschutzgesetz, Genehmigte Anlagen, Planfeststellungsverfahren.

Dunggrube. Dung- und Versitzgruben sind Anlagen i. S. d. § 907 BGB, die auf das Nachbargrundstück einwirken können (vgl. OLG Marienwerder OLGZ 4, 59). Zwar ist die Veränderung des Grundwassers keine positive Einwirkung i. S. v. § 907 BGB, denn die Veränderung des Grundwasserspiegels selbst ist eine nur entziehende, nicht aber grenzüberschreitende Einwirkung. Von § 907 BGB werden Anlagen erfaßt, die selbständig und ohne Hinzutreten einer weiteren menschlichen Tätigkeit auf das benachbarte Grundstück einwirken, z. B. bei Gräben und Kanälen, die stinkendes Wasser enthalten (vgl. RGZ 51, 254) oder die schädliche Tiere anziehen (vgl. RG JW 1910, 654). Gleiches gilt für Dunggruben (vgl. OLG Marienwerder OLGZ 4, 59).

Nach der Rechtsprechung (zusammengestellt bei Meisner-Ring, § 14 RdNr. 19) ist eine unzulässige Einwirkung von einer Anlage nur dann mit Sicherheit zu erwarten, wenn sie selbst ordnungsgemäß benutzt wird. Wird die Anlage demgegenüber mangelhaft unterhalten oder unsachgemäß genutzt, besteht eine derartige, mit Sicherheit zu erwartende unzulässige Beeinträchtigung nicht, da die Benutzung jederzeit so gestaltet werden könnte, daß unzulässige Störungen vermieden werden. Ist z. B. eine dicht an der Grenze befindliche Dunggrube nicht zementiert, kann aus § 907 BGB auf Beseitigung geklagt werden. Diese Möglichkeit besteht demgegenüber nicht, wenn die Dunggrube zwar zementiert ist, der Zementverputz aber schadhafte Stellen aufweist. Denn in diesem Fall liegt nur eine mangelhafte Unterhaltung vor. Der Zustand an sich wäre geeignet, die Einwirkung auszuschließen (vgl. RGZ 63, 379). In der Literatur (vgl. Mü-Ko-Säcker, § 907 RdNr. 11) wird hierzu jedoch die Meinung vertre-

Durchgang als Grenzeinrichtung

ten, daß durch diese Ansicht der vorbeugende Rechtsschutz des § 907 BGB zu sehr eingeschränkt wird. Führe nämlich der Eigentümer der beeinträchtigenden Anlage die Maßnahmen zur ordnungsgemäßen Unterhaltung oder Nutzung nicht durch, so beruhten die aufgrund des bewußt aufrechterhaltenden Zustands verursachten Einwirkungen eben doch auf seinem Willen. Daher sei auch in diesen Fällen dem beeinträchtigten Nachbarn ein Abwehranspruch aus § 907 BGB zuzubilligen. Dem Eigentümer des Grundstücks, auf dem sich die Anlage befindet, bleibt die Möglichkeit, gegen den Abwehranspruch Vollstreckungsgegenklage aus § 767 ZPO zu erheben, wenn er die Einwirkungen durch zusätzliche Maßnahmen verhindert hat. Diese Ansicht entspricht jedoch aufgrund der Formulierung des § 907 BGB nicht dem geltenden Recht (Meisner-Ring, § 14 RdNr. 19 m. w. N.).

In § 22 WHG ist die privatrechtliche Gefährdungshaftung normiert, die unabhängig von anderen zivilrechtlichen Schadensersatzansprüchen besteht (dabei ist insbesondere an einen Schadensersatzanspruch aus § 823 Abs. 1 und § 823 Abs. 2 BGB zu denken). Der in § 22 Abs. 2 WHG vorausgesetzte Begriff der Anlage ist im weitesten Sinne zu verstehen. Er erfaßt alle Einrichtungen, die für eine nicht unerhebliche Zeit den in Absatz 2 aufgeführten Zwecken dienen sollen. Daher fällt darunter auch eine Dunggrube (Meisner-Ring, § 41 RdNr. 39).

Durchgang als Grenzeinrichtung. § 922 BGB regelt das gemeinschaftliche Nutzungsrecht der Nachbarn an einer Grenzeinrichtung i. S. von § 921 BGB. Das in § 922 BGB geregelte Nutzungsrecht darf nur zu dem Zweck, der sich aus der Beschaffenheit der Grenzeinrichtung ergibt, ausgeübt werden. Welchen Zweck die Grenzeinrichtung hat, ist aus ihren objektiven Merkmalen nach wirtschaftlichen Grundsätzen zu entscheiden. Häufig besteht der Zweck nur darin, eine Trennung der beiden benachbarten Grundstücke herbeizuführen. Bei anderen Grenzeinrichtungen liegt der Zweck z. B. darin, Feuergefahr abzuwenden, Dachtraufwasser abzuleiten, das Durchgehen oder Durchfahren zu ermöglichen oder Licht und Luft zuzuführen. Nur eine dieser objektiven Zweckbestimmung entsprechende Benutzung ist dem Nachbarn gestattet. Ist ein Gang der objektiven Beschaffenheit nach dazu bestimmt, als Durchgang zu dienen, so ist es auch gestattet, einen Schubkarren, ein Fahrrad oder ein Moped durchzuschieben. Dies ist selbst dann erlaubt, wenn wegen der Enge des Gangs beide Nachbarn nicht aneinander vorbeifahren können, eine gleichzeitige Nutzung also ausgeschlossen ist (RG, SeuffA, 62, Nr. 207). Andererseits ist es nicht gestattet, die zwischen den Häusern befindliche Reihe zur Aufbewahrung von Gegenständen, also z. B. zur Lagerung von Holz oder Steinen, zum Abstellen

Durchtriebsrecht

eines Fahrrads, eines Mopeds oder eines PKWs zu nutzen. Eine Ausnahme besteht nur dann, wenn eine vorhandene Einrichtung das Recht hierzu beweist, wie z. B. ein Schutzdach. Gerüste zur Ausbesserung der Häuser dürfen aufgestellt werden (Meisner-Ring, § 7 RdNr. 19 m. w. N.).

Durchschnittsmensch. Ansprüche auf Beseitigung oder Unterlassen nach § 1004 BGB auf dem Gebiet des Nachbarrechts setzen voraus, daß eine wesentliche Beeinträchtigung i. S. des § 906 BGB vorliegt.

Ob dies der Fall ist, entscheidet im Streitfall das Gericht meist nach Erholung eines → Sachverständigengutachtens nach objektiven Kriterien, aber auch unter Berücksichtigung des mutmaßlichen Empfindens eines Durchschnittsbewohners des von der Immission betroffenen Gebiets (BGH NJW 1984, 1242 und 2207).

Es kommt somit nicht auf die besondere Empfindlichkeit oder auch erhöhte Belastbarkeit des Nachbarn an, vielmehr darauf, wie ein Durchschnittsmensch empfinden würde. Maßgebend ist, inwieweit die Benutzung des Grundstücks nach seiner tatsächlichen Zweckbestimmung gestört ist. In der neueren Rechtsprechung stellt der BGH nun nicht mehr auf den normalen Durchschnittsmenschen, vielmehr auf den *verständigen* Durchschnittsmenschen ab (BGH NJW 1993, 925; 1993, 1658).

Durchtriebsrecht. Das Durchtriebsrecht ist zusammen mit den → Weiderechten geregelt (vgl. Art. 2 Abs. 3 WeideG). Gemäß Art. 2 Abs. 2 WeideG ist das Weiderecht dahingehend eingeschränkt, daß die Weide auf Äckern während der Zeit des Anbaus und auf Wiesen während ihrer *Hegezeit* schlechthin unzulässig ist. Die Hegezeit der Wiesen ist auf die Dauer vom 1. 4. bis zur Abräumung der Heu- bzw. letzten Grummet-Ernte festgesetzt. Läßt ein Grundbesitzer sein Heu oder Grummet (Gras) selbst dann noch stehen, wenn die anderen Wiesenbesitzer ihre Wiese schon abgeräumt haben und macht er hierdurch die Weide auf anderen Wiesen unmöglich, so hat er den Durchtrieb durch seine Wiese unentgeltlich zu gestatten. Neu angelegte sowie frisch umgebaute Wiesen bleiben von der Schafweide während der ersten drei Jahre, von der Weide mit anderen Viehgattungen während der ersten fünf Jahre nach Vollendung der Anlage gänzlich befreit, wobei für den Entgang der Weide eine Entschädigung nicht gefordert werden kann. Würde aber hierdurch dem Berechtigten die Ausübung der Weidebefugnis auf anderen Grundstücken oder der benötigte Viehbetrieb auf eigenem Grundstück unmöglich gemacht, so muß ihm der erforderliche Durchtrieb auf den befreiten Grundstücken eingeräumt werden. Dieses Durchtriebsrecht

Durchwinterungsfuß

tritt so lange an die Stelle der Weideberechtigung, als diese nicht ausgeübt werden kann. Das Durchtriebsrecht entsteht von selbst mit dinglicher Wirkung, weil es gewissermaßen ein Überbleibsel des Weiderechts darstellt, das ja selbst nicht aufgehoben, sondern nur nicht ausgeübt werden kann. Die Bestimmung des Triebweges in Bezug auf Richtung und Breite sowie in Bezug auf die Dauer der Benutzung erfolgt in diesem Falle, wenn sich die Beteiligten hierüber nicht gütlich einigen, durch die Verwaltungsbehörde unter Beiziehung von Sachverständigen, wobei stets auf möglichst geringe Beeinträchtigung der von der Weide befreiten Grundstücke Bedacht zu nehmen ist. Der Bescheid der Verwaltungsbehörde hat nur deklaratorische und nicht konstitutive Bedeutung (Meisner-Ring, § 30 RdNr. 18 ff. m. w. N.).

Für Streitigkeiten über die Ausübung des Durchtriebsrechts auf fremdem Grund und Boden sind die Verwaltungsgerichte zuständig. Ist aber streitig, ob das beanspruchte privatrechtliche Durchtriebsrecht überhaupt besteht, so entscheidet hierüber das ordentliche Gericht (zum Rechtsweg vgl. Meisner-Ring, § 30 RdNr. 26 f.).

Durchwinterungsfuß. Wo die Weidegerechtigkeit nicht für eine Person und deren Bedürfnis bestellt oder die Zahl des aufzutreibenden Viehs nicht bestimmt ist, darf der Berechtigte so viel Stück Vieh auftreiben, als er mit dem auf dem herrschenden Gut gewonnenen Futter durchwintern kann: Durchwinterungsfuß. Entscheidend ist nicht, wieviel Stück der Berechtigte durchgewintert hat, sondern wieviel er durchwintern kann. Es ist Sache des Schäfereiberechtigten, im Prozeß die einschlägigen Verhältnisse des Guts darzutun; dazu gehört die genaue Beschreibung des herrschenden Guts, die Angabe der Zubehörungen und der sonstigen ökonomischen Beschaffenheit. Dabei ist auch das Bedürfnis des Gutes an anderem darauf zu haltenden Vieh zu berücksichtigen. Für die Feststellung des Durchwinterungsfußes kommt es nicht auf jedes einzelne Jahr für sich an, sondern es ist im allgemeinen und ohne Berücksichtigung einer einzelnen Mißernte festzustellen, wieviel Stück Schafe das Gut nach seiner Beschaffenheit und den für das Gut gegebenen Verhältnissen durchschnittlich durchzuwintern vermag (so Meisner-Ring, § 30 RdNr. 16 m. w. N.).
→ Weiderecht.

Duschen → Baden.

Eigenmacht, verbotene

E

Efeuranken. Beim Eindringen von Efeu- oder Weinranken besteht ein Abwehranspruch gem. § 1004 BGB. Dies gilt auch dann, wenn die Wurzeln in die Fundamentmauer des Nachbarhauses eindringen oder die Asphaltdecke des angrenzenden Grundstücks beschädigen (vgl. Staudinger-Gursky, § 1004 Rdnr. 31 m. w. N). Ob § 910 Abs. 1 BGB dem Nachbarn ein Selbsthilferecht gegen Efeuranken gewährt, ist umstritten. Überwiegend wird die Meinung vertreten (vgl. Palandt-Bassenge, Anm. 2 zu § 910 BGB), daß gegen Schlingpflanzen und andere Pflanzenteile nur § 1004 BGB schütze. Dem wird entgegengehalten, daß § 910 BGB sogar bei wertvollen Bäumen gelte und daher die zumindest entsprechende Anwendung von § 910 BGB auf andere Pflanzen als Bäume und Sträucher sinnvoll erscheine (Meisner-Ring, § 17 RdNr. 2 m. w. N.).
→ Überhang, Wurzeln.

Ehekrach. Verbale Auseinandersetzungen von Eheleuten zur Nachtzeit können – wenn sie sich länger hinziehen – über den Charakter üblicher Wohngeräusche gehen. So verurteilte das AG Düsseldorf (NJW 1992, 384) einen Arzt wegen Verstoßes gegen das Landesimmissionsschutzgesetz von NRW zu 500 DM Geldbuße, weil die störenden Auseinandersetzungen sich jeweils über 30 Minuten hingezogen hatten.

Eigenmacht, verbotene (v. E.). Der Besitzer – auch der mittelbare (§ 869 BGB) – kann sich Störungen des Besitzes erwehren. Wird nämlich der Besitz entzogen oder der Besitz gestört, so liegt v. E. vor (§ 858 BGB). Der Besitzer hat dann unter den Voraussetzungen des § 859 BGB ein Recht zur → Selbsthilfe.

Er kann darüberhinaus auf Herausgabe der Sache (§ 861 BGB) und Beseitigung der Störung klagen (§ 862 BGB) oder eine entsprechende einstweilige Verfügung (→ vorläufiger Rechtsschutz) beantragen.

Voraussetzung der v. E. ist, daß die Besitzentziehung oder Besitzstörung ohne den Willen des Besitzers erfolgt, sofern nicht das Gesetz dies gestattet.

Ob der Besitzer ein Recht zum Besitz hat, ist unerheblich (BGH NJW 1981, 865). Ebenso unbeachtlich ist, daß der Störer einen Anspruch auf Herausgabe hat, denn diesen darf er nicht eigenmächtig verwirklichen, sondern muß gerichtliche Hilfe in Anspruch nehmen.

Eigentum

Erlaubt ein Vertrag bereits die einseitige Wegnahme durch eine Vertragspartei, so wird dadurch der Tatbestand der v. E. bei fehlendem Einverständnis mit der Wegnahme durch den anderen Vertragspartner nicht ausgeschlossen (BGH NJW 1977, 1818; strittig).

Die v. E. ist eines der typischen Probleme im Verhältnis Vermieter – Mieter (Verpächter – Pächter).

Aus der Fülle der Rechtsprechung seien erwähnt:

Der Vermieter ist nicht berechtigt, nach Ablauf der Mietzeit die Zufahrt zum gemieteten Grundstück zu versperren (KG NJW 1967, 1915). Ebensowenig ist erlaubt die Anbringung eines Steckschlosses (ZMR 1979, 118).

Der Vermieter darf die Dachantenne des Mieters nicht beseitigen, er darf dem Mieter auch nicht Strom, Wasser und Wärmezufuhr sperren. Ebenso stellt musizieren zu Ruhezeiten eine v. E. dar (siehe hierzu: NJW 1985, 2131).

Eigentum. Das „klassische" Nachbarrecht stellt bei dem beeinträchtigten Rechtsgut auf das Eigentum ab und gewährt dem Eigentümer Ansprüche auf Beseitigung und Unterlassung (§ 1004 BGB). Auch § 906 BGB spricht bei den →Einwirkungen vom Nachbargrundstück davon, daß diese vom Eigentümer des Grundstücks unter gewissen Voraussetzungen hinzunehmen sind. Dieselbe Problematik stellt sich aber auch, wenn der Besitzer (Mieter/Pächter) durch Einwirkungen i. S. von § 906 BGB gestört wird. Auch der Besitzer muß nicht mehr hinnehmen als nach § 906 BGB dem Eigentümer zugemutet wird (BGH NJW 1955, 19).

→Besitz, Eigentumsherrschaftsrecht, Eigentumswohnung, Sozialbindung des Eigentums.

Eigentumsherrschaftsrecht. Gemäß § 903 BGB kann der Eigentümer einer Sache, soweit nicht das Gesetz oder Rechte Dritter entgegenstehen, mit der Sache nach Belieben verfahren und andere von jeder Einwirkung ausschließen.

Trotz der für ein umfassendes Herrschaftsrecht sprechenden Gesetzesformulierung muß der Eigentümer im Interesse eines geordneten Zusammenlebens eine Reihe von Einwirkungen auf sein Eigentum dulden.

Duldungspflichten ergeben sich insbesondere aus:
1. Vorschriften des Bundesnachbarrechts (§§ 904–923 BGB)
2. dem →Nachbarrecht der Länder (Art. 124 EGBGB)
3. dem sog. →nachbarlichen Gemeinschaftsverhältnis
4. dem Bau-, Bebauungs- und Raumordnungsrecht
5. den Vorschriften des Natur-, Umwelt- und Denkmalschutzrechts
6. dem Enteignungsrecht – Art. 14 GG garantiert den *Wesensgehalt*

Eigentumswohnung

des Eigentums, Art. 14 Abs. 2 GG spricht zugleich aus, daß Eigentum verpflichtet und sein Gebrauch zugleich dem Wohle der Allgemeinheit dienen soll (→ Sozialbindung des Eigentums).

In einer großen Anzahl von Fällen ist der Eigentümer verpflichtet, einem Dritten das Betreten (die Inanspruchnahme) seines Grundstücks zu gestatten (→ Betreten von Nachbargrund). Ist der Eigentümer der Auffassung, die Inanspruchnahme seines Eigentums sei nicht gerechtfertigt, so kann er gegen Einwirkungen auf sein Eigentum mit den → Abwehransprüchen des § 1004 BGB vorgehen und Ansprüche auf → Beseitigung der Beeinträchtigung und → Unterlassen künftiger Beeinträchtigung verlangen. Wird ihm sein Eigentum vorenthalten oder entzogen, so kann er Herausgabe seines Eigentums (§ 985 BGB) und bei rechtswidrigem und schuldhaftem Verhalten auch Schadensersatz geltend machen (§§ 823, 826 BGB).

Eigentumswohnung. 1. Die verschiedenen Wohnungseigentümer sind zwar nicht „Nachbarn" im strengen Sinne des Nachbarrechts, aus ihrem Zusammenleben ergeben sich aber häufig Streitigkeiten mit demselben Charakter. Ähnlich wie der Eigentümer nach § 903 BGB darf auch der Wohnungseigentümer mit seinem *Sondereigentum* grundsätzlich nach Belieben verfahren (§§ 13, 14 WEG). Er ist darüberhinaus zum Gebrauch des *gemeinschaftlichen* Eigentums berechtigt (§§ 14, 15 WEG). Diese Befugnisse stehen aber alle unter dem Vorbehalt, daß das Gesetz oder Rechte Dritter der Benutzung nicht entgegensteht. Das Gebot der Rücksichtnahme auf die Interessen der übrigen Eigentümer erfordert, daß vom Sondereigentum/Gemeinschaftseigentum nur in der Weise Gebrauch gemacht wird, daß den übrigen Eigentümern kein Nachteil erwächst.

2. Einschränkungen der Nutzung können sich auch auf Grund der → Gemeinschaftsordnung und/oder → Hausordnung ergeben.

3. Strittig sind also die Fragen, was dem Wohnungseigentümer innerhalb „seiner" Wohnung oder auf seinem Balkon (seiner Terrasse) erlaubt ist und wie er das gemeinschaftliche Eigentum (Gartenanlage, Hofraum etc.) selbst nutzen darf bzw. ob er sich gegen die Nutzung durch die übrigen Eigentümer mit Erfolg zur Wehr setzen kann.

Die gerichtlichen Streitfälle erfassen vor allem folgende Streitpunkte:
a) Fragen der Tierhaltung
b) Ausübung von Hausmusik
c) Nutzung der Balkone, Loggien und Terrassen
d) Nutzung von Wohnungseigentum für gewerbliche oder freiberufliche Zwecke
e) Fragen der Überschreitung und/oder Änderung einer *vereinbarten* Zweckbestimmung.

Eigentumswohnung

Im einzelnen gilt folgendes:
zu a) *Tierhaltung* ist grundsätzlich zulässig. Ein völliger Ausschluß kann nur durch eine im Grundbuch eingetragene Vereinbarung (§ 10 Abs. 2 WEG) erfolgen, einem Mehrheitsbeschluß der Eigentümer oder einer anderslautenden →Hausordnung muß sich der Tierhalter nicht beugen (→Hundehaltung). Zulässig sind aber Beschränkungen wegen der *Anzahl* der gehaltenen Tiere (BayObLGZ 1972, 90; KG NJW 1956, 1679 = Haltung von 4 Katzen in einer Wohnung unzulässig).

zu b) *Hausmusik* ist ebenfalls grundsätzlich zulässig, wobei die üblichen Ruhezeiten zu beachten sind (12–15 Uhr, 22–9 Uhr). Ein völliger Ausschluß jeglicher →Hausmusik durch eine →Gemeinschafts- oder Hausordnung ist unzulässig (OLG Hamm MDR 1981, 320). Eine zeitliche Beschränkung auf täglich bis zu 2–3 Stunden durch die Hausordnung ist möglich (OLG Hamm aaO; OLG Frankfurt DWE 1985, 30), jedoch muß auch *Berufstätigen* die Ausübung nach der Arbeit noch möglich sein (BayObLG WM 1986, 148 = kein generelles Verbot der Hausmusik nach 20 Uhr). Sonderrechte für Musikstudenten und Berufsmusiker bestehen nicht (BayObLG aaO). Musizieren in einer Familie mehrere Mitglieder, so kann nicht jeder den zeitlich beschränkten Rahmen für sich gesondert in Anspruch nehmen (OLG Frankfurt NJW 1985, 2138).

zu c) Blumenkästen und Pflanzkübel mit *kleinen* Sträuchern sind zulässig, nicht aber das Aufstellen großer Bäume. Auch Rankgewächse an Schnüren sind zulässig (BayObLG WE 1986, 24). Das Aufstellen üblicher Balkonmöbel ist gestattet, bei anderen Möbeln kommt es auf die optische Wahrnehmbarkeit durch Dritte an. Der Balkon soll nicht Abstellplatz für ausgediente Einrichtungsgegenstände sein! Maßvolles Grillen im Freien sollte nicht beanstandet werden (a. A. AG Wuppertal RPfleger 1977, 445). Dagegen sollte der Balkon nicht als Arbeitsplatz für wahrnehmbare und störende Hobby-Arbeiten benutzt werden.

zu d) Wohnungseigentum wird häufig nicht zur Eigennutzung, vielmehr zur Kapitalanlage erworben. Dabei ist die Vermietung zu *gewerblichen* Zwecken aus finanzieller Sicht interessant, birgt aber die Gefahr von Störungen der übrigen Eigentümer in sich. Grundsätzlich ist die gewerbliche Nutzung des Sondereigentums zulässig, da ja jeder Eigentümer mit dem Sondereigentum nach Belieben verfahren darf (§ 13 Abs. 1 WEG). Den übrigen Eigentümern darf allerdings kein unvermeidlicher *Nachteil* erwachsen (§ 14 Abs. 1 WEG). Wann dies der Fall ist und wann der Charakter einer Wohnanlage beeinträchtigt ist, kommt auf den Einzelfall an. Eine *erhebliche* Beeinträchtigung i. S. etwa einer →wesentlichen Beeinträchtigung wird aber nicht verlangt (BayObLGZ 79, 267). In der Mehrzahl der Fälle han-

Eigentumswohnung

delt es sich um eine betriebene Arzt-/Zahnarztpraxis, vielfach auch um Massageinstitute oder Krankengymnastikpraxen. Befinden sich diese im Erdgeschoß, so daß der Patientenstrom nicht an anderen Wohnungen vorbeifährt, wird die Zulässigkeit gewerblicher Nutzung bejaht (BayObLG RPfleger 1973, 139; DWE 1984, 86; OLG Hamburg MDR 1974, 123). Das OLG Karlsruhe hat in einem Hochhaus eine Arztpraxis auch im 2. Stock zugelassen (WEM 1976, 104). Entscheidend ist also immer, ob noch von einer *schonenden Nutzung* des Sondereigentums im Hinblick auf die übrigen Eigentümer gesprochen werden kann. Zu einer erheblichen Anzahl an Streitigkeiten hat die Frage geführt, ob die Eigentumswohnung mietweise an Asylbewerber/Aussiedler überlassen werden darf. Nach einer Entscheidung des OLG Hamm (NJW 1992, 184 f.) darf die Wohnung nicht als Wohnheim für einen fortlaufend wechselnden Personenkreis genutzt werden, wenn die Teilungserklärung vorsieht, daß die Wohnungen nur zu Wohnzwecken benutzt werden dürfen. Nach einer Entscheidung des Kammergerichts (NJW 1992, 3045) kann die Nutzung nicht ohne Vorliegen konkreter Beeinträchtigungen untersagt werden. Das OLG Stuttgart (NJW 1992, 3046) stellt darauf ab, ob in der Wohnung der Anzahl nach mehr Personen als üblich sind und ob diese nicht dauernd wechseln.

zu e) Vielfach ist die *Art* der Nutzung des Sondereigentums bereits vorgegeben. Dies geschieht in der Teilungserklärung (§ 8 WEG) oder in dem sog. *Aufteilungsplan,* auf den Bezug genommen ist. Jeder Erwerber kann somit von vornherein bei gehöriger Aufmerksamkeit und Information erkennen, ob es sich um eine reine Wohnanlage handelt oder ob – wie oft – vor allem die Erdgeschoßräume zu gewerblichen Zwecken bestimmt sind. Liegt eine solche Zweckbestimmung nicht vor, kann eine Wohnung auch als Arztpraxis vermietet werden, falls dadurch kein Nachteil i. S. von § 14 Nr. 1 WEG entsteht (vgl. d). Liegt eine Gebrauchsregelung gem. Teilungserklärung/Aufteilungsplan vor, so ist meist strittig, ob sich die betriebene Nutzung im Rahmen der Vereinbarung hält. Ist z. B. der Betrieb eines „Ladens" vorgesehen, so können die übrigen Eigentümer von einem Geschäft mit üblichen Ladenschlußzeiten und Sonntagsruhe ausgehen. Der vorgesehene „Laden" darf somit nicht als Cafe oder Gaststätte betrieben werden (BayObLG RPfleger 1980, 349). Es kommt somit bei nicht exakt bestimmter Nutzung („Laden") darauf an, ob die dann durchgeführte Nutzung in ihren beeinträchtigenden Auswirkungen (Lärm, Pkw-Verkehr, Öffnungszeiten etc.) über das Maß hinausgeht, von dem die übrigen Eigentümer berechtigterweise ausgehen konnten (vgl. z. B. BayObLG NJW-RR 1986, 318 zum abendlichen Betrieb einer Sauna). Steht die Nutzung im Widerspruch zur vereinbarten Bestimmung, so steht den Wohnungseigen-

Eindringen von Tieren

tümern ein Unterlassungsanspruch gem. § 1004 BGB zu (KG ZMR 1985, 207). Bedarf eine gewerbliche Nutzung nach der Gemeinschaftsordnung der *Zustimmung* des *Verwalters,* so kann sie nicht nur aus wichtigem Grund verweigert werden. Vielmehr ist die Verweigerung zulässig, solange sie nicht mißbräuchlich oder willkürlich erscheint. Auch die Bewahrung eines (überwiegenden) Wohncharakters und die Vermeidung von Bezugsfällen rechtfertigt die Verweigerung (BayObLG 2 Z 100/88, vgl. auch BayObLGZ 1987, 291).

→Ästhetische Immissionen, Gartenzwerg, Gemeinschaftsordnung, Hausordnung, Verfahren der Freiwilligen Gerichtsbarkeit, Zaun, Getränkeautomat.

Eindringen von Tieren. Beim Eindringen von Tieren kommt eine Anwendung von § 906 BGB dann in Betracht, wenn es sich um →Kleintiere handelt. Katzen und Hunde fallen nicht unter diesen Begriff. Dringen diese in ein fremdes Grundstück ein, so kann dessen Eigentümer oder Besitzer Abwehransprüche nach den §§ 1004, 862 BGB geltend machen. Er hat dabei keine Duldungspflicht nach § 906 BGB, wohl aber kann sich diese aus dem →nachbarschaftlichen Gemeinschaftsverhältnis ergeben (OLG Köln NJW 1985, 2338). Bei der Abwägung der beiderseitigen Interessen und unter Berücksichtigung des Wohncharakters des Gebiets kann das freie Herumlaufen *einer* Katze aus dem Gesichtspunkt des nachbarschaftlichen Gemeinschaftsverhältnisses hinzunehmen sein. Im übrigen können *im Haus* beliebig viele Katzen gehalten werden (OLG aaO).

Unabhängig von den Abwehransprüchen nach §§ 1004, 862 BGB können eindringende Tiere bei Gefahr der Schadensverursachung eingefangen und verwahrt werden, und zwar unter dem Gesichtspunkt des *Notstands* nach § 228 BGB. Sie dürfen aber nicht getötet werden, auch nicht zum Schutze von Singvögeln, weil dies nicht erforderlich i. S. von § 228 BGB ist. →Katzenhaltung, Hundehaltung, Hühner, Schafe.

→Störer.

Eindringen von Wurzeln →Wurzeln.

Einfriedung. 1. Der Eigentümer eines Grundstücks ist nicht durch zivilrechtliche Vorschriften verpflichtet, sein Grundstück durch einen →Zaun oder andere Grenzeinrichtungen sichtbar abzugrenzen. Dies gilt auch dann, wenn er auf seinem Grundstück Tiere hält und diese zum Nachbarn laufen könnten. Errichtet der Eigentümer einen Zaun, so darf dieser unmittelbar auf der Grenze stehen. Die nach den Bauordnungen der Länder vorgeschriebenen Abstandsflächen gelten nur für *Gebäude,* nicht für Einfriedungen. Einschränkungen können sich nach den landesrechtlichen Nachbarvorschriften ergeben, wenn ein Grundstück durch Hecken abgegrenzt wird (→Grenzabstand von Bäumen und Sträuchern).

2. Der Grundstückseigentümer kann aber durch öffentlich-rechtliche Vorschriften auf Verlangen der Bauaufsichtsbehörde verpflichtet sein, das Grundstück einzufrieden, wenn die öffentliche Sicherheit und Ordnung dies erfordert. Diese Verpflichtung kann sich auch aus gemeindlichen Verordnungen ergeben, mit denen ein einheitliches Straßenbild erreicht werden soll. Aus diesem Grund kann eine bestimmte Gestaltung vorgegeben werden, ohne daß ein Nachbar gegen den anderen aus der Nichtbeachtung der Vorschrift selbst gerichtlich vorgehen kann.

→Nachbarklage, Zaun.

3. Besonderheiten zur Frage der Zaunerrichtung/Kostentragung ergeben sich aus dem →Nachbarrecht der Länder. Auf die beim Stichwort „Zaun" aufgeführten Vorschriften wird verwiesen.

Einsturz. 1. Bei der Gefahr des Einsturzes von Gebäuden oder anderen fest verbundenen Werken gewährt § 908 BGB schon vorbeugend einen Anspruch darauf, daß der verantwortliche Nachbar Schutzmaßnahmen trifft. Unter Werke i. S. von § 908 BGB fallen z. B. Mauern, Zäune, Grabsteine, fest montierte Kräne, Öltanks oä.

§ 908 BGB stellt einen Sonderfall zu § 907 BGB dar und gewährt Ansprüche dann, wenn der baufällige Zustand eines Gebäudes oder die Erwartung eines solchen eine Gefahr schafft, wobei es auf ein Verschulden des Anspruchsgegners nicht ankommt.

Anspruchsberechtigt ist der Eigentümer, dinglich Berechtigte und auch der Besitzer (str.), der Anspruch richtet sich gegen den, der nach den §§ 836 Abs. 1, 837, 838 BGB für den Schaden verantwortlich wäre; das ist der Eigenbesitzer (§ 872 BGB) des Grundstücks, des Gebäudes oder Werks oder der Gebäudeunterhaltspflichtige.

Der Verantwortliche kann nur generell dazu verurteilt werden, Vorkehrungen zur Gefahrenabwehr für das Grundstück des Klägers zu treffen, die sich z. B. aus der Möglichkeit eines Einsturzes der auf dem Grundstück des Beklagten stehenden Mauer ergeben. Dem Beklagten bleibt es überlassen, *wie* er die Gefahr abwendet (→Klageantrag).

Der Anspruch aus § 908 BGB verjährt nicht (§ 924 BGB).

2. Ist durch den Einsturz eines Gebäudes oder Werks ein Schadensfall eingetreten, so ergibt sich die Haftung aus den §§ 836ff. BGB. Der Eigenbesitzer (§ 872 BGB) haftet aus vermuteten Verschulden mit der Möglichkeit des Entlastungsbeweises.

Dieser ist erbracht, wenn der Besitzer sowohl die nötigen schadensverhütenden Maßnahmen ergriffen hat als auch seiner Pflicht zur

Einstweilige Verfügung

regelmäßigen Kontrolle – notfalls persönlich – nachgekommen ist (BGH NJW 1976, 506).

Nicht unter den Schutzzweck des § 836 BGB fallen Schäden, die sich erst durch Handlungen Dritter ergeben, so z. B. wenn der Einsturz eines Gebäudes durch Bauarbeiten verursacht wird (BGH NJW 1979, 309).

Einstweilige Verfügung → Vorläufiger Rechtsschutz im Zivilprozeß.

Einwirkender → Störer.

Einwirkungen. 1. Der Eigentümer kann die Zuführung von Gasen, Dämpfen, Gerüchen, Rauch, Ruß, Wärme, Geräusch, Erschütterungen und *ähnliche* Einwirkungen insoweit nicht verbieten, als die Grundstücksbenutzung nur unwesentlich beeinträchtigt wird (§ 906 BGB).

Zu den ähnlichen Einwirkungen zählen nicht → feste Körper, wohl aber → Kleintiere. Größere Tiere wie → Katzen, Hunde, Hühner und Kaninchen zählen nicht zu den Kleintieren im vorgenannten Sinne.

Auch die sog. → ästhetischen Immissionen stellen keine ähnlichen Einwirkungen dar. Gegen den Anblick eines unaufgeräumten Lagerplatzes oder sonstige unästhetische oder das sittliche Empfinden beeinträchtigende Anblicke kann man sich nicht mit Ansprüchen nach §§ 862, 1004 BGB zur Wehr setzen (BGH NJW 1985, 2823).

Ähnliche Einwirkungen sind aber Strahlungen wie Lichtreflexe, Lichtreklame, Straßenbeleuchtung, Röntgenstrahlen und elektronische Ströme.

Das Wesen der Einwirkungen i. S. von § 906 BGB besteht somit darin, daß sie von einem Nachbargrundstück ausgehen und dem betroffenen Grundstück *zugeführt* werden. Man nennt dies eine positive, grenzüberschreitende Immission.

Dagegen fallen sog. *negative* Einwirkungen nicht unter § 906 BGB. Von einer negativen Einwirkung spricht man z. B., wenn ein Nachbar dem anderen durch Errichtung einer → Bretterwand die Aussicht versperrt oder durch eine andere Baumaßnahme Licht entzieht. Diese Maßnahmen können den Nachbarn zwar sehr belästigen, sind aber keine Einwirkungen i. S. des § 906 BGB. Der andere Nachbar kann ja auf seinem eigenen Grund jede (baurechtlich zulässige) Maßnahme ergreifen (→ Eigentumsherrschaftsrecht). Als letzte Hilfe für den betroffenen Nachbarn bleibt hier die Verweisung auf das → Schikaneverbot des § 226 BGB.

2. Liegt eine Einwirkung oder ähnliche Einwirkung i. S. des § 906

BGB vor, so ist dies zugleich ein Fall der Beeinträchtigung des Eigentums nach § 1004 BGB und gibt dem Eigentümer oder anderen Personen, denen eine →Klagebefugnis zusteht, den Anspruch auf Beseitigung oder Unterlassen. Wird eine Einwirkung i. S. des § 906 BGB verneint, so bedeutet dies nicht, daß keine Abwehrrechte des Eigentümers oder sonst zur Klage nach § 1004 BGB befugten Personen bestehen. Bei der Beeinträchtigung durch →feste Körper, →Wasser oder beim →Eindringen von (größeren) Tieren liegt sehr wohl eine Beeinträchtigung nach § 1004 BGB vor. Nur bestimmt sich die Duldungspflicht solcher Beeinträchtigungen nicht aus § 906 Abs. 1 BGB, sie kann sich aber aus dem Gedanken des →nachbarschaftlichen Gemeinschaftsverhältnisses ergeben.

Eisstücke. Von der Dachrinne oder vom Dach herunterfallende Eisstücke sind ebensowenig wie von dort herunterfallender Schnee Teile des Gebäudes i. S. v. § 908 BGB mit der Folge, daß ein vorbeugender Abwehranspruch auf diese Vorschrift nicht gestützt werden kann. Teil eines Gebäudes i. S. d. § 908 BGB ist eine Sache nämlich nur dann, wenn sie zur Herstellung des Gebäudes eingefügt ist oder wenn sie in einem so festen baulichen Zusammenhang mit dem Gebäude steht, daß sich daraus nach der Verkehrsanschauung ihre Zugehörigkeit zum Bauganzen ergibt (BGH VersR 1985, 666); die Sache muß aus baulichen Gründen oder zu baulichen Zwecken an dem Gebäude angebracht sein (BGH NJW 1961, 1670). Zu Eisstücken, die sich vom Hause ablösen, oder Schnee, der vom Dach stürzt, s. BGH NJW 1955, 300 und OLG Hamm NJW-RR 1987, 412.
→ Schnee.

Elektrische Leitungen. Die Verlegung elektrischer Leitungen gehört zu den Anwendungsfällen des § 905 S. 2 BGB (vgl. BGH NJW 1976, 416), wonach der Eigentümer Einwirkungen nicht verbieten kann, die in solcher Höhe oder Tiefe vorgenommen werden, daß er an der Ausschließung kein Interesse hat. Muß das Verlegen einer elektrischen Leitung nach § 905 S. 2 BGB geduldet werden, dann hat der Duldungspflichtige einen verschuldensunabhängigen Schadensersatzanspruch entsprechend §§ 867, 904 BGB und bei Verschulden nach § 823 BGB (vgl. Palandt-Bassenge, Anm. 2 zu § 905).

Elektrozaun → Notwehr.

Emissionen. Emissionen i. S. des § 3 Abs. 3 →BImSchG sind die von einer *Anlage* ausgehenden Luftverunreinigungen, Geräusche, Erschütterungen, Licht, Wärme, Strahlen und ähnliche Umwelteinwirkungen.

Enteignung

Enteignung (enteignender Eingriff, enteignungsgleicher Eingriff).
1. Das „klassische" Enteignungsrecht betrifft die Frage der Entziehung von *Grundeigentum* und Übertragung auf den Staat. Diese Fälle sind aus der Sicht des Nachbarrechts nicht besonders auszuführen.

Abzugrenzen sind die Fälle, bei denen lediglich eine Inhaltsbeschränkung des Eigentums (→ Sozialbindung des Eigentums) vorliegt, die entschädigungslos hinzunehmen sind, zu den Fällen, bei denen eine Enteignung mit Entschädigungspflicht (Art. 14 Abs. 3 GG) vorliegt. Der Bundesgerichtshof sieht eine Enteignung immer dann als gegeben, wenn dem Einzelnen im Interesse der Allgemeinheit ein den anderen nicht zugemutetes *Sonderopfer* auferlegt wird (BGHZ 6, 270).

Streitfälle gibt es immer dann, wenn bei Grundstücken *Nutzungsbeschränkungen* ausgesprochen werden. Dem Grundeigentümer wird hier oft im Interesse des Allgemeinwohls die Pflicht auferlegt, eine (künftige) extensive Nutzung zu unterlassen. Diese Beschränkungen liegen in der Regel im Rahmen der entschädigungslosen → Sozialbindung des Eigentums. Es wird vom BGH hier auf die *Situationsgebundenheit* des Grundstücks abgestellt (BGH NJW 1984, 1169f.).

Folgende Grundsätze der Enteignung seien noch erwähnt:
a) Zulässig ist die Enteignung nur zum Wohle der Allgemeinheit.
b) Der Enteignung muß ein Gesetz zu Grunde liegen, das Art und Ausmaß der Entschädigung regelt, andernfalls ist es nichtig.
c) Die Enteignung kann auch durch einen *Verwaltungsakt* vollzogen werden, wenn für diesen wiederum eine gesetzliche Grundlage besteht.
d) Gegenstand der Enteignung können nicht nur das Grundeigentum oder Eigentum sein, vielmehr auch eigentumsähnliche Rechte und Rechtsstellungen, nicht aber bloße Aussichten und Erwartungen (BGH NJW 1976, 1088). Eine *künftig* beabsichtigte und nun untersagte Nutzung eines Grundstücks wird aber dann geschützt, wenn ein *Anspruch* auf eine beabsichtigte Nutzung besteht und wenn sie nach der Gesamtsituation des Grundstücks wirtschaftlich naheliegt (BVerwG NJW 1976, 765).
e) Wendet sich der Betroffene gegen die *Enteignungsmaßnahme* als solche, so ist der Verwaltungsrechtsweg gegeben. Ist er mit der *Höhe* der *Entschädigung* nicht einverstanden, so ist der Zivilrechtsweg gegeben (Art. 14 Abs. 3 Satz 4 GG). Etwas anderes gilt nur bei Enteignungen auf der Grundlage des Bundesbaugesetzes oder Landbeschaffungsgesetzes. Hier entscheidet einheitlich das Landgericht.

2. Im Gegensatz zur Enteignung, die ein zielgerichteter Eingriff ist, steht der sog. *enteignende Eingriff*. Bei diesem stellt sich die für den

Betroffenen nachteilige Einwirkung nur als *ungewollte Begleiterscheinung* der rechtmäßigen hoheitlichen Maßnahme dar und erlegt den Betroffenen ein unzumutbares Sonderopfer auf (BGH NJW 1980, 770).

Dies sind z. B. die Fälle des Betriebes einer korrekt genehmigten Kläranlage oder Deponie, die entgegen den Erwartungen nachteilige Immissionen in solchem Maße erzeugen, daß dies für die Nachbarn unzumutbar ist. Da diese *Einstellung* des Betriebes nicht verlangen können (→ Unterlassung), bleibt nur der Weg der Entschädigung.

3. Von einem *enteignungsgleichen Eingriff* spricht man dagegen dann, wenn die hoheitliche Maßnahme *rechtswidrig* ist, dem Einzelnen ein Sonderopfer auferlegt und *unmittelbar* in dessen geschützte Rechte eingreift (BGHZ 76, 387).

Als Beispielsfall sei genannt die Beschädigung eines Hauses durch Kanalisationsarbeiten oder die Beeinträchtigung eines Gewerbebetriebes durch eine von Panzern beschädigte Straße (BGH MDR 1968, 307).

Enten → Hühner → Kleintiere → Eindringen von Tieren → Katzen.

Erdhaufen. Nach § 908 BGB kann der Eigentümer vom Nachbarn die erforderlichen Vorkehrungen verlangen, wenn von dessen Grundstück die Gefahr eines → Einsturzes ausgeht. Diese Gefahr muß von einem Gebäude oder einem anderen mit einem Grundstück verbundenen Werk (oder Teilen davon) ausgehen. Ein aufgeschütteter Erdhaufen ist noch kein Werk i. S. von § 908 BGB. Wird er aber zu einer bestimmten Funktion umgestaltet, so um den Charakter einer Böschung zu erhalten, so ist er als Werk anzusehen und verpflichtet die nach den §§ 836 Abs. 1, 837, 838 BGB Verantwortlichen bei Gefährdung des Nachbargrundstücks geeignete Vorsichtsmaßnahmen zu ergreifen.

Die Frage der Erhöhung des eigenen Grundstücks über die Höhe des Nachbargrundstücks hinaus ist in einigen Nachbargesetzen der Länder geregelt (→ Nachbarrecht der Länder).

So müssen bei Erhöhungen nach § 30 des Nachbargesetzes von Nordrhein-Westfalen Vorkehrungen getroffen werden, die ein Abstürzen oder Abschwemmen der Erhöhung ausschließen. Diese Vorschrift ist Schutzgesetz i. S. von § 823 BGB Abs. 2 (BGH NJW 1980, 2580).

Erlöschen einer Grunddienstbarkeit. 1. Ist die Grunddienstbarkeit im Grundbuch eingetragen, so ist zu ihrer Aufhebung die Erklärung des Berechtigten (§ 875 BGB) und die Löschung des Rechts im Grundbuch nötig. Bei dinglicher Belastung des Grund-

Ersitzung

stücks ist gem. § 876 BGB die Zustimmung des Dritten nötig, falls dessen Recht von der Grunddienstbarkeit berührt ist.

2. Die *Nichtausübung* der Grunddienstbarkeit bei fortbestehender Eintragung führt nicht zu ihrem Erlöschen. Kann aber die Grunddienstbarkeit tatsächlich nicht mehr ausgeübt werden, weil auf dem dienenden Grundstück eine Anlage errichtet wurde, die z. B. eine Durchfahrt nicht mehr ermöglicht, so erlischt die Grunddienstbarkeit unter den Voraussetzungen des § 1028 BGB. Macht nämlich der Berechtigte von seinem Anspruch auf Beseitigung der Anlage nach § 1027 BGB binnen 30 Jahren keinen Gebrauch, so hilft ihm die fortbestehende Eintragung im Grundbuch nicht. Sie hilft auch einem gutgläubigen Erwerber des Grundstücks nicht, da § 1028 Abs. 2 BGB die Vorschrift des § 892 BGB für nicht anwendbar erklärt.

3. Ist die Ausübung der Dienstbarkeit für *dauernd unmöglich,* z. B. weil es keine auszubeutenden Bodenbestandteile auf dem dienenden Grundstück mehr gibt, so erlischt sie.

4. Dasselbe gilt, wenn der nach § 1019 BGB nötige Vorteil für das berechtigte Grundstück für immer entfallen ist. In den Fällen 3, 4 hat der Eigentümer des belasteten Grundstücks einen Anspruch gegen den Berechtigten auf Abgabe einer Verzichtserklärung.

5. Wird das *herrschende* Grundstück geteilt, so erlischt die Grunddienstbarkeit gemäß § 1025 BGB für die Teile, denen sie nicht zum Vorteil gereicht.

6. Wird das *belastete* Grundstück geteilt, so werden die außerhalb des Ausübungsbereiches liegenden Teile frei (§ 1026 BGB).

Ersitzung. Wer eine *bewegliche* Sache zehn Jahre im Eigenbesitz hat, erwirbt das Eigentum (§ 937 Abs. 1 BGB).

Dies gilt nicht, wenn der Erwerber beim Erwerb nicht gutgläubig war oder vom fehlenden Eigentum später erfährt (§ 937 Abs. 2 BGB).

Gegenstand der Vorschrift sind bewegliche Sachen, an Rechten oder Schuldurkunden i. S. des § 952 BGB kann Eigentum nicht erworben werden.

Der Erwerber muß die Sache *als ihm gehörend* besitzen (§ 872 BGB).

Bei *Grundstücken* erwirbt der Nichteigentümer das Eigentum, wenn er als Eigentümer dreißig Jahre eingetragen war und er das Grundstück in Eigenbesitz hatte (§§ 900, 872 BGB).

F

Fahrradständer →Anliegergebrauch.

Fahrzeuge. 1. Das Abstellen von Fahrrädern im Hausflur, Kellergang oder sonstigen Gemeinschaftsräumen ist oft Anlaß zu Streit, weil es einmal als optisch unschön und zum anderen als behindernd bei der Benutzung des Hauses angesehen wird. Grundsätzlich hat der Mieter (das gleiche gilt hier für den Wohnungseigentümer) sein Fahrrad im eigenen Kellerabteil unterzubringen. Hält er sich daran nicht, so kann der Vermieter nach →Abmahnung gegen ihn gem. § 550 BGB Unterlassungsklage erheben.

2. Das Abstellen von Kraftwagen im Hof des Miethauses oder der Eigentumswohnungsanlage ist – falls hier Parkplätze nicht ausgewiesen sind – ebenso unzulässig wie auf Zufahrtswegen zum Grundstück. Solange alle wegen der permanenten Parkplatznot hier gleichgerichtete Interessen haben, wird die Übung faktisch anders sein.

Fallobst →Überfall.

Fasching. Entgegen weit verbreiteter Meinung besteht kein Recht, regelmäßig (etwa einmal im Monat) seine Nachbarn durch Partylärm oder Lärm bei Familienfeiern zu stören. Lediglich für den Fasching (Karneval) hat der BGH eine wenig strenge Sichtweise für solche Regionen zugelassen, in denen tatsächlich das Feiern des Karnevals als der Landessitte zugehörig anzusehen ist (BGH JZ 1982, 158); das bedeutet, daß an den Faschingstagen Lärmstörungen durch Partys und Familienfeiern in der Nachbarwohnung hingenommen werden müssen.

Feiern. Auch anläßlich einer *Geburtstagsfeier* darf nach 22 Uhr kein Lärm entstehen, der die Nachtruhe von Nachbarn zu stören geeignet ist. Es gibt kein Recht, auch nur einmal im Monat „zu überziehen". Auch auf das Grundrecht der freien Entfaltung der Persönlichkeit kann sich der für den Lärm verantwortliche Wohnungsinhaber nicht berufen (OLG Düsseldorf NJW 1990, 1676/1677 zu § 9 Abs. I des Landesimmissionsschutzgesetzes von NRW, wonach von 22–6 Uhr Betätigungen verboten sind, welche die Nachtruhe zu stören geeignet sind).

Feldgeschworene. F. wirken bei der →Abmarkung durch die zuständigen Vermessungsbehörden mit oder nehmen im Einverständnis der beteiligten Nachbarn Tätigkeiten der Behörden selbständig

Fenster

vor. Die F. üben ein kommunales Ehrenamt aus, sie werden in Bayern auf Lebenszeit vom Gemeinderat gewählt, die Vorschriften über ihre Bestellung, Entlassung und ihre Aufgaben sind im (bayerischen) Abmarkungsgesetz vom 6. 8. 1981 (Bay RS 219-2-F) enthalten. Weitere Regelungen enthält die Feldgeschworenenverordnung vom 12. 10. 1981 (GVBl. 475).

Fenster. Sind in einer an der Nachbargrenze liegenden Mauer Fenster ohne Baugenehmigung und entgegen nachbarrechtlicher Vorschriften errichtet, so liegt eine fortdauernde Beeinträchtigung des Eigentums i. S. des § 1004 BGB vor (OLG Köln ZMR 1994, 115).

Fensterrecht. Das Fensterrecht ist in den landesgesetzlichen Vorschriften zum Nachbarrecht der Bundesländer Baden Württemberg, Bayern, Hamburg, Hessen, Niedersachsen, Nordrhein Westfalen, Rheinland Pfalz, Saarland und Schleswig Holstein geregelt. In diesen landesrechtlichen Vorschriften ist das Eigentum oder Miteigentum noch weiteren Beschränkungen unterworfen, als dies durch das BGB geschehen ist.

Unter Fensterrecht versteht man diejenigen Regeln, die festlegen, ob und wie der Grundstückseigentümer Fenster anlegen darf bzw. inwieweit ein Grundstückseigentümer von seinem Nachbarn verlangen kann, daß er Fenster und Balkone in besonderer Weise ausgestaltet. Der Grundgedanke des Fensterrechts ist, daß ein Grundstückseigentümer vor Beeinträchtigungen geschützt werden soll, wobei der Gesetzgeber entweder an eine Beeinträchtigung durch Einsicht oder durch Hinauswerfen oder Hinausgießen aus dem Fenster dachte. Üblicherweise wird das Fensterrecht als Unterfall des →Lichtrechtes verstanden, weil man unter Lichtrecht die Gesamtheit der privatrechtlichen Vorschriften zum Schutz bestehender Fenster gegen Eingriffe durch die Nachbarn versteht, insbesondere durch Bebauung.

Regelungsgegenstände der landesgesetzlichen Eigentumsbeschränkungen durch das Fensterrecht sind die Berechtigung zur Anlegung und Ausgestaltung von Fenstern und der Schutz angelegter Fenster vor allem Verbauung durch die Nachbarn.

Beispiele für landesgesetzliche Regelungen zum Fensterrecht:

Artikel 43–45 AGBGB 82 (Bayern)

Art. 43 Fensterrecht

(1) Sind Fenster weniger als 0,60 m von der Grenze eines Nachbargrundstücks entfernt, auf dem Gebäude errichtet sind oder das als Hofraum oder Garten dient, so müssen sie auf Verlangen des Eigentümers dieses Grundstücks so eingerichtet werden, daß bis zur Höhe von

Fensterrecht

1,80 m über dem hinter ihnen befindlichen Boden weder das Öffnen noch das Durchblicken möglich ist. Die Entfernung wird von dem Fuß der Wand, in der sich das Fenster befindet, unterhalb der zunächst an der Grenze befindlichen Außenkante der Fensteröffnung ab gemessen.

(2) Den Fenstern stehen Lichtöffnungen jeder Art gleich.

Art. 44 Balkone oder ähnliche Anlagen

Balkone, Erker, Galerien und ähnliche Anlagen, die weniger als 0,60 m von der Grenze eines Nachbargrundstücks abstehen, auf dem Gebäude errichtet sind oder das als Hofraum oder Hausgarten dient, müssen auf der dem Nachbargrundstück zugekehrten Seite auf Verlangen des Nachbarn mit einem der Vorschrift des Art. 43 entsprechenden Abschluß versehen werden. Der Abstand wird bei vorspringenden Anlagen von dem zunächst an der Grenze befindlichen Vorsprung ab, bei anderen Anlagen nach Art. 43 Abs. 1 Satz 2 gemessen.

Art. 45 Besondere Vorschriften für Fenster, Balkone und ähnliche Anlagen

(1) Art. 43 und 44 gelten auch zugunsten von Grundstücken, die einer öffentlichen Eisenbahnanlage dienen. Die Fenster und andere Lichtöffnungen sowie der Abschluß der in Art. 44 bezeichneten Anlagen dürfen jedoch so eingerichtet werden, daß sie das Durchblicken gestatten.

(2) Für die zur Zeit des Inkrafttretens dieses Gesetzes bestehenden, begonnenen oder baurechtlich genehmigten Anlagen der in Art. 43 und 44 bezeichneten Art sind die vor diesem Zeitpunkt geltenden Vorschriften weiterhin anzuwenden, soweit sie eine geringere Beschränkung festgelegt haben als die Art. 43 und 44 sowie Absatz 1.

§§ 4ff. Nachbarrechtsgesetz für das Land NRW

§ 4 Umfang und Inhalt

(1) In oder an der Außenwand eines Gebäudes, die parallel oder in einem Winkel bis zu 60° zur Grenze des Nachbargrundstücks verläuft, dürfen Fenster, Türen oder zum Betreten bestimmte Bauteile wie Balkone und Terrassen nur angebracht werden, wenn damit ein Minderabstand von 2 m von der Grenze eingehalten wird. Das gilt entsprechend für Dachfenster, die bis zu 40° geneigt sind.

(2) Von einem Fenster, das
a) mit Einwilligung des Eigentümers des Nachbargrundstücks,
b) vor mehr als 3 Jahren im Rohbau oder
c) gemäß dem bisherigen Recht angebracht worden ist,
muß mit später errichteten Gebäuden ein Mindestabstand von 2 m eingehalten werden. Dies gilt nicht, wenn das später errichtete Gebäude den Lichteinfall in das Fenster nicht oder nur geringfügig beeinträchtigt.

(3) Die Abstände sind waagerecht vom grenznächsten Punkt der Einrichtung oder des Gebäudes aus rechtwinklig zur Grenze zu messen.

(4) Die Abstände dürfen nur mit schriftlicher Einwilligung des Eigentümers des Nachbargrundstücks unterschritten werden. Die Einwilligung darf nicht versagt werden, wenn keine oder nur geringfügige Beeinträchtigungen zu erwarten sind.

(5) Lichtdurchlässige, jedoch undurchsichtige und gegen Feuer ausrei-

Fernsehempfang

chend widerstandsfähige Bauteile von Wänden, die weder auf noch unmittelbar an der Grenze errichtet sind, gelten nicht als Fenster.

§ 5 Ausnahmen
§ 4 Abs. 1 und 2 gilt nicht,
a) soweit nach öffentlich-rechtlichen Vorschriften anders gebaut werden muß;
b) gegenüber Grenzen zu öffentlichen Verkehrsflächen, zu öffentlichen Grünflächen und zu oberirdischen Gewässern von mehr als 3 m Breite (Mittelwasserstand);
c) für Stützmauern, Hauseingangstreppen, Kellerlichtschächte, Kellerrampen und Kellertreppen;
d) wenn die Einrichtung oder das Gebäude bei Inkrafttreten dieses Gesetzes öffentlich-rechtlich genehmigt ist und die Abstände dem bisherigen Recht entsprechen oder wenn an deren Stelle eine andere Einrichtung oder ein anderes Gebäude tritt, mit denen der Mindestgrenzabstand von 2 m nur in dem bisherigen Umfang unterschritten wird.

§ 6 Ausschluß des Beseitigungsanspruchs
Für den Ausschluß des Anspruchs auf Beseitigung einer der in § 4 Abs. 1 genannten Einrichtungen oder eines Gebäudes, mit denen ein geringerer als der vorgeschriebene Abstand (§ 4 Abs. 1, 2) eingehalten wird, gilt § 3 entsprechend.

Fernsehempfang. Die Behinderung des Fernsehempfangs durch ein Nachbarhaus ist keine →Einwirkung i. S. des § 906 BGB. Es handelt sich hier um eine sog. negative Einwirkung, weil es an der Zuführung von Einwirkungen auf das betroffene Grundstück fehlt. Abwehransprüche gegen das benachbarte Hochhaus nach § 1004 BGB bestehen daher nicht. Auf Grund landesrechtlicher Vorschriften oder des →nachbarlichen Gemeinschaftsverhältnisses kann sich ein Anspruch auf Mitbenutzung der →Antennenanlage des Nachbarhauses ergeben (BGH NJW 1984, 730).
→Antennenanlagen.

Feste Körper. Der Eigentümer eines Grundstücks kann die in § 906 BGB aufgeführten → Einwirkungen nicht verbieten, sofern diese die Benutzung des Grundstücks nur unwesentlich beeinträchtigen.

Die in § 906 BGB aufgeführten Einwirkungen werden als →Imponderabilien bezeichnet. Die Aufzählung in § 906 BGB ist nicht abschließend, da auch die weiteren *ähnlichen* Einwirkungen hinzukommen. Hierzu zählen aber nicht feste Körper wie etwa Steine (BGHZ 28, 225). Eine Duldungspflicht des Eigentümers über den nicht anwendbaren § 906 BGB hinaus kann sich hier aber in besonderen Ausnahmefällen aus dem Gesichtspunkt des →nachbarschaftlichen Gemeinschaftsverhältnisses ergeben (BGHZ 28, 225f.).

Zu den festen Körpern (sog. Grobimmissionen) zählen auch größere Tiere und Flüssigkeit.

Fluglärm

Festplatz → Kirmes → Volksfest.

Feuer. Das Abbrennen fester Stoffe im Freien führt öfter zu Rauchbelästigungen der Nachbarschaft, die nach den §§ 906, 1004 BGB abgewehrt werden können, wenn der Rauch eine →wesentliche Beeinträchtigung darstellt und auf das Grundstück des Nachbarn zieht. Im übrigen sind bei Verbrennungsvorgängen die landesrechtlichen Vorschriften zur Verhütung von Bränden zu beachten, die gewisse Mindestabstände des Feuers zu brennbaren und leicht entzündlichen Stoffen vorschreiben und die ein Einschreiten der →Polizei nötig machen können.

Feuerungsanlagen. Die 1. BImSchV betrifft Feuerungsanlagen und ist auf der Grundlage des § 23 BImSchG erlassen worden. Soweit die Verordnung →nachbarschützende Vorschriften enthält, handelt es sich bei der Verordnung um ein Schutzgesetz i. S. des § 823 Abs. 2 BGB.

Feuerwerksrückstände (F.). Zu den ähnlichen →Einwirkungen i. S. des § 906 BGB zählen an sich nicht →feste Körper. Dies gilt aber nicht für Kleinkörper wie F. (RG JW 27, 45).
Ob sie zu dulden sind, hängt daher davon ab, ob die Benutzung des Grundstücks durch sie wesentlich beeinträchtigt wird oder nicht.

Flugente. Ob Flugenten zu den „ähnlichen Einwirkungen" i. S. d. § 906 BGB zählen, ist umstritten. Nach einer Entscheidung des OLG Oldenburg (VersR 1976, 644) unterliegen Flugenten entsprechend den →Tauben dem § 906 BGB. Nach Palandt-Bassenge (§ 906, Anm. 2b, ee) gehören Flugenten dagegen nicht zu den unter § 906 BGB fallenden Kleintieren.
→Kleintiere.

Fluglärm. 1. Das Gesetz zum Schutz gegen Fluglärm vom 30. 3. 1971 (BGBl. I S. 282 mit späteren Änderungen) soll den Schutz der Allgemeinheit vor Gefahren bezwecken, die sich durch den Fluglärm in der Nähe von *Flugplätzen* ergeben. Das Gesetz sieht die Festsetzung von Lärmschutzbereichen vor, die in 2 Lärmschutzzonen gegliedert sind. Die Schutzzone 1 umfaßt das Gebiet, in dem der äquivalente Dauerschallpegel 75 dB (A) übersteigt, die Schutzzone 2 das übrige Gebiet des Lärmschutzbereichs.

Ob eine wesentliche Beeinträchtigung i. S. von § 906 Abs. 1 BGB vorliegt, ist im Einzelfall zu entscheiden, die Grenzwerte des FluglärmschutzG geben für den Zivilrichter hierfür wie auch die TA-

Folgenbeseitigungsanspruch

Lärm nur einen Anhaltspunkt (BGH NJW 1977, 1917, 1920; BGH NJW 1981, 1369).

Ein Überschreiten der Grenzwerte wird wohl stets als eine wesentliche Beeinträchtigung zu werten sein, dies kann aber auch bei Unterschreiten von Grenzwerten der Fall sein, da es nicht nur auf die Geräuschentwicklung als solche, vielmehr auch auf deren Lästigkeit ankommt (BGHZ 46, 35 = NJW 1966, 1958).

2. Wird eine →wesentliche Beeinträchtigung durch den Fluglärm festgestellt, so ist die weitere Frage zu prüfen, ob der Lärm nicht als →ortsüblich zu dulden ist (§ 906 Abs. 2 Satz 1 BGB). Bei Bejahung dieser Frage und wenn wirtschaftlich zumutbare Maßnahmen (→Zumutbarkeit) zur Lärmminderung nicht bestehen, ist der Betroffene auf die Geltendmachung von →Ausgleichsansprüchen in Geld beschränkt (§ 906 Abs. 2 Satz 2 BGB). Fluglärm ist nach einer Entscheidung des BGH in der Zeit von 6 bis 22 Uhr *ortsüblich* (NJW 1973, 326). Der betroffene Nachbar im Einwirkungsbereich eines Flughafens kann somit gegen den Lärm als solchen nicht vorgehen, er ist auf Geldansprüche (vgl. BGH MDR 1980, 655) beschränkt. Weitergehende Ansprüche auf Beseitigung des Flughafens oder Einstellung des Flugbetriebs kann er ohnehin nicht geltend machen, soweit es sich um eine nach § 11 LuftVG →genehmigte Anlage handelt. Wird der Fluglärm durch einen →Militärflughafen verursacht, so sind Ansprüche aus enteignendem Eingriff vor dem Zivilgericht geltend zu machen, wenn die Immissionen nicht untersagt werden können und die Grenzen dessen überschreiten, was ein Nachbar nach § 906 BGB zu dulden hat (BGH NJW 1993, 1700f.). Grundsätzlich besteht ein Anspruch auf Geldausgleich für Schallschutzeinrichtungen, sind diese ohne Erfolg, so ist der Minderwert des Grundstücks auszugleichen, wenn dieses schwer oder unerträglich betroffen ist.

Folgenbeseitigungsanspruch. 1. Wendet sich der Betroffene gegen Einwirkungen auf sein Eigentum, seine Gesundheit oder körperliche Unversehrtheit durch öffentliche Gewalt, so besteht ein Abwehr- oder Unterlassungsanspruch analog § 1004 BGB (BVerwG NJW 1981, 239, 241). Dieser ist vor den Verwaltungsgerichten geltend zu machen (BGH NJW 1978, 1860). Die Duldungspflichten des § 906 BGB gelten auch hier, weiter auch öffentlich-rechtliche Vorschriften über die Duldungspflichten. Kann sich die Öffentliche Hand auf überwiegende Gemeinwohlinteressen berufen, entfallen teilweise Abwehransprüche (BGH NJW 1967, 1857; →Unterlassung).

2. Wendet sich der Betroffene nicht gegen die Beeinträchtigungen, vielmehr gegen die störende Anlage selbst, so muß er deren Beseitigung mit dem Folgenbeseitigungsanspruch geltend machen

Früchte

(→ Nachbarklage, Schwarzbau). Dieser Anspruch ist in der VwGO nicht geregelt, wird aber in § 113 VwGO vorausgesetzt und findet seine Grundlage im Rechtsstaatsprinzip (Art. 20 Abs. 3 GG).
 Die Beseitigung muß möglich und zumutbar sein und die Rechtswidrigkeit muß der handelnden Behörde zugerechnet werden können (→ Schwarzbau, Nachbarklage, Behörde).

Friedhof. Wird ein Friedhof erweitert und rückt nahe an die Wohnbebauung, so müssen die Anwohner den Anblick hinnehmen. Das Verwaltungsgericht Würzburg (5 S 94.482) wies die Klage eines Anwohners ab.
 → Ästhetische Immissionen

Frösche. Der von Fröschen ausgehende Lärm hat selbst den Bundesgerichtshof beschäftigt. Ein Ehepaar am Stadtrand von Ingolstadt hatte einen 144 qm großen Teich angelegt, in welchem sich ca. 60 Frösche sammelten. Der gestörte Nachbar befand sich mit seinem Schlafzimmer etwa 35 m von der Teichmitte entfernt. Mit einer Reihe von Anträgen (Trockenlegung des Teiches, Schadensersatz für eine ungestörte auswärtige Wohnung während des Lärms, Entfernung der *männlichen* Frösche – nur diese verursachen den Lärm – und – generell – Durchführung geeigneter Maßnahmen zur Lärmabwehr) zog er durch die Instanzen. Der BGH (NJW 1993, 925) nahm grundsätzlich Stellung, verwies aber das Verfahren an die Vorinstanz zurück. Zwar seien die Beklagten → Störer, weil sie den Teich angelegt hätten. Der Froschlärm sei auch unzumutbar, wobei auf das Empfinden eines verständigen → Durchschnittsmenschen abzustellen sei. Der → Naturschutz lasse aber Maßnahmen solange nicht zu, ehe nicht ein Antrag auf Befreiung von den naturschutzrechtlichen Vorschriften geprüft worden sei. Diese verbieten nämlich grundsätzlich das Fangen und Nachstellen der Frösche oder die Zerstörung des Lebensraumes der Tiere.

Früchte. Steht auf der Grenze ein Baum, so gebühren die Früchte den Nachbarn zu gleichen Teilen, § 923 BGB. Diese Vorschrift gilt nicht für Bäume, die neben der Grenzlinie stehen. Daraus, daß nach § 923 Abs. 1 BGB dann, wenn der Baum gefällt wird, auch der Baum den Nachbarn zu gleichen Teilen gebührt, ergibt sich, daß es sich bei den Früchten i. S. v. § 923 BGB nicht um Früchte im engsten Sinne handelt, sondern daß hierzu sowohl abgefallene, als auch abgeschnittene Äste und auch die Blätter des Baumes gehören, die möglicherweise als Streu oder Kompost verwendet werden können (vgl. MüKo-Säcker, § 923 RdNr. 3).
 → Überfall.

Funkanlage

Funkanlage. Wendet sich ein 80 m von einem Sendemast wohnender Nachbar gegen den Betrieb einer Basisstation für das Mobilfunknetz, so hat er keine Aussicht auf Erfolg. Nach den derzeitigen Erkenntnissen sind schädliche nichtthermische Wirkungen von Funkwellen auf den Menschen nicht nachgewiesen. Nach den §§ 22, 25 Abs. 2 BImSchG können Nachbarn nur Schutz vor existenten Gefahren verlangen, nicht aber Vorsorge gegen Gesundheitsgefahren (OVG Lüneburg MDR 1994, 318).

Funkantenne. Errichtet ein Eigentümer ohne Zustimmung der Wohnungseigentümer eine Funkantenne und stellt diese weder optisch noch sonst einen Nachteil dar, so kann ihre Beseitigung nicht verlangt werden (BayObLG NJW-RR 1990, 1167).
→ Parabolantenne.

Funkenflug. Der durch einen Eisenbahnbetrieb verursachte Funkenflug stellt eine „ähnliche Einwirkung" i. S. v. § 906 BGB dar, kann also vom Eigentümer eines Grundstücks insoweit nicht verboten werden, als die Einwirkung die Benutzung seines Grundstücks nicht oder nur unwesentlich beeinträchtigt oder zwar wesentlich beeinträchtigt, aber ortsüblich ist und nicht durch Maßnahmen verhindert werden kann, die wirtschaftlich zumutbar sind (Schack, NJW 1965, 1702).

Fußballplatz. Der Spielbetrieb an Werktagen ist ab 20 Uhr einzustellen, an den Sonn- und Feiertagen darf bis 18 Uhr gespielt werden (VG Berlin 13 A 357/86). Dagegen fällt der *Samstagnachmittag* nicht unter den für Sonn- und Feiertage gewährten Schutz, da er weder allgemein arbeitsfrei ist noch bei anderen Arbeiten – z. B. → Rasenmähen – besonders geschützt ist (BVerwG NJW 1989, 1291 f.).
→ Sportlärm.

Fußboden. → Schallschutz im Wohnungsbau.

G

Gänse → Hühner → Kleintiere → Eindringen von Tieren → Katzen.

Garage. Eine Garage ist auch direkt an der Grenze zum Nachbarn zulässig, wenn sie sich dort nicht (besonders) störend durch die Geräusche auswirkt (BVerwG CB 49 50/85). → Grenzgarage.
Autolärm muß in Wohngebieten oftmals hingenommen werden.

Gartenfeste

Dennoch ist bei der Errichtung von Garagen/Stellplätzen auf die Anwohner Rücksicht zu nehmen (BayVGH 15 CS 93/3973).

Beeinträchtigungen können sich aus den Abmessungen der Garage ergeben. Als angemessen gelten hier 3×6 m für eine Einzel- und 6×6 m für eine Doppelgarage (OLG Hamm MDR 1994, 1011). Bei wesentlicher Überschreitung der Richtwerte kann sich im Einzelfall ein Anspruch auf Reduzierung der Garagengröße ergeben, wobei das Beseitigungsbegehren aber am Grundsatz von Treu und Glauben zu messen sein wird (OLG aaO).

Garagentor. Läßt sich ein Garagentor nur geräuschvoll öffnen, so darf die Garage zur Nachtzeit (22 Uhr bis 6 Uhr) nicht benutzt werden. Das OLG Düsseldorf (NJW 1991, 2433) verurteilte den Benutzer einer Garage wegen störender Betätigungen zur Nachtzeit nach den Bestimmungen des Landesimmissionsschutzgesetzes für NRW. Auf die Tatsache, daß die Geräusche beim Betrieb des Garagentors (herstellungsbedingt) auftraten, ließ es das Gericht nicht ankommen, sondern verwies den Garagenbesitzer auf ein Abstellen seines Pkw für diesen Fall außerhalb der Garage.

Gartenabfälle → Komposthaufen.

Gartenfeste. Häufigere, private Gartenfeste können wegen der damit verbundenen Lärmbelästigung grundsätzlich zu einem Abwehranspruch nach § 1004 BGB führen. Dabei ist jedoch stets zu prüfen, ob nicht gemäß § 906 BGB eine Duldungspflicht besteht. Grundsätzlich ist zu beachten, daß jeder Lärm so weit wie möglich zu vermeiden ist (BGH NJW 1962, 1342f.). Nach § 906 BGB können jedoch auch bei einer wesentlichen Beeinträchtigung diejenigen Immissionen nicht verboten werden, die durch eine *ortsübliche Benutzung* des anderen Grundstücks verursacht sind und nicht durch wirtschaftlich zumutbare Maßnahmen abgewendet werden können. Die Ortsüblichkeit i. S. v. § 906 BGB ist keine starre Norm, sondern ein bewegliches Regulativ, das sich mit den sich ändernden Verhältnissen ebenfalls ändert. Im Hinblick auf die gleichbleibende Beliebtheit privater Gartenfeste müssen diese auch dann als ortsüblich angesehen werden, wenn es dabei zu einer wesentlichen Beeinträchtigung der Nachbarn kommt, dies gilt jedenfalls am Wochenende und an den Abenden vor Feiertagen *bis 23.00 Uhr* und an anderen Abenden bis *22.00 Uhr*. Nach diesen Zeitpunkten kann das Fest zwar im Freien fortgesetzt werden; wesentliche Beeinträchtigungen dürfen aber dadurch nicht mehr verursacht werden, weil diese nicht mehr durch Ortsüblichkeit duldungspflichtig sind. Inwieweit die Lärmeinwirkung als ortsüblich angesehen werden muß, hängt natürlich von der

Gartenordnung

Stärke dieser Lärmeinwirkung ab, aber auch von der Häufigkeit der von einem Grundstückseigentümer durchgeführten Gartenfeste. Als Grundsatz kann gelten, daß eine Verringerung des Lärms umso früher verlangt werden kann, je stärker die Lärmeinwirkung ist und daß ab 22.00 Uhr Musiklärm auf Zimmerlautstärke zurückzuführen ist.

Gartenordnung → Bundeskleingärten.

Garten, verwildert. Beeinträchtigungen, die dadurch entstehen, daß im Garten des Nachbarn eine Unkraut-Wildnis herrscht mit der Folge, daß unerwünschte Blüten und Samen auf das Nachbargrundstück gelangen, können mit Ausnahme von ganz besonderen Extremfällen nicht mit Hilfe der §§ 1004, 996 BGB abgewendet werden, denn die Voraussetzungen dieser Anspruchsgrundlagen sind im Regelfall nicht gegeben. Nach der überwiegenden Rechtsprechung ist der Tatbestand des § 1004 nicht erfüllt, wenn eine Beeinträchtigung ausschließlich auf *Naturkräfte* zurückgeht, wie dies beim Unkrautsamenflug der Fall ist (vgl. OLG Karlsruhe RdL 1972, 8; LG Stuttgart MDR 1965, 990 und RdL 1965, 22). Lösen also allein Naturkräfte die Störung aus, die von einem Grundstück ausgeht, ist dessen Eigentümer nicht schon als solcher aus § 1004 BGB verpflichtet, sondern nur, wenn er oder sein Voreigentümer sie durch eigene Handlungen oder pflichtwidriges Unterlassen (mit-)verursacht hat (BGH NJW 1985, 1773). Diese Auffassung wird in der Literatur nicht geteilt (vgl. Schmid NJW 1988, 29). Es wird argumentiert, daß es sich beim Unkrautsamenflug nicht um Folgen handle, die ausschließlich auf das Wirken von Naturkräften zurückzuführen seien und dem Eigentümer deshalb nicht zugerechnet werden könnten, wenn der Eigentümer oder Besitzer etwa Bäume auf seinem Grundstück im Rahmen einer gärtnerischen oder sonstigen Nutzung pflanzt und hält (Bayer-Lindner, S. 75). In der gleichen Weise, wie wenn Teile von Pflanzen in den Luftraum des Nachbargrundstückes hinüberwachsen, sei es dem Eigentümer des Nachbargrundstücks zuzurechnen, wenn Teile seiner Pflanzen auf das Nachbargrundstück hinüberfallen. Die von Pflanzen ausgehende Beeinträchtigung des Nachbargrundstücks gehe wenigstens mittelbar auf den Willen und Einfluß des Eigentümers zurück, wenn er Bäume oder andere Pflanzen auf seinem Grundstück einpflanze. Das reiche auch sonst nach der Rechtsprechung aus, um den Pflanzeneigentümer als → Störer i. S. d. § 1004 BGB anzusehen (wie z. B. in BGHZ 28, 110; BGH NJW 1984, 2207; BGH NJW 1985, 1773). Anders sei der Fall zu beurteilen, daß ein Grundstück nicht im Rahmen einer gärtnerischen oder sonstigen Nutzung bepflanzt wird, sondern vom Eigentümer brach liegen gelassen wird mit der Folge, daß Pflanzen und Bäume

Garten, verwildert

und Sträucher ohne angelegten Pflanzenwuchs wild wachsen (Bayer-Lindner, S. 75 im Anschluß an OLG Karlsruhe NJW 1983, 2886).

Einigkeit besteht darin, daß für Unkrautsamenflug der Eigentümer nicht allein aufgrund seiner Stellung als Eigentümer haftet (BGHZ 28, 110; BGH NJW 1984, 2207; BGH NJW 1985, 1773; im Anschluß daran Bayer-Lindner, S. 75).

Der Eigentümer eines nicht genutzten, wild bewachsenen Grundstücks haftet nach § 1004 BGB als Störer also nur dann, wenn er infolge der von seinem Grundstück ausgehenden Beeinträchtigungen untätig geblieben ist, obwohl eine Handlungspflicht besteht. Das *OLG Karlsruhe* (in RdL 1972, 8) hat in einem Extremfall, in dem das Grundstück des Beklagten alljährlich zu einem regelrechten Brennesselmeer wurde, wobei die Brennesseln sich auch auf das Grundstück des Nachbarn ausweiteten, im Rahmen einer Unterlassungsklage folgendes ausgeführt: „Wenn, wie im vorliegenden Fall, die in Frage stehenden Grundstücke inmitten einer ausgesprochenen Wohngegend gelegen sind,

die Grundstücke dieser Wohngegend ersichtlich gärtnerisch genutzt und gepflegt werden,

das Grundstück durch überdurchschnittliche Verunkrautung, um nicht zu sagen Verwahrlosung aus dem allgemeinen Rahmen fällt,

die Beklagten ohne großen Aufwand die Möglichkeit gehabt hätten, der Verwahrlosung ihres eigenen und damit der Beeinträchtigung des klägerischen Grundstücks Einhalt zu gebieten,

sich statt dessen nicht nur im Jahre 1970, sondern auch schon in vorausgegangenen Jahren weigerten, gegen die von ihrem Grundstück ausgehende Beeinträchtigung des Nachbargrundstücks etwas zu tun,

dann sind nach Auffassung des Senats die notwendigen Einzelumstände gegeben, die unter Berücksichtigung des § 242 BGB das nachbarrechtliche Gemeinschaftsverhältnis zu einem gegenseitigen Rechtsverhältnis mit der Folge erstarken lassen, daß für die Beklagten die Verpflichtung entstand, die Beeinträchtigung des klägerischen Grundstücks durch von ihrem Grundstück ausgehenden Samenflug zu unterbinden."

Wenn also ein Eigentümer mitten in einer rundum bebauten und bewohnten Gegend sein eigenes ungenutztes Grundstück so stark verwahrlosen und verunkrauten läßt, daß jedes Jahr auf den Nachbargrundstücken ein „Brennesselmeer" entsteht, können die betroffenen Nachbarn nach § 1004 BGB auf Unterlassung klagen (vgl. hierzu BGH NJW 1984, 2207; BGHZ 28, 110).

Dies gilt aber nur in Extremfällen. Soweit in einer Bausiedlung unbebaute Grundstücke sind und der Eigentümer einer nicht bebauten Parzelle die Wiese nur einmal im Jahr abmäht und im übrigen

Garten, verwildert

wild wuchern läßt, kann von ihm nicht verlangt werden, daß er das Unkraut auf der Wiese beseitigt. Nur wenn das Unkraut über die Grenzen und in den Himmel wächst, kann das oben Gesagte gelten (vgl. AG Tecklenburg MDR 1981, 51).

Im Hinblick auf das sich ändernde Naturverständnis ist damit zu rechnen, daß die Gerichte immer häufiger die Anwendung der §§ 1004, 906 BGB bei Beeinträchtigung durch Unkrautsamenflug ablehnen werden.

Zu recht stellt Kaub (in: „Der liebe Nachbar", S. 96 f.) den Begriff des Unkrauts in Zweifel: „Allen Entscheidungen ist anzumerken, daß der Begriff Unkraut Aversionen auslöst. Das ist verständlich, denn in dem herkömmlichen Garten hat Unkraut nichts zu suchen. In ihm dürfen aus falsch verstandener Ordnungsliebe nur wenige, häufig exotische Pflanzenarten wachsen. Im *naturnahen* Garten ist dagegen Platz für eine Vielzahl heimischer Pflanzen- und Tierarten. Statt eines englischen Rasens mit zwei oder drei hochgezüchteten Grassorten dürfen auf einer naturnahen Wiese auch Löwenzahn, Hahnenfuß und Margerite wachsen. Und Brennesseln oder Giersch wird nicht gleich mit der chemischen Keule zu Leibe gerückt. Diese heimischen Pflanzen werden gewöhnlich als Unkräuter bezeichnet, also als unerwünschte Kräuter. Unkräuter heißen sie nur, weil sie bei einer wirtschaftlichen Bodennutzung stören. Der Begriff ‚Wildkräuter' wäre viel besser. In der Natur gibt es keine Unkräuter. So ist z. B. die Brennessel Futterpflanze für die Raupen zahlreicher Schmetterlinge. Außerdem kann sie als Heilpflanze genutzt werden und zeigt zudem nährstoffreichen Boden an. Im Gegensatz zum gepflegten, aber sterilen Garten, ist Vielfalt das Kennzeichen eines naturnahen Gartens. Der Garten wird zum Lebensraum für zahlreiche Tier- und Pflanzenarten. In einem solchen Garten gibt es eine natürliche Selbstregulierung. Schädlinge und Unkräuter werden durch natürliche Feinde und Konkurrenten in Schach gehalten. Wer sich in seinem Garten eine Bio-Wiese anlegt, führt seinen Garten wieder in einen von Natur gegebenen Zustand zurück. Und wer seine Stauden im Winter nicht zurückschneidet, bietet den Vögeln eine wichtige Nahrungsquelle. An den abgestorbenen Pflanzenteilen der Stauden überwintern zahlreiche Nützlinge des Gartens, angefangen beim Marienkäfer. Daher gilt für den Gartenfreund das Lob der scheinbaren Unordnung."

Wenn ein wohlwollender Nachbar den nach seiner Auffassung verwilderten Garten auf dem Nachbargrundstück in Abwesenheit des Nachbarn verschönert, liegt darin regelmäßig eine schädigende körperliche Einwirkung auf eine fremde Sache, die eine Eigentumsverletzung i. S. von § 823 Abs. 1 BGB darstellt und die zugleich auch eine Beeinträchtigung i. S. v. § 1004 BGB ist (Staudinger-Gursky, § 1004 RdNr. 9; Meisner-Ring, § 34 RdNr. 3).

Gaststättenlärm

Auch wenn Unkrautsamenflug und Blütenflug als störende Beeinträchtigung i. S. d. § 1004 Abs. 1 BGB beurteilt werden, sind Ansprüche des Nachbarn i. d. R. deswegen ausgeschlossen, weil derartige Beeinträchtigungen nach § 1004 Abs. 2 BGB in Verbindung mit § 906 BGB hingenommen werden müssen.

Nach einhelliger Auffassung in Rechtsprechung und Literatur gehören Blüten und Samen zu den „ähnlichen Einwirkungen" i. S. d. § 906 Abs. 1 BGB. Nach dieser Vorschrift können Einwirkungen insoweit nicht verboten werden, als die Einwirkung die Benutzung des anderen Grundstücks nicht oder nur unwesentlich beeinträchtigt. Dabei ist maßgebend das Empfinden eines Durchschnittsbenutzers des betroffenen Grundstücks in seiner durch Natur, Gestaltung und Zweckbestimmung geprägten konkreten Beschaffenheit (BGH NJW 1982, 440; 1984, 1242 und 2207) und nicht das subjektive Empfinden des Gestörten. Diese Beurteilung ist im wesentlichen tatrichterlicher Natur. Im Normalfall wird aber die Einwirkung durch Unkrautsamenflug als unwesentliche Beeinträchtigung beurteilt werden, zumal wirtschaftlich zumutbare Maßnahmen, die geeignet sind, den Unkrautsamenflug zu verhindern, kaum denkbar sind.

Da durch den Unkrautsamenflug eine ortsübliche Benutzung des Nachbargrundstücks oder dessen Ertrag nicht über das zumutbare Maß hinaus beeinträchtigt wird, kommt normalerweise auch kein Ausgleich in Geld nach § 906 Abs. 2 Satz 2 BGB in Betracht. Zwar hat das LG Wiesbaden (NJW 1979, 2617) einem Betroffenen, auf dessen Grundstück jedes Jahr bis zu 15 Liter Blütenteile und Samen von fünf Birken flogen, eine jährliche Rente von 100,– DM zugesprochen, aber dabei handelt es sich um eine Einzelfallentscheidung. So hat auch das OLG Schleswig (NuR 1994, 103) die Klage eines Landwirts (ökologischer Anbau von Feldfrüchten) gegen seinen Nachbarn abgewiesen, der auf seinem Grundstück lediglich Disteln stehen hatte.

→ Kleintiere, Ungeziefer.

Gartenzwerg → Ästhetische Immissionen.

Gase → Gerüche.

Gaststättenlärm. 1. Für die von einer Gaststätte ausgehenden Geräusche (Innenlärm, An- und Abfahrt der Gäste, Verweilen der Gäste im Umgebungsbereich der Wirtschaft) ist der Gastwirt verantwortlich, denn er ist → Störer i. S. des § 1004 BGB (→ Kunden- und Lieferantenlärm).

Bei der Beurteilung der Frage, ob eine → wesentliche Beeinträchtigung vorliegt, geben die → TA-Lärm und → VDI 2058 Anhalts-

Gaststättenlärm

punkte. Da es beim erzeugten →Lärm aber nicht nur auf dessen Intensität, sondern auch auf die Lästigkeit des Lärms ankommt, sind auch andere Gesichtspunkte maßgeblich. Lästig ist vor allem die Tatsache, daß es sich um keinen konstanten Schallpegel handelt, an den man sich zur Not „gewöhnen" könnte. Es liegt vielmehr die Lästigkeit darin, daß man durch laut zugeschlagene Autotüren oder Geschrei der Gäste immer wieder und unerwartet aus der Ruhe gebracht oder aus dem Schlaf gerissen wird.

Liegt eine wesentliche Beeinträchtigung vor, so wird der Gaststättenlärm bis 22 Uhr noch als →ortsüblich angesehen, und zwar auch in einer reinen Wohngegend. Danach aber hat der Anwohner ein Recht auf ungestörtes Schlafen, wenn möglich auch bei geöffnetem Fenster. Besteht schon unabhängig vom Gaststättenlärm ein allgemeines Lärmniveau und führt gerade der zusätzliche Lärm der Gastwirtschaft zu einer wesentlichen Beeinträchtigung, so ist der Gastwirt insgesamt verantwortlich. Bei den nötigen →Lärmmessungen ist deshalb das allgemeine Lärmniveau mitzuerfassen. Probleme bei der Lärmmessung werden sich wie immer ergeben, weil eine für den Störer unangekündigte, verdeckte Messung im gerichtlichen Verfahren nicht zulässig ist (→Lärmmessung).

2. Wer sich schon vorbeugend gegen den zu erwartenden Lärm einer Gaststätte wenden will, muß sich am Verfahren der Erteilung einer Baugenehmigung beteiligen und evtl. →Widerspruch und Nachbarklage erheben, wenn →nachbarschützende Vorschriften verletzt sind. Als Nachbar erfährt er vom Verfahren, weil ihm die Pläne zur →Nachbarunterschrift vorzulegen sind. Auch nach unanfechtbar vorliegender Genehmigung kann der betroffene Nachbar nachträglich noch verlangen, daß ihn die Genehmigungsbehörde durch *Auflagen* an den Gastwirt schützt. So kann der Nachbar z. B. eine zeitliche Einschränkung des Betriebes oder beim Innenlärm den Einbau besonderer Gaststättentüren verlangen. Außer dem Innenlärm ist der Wirt auch für die geräuschvolle An- und Abfahrt der Gäste verantwortlich, unternimmt er dagegen nichts, so muß er um seine Konzession bangen (VGH Mannheim NVwZ 1987, 338; BVerwG GewArch 1965, 250). Hat der Betroffene vor den Behörden und Verwaltungsgerichten keinen Erfolg, so muß er zivilrechtliche Schritte einleiten und Klage auf Unterlassung der Störungen einreichen, ggf. mit dem Ziel einer früheren Schließung des Lokals (LG Aachen NJW-RR 1986, 818; OLG Frankfurt DWW 1985, S. 208; BGH DWW 1963, 89).

3. Liegt ein Dauerbetrieb einer Gaststätte nicht vor, so muß der Nachbar sich gegen die nach § 12 GaststG nötige *Gestattung* mit →Widerspruch und Anfechtungsklage wenden. Entscheidend sind dabei die Umstände des Einzelfalls, also die Frage der Häufigkeit der

Gefahrdrohende Anlagen

Veranstaltungen und der räumlichen Entfernung zu den Nachbarn. So hat der VGH München das Ende eines Festzeltbetriebs bei einem Fischerfest auf 22 Uhr festgesetzt (NJW 1990, 2488 f.).

4. Zu den Beweisanforderungen bei der Störung der Nachtruhe siehe OLG Düsseldorf in NJW 1990, 3159 f.

→ Biergarten, Diskothek.

Gebäudehöhe. Bei der Festsetzung der Gebäudehöhe im → Bebauungsplan ist streitig, ob der Nachbar hieraus Rechte für sich ableiten kann. Dies wäre der Fall, wenn es sich dabei um → nachbarschützende Vorschriften handeln würde. Durch das Ausmaß der Bebauung auf dem Nachbargrundstück werden zwar die Interessen des Dritten schon berührt. Dennoch stehen im Bereich des Planungsrechts die Interessen der Gemeinden als Träger der Planungshoheit im Vordergrund. Ob auch die Interessen Dritter im Bebauungsplan einbezogen werden sollten, ist dem Bebauungsplan und dessen Begründung zu entnehmen (VGH Mannheim BauR 1984, 52 f.). Die Bestimmungen über das Maß der nachbarlichen Nutzung (Gebäudehöhe, Geschoßflächenzahl) werden grundsätzlich als nicht nachbarschützend angesehen (aA OVG Münster NJW 1964, 74).

Gefahrdrohende Anlagen (g. A.). § 907 BGB erweitert für alle Nachbarn im Einwirkungsbereich g. A. den Schutz über § 1004 BGB hinaus und ermöglicht – auch vorbeugend vor dem tatsächlichen Beginn einer Störung – einen Anspruch auf Beseitigung der Anlage als solcher.

Der Begriff Anlage i. S. von § 907 BGB setzt eine feste Verbindung mit dem Grundstück nicht voraus, auch wasser- und bergrechtliche Anlagen werden von § 907 BGB erfaßt, für straßenbauliche Anlagen ist dies strittig (verneinend: BGH NJW 1974, 53, 54). Anlagen sind künstlich geschaffene Werke, die auf Dauer eingerichtet werden (BGH BB 1965, 1125).

Der Begriff der Einwirkungen bezieht sich ebenso wie bei § 906 BGB auf positive, grenzüberschreitende Einwirkungen, deren Unzulässigkeit ist auf Grund der §§ 903 bis 906 BGB festzustellen. Ist die Anlage mangelhaft hergestellt oder wird sie nicht ausreichend unterhalten und wäre eine Beseitigung der Einwirkungen bei Abänderung möglich, so ist die Abgrenzung der Ansprüche aus § 907 BGB zu § 1004 BGB strittig. Die h. M. gewährt hier lediglich den Schutz des § 1004 BGB (Staudinger-Beutler, RdNr. 12 zu § 907 BGB).

Nicht Anspruchsvoraussetzung ist eine tatsächliche Benutzung der Anlage, wenn nur deren Benutzung zwingend mit Einwirkungen für den Nachbarn verbunden wäre, so z. B. bei Garagen, die nur über Nachbargrund erreichbar wären (BGH WM 1965, 1009, 1011).

Geflügel

Anspruchsberechtigt nach § 907 BGB ist der Eigentümer sowie alle dinglich Berechtigten und Grundstücksbenutzer.

Der Anspruch richtet sich beim Unterlassungsanspruch gegen die Ersteller der Anlage, beim Beseitigungsanspruch gegen diejenigen, die die Anlage nutzen, jedenfalls auch immer gegen den Eigentümer. Bei Auseinanderfallen beider Positionen ist daher wegen der Zwangsvollstreckung ein Titel gegen beide Personen nötig.

Ist für einen gefahrdrohenden Zustand niemand verantwortlich – so bei Gefahrenlagen auf Grund von Kriegseinwirkungen oder Naturgewalt – so muß der Eigentümer dem Nachbarn die Beseitigung der g. A. ermöglichen, verweigert er dies, so haftet er selbst (OLG Hamm NJW 1954, 273).

Nicht zu den Anlagen i. S. des § 907 BGB zählen Bäume und Sträucher (§ 907 Abs. 2 BGB), hierzu siehe §§ 910, 911, 923 BGB und die landesrechtlichen Vorschriften (Art. 124 EGBGB).

Der Anspruch aus § 907 BGB ist unverjährbar (§ 924 BGB).

→ Atomkraftwerk, Raketenlager.

Geflügel. Anders als →Kleintiere gehört Geflügel nicht zu den ähnlichen →Einwirkungen i. S. des § 906 BGB.

Dringt somit Geflügel auf den Grund des Nachbarn ein, so ist die Frage, ob eine →wesentliche Beeinträchtigung i. S. des § 906 BGB vorliegt, für Abwehransprüche nicht direkt entscheidend.

Der Abwehranspruch kann aber aus dem Gesichtspunkt der →nachbarschaftlichen Gemeinschaftsverhältnisses ausgeschlossen sein (OLG Köln NJW 1985, 2338).

Geh- und Fahrtrecht. 1. Häufiger Anlaß zu Nachbarstreit sind die Geh- und Fahrtrechte. Grund hierfür ist die Tatsache, daß die Berechtigung im Grundbuch oft nur mit einer Kurzbezeichnung eingetragen ist und daß die Eintragung schon jahrzehntelang zurückliegt und sich nun die Frage stellt, wie das Recht der wirtschaftlichen und technischen Entwicklung anzupassen ist.

Bei der Eintragung im Grundbuch genügt nicht die Angabe des gesetzlichen Namens des Rechts, wohl aber reicht es aus, den Inhalt des Rechts nach seinem Kernbereich zu bezeichnen, z. B. als Geh- und Fahrtrecht.

Bei der Auslegung des eingetragenen Rechts wird auf dessen Wortlaut und Sinn sowie auf eine Eintragsbewilligung zurückgegriffen, soweit auf diese Bezug genommen ist.

Dies gilt bei Eintragungen ab 20. 2. 1980 auch für Karten, Zeichnungen und Abbildungen, soweit sie Bestandteile der Bewilligungsurkunde sind (§ 9 Abs. 1 Satz 3 BeurkG).

Gemeingebrauch

Auch die Bezugnahme auf Geländepositionen (Bäume, Hecken etc.) ist zulässig, wenn sie von gewisser Dauerhaftigkeit sind (BGH NJW 1969, 673).

2. Bei der Frage, welchen Inhalt das eingetragene Recht hat, ergeben sich folgende Differenzierungen:

a) Ist von einem *Wegerecht* die Rede, so berechtigt dies zur umfassenden Benutzung in Form von Gehen, Fahren, Reiten und Durchtreiben von Vieh.

b) Ist von einem *Fahrtrecht* die Rede, so stellt sich die Frage, ob dies wörtlich aufzufassen ist oder ob nicht als minus auch die Berechtigung zum Gehen mitenthalten ist. Hiervon wird man regelmäßig ausgehen können, weil das Durchfahren die lästigere Inanspruchnahme ist.

c) Ist von einem *Gehrecht* die Rede, so schließt dies weder ein Reiten noch ein Vorbeiführen eines Pferdes ein, wohl aber das Mitnehmen eines Hundes. Auch die Mitnahme eines Handwagens ist vom Gehrecht nicht gedeckt.

d) Ein Geh- und Fahrtrecht ist dazu bestimmt, ein bestimmtes Ziel zu erreichen. Auf der in Anspruch genommenen Strecke dürfen daher nicht geparkt, Be- und Entladen werden und keine Gegenstände abgestellt werden (BGH WM 1977, 147).

e) Streitpunkt kann auch sein, *wer* Berechtigter der Grunddienstbarkeit ist. Dies ist nicht nur der Eigentümer des berechtigten Grundstücks, vielmehr auch dessen Besucher, Mieter oder Pächter. Bei gewerblicher Nutzung des berechtigten Grundstücks sind auch die Kunden berechtigt. Bestand der Gewerbebetrieb bei Begründung des Rechts noch nicht, so ist dies fraglich. Handelt es sich um eine bloße Steigerung der Bedürfnisse des herrschenden Grundstücks, so wird dies vom Inhalt der Grunddienstbarkeit erfaßt. Ändert der Berechtigte ohne Vorhersehbarkeit die Benutzung seines Grundstücks völlig, so kann das belastete Grundstück insoweit nicht mehr beansprucht werden (RGZ 126, 370; BGH NJW 1959, 2059; BGH NJW 1965, 1229 und 2341). Also kein Geh- und Fahrtrecht bei Umwandlung eines landwirtschaftlichen Betriebs in eine Fabrik, Gärtnerei oder Hotel oder eines Geh- und Fahrtrechts für ein Wohngrundstück in eine dort eingerichtete Gastwirtschaft. Bei Übergang einer Gewerbeart in eine andere ist auch diese Nutzung gedeckt, wenn sie für das belastete Grundstück nicht unzumutbar lästig ist. Anders dann, wenn nur eine bestimmte Gewerbeart Vertragsgrundlage war.

Gemeingebrauch. Steht eine Sache im G., so darf sie jedermann ohne besondere Erlaubnis des Eigentümers unentgeltlich benutzen (RGZ 125, 108; BGHZ 21, 319).

Gemeinschaftsordnung

Zu beachten ist die sich aus dem Gesetz oder *Widmung* der Sache ergebende Zweckbestimmung. Wird der G. beeinträchtigt, so sind Ansprüche aus § 1004 BGB gegeben.

G. besteht bei Straßen und Wegen, Wäldern, Gewässern und am Meeresrand, soweit nicht Sondernutzungsrechte verliehen wurden (BGHZ 44, 27). Solche Sondernutzungsrechte können von der zuständigen Verwaltungsbehörde eingeräumt werden.

Bei Benutzung der Straße durch den Anlieger spricht man von → Anliegergebrauch, der weitere Rechte einräumt.

Zum Verhältnis von Straßenkunst (Herstellen von Scherenschnitten auf Bestellung von Passanten in Fußgängerzonen und auf öffentlichen Plätzen) zum Gemeingebrauch hat der VGH Mannheim (NJW 1989, 1299f.) Stellung genommen. Danach hält sich das Aufstellen einer Staffelei und eines Stuhles durch die Künstlerin noch im Rahmen des Gemeingebrauchs, da eine *konkrete* Beeinträchtigung geschützter Rechtspositionen Dritter nicht vorliege.

Gemeinschaftsordnung. Die Gemeinschaftsordnung der Wohnungseigentümer regelt das Verhältnis untereinander und bindet durch Eintragung im Grundbuch auch die nachfolgenden Erwerber (BGH DWE 1985, 28). Änderungen erfordern eine Vereinbarung *aller* Eigentümer, sofern die Gemeinschaftsordnung nicht eine Änderung durch Mehrheitsbeschluß vorsieht.

Die Gemeinschaftsordnung kann aber auch eine → Hausordnung enthalten. Änderungen in diesem Falle sind dann stets auch durch Mehrheitsbeschluß möglich (BayObLGZ 1975, 201).

Genehmigte Anlagen. 1. Der → Störer kann sich grundsätzlich nicht darauf berufen, die störende Anlage sei behördlich genehmigt und Ansprüche der Nachbarn damit nicht gegeben.

Eine Duldungspflicht des Nachbarn nach § 1004 Abs. 2 BGB wegen einer behördlichen Genehmigung besteht grundsätzlich nicht, da die behördliche Genehmigung nur das *öffentlich*-rechtliche Verhältnis regelt. Private Rechte werden dadurch weder eingeschränkt noch erweitert. Etwas anderes gilt dann, wenn ein Gesetz den Ausschluß von privatrechtlichen Abwehransprüchen *ausdrücklich* vorsieht wie dies § 14 des → Bundesimmissionsschutzgesetzes vom 15. 3. 1974 (zuletzt geändert am 26. 11. 1986, BGBl. I S. 2089) vorsieht. Nach dessen § 14 gilt folgendes:

Auf Grund privatrechtlicher, nicht auf besonderen Titeln beruhender Ansprüche zur Abwehr benachteiligender Einwirkungen von einem Grundstück auf ein benachbartes Grundstück kann nicht die *Einstellung des Betriebs* einer Anlage verlangt werden, deren Genehmigung unanfechtbar ist; es können nur Vorkehrungen verlangt

Genehmigte Anlagen

werden, die die benachteiligenden Wirkungen ausschließen. Soweit solche Vorkehrungen nach dem Stand der Technik nicht durchführbar oder wirtschaftlich nicht vertretbar sind, kann lediglich Schadensersatz verlangt werden. Die Ausschlußwirkung des § 14 BImSchG tritt aber nur unter folgenden Voraussetzungen ein:

a) Es muß die schädliche Einwirkung von einer *genehmigungsbedürftigen* Anlage ausgehen. Ob eine solche vorliegt, ergibt sich aus dem Katalog der Vierten Verordnung zur Durchführung des Bundesimmissionsschutzgesetzes (4. BImSchGV) vom 24. 7. 1985 (BGBl. I S. 1586). Ist eine Anlage genehmigungsfrei oder kommt das sog. vereinfachte Verfahren nach § 19 BImSchG in Frage, so stellt sich die Frage des § 14 BImSchG nicht.

b) Für die genehmigungsbedürftige Anlage muß eine *bestandskräftige* Genehmigung erteilt worden sein.

c) Die Anlage muß *innerhalb des Rahmens der Genehmigung* betrieben werden, nur insoweit reicht die Ausschlußwirkung. Geht sie darüber hinaus, so ist § 14 BImSchG nicht beachtlich, es bleibt vielmehr bei den allgemeinen Rechtsbeziehungen des privaten Nachbarrechts.

d) Die Abwehransprüche des Betroffenen müssen ohne die Ausschlußwirkung ansonsten erfolgreich sein. Daran fehlt es, wenn nur eine unwesentliche Beeinträchtigung vorliegt oder wenn bei wesentlicher Beeinträchtigung diese wegen →Ortsüblichkeit zu dulden ist oder wenn die Abwehransprüche eingeschränkt sind, weil die Anlage *hoheitlich* betrieben wird oder es sich um einen *lebens- oder gemeinwichtigen Betrieb* (→Unterlassung) handelt.

e) Einwendungen des privaten Nachbarrechts aus den §§ 1004, 823 Abs. 2 und 907 BGB müssen innerhalb der *Präklusionsfrist* des § 10 Abs. 3 Satz 3 BImSchG vorgebracht worden sein. Dies betrifft nicht die in § 14 BImSchG erwähnten Ansprüche aus *besonderen* privatrechtlichen Titeln.

Wäre somit ansonsten ein Abwehranspruch durchsetzbar, so ist er wegen § 14 BImSchG beschränkt. Der Betroffene kann lediglich *Schutzvorkehrungen,* ersatzweise Schadensersatz verlangen (→Unterlassung). Dies steht wiederum unter dem Vorbehalt der wirtschaftlichen Zumutbarkeit für den Anlagenbetreiber oder technischen Durchführbarkeit von Schutzvorkehrungen.

3. Der Ausschluß von Abwehransprüchen ergibt sich auch für *Atomkraftwerke* (§ 7 Abs. 6 AtomG) und für Flughäfen (§ 11 LuftVG), allerdings nicht für Militärflughäfen. Bei letzteren ergibt sich der Ausschluß schon aus allgemeinen Erwägungen, wonach der Einzelne *hoheitlichen* Beeinträchtigungen nicht mit dem Ziel der Einstellung entgegentreten kann (→Unterlassung).

Geräusche

→ Baugenehmigung, Bundesimmissionsschutzgesetz, Unterlassung. Eine zusammenfassende Behandlung der Probleme der „Privatrechtsgestaltung durch Anlagengenehmigung" stellt Peine in NJW 1990, 2442f. zusammen.

Geräusche → Lärm.

Geruchsbelästigungen. Für Geruchsbelästigungen, die von einer öffentlichen Kläranlage ausgehen, billigt der BGH einen Entschädigungsanspruch zu (BGH NJW 1984, 1876).
→ Kläranlage.

Gerüche. Der Eigentümer eines Grundstücks kann die Zuführung von Gerüchen (ebenso wie von Gasen und Dämpfen) insoweit nicht verbieten, als die Einwirkung die Benutzung seines Grundstücks nicht oder nur unwesentlich beeinträchtigt. Das gleiche gilt insoweit, als eine wesentliche Geruchsbelästigung durch eine ortsübliche Benutzung des anderen Grundstücks herbeigeführt wird und nicht durch Maßnahmen verhindert werden kann, die Benutzern dieser Art wirtschaftlich zumutbar sind. Hat der Eigentümer hiernach eine Geruchsbelästigung zu dulden, so kann er von dem Benutzer des anderen Grundstücks einen angemessenen Ausgleich in Geld verlangen, wenn die Einwirkung eine ortsübliche Benutzung seines Grundstücks oder dessen Ertrag über das zumutbare Maß hinaus beeinträchtigt. Die Zuführung durch eine besondere Leitung ist unzulässig (§ 906 BGB).
→ TA-Luft.

Geschoßflächenzahl → Gebäudehöhe.

Getränkeautomat. Die Aufstellung eines Getränkeautomaten auf dem gemeinschaftlichen Eigentum einer Eigentumswohnungsanlage durch einen Eigentümer dient nicht den Interessen der Gesamtheit der Eigentümer i. S. von § 15 Abs. 3 WEG und kann nicht verlangt werden (BayObLG NJW-RR 1990, 1104).

Glockengeläute → Kirchengeläute.

Grenzabstand von Bäumen und Sträuchern. Das grundsätzlich gegebene → Eigentumsherrschaftsrecht der Eigentümer nach § 903 BGB ist durch zahlreiche Gesetze beschränkt.

Für den Bereich des Grenzabstands von Bäumen und Sträuchern fehlt eine Regelung im Bürgerlichen Gesetzbuch. Die Bundesländer (mit Ausnahme von Hamburg und Bremen) haben Landesgesetze zum Nachbarrecht erlassen, in denen der Grenzabstand und damit

Grenzabstand von Bäumen und Sträuchern

zusammenhängende Fragen uneinheitlich und teilweise unübersichtlich geregelt sind.

Zur Zeit besteht folgende Gesetzeslage:
1. *Baden-Württemberg,* Gesetz über das Nachbarrecht v. 14. 12. 1959 (GBl. S. 171) in der Fassung vom 6. 4. 1964 (GBl. S. 151)

§ 13 Hecken
(1) Mit Hecken bis zu 1,50 m Höhe ist ein Abstand von 0,50 m, mit höheren Hecken ein um das Maß der Mehrhöhe größerer Abstand einzuhalten.
(2) Die Hecke ist bis zur Hälfte des nach Abs. 1 vorgeschriebenen Abstands zurückzuschneiden. Das gilt nicht für Hecken bis zu 1,50 m Höhe innerhalb des geschlossenen Wohnbezirks.
(3) Der Besitzer der Hecke ist zur Verkürzung der Hecke und zum Zurückschneiden der Zweige nach Abs. 2 nur in der Zeit vom 1. Oktober bis 15. März verpflichtet.

§ 14 Rebstöcke in Weinbergen
Mit Rebstöcken in Weinbergen ist ein Abstand von 0,75 m von der Grenze einzuhalten. Bei Weitraumanlagen gilt als Grenzabstand die Hälfte des Reihenabstandes, jedoch nicht weniger als 1,40 m.

§ 15 Waldungen
(1) Mit Waldungen ist ein Abstand von 8 m von der Grenze einzuhalten. Bei Verjüngung von Waldungen, die bei Inkrafttreten dieses Gesetzes bereits bestehen, sowie in erklärten Waldlagen (§ 28 Abs. 1) ermäßigt sich der Abstand nach Satz 1 auf die Hälfte.
(2) Durch Gemeindesatzung können die Abstände nach Abs. 1 Satz 1 gegenüber bestimmten Gebieten innerhalb des geschlossenen Wohnbezirks oder innerhalb des Bereichs des Bebauungsplans bis auf 12 m erhöht werden, soweit der Wald auf der südlichen, östlichen oder westlichen Seite dieser Gebiete liegt.
(3) Der vom Baumwuchs freizuhaltende Streifen kann bis auf 2 m Abstand von der Grenze mit Gehölzen bis zu 4 m Höhe und bis auf 1 m Abstand von der Grenze mit Gehölzen bis zu 2 m Höhe bepflanzt werden.

§ 16 Sonstige Gehölze
(1) Bei der Anpflanzung von Bäumen, Sträuchern und anderen Gehölzen sind unbeschadet der §§ 13 bis 15 folgende Abstände von der Grenze einzuhalten:
1. mit Baumschulbeständen von Beerenobststräuchern und Ziersträuchern, Rosen, Heckenpflanzen und sonstigen Gehölzjungpflanzen ähnlicher Ausdehnung sowie mit Kleingehölzen artgemäß ähnlicher Ausdehnung . . . . 0,50 m
Die Gehölze dürfen die Höhe von 1 m nicht überschreiten, es sei denn, daß der Abstand nach Nr. 2 eingehalten wird;
2. mit Beerenobststräuchern und -stämmen, Rebstöcken außerhalb eines Weinbergs, Rosen und anderen artgemäß kleinen Gehölzen, mit Weihnachtsbäumen und Baumschulbeständen, soweit nicht in Nr. 1

Grenzabstand von Bäumen und Sträuchern

aufgeführt, sowie mit niedrigen Weidenpflanzungen, die jährlich genutzt werden . . . . 1 m
Die Gehölze dürfen die Höhe von 2 m nicht überschreiten, es sei denn, daß der Abstand nach Nr. 3 eingehalten wird;
3. mit Kernobstbäumen auf schwach- und mittelstarkwachsenden Unterlagen einschließlich Quittenbäumen, mit Pfirsich-, Aprikosen- und Sauerkirschenbäumen, mit anderen Gehölzen artgemäß ähnlicher Ausdehnung, mit Forstsamenplantagen sowie mit niedrigen Weidenpflanzungen, die nicht jährlich genutzt werden . . . . 2 m
Die Gehölze dürfen die Höhe von 4 m nicht überschreiten, es sei denn, daß der Abstand nach Nr. 4 eingehalten wird;
4. mit Kernobstbäumen und Süßkirschbäumen, soweit nicht in Nr. 3 oder 5 aufgeführt, mit Zwetschgen-, Pflaumen-, Reineclauden- und Mirabellenbäumen . . . . 3 m
5. mit Kernobstbäumen stark wachsender Sorten auf Säumlingsunterlagen oder auf anderen ähnlich stark wachsenden Unterlagen, mit Süßkirschbäumen auf derartigen Unterlagen, mit Walnußbäumen, ausgenommen unveredelte Walnuß-Sämlingsbäume, mit artgemäß mittelgroßen und schmalen Bäumen, wie Vogelbeeren, Birken, Weißdornen und deren Veredelungen, Weißbuchen, Erlen, Salweiden, Zierkirschen, Zieräpfel, Zierpflaumen, Blaufichten, Serbische Fichten und Thujen sowie mit anderen Gehölzen artgemäß ähnlicher Ausdehnung . . . . 4 m
6. mit großwüchsigen Nadelbäumen, unveredelten Walnuß-Sämlingsbäumen, großwüchsigen Arten von echten und Roßkastanien, Pappeln, Linden, Ahornen, Ulmen, Platanen, Eichen, Buchen, Eschen, Robinien („Akazien") und Baumweiden sowie mit anderen Bäumen artgemäß ähnlicher Ausdehnung . . . . 8 m

(2) Die Abstände nach Abs. 1 Nr. 3 bis 5 ermäßigen sich innerhalb des geschlossenen Wohnbezirks auf die Hälfte. Dies gilt nicht für Obstgehölze, Weihnachtsbäume, Baumschulbestände, Forstsamenplantagen und Weidenpflanzungen sowie für geschlossene Bestände mit mehr als drei der in Abs. 1 Nr. 5 angeführten Gehölze.

(3) Der Besitzer eines Gehölzes, das die nach Abs. 1 Nr. 1 bis 3 zulässige Höhe überschritten hat, ist zur Verkürzung des Gehölzes nur in der Zeit vom 1. Oktober bis 15. März verpflichtet.

§ 17 Hopfenpflanzungen
Mit Hopfenpflanzungen ist ein Abstand von 1,50 m von der Grenze einzuhalten. Ist das Nachbargrundstück gleichfalls mit Hopfen bepflanzt, so ermäßigt sich der Abstand auf die Hälfte.

§ 18 Begünstigung von Weinbergen und Erwerbsgartenbaugrundstücken
Gegenüber Weinbergen in erklärter Reblage (§ 28 Abs. 2) sowie gegenüber erwerbsgartenbaulich genutzten Grundstücken in erklärter Gartenbaulage (§ 28 Abs. 3) sind die Abstände nach § 11 Abs. 1 Satz 2 und Abs. 2, § 12, § 13 Abs. 1, § 15, § 16 Abs. 1 Nr. 3 bis 6 und Abs. 2 sowie § 17 Satz 1 zu verdoppeln, soweit sich die Einfriedigung, Spaliervorrichtung oder Pflanzung an deren südlicher, östlicher oder westlicher Seite

Grenzabstand von Bäumen und Sträuchern

befindet. Das gilt nicht für Obstgehölze und Baumschulbestände innerhalb des geschlossenen Wohnbezirks.

§ 19 Verhältnis zu landwirtschaftlich nicht genutzten Grundstücken

(1) Die Vorschriften der §§ 11 bis 17 gelten nicht gegenüber Grundstücken außerhalb des geschlossenen Wohnbezirks, die Wald, Hutung, Heide oder Ödung sind oder die landwirtschaftlich oder gartenbaulich sonst nicht genutzt werden und nicht bebaut sind und auch nicht als Hofraum dienen. Mit Wald gegenüber Wald ist aber ein Abstand von 1 m einzuhalten.

(2) Die in den §§ 11 bis 18 vorgeschriebenen Abstände vermindern sich gegenüber Grundstücken außerhalb des geschlossenen Wohnbezirks um diejenige Entfernung, auf die diese Grundstücke von der Grenze an gerechnet landwirtschaftlich oder gartenbaulich nicht genutzt, nicht bebaut sind und auch nicht als Hofraum dienen.

§ 20 Pflanzungen hinter geschlossenen Einfriedigungen

Die §§ 12 bis 18 gelten nicht, wenn sich die Spaliervorrichtung oder die Pflanzung hinter einer geschlossenen Einfriedigung befindet, ohne diese zu überragen. Als geschlossen gelten auch Einfriedigungen, bei denen die Zaunteile breiter sind als die Zwischenräume.

§ 21 Verhältnis zu Wegen, Gewässern und Eisenbahnen; Ufer- und Böschungsschutz

(1) Die Bestimmungen der §§ 11 bis 18 gelten nicht für das nachbarliche Verhältnis der öffentlichen Wege und der Gewässer einerseits und der an sie grenzenden Grundstücke andererseits.

(2) Mit Bäumen, die nach polizeilicher Vorschrift in regelmäßiger Anordnung längs der Straßen auf den angrenzenden Grundstücken gepflanzt werden, braucht ein Abstand gegenüber den Nachbargrundstücken nicht eingehalten zu werden. Das gilt nicht für Bäume der in § 16 Abs. 1 Nr. 6 aufgezählten Arten und Sorten.

(3) Die Bestimmungen der §§ 11, 13 und 18 über tote Einfriedigungen und Hecken gelten nicht für das nachbarliche Verhältnis zwischen Grundstücken, die unmittelbar an den Schienenweg einer Eisenbahn grenzen einerseits und dem Schienenweg andererseits.

(4) Auf Einfriedigungen und Pflanzungen, die zum Uferschutz dienen oder die zum Schutze von Böschungen oder steilen Abhängen erforderlich sind, sind die §§ 11, 13 und 18 nicht anzuwenden.

§ 22 Feststellung der Abstände

(1) Die Grenzabstände werden von der Mittelachse der der Grenze nächsten Stämme, Triebe oder Hopfenstangen bei deren Austritt aus dem Boden, bei Drahtanlagen von Hopfenpflanzungen aber von dem der Grenze nächsten oberen Ende der Steigdrähte ab waagerecht gemessen.

(2) Im Verhältnis der durch öffentliche Wege oder durch Gewässer getrennten Grundstücke werden die Abstände von der Mitte des Weges oder Gewässers an gemessen.

(3) Ist die Einhaltung eines bestimmten Abstands von der Lage oder der Kulturart des Grundstücks oder des Nachbargrundstücks abhängig,

Grenzabstand von Bäumen und Sträuchern

so sind bei der Erneuerung einer Einfriedigung, Spaliervorrichtung oder Pflanzung für die Bemessung des Abstands die dann bestehenden Verhältnisse dieses Grundstücks maßgebend. Dasselbe gilt, wenn in einer der Erneuerung gleichkommenden Weise die Einfriedigung oder Spaliervorrichtung ausgebessert oder die Pflanzung ergänzt wird.

§ 26 Verjährung

(1) Der Anspruch auf Beseitigung von Einfriedigungen, Spaliervorrichtungen oder Pflanzungen, die den Vorschriften der §§ 11 bis 18 nicht entsprechen, verjährt in fünf Jahren seit der Schaffung der Einfriedigung, Spaliervorrichtung oder Pflanzung. Bei Pflanzungen beginnt der Lauf der Verjährungsfrist mit dem 1. Juli nach der Pflanzung. Bei an Ort und Stelle gezogenen Gehölzen beginnt sie am 1. Juli des zweiten Entwicklungsjahres. Bei späterer Veränderung der artgemäßen Ausdehnung des Gehölzes beginnt die Verjährung von neuem.

(2) Die Berufung auf Verjährung ist ausgeschlossen, wenn die Einfriedigung, die Spaliervorrichtung oder die Pflanzung erneuert wird. Dasselbe gilt, wenn die Einfriedigung oder die Spaliervorrichtung in einer der Erneuerung gleichkommenden Weise ausgebessert oder die Pflanzung ergänzt wird.

(3) Der Anspruch auf das Zurückschneiden der Hecken, auf Beseitigung herüberragender Zweige und auf Verkürzung zu hoch gewachsener Gehölze ist der Verjährung nicht unterworfen.

§ 27 Abgrenzung des geschlossenen Wohnbezirks

Durch Gemeindesatzung kann bestimmt werden, welche Ortsteile zum geschlossenen Wohnbezirk gehören. Die baurechtlichen Bestimmungen bleiben unberührt.

§ 28 Erklärte Waldlage, erklärte Reblage und erklärte Gartenbauanlage

(1) Teile des Gemeindegebiets außerhalb des geschlossenen Wohnbezirks und des Bereichs des Bebauungsplans können durch Gemeindesatzung zur Waldlage erklärt werden (erklärte Waldlage), wenn ihre Aufforderung mit Rücksicht auf die Standortverhältnisse oder aus Gründen der Landeskultur zweckmäßig ist.

(2) Teile des Gemeindegebiets können durch Gemeindesatzung zur Reblage erklärt werden (erklärte Reblage), wenn sie für den Weinbau besonders geeignet sind.

(3) Teile des Gemeindegebiets können durch Gemeindesatzung zur Gartenbaulage erklärt werden (erklärte Gartenbaulage), wenn sie für den unter Verwendung ortsfester Kulturvorrichtungen betriebenen Erwerbsgartenbau besonders geeignet sind.

(4) Die Gemeinde hat vor der Erklärung nach Abs. 1 das Landwirtschaftsamt und das Forstamt und vor der Erklärung nach Abs. 2 oder Abs. 3 das Landwirtschaftsamt zu hören.

§ 29 Erlaß von Gemeindesatzungen

(1) Die Gemeinde hat den Entwurf einer Satzung nach § 15 Abs. 2 und §§ 27 und 28 öffentlich bekanntzumachen. Die Betroffenen können innerhalb eines Monats nach der Bekanntmachung Einwendungen erheben. Hierauf ist in der öffentlichen Bekanntmachung hinzuweisen.

Grenzabstand von Bäumen und Sträuchern

(2) Über die Einwendungen ist gleichzeitig mit dem endgültigen Beschluß über die Satzung zu entscheiden.

Beachte: Der Normalabstand einer bis 1,50 m hohen *Hecke* beträgt 0,50 m, wächst sie z. B. 2,50 m hoch, so beträgt der Abstand 1,50 m. (§ 13 Abs. 1).

Bei *Bäumen* ist die Ermäßigung der Abstände innerhalb geschlossener Wohnbezirke für die in § 16 Abs. 1 Nr. 3 bis 5 genannten Bäume wichtig.

Wichtig ferner wegen der Verjährung die Unterscheidung der einzelnen Ansprüche. Während z. B. der Anspruch auf Zurückschneiden einer Hecke nicht verjährt, verjähren Ansprüche auf (völlige) Beseitigung in 5 Jahren.

2. *Bayern,* Gesetz zur Ausführung des Bürgerlichen Gesetzbuches und anderer Gesetze v. 9. 6. 1899 in der Fassung vom 20. 9. 1982 (Bay RS 400-1-J). → Abstand beim Anpflanzen.

Art. 47 Grenzabstand von Pflanzen
(1) Der Eigentümer eines Grundstücks kann verlangen, daß auf einem Nachbargrundstück nicht Bäume, Sträucher oder Hecken, Weinstöcke oder Hopfenstöcke in einer geringeren Entfernung als 0,50 m oder, falls sie über 2 m hoch sind, in einer geringeren Entfernung als 2 m von der Grenze seines Grundstücks gehalten werden.
(2) Zugunsten eines Waldgrundstücks kann nur die Einhaltung eines Abstands von 0,50 m verlangt werden. Das gleiche gilt, wenn Wein oder Hopfen auf einem Grundstück angebaut wird, in dessen Lage dieser Anbau nach den örtlichen Verhältnissen üblich ist.

Art. 48 Grenzabstand bei landwirtschaftlichen Grundstücken
(1) Gegenüber einem landwirtschaftlich genutzten Grundstück, dessen wirtschaftliche Bestimmung durch Schmälerung des Sonnenlichts erheblich beeinträchtigt werden würde, ist mit Bäumen von mehr als 2 m Höhe ein Abstand von 4 m einzuhalten.
(2) Die Einhaltung des in Absatz 1 bestimmten Abstandes kann nur verlangt werden, wenn das Grundstück die bezeichnete wirtschaftliche Bestimmung schon zu der Zeit gehabt hat, zu der die Bäume die Höhe von 2 m überschritten haben.

Art. 49 Messung des Grenzabstands
Der Abstand nach Art. 47 und 48 wird von der Mitte des Stammes an der Stelle, an dieser aus dem Boden hervortritt, bei Sträuchern und Hecken von der Mitte der zunächst an der Grenze befindlichen Triebe, bei Hopfenstöcken von der Hopfenstange oder zum Steigdraht ab gemessen.

Art. 50 Ausnahmen vom Grenzabstand
(1) Art. 47 und 48 sind nicht auf Gewächse anzuwenden, die sich hinter einer Mauer oder einer sonstigen dichten Einfriedung befinden und diese nicht oder nicht erheblich überragen. Sie gelten ferner nicht für Bepflan-

Grenzabstand von Bäumen und Sträuchern

zungen, die längs einer öffentlichen Straße oder auf einem öffentlichen Platz gehalten werden, sowie für Bepflanzungen, die zum Uferschutz, zum Schutz von Abhängen oder Böschungen oder zum Schutz einer Eisenbahn dienen.

(2) Art. 48 Abs. 1 gilt auch nicht für Stein- und Kernobstbäume sowie Bäume, die sich in einem Hofraum oder einem Hausgarten befinden.

(3) Im Fall einer Aufforstung kann die Einhaltung des in Art. 48 Abs. 1 bestimmten Abstandes nicht verlangt werden, wenn die Aufforstung nach der Lage des aufzuforstenden Grundstücks der wirtschaftlichen Zweckmäßigkeit entspricht. Im übrigen bleiben die besonderen Vorschriften über den Grenzabstand bei der Erstaufforstung unberührt.

Art. 51 Ältere Gewächse und Waldungen

(1) Für die bereits zur Zeit des Inkrafttretens des Bürgerlichen Gesetzbuchs vorhandenen Bäume, Sträucher und Hecken sind die vor diesem Zeitpunkt geltenden Vorschriften weiterhin anzuwenden, soweit sie das Halten der Gewächse in einer geringeren als der nach Art. 47 bis 50 einzuhaltenden Entfernung von der Grenze des Nachbargrundstücks gestatten.

(2) Bei einem Grundstück, das bereits zur Zeit des Inkrafttretens des Bürgerlichen Gesetzbuchs mit Wald bestanden war, gilt bis zur ersten Verjüngung des Waldes nach Inkrafttreten des Bürgerlichen Gesetzbuchs das gleiche auch für neue Bäume und Sträucher. Auch nach der Verjüngung ist Art. 48 nicht anzuwenden.

(3) Der Eigentümer eines Waldgrundstücks ist verpflichtet, die Wurzeln eines Baumes oder Strauches, die von einem Nachbargrundstück eingedrungen sind, das bereits zur Zeit des Inkrafttretens des Bürgerlichen Gesetzbuchs mit Wald bestanden war, sowie die von einem solchen Grundstück herüberragenden Zweige bis zur ersten Verjüngung des Waldes auf dem Nachbargrundstück nach Inkrafttreten des Bürgerlichen Gesetzbuchs zu dulden.

(4) Dem Eigentümer eines anderen Grundstücks obliegt die Duldungspflicht nach Absatz 3 nur gegenüber den herüberragenden Zweigen, soweit diese mindestens 5 m vom Boden entfernt sind; die Entfernung wird bis zu den unteren Spitzen der Zweige gemessen. Herüberragende Zweige, die weniger als 5 m vom Boden entfernt sind, müssen auf der westlichen, nordwestlichen, südwestlichen und südlichen Seite des mit Wald bestandenen Grundstücks geduldet werden, wenn durch ihre Beseitigung der Fortbestand eines zum Schutz des Waldes erforderlichen Baumes oder Strauches gefährdet oder die Ertragsfähigkeit des Waldbodens infolge des Eindringens von Wind und Sonne beeinträchtigt werden würde.

Art. 52 Verjährung der nachbarrechtlichen Ansprüche

(1) Die sich aus Art. 43 bis 45 und Art. 46 Abs. 1 ergebenden Ansprüche unterliegen nicht der Verjährung. Der Anspruch auf Beseitigung eines die Art. 47 bis 50 und Art. 51 Abs. 1 und 2 verletzenden Zustandes verjährt in fünf Jahren. Die Verjährung beginnt mit dem Ablauf des Kalenderjahres, in dem die Verletzung erkennbar wird.

(2) Sind Ansprüche nach Absatz 1 Sätze 2 und 3 verjährt und werden die Gewächse durch neue ersetzt, so kann hinsichtlich der neuen Gewäch-

Grenzabstand von Bäumen und Sträuchern

se die Einhaltung des in Art. 47 bis 50 und 51 Abs. 1 und 2 vorgeschriebenen Abstandes verlangt werden.
→ Abstand beim Anpflanzen.

3. *Berlin,* Berliner Nachbarrechtsgesetz v. 28. 9. 1973 (GVBl. S. 1654)

§ 27 Grenzabstände für Bäume und Sträucher
Der Eigentümer und der Nutzungsberechtigte eines Grundstücks haben mit Bäumen und Sträuchern folgende Mindestabstände von den Nachbargrundstücken einzuhalten:
1. mit Bäumen, und zwar
   a) mit **stark** wachsenden Bäumen, insbesondere der Rotbuche, der Linde, der Platane, der Roßkastanie, der Stieleiche, der Pappel, der Weißbirke, der Douglasfichte und dem Walnußbaum . . . 3,00 m
   b) mit Bäumen, die nicht unter Buchstabe a oder c fallen . . . 1,50 m
   c) mit nicht hochstämmigen Obstbäumen . . . . 1,00 m
2. mit Sträuchern . . . . 0,50 m

§ 28 Grenzabstände für Hecken
(1) Der Eigentümer und der Nutzungsberechtigte eines Grundstücks haben mit Hecken von den Nachbargrundstücken folgende Mindestabstände einzuhalten:
1. mit Hecken über 2 m Höhe . . . . 1,00 m
2. mit Hecken bis zu 2 m Höhe . . . . 0,50 m

(2) Absatz 1 gilt nicht für Hecken, die nach § 24 Satz 2 auf der Grenze gepflanzt werden.

§ 29 Ausnahmen von den Abstandsvorschriften
Die §§ 27 und 28 gelten nicht für
1. Anpflanzungen an den Grenzen zu Flächen für die Land- und Forstwirtschaft, zu öffentlichen Verkehrsflächen, zu öffentlichen Grünflächen und zu Gewässern,
2. Anpflanzungen auf öffentlichen Verkehrsflächen,
3. Anpflanzungen, die hinter einer geschlossenen Einfriedung vorgenommen werden und diese nicht überragen; als geschlossen gilt auch eine Einfriedung, deren Bauteile breiter sind als die Zwischenräume,
4. Wald.

§ 30 Berechnung des Abstandes
Der Abstand wird von der Mitte des Baumstammes, des Strauches oder der Hecke bis zur Grenzlinie gemessen, und zwar an der Stelle, an der die Pflanze aus dem Boden tritt. Bei Hecken, die aus mehreren Pflanzenreihen bestehen, wird der Abstand von der Mitte der Reihe gemessen, die der Grenze am nächsten steht.

§ 31 Beseitigungsanspruch
Wird der vorgeschriebene Mindestabstand nicht eingehalten, so kann der Nachbar die Beseitigung der Anpflanzungen verlangen. Der Eigentümer und der Nutzungsberechtigte des Grundstücks sind befugt, statt dessen die Anpflanzung auf ihrem Grundstück zurückzuschneiden, sofern auch auf diese Weise ein den Vorschriften dieses Gesetzes entsprechender Zustand hergestellt werden kann.

Grenzabstand von Bäumen und Sträuchern

§ 32 Ausschluß des Beseitigungsanspruchs
Der Anspruch nach diesem Gesetz auf Beseitigung von Anpflanzungen, die die vorgeschriebenen Mindestabstände nicht einhalten, ist ausgeschlossen, wenn der Nachbar nicht bis zum Ablauf des fünften auf das Anpflanzen folgenden Kalenderjahres Klage auf Beseitigung erhoben hat. Für Hecken, die beim Anpflanzen den vorgeschriebenen Abstand einhalten, beginnt die Frist, wenn sie über die nach diesem Gesetz zulässige Höhe hinausgewachsen sind.

§ 33 Erstanpflanzungen
Werden für Anpflanzungen, bei denen der Beseitigungsanspruch nach § 32 ausgeschlossen ist, Ersatzanpflanzungen vorgenommen, so gelten für die Ersatzpflanzungen die §§ 27 bis 32. Dies gilt nicht für die Ersetzung einzelner abgestorbener Heckenpflanzen einer geschlossenen Hecke.

§ 34 Nachträgliche Grenzänderungen
Die Rechtmäßigkeit des Abstandes einer Anpflanzung wird durch nachträgliche Grenzänderungen nicht berührt; § 33 gilt entsprechend.

§ 35 Wild wachsende Pflanzen
Die Vorschriften dieses Abschnitts gelten für wild wachsende Pflanzen entsprechend. Als Anpflanzen im Sinne des § 32 Satz 1 gilt die Erklärung des Grundstückseigentümers gegenüber dem Nachbarn, daß er die wild wachsende Pflanze nicht beseitigen wolle.

Beachte: Kein absoluter Anspruch auf *Beseitigung,* wenn Nachbar durch *Zurückschneiden* dasselbe erreicht.

4.5 *Bremen und Hamburg.* Nachbarrechtsgesetze sind hier nicht erlassen worden. In Streitfällen muß auf das →nachbarschaftliche Gemeinschaftsverhältnis zurückgegriffen werden.

6. *Hessen*, Hessisches Nachbargesetz vom 24. 9. 1962 (GVBl. I S. 417)

§ 38 Grenzabstände für Bäume, Sträucher und einzelne Rebstöcke
Der Eigentümer und die Nutzungsberechtigten eines Grundstücks haben bei dem Anpflanzen von Bäumen, Sträuchern und einzelnen Rebstöcken von den Nachbargrundstücken – vorbehaltlich des § 40 – folgende Abstände einzuhalten:
1. mit Allee- und Parkbäumen, und zwar
   a) **sehr stark** wachsenden Allee- und Parkbäumen, insbesondere dem Eschenahorn *(Acer negundo),* sämtliche Lindenarten *(Tilia),* der Platane *(Platanus acerifolia),* der Roßkastanie *(Aesculus hippocastanum),* der Rotbuche *(Fagus sylvatica),* der Stieleiche *(Quercus robur),* ferner der Atlas- und Libanon-Zeder *(Cedrus atlantica* und *libani),* der Douglasfichte *(Pseudotsuga taxifolia),* der Eibe *(Taxus baccata),* der Österreichischen Schwarzkiefer *(Pinus nigra austriaca)* . . .   4 m
   b) **stark** wachsenden Allee- und Parkbäumen, insbesondere der Mehlbeere *(Sorbus intermedia),* der Weißbirke *(Betula pendula),* der Weiß-

Grenzabstand von Bäumen und Sträuchern

    erle *(Alnus incana)*, ferner der Fichte oder Rottanne *(Picea abies)*, der gemeinen Kiefer oder Föhre *(Pinus sylvestris)*, dem abendländischen Lebensbaum *(Thuja occidentalis)* .... 2 m
    c) allen übrigen Allee- und Parkbäumen .... 1,50 m
2. mit Obstbäumen, und zwar
    a) Walnußsämlingsbäumen .... 4 m
    b) Kernobstbäumen, soweit sie auf **stark** wachsender Unterlage veredelt sind, sowie Süßkirschbäumen und veredelten Walnußbäumen .... 2 m
    c) Kernobstbäumen, soweit sie auf **schwach** wachsender Unterlage veredelt sind, sowie Steinobstbäumen, ausgenommen die Süßkirschenbäume .... 1,50 m
3. mit Ziersträuchern, und zwar
    a) **stark** wachsenden Ziersträuchern, insbesondere der Alpenrose *(Rhododendron-*Hybriden), dem Feldahorn *(Acer campestre)*, dem Feuerdorn *(Pyracantha coccinea)*, dem Flieder *(Syringa vulgaris)*, dem Goldglöckchen *(Forsythia intermedia)*, der Rotblättrigen Haselnuß *(Corylus avellana v. fuscorubra)*, den stark wachsenden Pfeifensträuchern – falscher Jasmin – *(Philadelphus coronarius, satsumanus, zeyheri* u. a.), ferner dem Wacholder *(Juniperus communis)* ..... 1 m
    b) allen übrigen Ziersträuchern .... 0,50 m
4. mit Beerensträuchern, und zwar
    a) Brombeersträuchern .... 1 m
    b) allen übrigen Beerenobststräuchern .... 0,50 m
5. mit einzelnen Rebstöcken .... 0,50 m

§ 39 Grenzabstand für lebende Hecken
(1) Der Eigentümer und die Nutzungsberechtigten eines Grundstücks haben bei dem Anpflanzen lebender Hecken von den Nachbargrundstücken – vorbehaltlich des § 40 – folgende Abstände einzuhalten:
1. mit Hecken über 2 m Höhe .... 0,75 m
2. mit Hecken bis zu 2 m Höhe .... 0,50 m
3. mit Hecken bis zu 1,20 m Höhe .... 0,25 m
(2) Abs. 1 gilt nicht für Hecken, die das öffentliche Recht als Einfriedung vorschreibt.

§ 40 Ausnahmen
(1) Die doppelten Abstände nach den §§ 38 und 39 sind einzuhalten gegenüber Grundstücken, die
1. dem Weinbau dienen,
2. landwirtschaftlich nutzbar sind oder dem Erwerbsgartenbau oder dem Kleingartenbau dienen und im Außenbereich (§ 19 Abs. 2 des Bundesbaugesetzes) liegen oder
3. durch Bebauungsplan der landwirtschaftlichen, erwerbsgärtnerischen oder kleingärtnerischen Nutzung vorbehalten sind.
(2) Die §§ 38 und 39 gelten nicht für
1. Anpflanzungen, die hinter einer Wand oder Mauer vorgenommen werden und diese nicht überragen,
2. Anpflanzungen an den Grenzen zu öffentlichen Straßen, zu öffentlichen Grünflächen und zu Gewässern,

Grenzabstand von Bäumen und Sträuchern

3. Anpflanzungen auf öffentlichen Straßen.
(3) § 13 Abs. 4 und 5 des Hessischen Forstgesetzes vom 10. November 1954 (GVBl. S. 211) bleibt unberührt.

§ 41 Berechnung des Abstandes
Der Abstand wird von der Mitte des Baumstammes, des Strauches oder des Rebstocks bis zur Grenzlinie gemessen, und zwar an der Stelle, an der der Baum, der Strauch oder der Rebstock aus dem Boden austritt.

§ 42 Grenzabstand im Weinbau
(1) Der Eigentümer und die Nutzungsberechtigten eines dem Weinbau dienenden Grundstücks haben bei dem Anpflanzen von Rebstöcken folgende Abstände einzuhalten:
1. gegenüber den parallel zu den Rebzeilen verlaufenden Grenzen die Hälfte des geringsten Zeilenabstandes, gemessen zwischen den Mittellinien der Rebzeilen, mindestens aber 0,75 m.
2. gegenüber den sonstigen Grenzen, gerechnet von dem äußersten Rebstock oder von der Verankerung, falls eine solche vorhanden ist, 0,5 m.
(2) Übersteigt die Gesamthöhe der Rebanlage 1,8 m (Rebschnittgärten, Weitraumanlage), so beträgt der Abstand nach Abs. 1 Nr. 1 mindestens 1,5 m.

§ 43 Ausschluß des Beseitigungsanspruchs und Ersatzanpflanzungen
(1) Der Anspruch auf Beseitigung von Anpflanzungen, die geringere als die in den §§ 38 bis 42 vorgeschriebenen Abstände einhalten, ist ausgeschlossen,
1. wenn die Anpflanzungen bei Inkrafttreten dieses Gesetzes vorhanden sind und ihre Abstände dem bisherigen Recht entsprechen oder
2. wenn der Nachbar nicht binnen fünf Jahren nach **Anpflanzen** Klage auf Beseitigung erhoben hat; diese Frist beginnt frühestens mit dem Inkrafttreten dieses Gesetzes.
(2) Werden für die in Abs. 1 genannten Anpflanzungen Ersatzanpflanzungen vorgenommen, so gelten die §§ 38 bis 42. Werden aber in geschlossenen Obstanlagen einzelne Obstbäume nachgepflanzt, so bleibt der Abstand der anderen Obstbäume maßgebend.

§ 44 Nachträgliche Grenzänderungen
Die Rechtmäßigkeit des Abstandes einer Anpflanzung wird durch nachträgliche Grenzänderungen nicht berührt, jedoch gilt § 43 Abs. 2 entsprechend.

§ 45 Anwendungsbereich des Gesetzes
Die §§ 1 bis 44 gelten nur, soweit öffentlich-rechtliche Vorschriften nicht entgegenstehen oder die Beteiligten nichts anderes vereinbaren.

Beachte: Bei Nichteinhaltung der vorgeschriebenen Abstände verjährt der Anspruch auf Beseitigung 5 Jahre nach dem Anpflanzen. Wachsen Hecken über 2 m Höhe hinaus, so bleibt der Anspruch auf Zurückschneiden erhalten.

Grenzabstand von Bäumen und Sträuchern

7. *Niedersachsen,* Niedersächsisches Nachbarrechtsgesetz vom 31. 3. 1967 (VBbl. S. 91)

Grenzabstände für Pflanzen, ausgenommen Waldungen

§ 50 Grenzabstände für Bäume und Sträucher

(1) Mit Bäumen und Sträuchern sind je nach ihrer Höhe mindestens folgende Abstände von den Nachbargrundstücken einzuhalten:

a) bis zu 1,2 m Höhe	0,25 m
b) bis zu 2 m Höhe	0,50 m
c) bis zu 3 m Höhe	0,75 m
d) bis zu 5 m Höhe	1,25 m
e) bis zu 15 m Höhe	3,00 m
f) über 15 m Höhe	8,00 m

(2) Die in Absatz 1 bestimmten Abstände gelten auch für lebende Hecken, falls die Hecke nicht gemäß § 30 auf die Grenze gepflanzt wird. Sie gelten auch für ohne menschliches Zutun gewachsene Pflanzen.

(3) Im Falle des § 31 ist der Abstand so zu bemessen, daß vor den Pflanzen ein Streifen von 0,60 m freibleibt.

(4) Die Absätze 1 bis 3 gelten auch für die Nutzungsberechtigten von Teilflächen eines Grundstücks in ihrem Verhältnis zueinander.

§ 51 Bestimmung des Abstandes

Der Abstand wird am Erdboden von der Mitte des Baumes oder des Strauches bis zur Grenze gemessen.

§ 52 Ausnahmen

(1) § 50 gilt nicht für
1. Anpflanzungen hinter einer Wand oder einer undurchsichtigen Einfriedung, wenn sie diese nicht überragen,
2. Anpflanzungen an den Grenzen zu öffentlichen Straßen und zu Gewässern,
3. Anpflanzungen auf öffentlichen Straßen und auf Uferböschungen.

(2) Im Außenbereich (§ 19 Abs. 2 des Bundesbaugesetzes) genügt ein Grenzabstand von 1,25 m für alle Anpflanzungen über 3 m Höhe.

§ 53 Anspruch auf Beseitigen oder Zurückschneiden

(1) Bäume, Sträucher oder Hecken mit weniger als 0,25 m Grenzabstand sind auf Verlangen des Nachbarn zu beseitigen. Der Nachbar kann dem Eigentümer die Wahl lassen, die Anpflanzungen zu beseitigen oder durch Zurückschneiden auf einer Höhe bis zu 1,2 m zu halten.

(2) Bäume, Sträucher oder Hecken, welche über die im § 50 oder § 52 zugelassenen Höhen hinauswachsen, sind auf Verlangen des Nachbarn auf die zulässige Höhe zurückzuschneiden, wenn der Eigentümer sie nicht beseitigen will.

(3) Der Eigentümer braucht die Verpflichtung zur Beseitigung oder zum Zurückschneiden von Pflanzen nur in der Zeit vom 1. Oktober bis zum 15. März zu erfüllen.

§ 54 Ausschluß des Anspruches auf Beseitigen oder Zurückschneiden

(1) Der Anspruch auf Beseitigung von Anpflanzungen mit weniger als 0,25 m Grenzabstand (§ 53 Abs. 1 Satz 1) ist ausgeschlossen, wenn der Nachbar nicht spätestens im fünften auf die Anpflanzung folgenden Ka-

Grenzabstand von Bäumen und Sträuchern

lenderjahr Klage auf Beseitigung erhebt. Diese Anpflanzungen müssen jedoch, wenn sie über 1,2 m Höhe hinauswachsen, auf Verlangen des Nachbarn zurückgeschnitten werden.

(2) Der Anspruch auf Zurückschneiden von Anpflanzungen (Absatz 1 Satz 2 und § 53 Abs. 2) ist ausgeschlossen, wenn die Anpflanzungen über die nach diesem Gesetz zulässige Höhe hinauswachsen und der Nachbar nicht spätestens im fünften darauffolgenden Kalenderjahr Klage auf Zurückschneiden erhebt.

§ 55 Bei Inkrafttreten des Gesetzes vorhandene Pflanzen – Außenbereich

(1) Für Anpflanzungen, die bei Inkrafttreten dieses Gesetzes vorhanden sind und deren Grenzabstand dem bisherigen Recht entspricht, gelten folgende besondere Regeln:
1. Der Anspruch auf Beseitigung (§ 53 Abs. 1 Satz 1) ist ausgeschlossen.
2. Der Anspruch auf Zurückschneiden (§ 53 Abs. 2) ist ausgeschlossen, wenn die Anpflanzung bei Inkrafttreten des Gesetzes über 3 m hoch ist.
3. Anpflanzungen, die bei Inkrafttreten des Gesetzes nicht über 3 m hoch sind, jedoch über die nach § 50 Abs. 1 Buchst. a und b zulässigen Höhen von 1,2 m oder 2 m hinausgewachsen waren, sind auf Verlangen des Nachbarn durch Zurückschneiden auf derjenigen Höhe zu halten, die sie bei Inkrafttreten des Gesetzes hatten; der weitergehende Anspruch auf Zurückschneiden ist ausgeschlossen. § 54 Abs. 2 ist entsprechend anzuwenden.

(2) Absatz 1 gilt entsprechend für Anpflanzungen, deren Standort infolge Veränderung des Außenbereichs (§ 19 Abs. 2 des Bundesbaugesetzes) aufhört, zum Außenbereich zu gehören.

(3) Entspricht der Grenzabstand von Anpflanzungen, die bei Inkrafttreten des Gesetzes vorhanden sind, nicht dem bisherigen Recht, so enden die in § 54 bestimmten Fristen frühestens zwei Jahre nach Inkrafttreten dieses Gesetzes.

§ 56 Ersatzanpflanzungen

Bei Ersatzanpflanzungen sind die in §§ 50 und 52 Abs. 2 vorgeschriebenen Abstände einzuhalten; jedoch dürfen in geschlossenen Anlagen einzelne Bäume oder Sträucher nachgepflanzt werden und zur Höhe der übrigen heranwachsen.

§ 57 Nachträgliche Grenzänderungen

Die Rechtmäßigkeit des Abstandes und der Höhe einer Anpflanzung wird durch nachträgliche Grenzänderungen nicht berührt; jedoch gilt § 56 entsprechend.

Grenzabstände für Waldungen

§ 58 Grenzabstände

(1) In Waldungen sind von den Nachbargrundstücken mit Ausnahme von Ödland, öffentlichen Straßen, öffentlichen Gewässern und anderen Waldungen folgende Abstände einzuhalten:

mit Gehölzen bis zu 2 m Höhe	1 m
mit Gehölzen bis zu 4 m Höhe	2 m
mit Gehölzen über 4 m Höhe	8 m

Grenzabstand von Bäumen und Sträuchern

(2) Werden Waldungen verjüngt, die bei Inkrafttreten dieses Gesetzes vorhanden sind, so genügt für die neuen Gehölze über 4 m Höhe der bisherige Grenzabstand derartiger Gehölze, jedoch ist mit ihnen mindestens 4 m Grenzabstand einzuhalten.
(3) Die §§ 51, 56 und 57 sind entsprechend anzuwenden.

§ 59 Beseitigungsanspruch
(1) Gehölze, die entgegen § 58 nicht den Mindestgrenzabstand von 1 m haben oder über die zulässige Höhe hinauswachsen, sind auf Verlangen des Nachbarn zu beseitigen.
(2) Der Anspruch auf Beseitigung ist ausgeschlossen,
1. wenn die Gehölze bei Inkrafttreten dieses Gesetzes rechtmäßig vorhanden waren oder
2. wenn nach Inkrafttreten dieses Gesetzes gepflanzte Gehölze über die zulässige Höhe hinauswachsen und der Nachbar nicht spätestens in dem fünften darauffolgenden Kalenderjahr Klage auf Beseitigung erhebt.

§ 60 Bewirtschaftung von Wald
Bei der Bewirtschaftung von Wald hat der Waldbesitzer auf die Bewirtschaftung benachbarter Waldgrundstücke Rücksicht zu nehmen, soweit dies im Rahmen ordnungsgemäßer Forstwirtschaft ohne unbillige Härte möglich ist.

§ 63 Übergangsvorschriften
(1) Der Umfang von Befugnissen, die bei Inkrafttreten dieses Gesetzes auf Grund des bisherigen Rechtes bestehen, richtet sich – unbeschadet der §§ 25, 33, 40, 55, 59 und 62 – nach den Vorschriften dieses Gesetzes.
(2) Einzelvereinbarungen der Beteiligten werden durch dieses Gesetz nicht berührt. Die nachbarrechtlichen Bestimmungen in Rezessen und Flurbereinigungsplänen treten außer Kraft, soweit sie diesem Gesetz widersprechen.
(3) Ansprüche auf Zahlung auf Grund der Vorschriften dieses Gesetzes bestehen nur, wenn das den Anspruch begründende Ereignis nach Inkrafttreten dieses Gesetzes eingetreten ist; andernfalls behält es beim bisherigen Recht sein Bewenden.

8. *Nordrhein-Westfalen,* Nachbarrechtsgesetz v. 15. 4. 1969 i. d. Fassung von 1975

§ 40 Grenzabstände für Wald
(1) Auf Waldgrundstücken ist freizuhalten
a) zu benachbarten Waldgrundstücken, Ödländereien oder Heidegrundstücken
  1. ein Streifen von 1 m Breite von jedem Baumwuchs und
  2. ein weiterer Streifen von 2 m Breite von Nadelholz über 2 m Höhe mit Ausnahme der Lärche,
b) zu Wegen ein Streifen von 2 m Breite von Baumwuchs über 2 m Höhe,
c) zu benachbarten landwirtschaftlich, gärtnerisch oder durch Weinbau genutzten oder zu diesen Zwecken vorübergehend nicht genutzten Grundstücken
  1. ein Streifen von 1 m Breite von jedem Baumwuchs und

Grenzabstand von Bäumen und Sträuchern

2. ein weiterer Streifen von 3 m Breite von Baumwuchs über 2 m Höhe. Mit Pappelwald ist gegenüber den unter Buchstabe c) genannten Grundstücken ein Abstand von 6 m einzuhalten.

(2) Mit erstmalig begründetem Wald ist zu benachbarten erwerbsgärtnerisch oder durch Weinbau genutzten oder zu diesen Zwecken vorübergehend nicht genutzten Grundstücken für die Dauer von 30 Jahren das Doppelte der in Absatz 1 Buchstabe c) vorgeschriebenen Abstände einzuhalten. Für Pappelwald hat der Abstand in diesem Falle 8 m zu betragen.

(3) Durch schriftlichen Vertrag, in dem die Katasterbezeichnungen der Grundstücke angegeben sind, kann ein von Absatz 1 und 2 abweichender Abstand des Baumwuchses von der Grenze, jedoch kein geringerer Abstand als 1 m für einen in dem Vertrag festzulegenden Zeitraum vereinbart werden. Wird ein Grundstück, auf das sich eine solche Vereinbarung bezieht, während der Dauer der Vereinbarung veräußert oder geht es durch Erbfolge oder in anderer Weise auf einen Rechtsnachfolger über, so tritt der Erwerber in die Rechte und Verpflichtungen aus der Vereinbarung ein.

§ 41 Grenzabstände für bestimmte Bäume, Sträucher und Rebstöcke

(1) Mit Bäumen außerhalb des Waldes, Sträuchern und Rebstöcken sind von den Nachbargrundstücken – vorbehaltlich des § 43 – folgende Abstände einzuhalten:
1. mit Bäumen außer den Obstgehölzen, und zwar
   a) stark wachsenden Bäumen, insbesondere der Rotbuche *(Fagus sylvatica)* und sämtliche Arten der Linde *(Tilia)*, der Platane *(Platanus)* der Roßkastanie *(Aesculus)*, der Eiche *(Quercus)* und der Pappel *(Populus)* .... 4,00 m
   b) allen übrigen Bäumen .... 2,00 m
2. mit Ziersträuchern, und zwar
   a) stark wachsenden Ziersträuchern, insbesondere dem Feldahorn *(Acer campestre)*, dem Flieder *(Syringa vulgaris)*, dem Goldglöckchen *(Forsythia intermedia)*, der Haselnuß *(Corylus avellana)*, den Pfeifensträuchern – falscher Jasmin – *(Philadelphus coronarius)* ... 1,00 m
   b) allen übrigen Ziersträuchern .... 0,50 m
3. mit Obstgehölzen, und zwar
   a) Kernobstbäumen, soweit sie auf stark wachsender Unterlage veredelt sind, sowie Süßkirschenbäumen, Walnußbäumen und Eßkastanienbäumen .... 2,00 m
   b) Kernobstbäumen, soweit sie auf mittelstark wachsender Unterlage veredelt sind, sowie Steinobstbäumen, ausgenommen die Süßkirschenbäume .... 1,50 m
   c) Kernobstbäumen, soweit sie auf schwach wachsender Unterlage veredelt sind .... 1,00 m
   d) Brombeersträuchern .... 1,00 m
   e) allen übrigen Beerenobststräuchern .... 0,50 m
4. mit Rebstöcken, und zwar
   a) in geschlossenen Rebanlagen, deren Gesamthöhe 1,80 m übersteigt (Weitraumanlagen) .... 1,50 m
   b) in allen übrigen geschlossenen Rebanlagen .... 0,75 m
   c) einzelnen Rebstöcken .... 0,50 m

Grenzabstand von Bäumen und Sträuchern

(2) Ziersträucher und Beerenobststräucher dürfen in ihrer Höhe das Dreifache ihres Abstandes zum Nachbargrundstück nicht überschreiten. Strauchtriebe, die in einem geringeren als der Hälfte des vorgeschriebenen Abstandes aus dem Boden austreten, sind zu entfernen.

§ 42 Grenzabstände für Hecken
Es sind mit Hecken – vorbehaltlich des § 43 –
a) über 2 m Höhe .... 1,00 m
und
b) bis zu 2 m Höhe .... 0,50 m
Abstand von der Grenze einzuhalten. Das gilt nicht, wenn das öffentliche Recht andere Grenzabstände vorschreibt.

§ 43 Verdoppelung der Abstände
Die doppelten Abstände nach den §§ 41 und 42, höchstens jedoch 6 m, sind einzuhalten gegenüber Grundstücken, die
a) landwirtschaftlich, gärtnerisch oder durch Weinbau genutzt oder zu diesen Zwecken vorübergehend nicht genutzt sind und im Außenbereich (§ 19 Abs. 2 des Bundesbaugesetzes) liegen oder
b) durch Bebauungsplan der landwirtschaftlichen, gärtnerischen oder weinbaulichen Nutzung vorbehalten sind.

§ 44 Baumschulen
Es sind mit Baumschulbeständen
a) über 2 m Höhe .... 2,00 m
b) bis zu 2 m Höhe .... 1,00 m
und
c) bis zu 1 m Höhe .... 0,50 m
Abstand von der Grenze einzuhalten.

§ 45 Ausnahmen
(1) Die §§ 40 bis 44 gelten nicht für
a) Anpflanzungen an den Grenzen zu öffentlichen Verkehrsflächen, zu öffentlichen Grünflächen und zu oberirdischen Gewässern von mehr als 4 m Breite (Mittelwasserstand),
b) Anpflanzungen auf öffentlichen Verkehrsflächen,
c) Anpflanzungen, die hinter einer geschlossenen Einfriedung vorgenommen werden und diese nicht überragen; als geschlossen im Sinne dieser Vorschrift gilt auch eine Einfriedung, deren Bauteile breiter sind als die Zwischenräume,
d) Windschutzstreifen und ähnliche, dem gleichen Zweck dienende Hecken und Baumbestände außerhalb von Waldungen,
e) Anpflanzungen, die bei Inkrafttreten dieses Gesetzes vorhanden sind und deren Abstand dem bisherigen Recht entspricht.
(2) § 40 Abs. 1 Buchstabe a) Nr. 1 und 2 gilt nicht, soweit gemäß dem Forstrecht nach gemeinsamen Betriebsplänen unabhängig von den Eigentumsgrenzen gewirtschaftet wird.
(3) Wird für die in Absatz 1 Buchstabe e) genannten Anpflanzungen eine Ersatzpflanzung vorgenommen, so gelten die §§ 40 bis 44 und 46.
(4) Absätze 1 und 2 gelten auch für Bewuchs, der durch Aussamung oder Auswuchs entstanden ist.

Grenzabstand von Bäumen und Sträuchern

§ 46 Berechnung des Abstandes
Der Abstand wird von der Mitte des Baumstammes, des Strauches oder des Rebstockes waagerecht und rechtwinklig zur Grenze gemessen, und zwar an der Stelle, an der der Baum, der Strauch oder der Rebstock aus dem Boden austritt. Bei Hecken ist von der Seitenfläche aus zu messen.

§ 47 Ausschluß des Beseitigungsanspruches
(1) Der Anspruch auf Beseitigung einer Anpflanzung, mit der ein geringerer als der in den §§ 40 bis 44 und 46 vorgeschriebene Abstand eingehalten wird, ist ausgeschlossen, wenn der Nachbar nicht binnen sechs Jahren nach dem Anpflanzen Klage auf Beseitigung erhoben hat; diese Frist beginnt frühestens mit dem Inkrafttreten dieses Gesetzes. Ist die Anpflanzung in diesem Zeitpunkt seit mindestens 5 Jahren vorhanden und entspricht deren Abstand auch nicht dem bisherigen Recht, so kann die Klage auf Beseitigung nur noch innerhalb eines Jahres nach dem Inkrafttreten dieses Gesetzes erhoben werden.
(2) § 45 Abs. 3 und 4 gilt entsprechend.

§ 48 Nachträgliche Grenzänderungen
Die Rechtmäßigkeit des Abstandes wird durch nachträgliche Grenzänderungen nicht berührt; jedoch gilt § 45 Abs. 3 und 4 entsprechend.

Beachte: Beseitigung nicht vorschriftsmäßiger Bäume, Hecken und Sträucher kann nur binnen 6 Jahren ab Anpflanzung verlangt werden. Nach einer Entscheidung des LG Münster (MDR 1990, 1118) kann der Nachbar auch nach Ablauf der sechsjährigen Ausschlußfrist für die Beseitigung noch Rückschnitt auf die zulässige Höhe oder Versetzung in einen größeren Abstand verlangen (str.).

9. *Rheinland-Pfalz,* Nachbarrechtsgesetz v. 15. 6. 1970

§ 44 Grenzabstände für Bäume, Sträucher und einzelne Rebstöcke
Eigentümer und Nutzungsberechtigte eines Grundstücks haben mit Bäumen, Sträuchern und einzelnen Rebstöcken von den Nachbargrundstücken – vorbehaltlich des § 46 – folgende Abstände einzuhalten:
1. mit Bäumen (ausgenommen Obstbäume), und zwar
   a) sehr stark wachsenden Bäumen mit artgemäß ähnlicher Ausdehnung wie Bergahorn *(Acer pseudoplatanus),* Sommerlinde *(Tilia platyphylos),* Pappelarten *(Populus),* Platane *(Platanus acerifolia),* Roßkastanie *(Aesculus hippocastanum),* Stieleiche *(Quercus robur),* ferner Douglasfichte *(Pseudotsuga taxifolia),* Fichte *(Picea abies),* Österreichische Schwarzkiefer *(Pinus nigra austriaca),* Atlaszeder *(Cedrus atlantica)* . . . . 4 m
   b) stark wachsenden Bäumen mit artgemäß ähnlicher Ausdehnung wie Hainbuche *(Carpinus betulus),* Vogelbeere *(Sorbus aucuparia),* Weißbirke *(Betula pendula),* Zierkirsche *(Prunus serrulata),* Kiefer *(Pinus sylvestris),* Lebensbaum *(Thuja occidentalis)* . . . . 2 m
   c) allen übrigen Bäumen . . . . 1,5 m
2. mit Obstbäumen, und zwar
   a) Walnußsämlingen . . . . 4 m

Grenzabstand von Bäumen und Sträuchern

b) Kernobstbäumen, auf stark wachsenden Unterlagen veredelt, sowie Süßkirschenbäumen und veredelten Walnußbäumen . . 2 m
c) Kernobstbäumen, auf schwach wachsenden Unterlagen veredelt, sowie Steinobstbäumen, ausgenommen Süßkirschenbäume . 1,5 m
3. mit Sträuchern (ausgenommen Beerenobststräuchern), und zwar
   a) stark wachsenden Sträuchern mit artgemäß ähnlicher Ausdehnung wie Alpenrose *(Rhododendron-*Hybriden), Haselnuß *(Coryplus avellana)*, Felsenmispel *(Cotoneaster bullata)*, Flieder *(Syringa vulgaris)*, Goldglöckchen (Forsythia intermedia), Wacholder *(Juniperus communis)* .... 1 m
   b) bei allen übrigen Sträuchern .... 0,5 m
4. mit Beerenobststräuchern, und zwar
   a) Brombeersträuchern........................ 1,0 m
   b) allen übrigen Beerenobststräuchern .... 0,5 m
5. mit einzelnen Rebstöcken .... 0,5 m
6. mit allen Baumschulbeständen .... 1,0 m
   wobei die Gehölze mit Ausnahme der Baumschulbestände von Sträuchern und Beerenobststräuchern die Höhe von 2 m nicht überschreiten dürfen, es sei denn, daß die Abstände nach Nummern 1 oder 2 eingehalten werden,
7. mit Weihnachtsbaumpflanzungen .... 1,0 m
   wobei die Gehölze die Höhe von 2 m nicht überschreiten dürfen, es sei denn, daß die Abstände nach Nummer 1 eingehalten werden.

§ 45 Grenzabstände für Hecken
(1) Der Eigentümer und der Nutzungsberechtigte eines Grundstücks haben mit Hecken gegenüber den Nachbargrundstücken – vorbehaltlich des § 46 – folgende Abstände einzuhalten:
1. mit Hecken über 1,5 m Höhe .... 0,75 m
2. mit Hecken bis zu 1,5 m Höhe .... 0,50 m
3. mit Hecken bis zu 1,0 m Höhe .... 0,25 m
(2) Hecken im Sinne des Absatz 1 sind Schnitt- und Formhecken, und zwar auch dann, wenn sie im Einzelfall nicht geschnitten werden.

§ 46 Ausnahmen
(1) Die doppelten Abstände nach den §§ 44 und 45, in den Fällen des § 44 Nr. 1a und Nr. 2a jedoch die 1½fachen Abstände mit Ausnahme der Abstände für die Pappelarten *(Populus)*, sind einzuhalten gegenüber Grundstücken, die
1. dem Weinbau dienen,
2. landwirtschaftlich, erwerbsgärtnerisch oder kleingärtnerisch genutzt werden, sofern nicht durch Bebauungsplan eine andere Nutzung festgelegt ist oder durch Bebauungsplan dieser Nutzung vorbehalten sind.
(2) Die §§ 44 und 45 gelten nicht für
1. Anpflanzungen, die hinter einer undurchsichtigen Einfriedung vorgenommen werden und diese nicht überragen,
2. Anpflanzungen an den Grenzen zu öffentlichen Grünflächen und zu Gewässern,
3. Anpflanzungen zum Schutze von erosions- oder rutschgefährdeten Böschungen oder steilen Hängen,

Grenzabstand von Bäumen und Sträuchern

4. Anpflanzungen gegenüber Grundstücken außerhalb des geschlossenen Baugebietes, die geringwertiges Weideland (Hutung) oder Heide sind oder die landwirtschaftlich oder gartenbaulich nicht genutzt werden, nicht bebaut sind und auch nicht als Hofraum dienen.

§ 47 Berechnung des Abstandes
Der Abstand wird von der Mitte des Baumstammes, des Strauches, der Hecke oder des Rebstocks bis zur Grenzlinie gemessen, und zwar an der Stelle, an der die Pflanze aus dem Boden austritt.

§ 48 Grenzabstände im Weinbau
(1) Der Eigentümer und der Nutzungsberechtigte eines dem Weinbau dienenden Grundstücks haben bei der Anpflanzung von Rebstöcken folgende Abstände von der Grundstücksgrenze einzuhalten:
1. gegenüber den parallel zu den Rebzeilen verlaufenden Grenzen die Hälfte des geringsten Zeilenabstandes, gemessen zwischen den Mittellinien der Rebzeilen, mindestens aber 0,75 m bei Zeilenbreiten bis zu 2 m und 1,40 m bei Zeilenbreiten von über 2 m,
2. gegenüber den sonstigen Grenzen, gerechnet vom äußersten Rebstock oder der äußersten Verankerung der Erziehungsvorrichtung an, mindestens 1 m.
(2) Absatz 1 gilt nicht für die Anpflanzung von Rebstöcken an Grundstücksgrenzen, die durch Stützmauern gebildet werden, sowie in den in § 46 Abs. 2 genannten Fällen.

§ 49 Grenzabstände für Wald
(1) Wird ein Wald neu begründet oder verjüngt, so sind gegenüber Nachbargrundstücken folgende Abstände einzuhalten:
1. gegenüber dem Weinbau dienenden Grundstücken . . . . 10 m
2. gegenüber öffentlichen Verkehrsflächen und Wirtschaftswegen   3 m
3. gegenüber sonstigen Grundstücken, die nicht mit Wald bepflanzt sind bei Neubegründung . . . . 6 m
und bei Verjüngung . . . . 4 m
4. gegenüber Grundstücken, die mit Wald bepflanzt sind . . . . . . 2 m
(2) Der nach Absatz 1 freizuhaltende Streifen kann mit Laubgehölzen bepflanzt werden, deren natürlicher Wuchs bei einem Grenzabstand bis zu 3 m die Höhe von 6 m und bei einem Grenzabstand bis zu 1 m die Höhe von 2 m nicht überschreitet.

§ 50 Abstände von Spaliervorrichtungen und Pergolen
(1) Mit Spaliervorrichtungen und Pergolen, die eine flächenmäßige Ausdehnung der Pflanzen bezwecken und die nicht höher als 2 m sind, ist ein Abstand von 0,50 m, wenn sie höher als 2 m sind, ein um das Maß der Mehrhöhe größerer Abstand von der Grenze einzuhalten.
(2) Absatz 1 gilt nicht in den in § 46 Abs. 2 genannten Fällen.

§ 51 Ausschluß des Beseitigungsanspruchs
(1) Der Anspruch auf Beseitigung von Anpflanzungen, die geringere als die in den §§ 44 bis 50 vorgeschriebenen Abstände einhalten, ist ausgeschlossen, wenn der Nachbar nicht innerhalb von fünf Jahren nach dem Anpflanzen Klage auf Beseitigung erhoben hat. Dies gilt nicht für Anpflanzungen an der Grenze eines Wirtschaftsweges.

Grenzabstand von Bäumen und Sträuchern

(2) Werden für die in Absatz 1 genannten Anpflanzungen Ersatzpflanzungen vorgenommen, so gelten die §§ 44 bis 50.

§ 52 Nachträgliche Grenzänderungen
(1) Die Rechtmäßigkeit des Abstands einer Anpflanzung wird durch nachträgliche Grenzänderungen nicht berührt; § 51 Abs. 2 ist entsprechend anzuwenden.

Beachte: Das Gesetz nimmt starke Differenzierungen je nach Höhe der Hecke bzw. Art der Bäume (Obst, Kernobst, sehr stark und stark wachsende andere Bäume) und Sträucher vor.

10. *Saarland,* Saarländisches Nachbarrechtsgesetz v. 28. 2. 1973

§ 48 Grenzabstände für Bäume, Sträucher und einzelne Rebstöcke
Eigentümer und Nutzungsberechtigte eines Grundstücks haben mit Bäumen, Sträuchern und einzelnen Rebstöcken von den Nachbargrundstücken – vorbehaltlich des § 50 – folgende Abstände einzuhalten:
1. mit Bäumen (ausgenommen Obstbäume), und zwar
    a) sehr stark wachsenden Bäumen mit artgemäß ähnlicher Ausdehnung wie Bergahorn *(Acer pseudoplatanus),* Sommerlinde *(Tilia platyphylos),* Pappelarten *(Populus),* Platane *(Platanus acerifolia),* Roßkastanie *(Aesculus hippocastanum),* Stieleiche *(Quercus robur),* ferner Douglasfichte *(Pseudotsuga taxifolia),* Fichte *(Picea abies),* Österreichische Schwarzkiefer *(Pinus nigra austriaca)* Atlaszeder *(Cedrus atlantica)* . . . . 4 m
    b) stark wachsenden Bäumen mit artgemäß ähnlicher Ausdehnung wie Hainbuche *(Carpinus betulus),* Vogelbeere *(Sorbus aucuparia),* Weißbirke *(Betula pendula),* Zierkirsche *(Prunus serrulata),* Kiefer *(Pinus sylvestris),* Lebensbaum *(Thuja occidentalis)* . . . . 2 m
    c) allen übrigen Bäumen . . . . 1,5 m
2. mit Obstbäumen, und zwar
    a) Walnußsämlingen. . . . . 4 m
    b) Kernobstbäumen, auf stark wachsenden Unterlagen veredelt sowie Süßkirschenbäumen und veredelten Walnußbäumen. . . . . 2 m
    c) Kernobstbäumen, auf schwach wachsenden Unterlagen veredelt, sowie Steinobstbäume, ausgenommen Süßkirschenbäume . 1,5 m
3. mit Sträuchern (ausgenommen Beerenobststräuchern), und zwar
    a) stark wachsenden Sträuchern mit artgemäß ähnlicher Ausdehnung wie Alpenrose *(Rhododendron-Hybriden),* Haselnuß *(Coryplus avellana),* Felsenmispel *(Cotoneaster bullata),* Flieder *(Syringa vulgaris),* Goldglöckchen *(Forsythia intermedia),* Wacholder *(Juniperus communis)* . . . . 1,0 m
    b) bei allen übrigen Sträuchern . . . . 0,5 m
4. mit Beerenobststräuchern, und zwar
    a) Brombeersträuchern . . . . 1,0 m
    b) allen übrigen Beerenobststräuchern . . . . 0,5 m
5. mit einzelnen Rebstöcken . . . . 0,5 m
6. mit Baumschulbeständen . . . . 1,0 m
wobei die Gehölze mit Ausnahme der Baumschulbestände von Sträu-

Grenzabstand von Bäumen und Sträuchern

chern und Beerenobststräuchern die Höhe von 2 m nicht überschreiten dürfen, es sei denn, daß die Abstände nach Nummern 1 oder 2 eingehalten werden;
7. mit Weihnachtsbaumbepflanzungen .... 1,0 m
wobei die Gehölze die Höhe von 2 m nicht überschreiten dürfen, es sei denn, daß die Abstände nach Nummer 1 eingehalten werden.

§ 49 Grenzabstände für Hecken
(1) Der Eigentümer und der Nutzungsberechtigte eines Grundstücks haben mit Hecken gegenüber den Nachbargrundstücken – vorbehaltlich des § 50 – folgende Abstände einzuhalten:
1. mit Hecken über 1,5 m Höhe .... 0,75 m
2. mit Hecken bis zu 1,5 m Höhe .... 0,50 m
3. mit Hecken bis zu 1,0 m Höhe.................... 0,25 m
(2) Hecken im Sinne des Absatzes 1 sind Schnitt- und Formhecken, und zwar auch dann, wenn sie im Einzelfall nicht geschnitten werden.

§ 50 Ausnahmen
(1) Die doppelten Abstände nach den §§ 48 und 49, in den Fällen des § 48 Nr. 1a und Nr. 2a jedoch die eineinhalbfachen Abstände mit Ausnahme der Abstände für die Pappelarten *(Populus),* sind einzuhalten gegenüber Grundstücken, die
1. dem Weinbau dienen,
2. landwirtschaftlich, erwerbsgärtnerisch oder kleingärtnerisch genutzt werden, sofern nicht durch Bebauungsplan eine andere Nutzung festgelegt ist oder durch Bebauungsplan dieser Nutzung vorbehalten sind.
(2) Die §§ 48 und 49 gelten nicht für
1. Anpflanzungen, die hinter einer undurchsichtigen Einfriedung vorgenommen werden und diese nicht überragen,
2. Anpflanzungen an den Grenzen zu öffentlichen Verkehrsflächen, zu öffentlichen Grünflächen und zu Gewässern,
3. Anpflanzungen zum Schutze von erosions- oder rutschgefährdeten Böschungen oder steilen Hängen,
4. Anpflanzungen gegenüber Grundstücken, die außerhalb eines im Zusammenhang bebauten Ortsteils liegen und nicht in einem Bebauungsplan als Bauland ausgewiesen sind, die geringwertiges Weideland (Hutung) oder Heide sind oder die landwirtschaftlich oder gartenbaulich nicht genutzt werden, nicht bebaut sind und auch nicht als Hofraum dienen.

§ 51 Berechnung des Abstandes
Der Abstand wird von der Mitte des Baumstammes, des Strauches, der Hecke oder des Rebstockes bis zur Grenzlinie gemessen, und zwar an der Stelle, an der die Pflanze aus dem Boden austritt.

§ 52 Grenzabstände im Weinbau
(1) Der Eigentümer und der Nutzungsberechtigte eines im Weinbau dienenden Grundstücks haben bei der Anpflanzung von Rebstöcken folgende Abstände von der Grundstücksgrenze einzuhalten:
1. gegenüber den parallel zu den Rebzeilen verlaufenden Grenzen die Hälfte des geringsten Zeilenabstands, gemessen zwischen den Mittel-

Grenzabstand von Bäumen und Sträuchern

linien der Rebzeilen, mindestens aber 0,75 m bei Zeilenbreiten bis zu 2 m und 1,40 m bei Zeilenbreiten von über 2 m,
2. gegenüber den sonstigen Grenzen, gerechnet vom äußersten Rebstock oder der äußersten Verankerung der Erziehungsvorrichtung an, mindestens 1 m.
(2) Absatz 1 gilt nicht für die Anpflanzung von Rebstöcken an Grundstücksgrenzen, die durch Stützmauern gebildet werden, sowie in den in § 50 Abs. 2 genannten Fällen.

§ 53 Grenzabstände für Wald
(1) Wird ein Wald neu begründet oder verjüngt, so sind gegenüber Nachbargrundstücken folgende Abstände einzuhalten:
1. gegenüber dem Weinbau dienenden Grundstücken . . . . 10 m
2. gegenüber öffentlichen Verkehrsflächen und Wirtschaftswegen   3 m
3. gegenüber sonstigen Grundstücken, die nicht mit Wald bepflanzt sind,
bei Neubegründung . . . .   6 m
und bei Verjüngung . . . .   4 m
4. gegenüber Grundstücken, die mit Wald bepflanzt sind   . . . . . .   2 m
(2) Absatz 1 gilt nicht gegenüber Grundstücken im Sinne von § 50 Abs. 2 Nr. 3 und 4.
(3) Der nach Absatz 1 freizuhaltende Streifen kann mit Laubgehölzen bepflanzt werden, deren natürlicher Wuchs bei einem Grenzabstand bis zu 3 m die Höhe von 6 m und bei einem Grenzabstand bis zu 1 m die Höhe von 2 m nicht überschreitet.

§ 54 Abstände von Spaliervorrichtungen und Pergolen
(1) Mit Spaliervorrichtungen und Pergolen, die eine flächenmäßige Ausdehnung der Pflanzen bezwecken und die nicht höher als 2 m sind, ist ein Abstand von 0,50 m und, wenn sie höher als 2 m sind, ein um das Maß der Mehrhöhe größerer Abstand von der Grenze einzuhalten.
(2) Absatz 1 gilt nicht in den in § 50 Abs. 2 genannten Fällen.

§ 55 Ausschluß des Beseitigungsanspruchs
(1) Der Anspruch auf Beseitigung von Anpflanzungen, Spaliervorrichtungen und Pergolen, die geringere als die in den §§ 48 bis 54 vorgeschriebenen Abstände einhalten, ist ausgeschlossen, wenn der Nachbar nicht innerhalb von fünf Jahren nach dem Anpflanzen oder der Herstellung Klage auf Beseitigung erhoben hat. Dies gilt nicht für Anpflanzungen an der Grenze eines Wirtschaftsweges.
(2) Werden für die in Absatz 1 genannten Anpflanzungen Ersatzpflanzungen vorgenommen, so gelten die §§ 48 bis 54.

§ 56 Nachträgliche Grenzänderungen
Die Rechtmäßigkeit des Abstandes einer Anpflanzung wird durch nachträgliche Grenzänderungen nicht berührt; § 55 Abs. 2 ist entsprechend anzuwenden.

Beachte: Ausschluß des Beseitigungsverlangens *5 Jahre* ab *Anpflanzung*.

Grenzabstand von Bäumen und Sträuchern

11. *Schleswig-Holstein,* Nachbarrechtsgesetz für das Land Schleswig-Holstein vom 24. 1. 1971

§ 37 Grenzabstände
(1) Der Eigentümer und der Nutzungsberechtigte eines Grundstücks haben mit Bäumen, Sträuchern und Hecken (Anpflanzungen) von über 1,20 m Höhe einen solchen Abstand zum Nachbargrundstück einzuhalten, daß für jeden Teil der Anpflanzung der Abstand mindestens ein Drittel seiner Höhe über dem Erdboden beträgt. Der Abstand wird waagerecht und rechtwinklig zur Grenze gemessen.
(2) Anpflanzungen, die über die zulässige Höhe oder den zulässigen Abstand hinausgewachsen sind, sind auf Verlangen des Eigentümers des Nachbargrundstücks auf die zulässige Höhe oder den zulässigen Abstand zurückzuschneiden, wenn der Eigentümer oder der Nutzungsberechtigte sie nicht beseitigen will. Die Verpflichtung zum Zurückschneiden braucht nur in der Zeit vom 1. Oktober bis zum 15. März erfüllt zu werden.

§ 38 Boden- und Klimaschutzpflanzung
(1) Mit Anpflanzungen zum Schutz landwirtschaftlich oder erwerbsgärtnerisch genutzter Grundstücke vor Witterungseinwirkungen (Boden- und Klimaschutzpflanzungen), die nicht über 7 m hoch sind, braucht der in § 37 Abs. 1 vorgeschriebene Grenzabstand nicht eingehalten zu werden. Wird die Höhe von 7 m überschritten, so gilt § 37 Abs. 2 entsprechend.
(2) Der Eigentümer und der Nutzungsberechtigte eines landwirtschaftlich oder erwerbsgärtnerisch genutzten oder eines ungenutzten Grundstücks müssen überhängende Zweige und eindringendes Wurzelwerk von Boden- und Klimaschutzpflanzungen, von denen keine erheblichen Beeinträchtigungen ausgehen, dulden.

§ 39 Ausnahmen
§ 37 gilt nicht für
1. Wald;
2. Anpflanzungen, die hinter einer geschlossenen Einfriedung vorgenommen werden und diese nicht überragen; als geschlossen gilt auch eine Einfriedung, deren Bauteile breiter sind als die Zwischenräume;
3. Anpflanzungen auf öffentlichen Verkehrsflächen;
4. Anpflanzungen an den Grenzen zu öffentlichen Verkehrsflächen, zu öffentlichen Grünflächen und zu oberirdischen Gewässern von mehr als 4 m Breite;
5. Hecken, die nach § 30 Abs. 1 auf der Grenze angepflanzt werden oder die das öffentliche Recht als Einfriedung vorschreibt.

§ 40 Ausschluß des Anspruchs auf Zurückschneiden
(1) Der Anspruch auf Zurückschneiden von Anpflanzungen ist ausgeschlossen, wenn die Anpflanzungen über die nach diesem Gesetz zulässige Höhe oder den nach diesem Gesetz zulässigen Abstand hinausgewachsen sind und nicht bis zum Ablauf des zweiten darauffolgenden Kalenderjahres Klage auf Zurückschneiden erhoben worden ist.

Grenzeinrichtungen

(2) Der Anspruch auf Zurückschneiden von Anpflanzungen, die bei Inkrafttreten dieses Gesetzes vorhanden sind, ist ausgeschlossen, wenn
1. ihr Grenzabstand dem bisherigen Recht entspricht, es sei denn, daß die Anpflanzungen noch nicht älter als fünf Jahre sind, oder
2. ihr Grenzabstand nicht dem bisherigen Recht entspricht und nicht bis zum Ablauf des zweiten auf das Inkrafttreten dieses Gesetzes folgenden Kalenderjahres Klage auf Zurückschneiden erhoben worden ist.

§ 41 Ersatzanpflanzungen und Grenzänderungen
(1) Werden für Anpflanzungen, bei denen der Anspruch auf Zurückschneiden nach § 40 ausgeschlossen ist, Ersatzanpflanzungen oder Nachpflanzungen vorgenommen, so sind die nach diesem Gesetz vorgeschriebenen Abstände einzuhalten.
(2) Unter Einhaltung des bisherigen Abstandes dürfen
1. einzelne abgestorbene Heckenpflanzen einer geschlossenen Hecke ersetzt werden,
2. einzelne Sträucher und Bäume in einem Knick nachgepflanzt werden,
3. Ersatzpflanzungen für beseitigte Knicks vorgenommen werden.
(3) Die Rechtmäßigkeit des Abstandes wird durch nachträgliche Grenzänderungen nicht berührt, jedoch gilt Absatz 1 und 2 entsprechend.

Beachte: Im Gegensatz zu vielen Bundesländern regelt das Gesetz die Abstände für Bäume, Sträucher und Hecken einheitlich. Bis zur Höhe von 1.20 m gibt es keinen Grenzabstand, bei höheren Gewächsen beträgt dieser ⅓ ihrer Höhe.

Grenzbaum. Steht ein Baum (oder Strauch) auf der Grenze, so erhebt sich die Frage, wem die Früchte und im Falle der Entfernung des Baumes das Holz gehört. § 923 BGB regelt dies dahingehend, daß die Nachbarn zu gleichen Teilen berechtigt sind. Gemäß § 923 Abs. 2 BGB kann jeder Nachbar Beseitigung des Baumes verlangen, die Kosten der Beseitigung tragen ebenfalls beide Nachbarn zu gleichen Teilen. Verzichtet jedoch der Nachbar auf seine Rechte an dem Baum, so muß derjenige die Kosten der Beseitigung tragen, der Beseitigung verlangt.

Der Anspruch auf Beseitigung ist ausgeschlossen, wenn der Baum als *Grenzzeichen* dient und den Umständen nach nicht durch ein anderes zweckmäßiges Grenzzeichen ersetzt werden kann (§ 923 Abs. 2 Satz 4 BGB).

Grenzeinrichtungen. *§ 921 BGB lautet:* Werden zwei Grundstücke durch einen Zwischenraum, Rain, Winkel, einen Graben, eine Mauer, Hecke, Planke oder eine andere Einrichtung, die zum Vorteil beider Grundstücke dient, voneinander geschieden, so wird vermutet, daß die Eigentümer der Grundstücke zur Benutzung der Einrichtung gemeinschaftlich berechtigt seien, sofern nicht äußere Merkmale darauf hinweisen, daß die Einrichtung einem der Nachbarn allein gehört.

Grenzeinrichtungen

§ 921 BGB spricht eine widerlegbare Vermutung für ein beiderseitiges Benutzungsrecht der Grundstücksnachbarn aus.

Voraussetzung ist, daß die Grenzeinrichtung auf beiden Grundstücken steht (BGH NJW 1977, 1447). Eine von der Grenze zweier Nachbargrundstücke durchschnittene Durchfahrt ist nur dann eine Grenzeinrichtung, wenn sie zwischen den Grundstücken liegt. Diese Voraussetzung ist nicht erfüllt, wenn die Durchfahrt das ganze Grundstück des einen Nachbarn erfaßt, neben ihr sich also kein weiterer Teil des durch die Einrichtung geschiedenen Grundstücks befindet (BGH NJW 1990, 2555 – Leitsatz).

Auswirkungen auf das Eigentumsrecht ergeben sich aus § 921 BGB nicht.

Hauptanwendungsfall des § 921 BGB ist die sog. *halbscheidige Giebel- oder Kommunmauer*. Wird zunächst von zwei Grundstücken nur eines bebaut, so ist es in einigen Teilen Deutschlands schon seit langem üblich, eine Giebelmauer so zu errichten, daß sie teilweise auf dem Nachbargrundstück zu stehen kommt. Der Nachbar hat dann bei Verwirklichung seiner eigenen Bauabsicht die Möglichkeit, unmittelbar anzubauen. Ein Anspruch darauf, daß der Erstbauende eine Kommunmauer errichtet, hat der Nachbar aber nicht.

Bei der eigentumsrechtlichen Zuordnung kommt es zum Widerstreit zweier Prinzipien: Einerseits folgt das Eigentum am Gebäude dem Grundeigentum (§§ 94 Abs. 1, 946 BGB), andererseits sollen wesentliche Bestandteile eines Gebäudes nicht verschiedenen Eigentümern gehören (§§ 93, 94 Abs. 2 BGB).

Die Rechtsprechung hat die strittigen Fragen wie folgt gelöst:

1. Lage vor dem Anbau des zweiten Hauserbauers: Der Erbauer der Kommunmauer wird Alleineigentümer der *ganzen* Mauer, wenn der Nachbar der teilweisen Errichtung auf seinem Grund zugestimmt hat oder die Voraussetzungen eines entschuldigten Überbaus nach § 912 Abs. 1 BGB gegeben sind (BGH NJW 1958, 1180; BGH NJW 1974, 794).

Ist letztere Voraussetzung nicht gegeben, so wird jeder Nachbar Eigentümer der jeweils auf seinem Grund stehenden Mauer (BGH NJW 1958, 1180) mit der Folge, daß der Eigentümer des überbauten Grundstücks Beseitigung der Mauer nach § 1004 BGB verlangen kann.

2. Lage nach dem Anbau: Hier wird sowohl Realteilung der Mauer mit Alleineigentum jedes Nachbarn an der hälftigen Mauer vertreten (RGZ 1962, 209/212; OLG München OLGZ 34, 910) als auch – herrschend – *Miteigentum nach ideellen Bruchteilen* (BGH NJW 1958, 1180).

Die Mauer bleibt danach wesentlicher Bestandteil beider Grund-

Grenzraine

stücke. Der Bruchteil richtet sich im übrigen nach dem Umfang der Inanspruchnahme der Mauer (BGH NJW 1962, 149).

Schließt der Nachbar an die Mauer an, so ist er dem Erbauer der Mauer zur Zahlung eines Ausgleichs gem. §§ 812, 818 Abs. 2 BGB in Höhe des hälftigen Wertes im Zeitpunkt seines Anbaus verpflichtet. Nach dem Ausbau regelt sich das weitere aus den §§ 921, 922 BGB.

Grenzfeststellungsvertrag. Das landesgesetzlich geregelte Abmarkungsverfahren sieht die Unterschrift der Grundstückseigentümer unter das Abmarkungsprotokoll vor. Diese kann über die Wirkungen im Abmarkungsverfahren zivilrechtlich von Bedeutung sein, als mit der Unterschrift aller Beteiligten auch ein Grenzfeststellungsvertrag geschlossen wurde. Mit der Unterschrift wird im Regelfall nicht nur das behördliche Verfahren bestätigt, vielmehr auch eine gegenseitige Anerkennung der beteiligten Grundeigentümer ausgesprochen (OLG Nürnberg DNotZ 1966, 33).

Schafft der Grenzfeststellungsvertrag abweichende Grenzen, so ist er im Hinblick auf § 313 BGB formbedürftig.

Grenzgarage. 1. Die Bauordnungen der Länder erlauben Grenzgaragen dann, wenn an der Grenze eine bestimmte Traufhöhe nicht überschritten wird. Wird diese überschritten, so kann die Reduzierung auf die *gesetzlich* zulässige (nicht jedoch auf die im Bauplan dargestellte) Höhe verlangt werden, und zwar nach § 823 Abs. 2 BGB i.V. mit den Vorschriften der Bauordnungen als →Schutzgesetze (vgl. OLG München MDR 1993, 867). Eine Duldungspflicht (§ 1004 Abs. 2 BGB) besteht dann nicht, wenn der Bauherr oder Architekt vorsätzlich oder grob fahrlässig gehandelt haben. Dies ergibt sich aus einer entsprechenden Anwendung der Vorschriften über den →Überbau nach § 912 BGB. Diese sind auf die Verletzung von Grenzabstandsvorschriften anwendbar (OLG Karlsruhe NJW-RR 1993, 665f.).

2. Will sich der Nachbar nicht direkt gegen den Störer mit der Durchsetzung seiner Ansprüche befassen, so hat er bei nicht unerheblicher Beeinträchtigung einen →Anspruch auf baupolizeiliches Einschreiten. Dies gilt auch dann, wenn er selbst einen erhöhten Grenzbau (ohne vergleichbare Auswirkungen) erstellt hat (OVG Lüneburg MDR 1994 62f.). Geltend zu machen sind die Ansprüche mit einer Verpflichtungsklage nach § 42 VWGO vor dem Verwaltungsgericht gegen die Baubehörde.

Grenzraine. Grenzraine zwischen Feldern dürfen von den Nachbarn benutzt werden, um landwirtschaftliche Maschinen zu wenden,

Grillen

nicht aber, um darauf Geröll oder Steine zu schütten. Eine Ausnahme besteht nur dann, wenn der Rain bereits mit Steinen bedeckt ist und seine Zweckbestimmung zur Ablagerung von Steinen dadurch nachweisbar ist (Meisner-Ring, § 7 RdNr. 19 m. w. N.).

Grillen. Das Grillen auf dem Balkon einer *Eigentumswohnung* (Holzkohlengrill) kann zu erfolgreicher Abwehr durch Nachbarn/Miteigentümern führen, weil es sich nach einem Beschluß des LG Düsseldorf (25 T 435/90) um eine nicht ganz unerhebliche Beeinträchtigung (Nachteil i. S. von § 14 Nr. 1 WEG) handelt. Die Entscheidung kann auf Mietwohnungen nicht ohne weiteres übertragen werden, weil der Begriff „Nachteil" keine *wesentliche* Beeinträchtigung i. S. von § 906 BGB voraussetzt (vgl. hierzu auch BayObLGZ 79, 267).

Grillfeste, -plätze. „Die Nutzung eines gemeindlichen „Grillplatzes" ist nur in einem Maße zulässig, das deutlich unter den vom Länderausschuß für Immissionsschutz festgelegten Richtwerten liegt.

Die Zumutbarkeitsgrenze i. S. d. § 3 BImSchG wird wegen der mit der Nutzung des Grillplatzes verbundenen Lärmbelästigung (Musik und Lautsprecherbetrieb) nicht überschritten, wenn pro Jahr höchstens 15 solcher Veranstaltungen genehmigt werden, die jeweils spätestens um 22.00 Uhr beendet sind. Zur Pflege der dörflichen Gemeinschaft kann einmal pro Jahr für bis zu drei zusammenhängende Tage eine Veranstaltung bis jeweils 1.00 Uhr gestattet werden" (VG Würzburg DWW 1987, 168ff.). Gehen von einem gemeindlichen Grillplatz Belästigungen für die Anlieger aus, so sind sie der Gemeinde zuzurechnen und eine Klage ist gegen die *Gemeinde* zu richten (VGH Mannheim MDR 1994, 917). Diese kann sich nicht darauf berufen, sie habe mit Erlaß einer Grillplatzordnung ihre Pflichten erfüllt und hafte nicht für Verstöße privater Nutzer (VGH aaO). Im angeführten Fall war die Benutzung des Grillplatzes bis 23 Uhr gestattet worden. Nach der Grillplatzordnung war der Lärm nur insoweit gestattet, als die Anlieger nicht gestört würden. Da es zu massiven Überschreitungen der Nutzung gekommen war, legte das Gericht eine Verlegung des Platzes nahe.

→ Gartenfeste.

Grunddienstbarkeit 1. Die Grunddienstbarkeit ist die Belastung eines Grundstücks zugunsten des *jeweiligen* Eigentümers eines anderen Grundstücks. Als *Inhalt* der Grunddienstbarkeit kommen nur die drei in § 1018 BGB aufgeführten Alternativen in Frage, nämlich:
a) Die Belastung des Grundstücks durch seine Benutzung in einzelnen Beziehungen. Ob sich aus der Formulierung „in einzelnen

Grunddienstbarkeit

Beziehungen" ergibt, daß dem *Eigentümer* mehr als eine bloß unwesentliche Nutzungsmöglichkeit verbleiben muß, ist strittig (bejahend: OLG Hamm RPfl. 1981, 105; OLG Frankfurt RPfl. 1985, 393; verneinend: BayObLG NJW-RR 1990, 208; offengelassen vom BGH in MDR 1992, 582). Jedenfalls bei einer Grunddienstbarkeit mit Ausübungsbeschränkung auf einen *Teil* des Grundstücks ist der *völlige* Ausschluß des Eigentümers von der Nutzung zulässig (BGH MDR 1992, 582).
b) Das Verbot der Vornahme gewisser Handlungen auf dem Grundstück.
c) Der Ausschluß von Eigentumsrechten.

Hauptanwendungsfälle der 1. Alternative sind die →Geh- und Fahrtrechte, die Weide- und Forstrechte, die Rechte für Entnahme von Bodenbestandteilen (Kies, Sand, Wasser etc.), das Recht zur Unterhaltung und Benutzung von Bauwerken und technischen Anlagen (Versorgungsleitungen, Netzstation, Gleisanlage) und das Recht zur Gewerbeausübung, meist für eine Gaststätte oder Tankstelle.

Bei der 2. Alternative dürfen gewisse (genau zu bezeichnende) Handlungen nicht vorgenommen werden, so die Verpflichtung, auf dem Grundstück keinen Gewerbebetrieb zu errichten oder ein bestimmtes Gewerbe nicht auszuüben oder der Ausschluß der Bebauung oder dessen Beschränkung auf gewisse Ausmaße.

Bei der 3. Alternative kann z. B. der Eigentümer des belasteten Grundstücks auf sein Abwehrrecht gegenüber Immissionen nach § 906 BGB verzichten, ebenso etwa auf die Einhaltung nachbarschützender Vorschriften wie dem sog. Bauwich (OLG Celle NJW 1959, 1096).

Der Rechtsschutz der Dienstbarkeit ist in den §§ 1027–1029 BGB geregelt. Wird die Grunddienstbarkeit beeinträchtigt, so stehen den Berechtigten die in § 1004 BGB bestimmten Rechte zu (§ 1027 BGB). Steht das herrschende Grundstück im gemeinschaftlichen Eigentum, so kann jeder Miteigentümer *allein* klagen (BGHZ 92, 351f.).

Steht auch das dienende Grundstück im Miteigentum, so sind die Miteigentümer als →notwendige Streitgenossen i. S. des § 62 (2. Alt.) ZPO gemeinsam zu verklagen. Zulässig ist die Klage gegen *einzelne* Streitgenossen dann, wenn die anderen sich zuvor zu der verlangten Leistung als verpflichtet bekannt haben (BGH NJW 1962, 1722f. und WM 1991, 239f.).

2. Die Grunddienstbarkeit ist abzugrenzen gegenüber der *beschränkt persönlichen Dienstbarkeit* (§§ 1090f. BBG). Letztere wird zugunsten nur einer bestimmten *Person* bestellt, während die Grunddienstbarkeit zugunsten des *jeweiligen* Eigentümers des (herrschen-

Grunddienstbarkeit

den) Grundstücks eingeräumt wird und damit ein sich aus der Lage benachbarter Grundstücke ergebendes Problem auf *Dauer* löst. Bei Abgrenzungsproblemen beider Rechtsinstitute ist im Zweifel von der weniger einschneidenden Belastung des Grundstücks in Form der beschränkt persönlichen Dienstbarkeit auszugehen (BGH NJW 1965, 393).

3. Bei der Frage, wie ein im Grundbuch eingetragenes Recht auszulegen ist, muß auf Wortlaut und Sinn der Eintragung abgestellt werden. Entscheidend ist ferner die *Eintragungsbewilligung*, falls auf sie verwiesen wird. Zulässig sind in Folge der Neufassung des Beurkundungsgesetzes auch seit 20. 2. 1980 Bezugnahmen auf *Karten, Zeichnungen und Abbildungen* in notariellen Urkunden (§ 9 Abs. 1 Satz 3 BeurkG).

4. Oft enthält der Grundbucheintrag nur eine Kurzbezeichnung des Rechts. Unzulässig ist der Eintrag „Grunddienstbarkeit für den jeweiligen Eigentümer des Grundstücks...", zulässig aber z. B. die kurz umschreibende Inhaltsbezeichnung des Rechts als Geh- und Fahrtrecht.

5. Aus nachbarrechtlicher Sicht interessant sind vor allem die →Geh- und Fahrtrechte sowie die Grunddienstbarkeiten mit dem Inhalt, bestimmte nachbarrechtliche Ansprüche (§§ 904–923 BGB) nicht auszuüben (§ 1018 BGB 3. Alternative). Falckenberg (MüKo § 1018 RdNr. 39) nimmt hier eine Einteilung in drei Fallgruppen vor:

a) Ausschluß nachbarrechtlicher *Einwirkungsrechte* in der Form eines Verzichts auf *zulässige* Einwirkungen, Verzicht auf einen entschuldigten →Überbau (§ 912 BGB) und Verzicht auf einen zu duldenden →Notweg (§ 917 BGB).

b) Verzicht auf Geltendmachung *begründeter* Abwehransprüche wegen wesentlicher Einwirkungen nach § 906 BGB, wegen Beseitigung →gefahrdrohender Anlagen oder eines unentschuldigten Überbaus, Verzicht auf Beseitigung von Grenzbäumen, unzulässigen Fenstern (BGHZ 56, 374) und Einhaltung der Abstandsvorschriften (Bauwich).

c) Verzicht auf die Geltendmachung von →Ausgleichsansprüchen gemäß § 906 Abs. 2 Satz 2 BGB und § 14 BImSchG.

6. Der Eigentümer des Grundstücks und der Inhaber der Grunddienstbarkeit können wegen der Benutzung des Grundstücks in Konkurrenz treten. Grundsätzlich folgt aus dem Eigentum ein auch nach Belastung fortbestehendes Benutzungsrecht, es sei denn, der Berechtigte der Grunddienstbarkeit weist sein *ausschließliches* Recht als vereinbart nach.

Wie der Berechtigte die Grunddienstbarkeit auszuüben hat, ergibt sich aus § 1020 BGB. Danach hat er die Interessen des Eigentümers

Grunddienstbarkeit

zu *schonen*. Aus dieser Pflicht entsteht zwischen Eigentümer und Dienstbarkeitsberechtigten ein gesetzliches Schuldverhältnis, bei dessen Verletzung Schadensersatz verlangt werden kann. Dem Grundsatz der schonenden Ausübung steht gegenüber das Recht alles zu tun, was für eine ordnungsgemäße Bewirtschaftung des herrschenden Grundstücks nötig ist.

Hat der Berechtigte z.B. ein Geh- und Fahrtrecht und ist der Verlauf der Fahrt *nicht* eingegrenzt, so muß er diese so wählen, daß er den Eigentümer des Grundstücks am wenigsten belastet. So darf der Berechtigte die Fahrt mit geräuschvollen Fahrzeugen nicht entlang Wohn- und Schlafräumen wählen, wenn durch einen Umweg jegliche Belästigung vermieden werden könnte.

Ist der Verlauf der Fahrt *bestimmt,* so kann der Eigentümer gemäß § 1023 BGB deren *Verlegung* auf seine Kosten an eine andere Stelle verlangen, wenn diese für ihn weniger belastend ist. In diesem Falle liegt eine Änderung des dinglichen Inhalts des Rechts vor, für die eine *Einigung* der Parteien und *Eintragung* im Grundbuch nötig ist (§§ 873, 877 BGB). Ist der Inhaber der Grunddienstbarkeit mit der Verlegung nicht einverstanden, so muß er auf Abgabe einer dahingehenden Willenserklärung verklagt werden. Mit der Rechtskraft des Urteils gilt dann seine Erklärung als abgegeben (§ 894 ZPO).

7. Bei Konkurrenz einer Grunddienstbarkeit mit anderen dinglichen Rechten gibt § 1024 BGB einen Anspruch auf gerichtliche Regelung. Dies gilt nicht, wenn die anderen Rechte einen anderen Rang haben, denn dann gehen sie dem nachrangigen Recht ohnehin vor (§ 879 BGB). Auch ein →Nießbrauch geht der Grunddienstbarkeit grundsätzlich vor. Eine Ausnahme gilt dann, wenn der Nießbrauch gemäß § 1030 Abs. 2 BGB *beschränkt* ist.

Wer eine gerichtliche Regelung nach § 1024 BGB begehrt, muß entweder *Zustimmung* des Beklagten zu einer bestimmten Regelung beantragen oder *Unterlassung* bestimmter behaupteter Beeinträchtigungen seines Rechts geltend machen.

8. Inhalt der Grunddienstbarkeit kann auch sein, daß der Berechtigte auf dem belasteten Grundstück eine Anlage hält. Anlagen sind z.B. Wasserleitungen, Wege, Kanäle, Stauanlagen etc. →Versorgungsleitungen

Gebäude oder *Werke,* die der Inhaber der Dienstbarkeit auf dem belasteten Grundstück erstellt hat, werden auch sein Eigentum (§ 95 Abs. 1 Satz 2 BGB).

Die Anlage ist vom Berechtigten gemäß § 1020 Satz 2 BGB zu unterhalten (→Verkehrssicherungspflicht). Zur Durchführung von Maßnahmen zur Unterhaltung (auch zur Renovierung und Verbesserung) darf der Berechtigte das dienende Grundstück betreten

Grundstück

(→ Betreten von Nachbargrund). → Erlöschen einer Grunddienstbarkeit, Geh- und Fahrtrecht.

Grundstück. Grundstück ist ein abgegrenzter Teil der Erdoberfläche, der im Bestandsverzeichnis eines Grundbuchblattes unter einer bestimmten Nummer eingetragen oder gemäß § 3 Abs. 3 GBO gebucht ist (RPfleger 1977, 22). Das → Eigentumsherrschaftsrecht des Eigentümers erstreckt sich auf das Erdreich unter und dem → Luftraum über dem Grundstück.

Grundwasser. Das → Eigentumsherrschaftsrecht des Grundeigentümers bezieht sich zwar auf den → Luftraum und Erdkörper (§§ 903, 905 BGB), nicht jedoch auf das Grundwasser. Das Grundwasser ist keine Sache i. S. des § 90 BGB, so daß der Eigentümer des Grundstücks nicht auch zugleich Eigentümer des Grundwassers sein kann. Nach der Entscheidung des BVerfG (NJW 1982, 749) sind wasserrechtliche Fragen allein dem Landesgesetzgeber zugewiesen und ergeben sich nicht aus § 905 BGB.

Die Rechte an ober- und unterirdischem Wasser ergeben sich also aus den Landeswassergesetzen, ihnen stehen aber erhebliche öffentlich-rechtliche Beschränkungen entgegen.

H

Hahn. Wird in einem Wohngebiet ein Hahn gehalten, stellen die von diesem Tier ausgehenden Geräusche regelmäßig eine wesentliche Beeinträchtigung i. S. v. § 906 BGB dar, für die eine Duldungspflicht nur besteht, wenn das andere Grundstück ortsüblich benutzt wird und die Beeinträchtigung nicht durch wirtschaftlich zumutbare Maßnahmen verhindert werden kann. Ortsüblichkeit in diesem Sinne besteht, wenn auch eine Mehrheit von Grundstücken in der Umgebung mit einer nach Art und Umfang annähernd gleich beeinträchtigenden Einwirkung benutzt wird (BGH NJW 1983, 751), sodaß üblicherweise in einem Wohngebiet das Halten eines Hahnes in der Nachbarschaft nicht geduldet werden muß. So hat das OLG Hamm (22 U 265/87) einen Halter von zwei Hähnen (Kleinlandwirt) in einem Wohngebiet dazu verurteilt, es zu unterlassen, auf seinem Grundstück Hähne in der Weise zu halten, daß deren Krähen auf dem Nachbargrundstück des Klägers in der Zeit von 19 bis 8 Uhr an Werktagen und bis 9 Uhr an Samstagen sowie an Sonn- und Feiertagen hörbar ist. Das Gericht stellt darauf ab, daß das Krähen eine wesentliche Beeinträchtigung ist, da es die zur Gesundheit unabdingbar erforderliche Nachtruhe unterbricht. Etwas anderes kann dann

Hausfriedensbruch

gelten, wenn in ländlichen Gebieten das Halten eines Hahnes ortsüblich ist, was etwa dann der Fall sein kann, wenn die Hühnerhaltung in einem Ortsteil mit dörflichem Charakter nicht zu beanstanden ist (vgl. VGH Baden-Württemberg Agrarrecht 1986, 86). In einem anderen Falle (LG Ingolstadt 4 O 1279/88) legte das Gericht fest, daß ein Hühnerzüchter nicht mehr als 2 Hähne im Freien halten darf. Auch muß er dafür sorgen, daß die Nachbarn durch die Hähne zwischen 21 und 7 Uhr täglich und an den Sonn- und Feiertagen zwischen 12 und 14 Uhr nicht gestört werden. Das Urteil wurde im Berufungsverfahren vom OLG München bestätigt und ist rechtskräftig. →Kleintiere, Eindringen von Tieren, Lärm, Hühner.

Hammerschlagsrecht. Unter Hammerschlagsrecht wird die Befugnis verstanden, das Grundstück des Nachbarn zu betreten, um an der eigenen baulichen Anlage Bau-, Instandsetzungs- und Verschönerungsarbeiten vorzunehmen bzw. vornehmen zu lassen. Mit Ausnahme von Bayern und Bremen besteht in den landesrechtlichen Vorschriften zur Nachbarrechtsgesetzgebung das Hammerschlagsrecht in der gesamten Bundesrepublik (z. B. §§ 24, 25 NachbarrechtsG für das Land NRW).

Hammerschlags- und Leiterrecht →Betreten von Nachbargrund.

Hausfriedensbruch. § 123 StGB sieht eine Strafe für die Fälle vor, daß jemand in die Wohnung, die Geschäftsräume, in das befriedete Besitztum oder andere abgeschlossene Räume *eindringt*. Ein solches Eindringen liegt z. B. schon dann vor, wenn in den Raum mit der Hand hineingelangt wird, um die Sicherungskette zu entfernen. Ebenso ist der Tatbestand schon dann erfüllt, wenn der Fuß in die Wohnungstür gestellt wird (MDR 1955, 144). *Nicht* ausreichend sind allgemeine Störungen des Hausfriedens wie Hineinlangen in den Türbriefkasten, Hineinwerfen von Gegenständen, Schlagen an Fenster und Türen, Klingeln oder Telefonanrufe.

Geschütztes Rechtsgut des § 123 StGB ist das Hausrecht und die öffentliche Ordnung. Das Hausrecht steht auch dem Mieter, Pächter oder Nießbraucher zu und kann dann auch gegenüber dem Eigentümer/Vermieter geltend gemacht werden.

Probleme wegen der geschützten Örtlichkeiten gibt es nur bezüglich des befriedeten Besitztums. Eine nahe Lage zum Haus ist nicht erforderlich, das Besitztum muß lediglich (wenn auch nicht völlig) „eingehegt" sein. Ob dies bei Wiesen, Äckern und Weiden der Fall ist, bleibt Tatfrage. Befriedetes Besitztum ist auch ein Hofraum oder Hofplatz, auch wenn dort wegen einer Tankstelle Publikumsverkehr

Hausmusik

herrscht. Von § 123 StGB geschützt sind auch Neubauten, leerstehende Wohnungen und Häuser, die zum Abbruch vorgesehen sind.

Das Eindringen muß *widerrechtlich* sein.

Aus nachbarrechtlicher Sicht interessant sind vor allem die Probleme zwischen Vermieter und Mieter. Ein Recht des Vermieters auf Betreten der Mieträume besteht grundsätzlich nicht. Ist ein solches Recht im Mietvertrag vereinbart, so kann der Vermieter dennoch nicht gegen den Willen des Mieters die Mieträume betreten, sondern muß gerichtliche Hilfe in Anspruch nehmen. Ein Recht des Vermieters zum Betreten der Räume, zu dessen Duldung der Mieter vom Gericht verurteilt werden kann, besteht insbesondere bei unaufschiebbaren Reparaturen, zur Besichtigung für Nachmieter oder Kaufinteressenten und bei Kündigung des säumigen Mietschuldners, um die Frage eines Vermieterpfandrechts zu prüfen.

Besteht ein Zutrittsrecht, so ist es während der üblichen Zeiten an den Wochentagen (10–12 und 15–18 Uhr) und nur in Ausnahmefällen am Wochenende auszuüben und rechtzeitig vorher anzukündigen.

Hausmusik. Die Ausübung von Musik beschäftigt in nicht unerheblichem Maß die Gerichte. Was der Ausübende oft als Kunstgenuß empfindet, stellt sich für dessen Nachbarn als Lärm dar.

Grundsätzlich ist das Musizieren sowohl in einer Mietwohnung als auch in einer Eigentumswohnungsanlage zulässig. Musizieren ist eine Art der Entfaltung der Persönlichkeit und ist deshalb vom vertragsmäßigen Gebrauch der Mietsache gedeckt.

Auch der Wohnungseigentümer darf von seinem Sondereigentum nur so Gebrauch machen, daß anderen nicht über das unvermeidliche Maß hinaus ein Nachteil erwächst (§ 14 Nr. 1 WEG). Ein genereller Ausschluß des Musizierens im Mietvertrag oder der Haus- und Gemeinschaftsordnung ist daher unzulässig (OLG Hamm MDR 1981, 320). Streitpunkt ist daher die tägliche Dauer des Musizierens, die einzuhaltenden Ruhezeiten und die Frage, wann eine →wesentliche Beeinträchtigung durch den →Lärm vorliegt.

Hierzu läßt sich folgendes grundsätzlich anführen:
1. Die anwendbaren Vorschriften der →TA-Lärm und der →VDI 2058 helfen allein nicht weiter. Störend ist oft nicht die Lautstärke, vielmehr die hohe Frequenz der Geräusche, die abrupten Pausen und der stetige Neubeginn eines Übungsstückes und das Fehlen einer Melodie. Im Streifall muß sich der Richter vor Ort begeben (OLG Frankfurt NJW 1985, 2138), maßgeblich ist das Empfinden des →Durchschnittsmenschen.
2. Für Musizieren in Zimmerlautstärke gibt es keine zeitlichen Beschränkungen (BayObLGZ 1985, 109). Dem aktiven Musizieren steht das *Hören* von Wiedergabegeräten gleich.

Hausordnung

3. Es ist die übliche Mittagsruhe einzuhalten, wobei diese zeitlich variabel sein kann, etwa 12–14 Uhr oder 13–15 Uhr. Regelungen kann eine Hausordnung enthalten. Eine Begrenzung auf die Zeiten von 10–12 und 15–17 Uhr ist unzulässig, da von 17–22 Uhr ein überwiegendes Ruhebedürfnis nicht anzuerkennen ist und ansonsten auch den Berufstätigen nach Arbeitsende keine Möglichkeit zum Musizieren verbliebe (OLG Zweibrücken MDR 1990, 1121). Liegt eine Hausordnung als Bestandteil des Mietvertrags vor, so hat sie Wirkung auch im Verhältnis der Mieter untereinander (Palandt/Putzo, 52. Aufl., § 535 BGB Rn. 11). Es besteht somit ein Anspruch, während der festgesetzten Zeiten musizieren zu können, und eine Pflicht der anderen Mieter auf Duldung. Zumindest kann aber aus dem Gesichtspunkt der → Ortsüblichkeit das Musizieren dann nicht abgewehrt werden (Palandt/Bassenge § 906 BGB, Rn. 24 u. 30).
4. Es ist die Nachtruhe von 22 Uhr bis 7 Uhr zu beachten.
5. Eine Gesamtzeit von täglich 2 Stunden (OLG Hamm NJW 1981, 465) sollte nicht überschritten werden.
6. Häusliche regelmäßige Musikproben von Berufsmusikern sind nicht ortsüblich, da diesen geeignete Proberäume zur Verfügung stehen oder gestellt werden sollten.
7. Ein vertragsgemäßer Gebrauch der Mietsache oder ein rücksichtsvoller Umgang mit dem Sondereigentum gestattet nicht ein Üben oder Musizieren von Musikergruppen.
8. Soweit technisch möglich (so bei Trompete, Posaune, Horn, Klavier) können schalldämpfende Vorkehrungen vom Musiker im Einzelfall verlangt werden (AG Frankfurt ZMR 61, 83).

Hausordnung. → (Gemeinschaftsordnung). 1. Das Zusammenleben mehrerer Mieter verlangt von allen ein gewisses Maß an Rücksichtnahme. Die Vorstellungen darüber sind leider häufig sehr verschieden, ohne daß oft böser Wille vorliegt. Zur Vermeidung von Streitigkeiten darüber, was den übrigen Mitbewohnern z. B. bei der Verursachung von Lärm bei der Hausarbeit oder Freizeitentfaltung noch zuzumuten ist, empfiehlt sich das Aufstellen einer Hausordnung.

2. Regelungsgegenstand sind üblicherweise folgende Punkte: Benutzung gemeinschaftlicher Einrichtungen wie Waschküche, Trockenboden etc., Festlegung von Ruhezeiten mit Ausschluß der Musikausübung und lärmintensiver Hausarbeit.

3. Üblicherweise wird die Hausordnung dem Mietvertrag beigefügt oder es wird eine Verpflichtungserklärung zu deren Einhaltung abgegeben. In beiden Fällen übernimmt der Mieter weitere vertragliche Nebenpflichten, bei deren Verletzung der Vermieter nach Ab-

Hausordnung

mahnung auf Unterlassung bestimmter Verstöße klagen kann, bei beharrlichen Verstößen hat er ein Recht zur fristlosen Kündigung.

Aber auch die übrigen Mitmieter können Unterlassung beantragen, wenn eine Besitzstörung vorliegt (§§ 858, 862, 865 BGB, →Besitz). Auch der Mieter ist nämlich zur Duldung von Beeinträchtigungen nur in dem Umfang verpflichtet, wie dies gemäß § 906 BGB für den Eigentümer gilt (BGH NJW 1955, 19).

Nicht jeder Verstoß gegen die Hausordnung ist aber auch eine Besitzstörung der übrigen Mitmieter. Dies ist nur der Fall, wenn sich die Einwirkung unmittelbar nachteilig für den anderen Mieter auswirkt, z. B. bei Lärmbelästigungen aller Art. Daher kein Anspruch des Mieters bei Abstellen eines Fahrrades im Hausflur entgegen der Hausordnung, wohl aber dann, wenn das Fahrrad den Zugang zur Mietwohnung behindert. Beim Unterlassungsanspruch ist wie allgemein zu beachten, daß eine →Wiederholungsgefahr vorliegen muß. Diese ist zu bejahen, wenn bereits einmal eine Störung stattgefunden hat und erfolglos Abhilfe verlangt wurde. Aber auch im Verhältnis der Mieter untereinander entfaltet die Hausordnung Wirkung (Palandt/Putzo, 52. Aufl., § 535 Rn. 11). Der einzelne Mieter hat also einen Anspruch auf das Musizieren während der festgesetzten Zeiten, die anderen müssen dies dulden (OLG München, MDR 1992, 670). Zumindest scheitern dann Ansprüche an der →Ortsüblichkeit des Musizierens (Palandt/Bassenge, § 906 BGB, Rn. 24 und 30).

4. Ist bei Abschluß des Mietvertrags noch keine Hausordnung vorhanden oder ist auf sie im Mietvertrag nicht Bezug genommen worden, so können Pflichten auch nachträglich entstehen. Dies gilt aber nicht für zusätzliche mietvertragliche Pflichten wie etwa Übernahme von Reinigungspflichten oder Regelungen über die →Tierhaltung. Hat hier der Vermieter bei Abschluß des Mietvertrags Vereinbarungen nicht getroffen, so muß er sich nachträglich mit dem Mieter einigen. Der Vermieter kann jedoch *einseitig* eine Hausordnung erlassen (oder ändern), wenn dies im Interesse der Hausgemeinschaft nötig ist, so wenn es bei der Benutzung gemeinschaftlicher Einrichtungen oder bei den Ruhezeiten wegen unterschiedlicher Ansichten der Mieter zu Schwierigkeiten gekommen ist. Einer Zustimmung der Mehrheit der Mieter bedarf es dabei nicht (AG Siegen MDR 70, 239; AG Hamburg WM 81, 183).

5. Auch innerhalb der Gemeinschaft von *Wohnungseigentümern* gelten die Pflichten zur gegenseitigen Rücksichtnahme. Den Gebrauch des gemeinschaftlichen Eigentums können die Eigentümer durch Vereinbarung oder Mehrheitsbeschluß regeln (§ 15 WEG). Auf Antrag eines Eigentümers kann auch der Richter im →Verfahren der Freiwilligen Gerichtsbarkeit angerufen werden, der z. B.

Hausordnung

Ruhezeiten für die mit Lärm verbundene Hausarbeit festsetzen kann (§ 15 Abs. 3 WEG).

Das Gericht ist aber nicht befugt, eine Vereinbarung der Eigentümer oder eine mit Mehrheitsbeschluß zustandegekommene Regelung über die Hausordnung aufzuheben bzw. zu ändern. Dies gilt auch für Mehrheitsbeschlüsse der Eigentümer, falls sie durch unterlassene Anfechtung binnen Monatsfrist (§§ 23 Abs. 4, 43 Abs. 1 Nr. 4 WEG) unanfechtbar geworden sind. Bei rechtzeitiger Anfechtung darf der Richter nicht umgestalten und eine eigene Regelung treffen, vielmehr ist er auf die Aufhebung beschränkt, falls die Regelung nicht einem ordnungsgemäßen Gebrauch (§ 15 Abs. 2 WEG) oder einer ordnungsgemäßen Verwaltung (§ 21 Abs. 3 WEG) entspricht.

Eine richterliche Mitwirkung ist somit vor allem bei *Fehlen* einer Hausordnung nötig, im übrigen auch zum *Vollzug* vorhandener Vereinbarungen und/oder Beschlüsse. Das Eingreifen des Gerichts setzt allerdings voraus, daß ein unmittelbarer Handlungsbedarf für eine Gebrauchsregelung vorliegt.

So hat z. B. das AG Hamburg-Wandsbeck festgesetzt, daß werktags von 20 bis 7 Uhr geräuschvolle Hausmaschinen (Staubsauger, Waschmaschinen, Bohrer von Heimwerkern) nicht betrieben werden dürfen. An Sonn- und Feiertagen ist derartige Betätigung nur von 9.30 – 12 Uhr und von 16 – 18 Uhr zugelassen worden. Die dagegen von den teilweise berufstätigen Hausfrauen vorgebrachten Bedenken fanden keine Berücksichtigung (Az. 715 II 75/87 AG Wandsbeck). Wegen der *Besitzschutzansprüche* der Eigentümer gegen andere Eigentümer oder Dritte siehe Stichwort Besitz.

6. Gegenstand der Hausordnung sind regelmäßig
– Fragen der →Tierhaltung (→Hundehaltung). Ein generelles Verbot der Tierhaltung in der Hausordnung ist jedoch unzulässig (OLG Frankfurt RPfleger 1978, 414), ein Ausschluß kann nur über eine im Grundbuch eingetragene Vereinbarung (§ 10 Abs. 2 WEG) erfolgen. In der Hausordnung können Bestimmungen über die Tierhaltung (Verbot des Freilaufens im Haus und auf den Außenanlagen) getroffen und für den Fall der Nichtbeachtung Sanktionen ermöglicht werden. So wurde nach 3 erfolglosen Abmahnungen wegen Verstößen die Untersagung der Tierhaltung durch den Verwalter gebilligt (BayObLG vom 9. 2. 1994 – 2 Z BR 127/93).
– Fragen der Ausübung der →Hausmusik. Ein generelles Verbot ist auch hier nicht zulässig, wohl aber zeitliche Begrenzungen (BayObLGZ 1985, 109; OLG Hamm OLGZ 1986, 167).
– Benutzungsregelungen für Balkone und Terrassen, z. B. bezüglich Grillen und Wäschetrocknen (OLG Oldenburg, DWE 1978, 86).

Haustiere

– Regelungen über die Art der Balkonbepflanzung, die nicht ausgeschlossen werden darf (BayObLG DWE 1984, 62).
– Festlegung von allgemeinen Ruhezeiten. In diesen Zeiten ist Lärm, der nicht unaufschiebbar nötig ist, zu vermeiden.

7. Bei Verstößen gegen die Hausordnung ist der *Verwalter* zur Abmahnung, nach Mehrheitsbeschluß der Eigentümer auch zur gerichtlichen Geltendmachung gegen den störenden Eigentümer berechtigt (OLG Hamm NJW 1969, 884). Es kann aber auch der einzelne Wohnungseigentümer im → Verfahren der Freiwilligen Gerichtsbarkeit vorgehen (OLG Frankfurt MDR 1982, 151).

Bei wiederholten extremen Verstößen bleibt letztlich nur der Weg der Entziehung des Wohnungseigentums (§§ 18, 19 WEG).

Haustiere → Kleintiere → Tierhaltung → Eindringen von Tieren.

Hauswand → Lichtreflex.

Heckenschneiden. In der Rechtsprechung wurde das Recht zum Betreten des Nachbargrundstücks zum Zwecke des Heckenschneidens bejaht (AG Michelstadt MDR 1964, 845); diese Rechtsprechung kann in der Regel nur in den Ländern angewandt werden, in denen die Nachbarrechtsgesetzgebung ein Hammerschlags- und Leiterrecht vorsieht, also nicht in Bayern und Bremen.

Heimwerker. Auch für den Heimwerker gilt der Grundsatz, daß vermeidbarer Lärm zu unterlassen ist. Soweit bei Heimwerkertätigkeiten innerhalb einer Hausgemeinschaft Lärm entsteht, muß diese Tätigkeit in jedem Fall werktags um 19.00 Uhr beendet sein. Auch für Heimwerkertätigkeiten gilt der Grundsatz, daß durch sie an Sonn- und Feiertagen grundsätzlich keine Störungen der Nachbarn verursacht werden dürfen.
→ Hausordnung.

Herüberfall → Überfall.

Hinüberfall → Überfall.

Hofeinfahrt. Eine gemeinsame Hofeinfahrt kann → Grenzeinrichtung i. S. des § 921 BGB sein (LG Mannheim NJW 1964, 408).

Hoheitliche Gewalt. Führt eine hoheitliche Tätigkeit (→ Bundeswehr) zu → wesentlichen Beeinträchtigungen, so ist zwar grundsätzlich ein öffentlich-rechtlicher Beseitigungsanspruch gegeben. Liegt die hoheitliche Tätigkeit aber im überwiegenden Gemeinwohl, so kann völlige Beseitigung oder Unterlassen der Störung nicht begehrt werden, da ansonsten der Einzelne die Erfüllung vorrangiger Interessen gefährden könnte. Der Anspruch schränkt sich dahingehend ein, daß lediglich Schutzvorkehrungen zur Abwehr oder Minderung der Einwirkungen verlangt werden können (BGH NJW 1984, 1212). Ist dies nicht technisch durchführbar oder würde dies einen unzumutbaren Aufwand erfordern, besteht ein Entschädigungsanspruch (BGH NJW 1984, 1876; → Unterlassung).

Der Anspruch auf Schutzvorkehrungen muß dabei im Verwaltungsrechtsweg verfolgt werden (BGHZ 72, 289).

Dagegen ist der Entschädigungsanspruch auf dem Zivilrechtsweg zu verfolgen (§ 40 Abs. 2 VwGO). Ein Entschädigungsanspruch ist dann gegeben, wenn Schutzvorkehrungen zur Abwehr der Immissionen nicht möglich sind und die Grenzen des § 906 Abs. 2 Satz 2 BGB – § 906 BGB ist hier auf das Verhältnis Öffentliche Hand – beeinträchtigter Nachbar analog anwendbar (vgl. VGH Mannheim NJW 1985, 2352) – überschritten werden. Als Beispielsfälle für Beeinträchtigungen durch *hoheitliche* Tätigkeit seien genannt:
- Kanalisation (BGH NJW 1978, 1051)
  → Kläranlage
- Militärflughafen (BGH LM § 906 Nr. 64)
  → Mülldeponie
- öffentliche Straße (BGH NJW 78, 3181; → Verkehrslärm)
- Telefonzelle (VGH Mannheim NJW 1985, 2352).

Auch bei Betrieben, die im öffentlichen Interesse tätig sind, aber *nichthoheitlich* betrieben werden, ist der Anspruch auf *Einstellung* des Betriebes ausgeschlossen und nur ein solches auf Schutzvorkehrungen zur Vermeidung von Immissionen gegeben (BGH NJW 76, 416). Sind solche Schutzvorkehrungen nicht möglich, so erwächst ein Ausgleichsanspruch in Geld bezüglich der Immissionen, die das nach § 906 Abs. 2 Satz 2 entschädigungslos zu duldende Ausmaß übersteigen. Fälle nichthoheitlicher, im öffentlichen Interesse arbeitender Betriebe sind:
- private Energieversorgungsbetriebe
- private Autobusbetriebe
- Straßenbahn.

Hühner. Ähnlich wie → Katzen zählen Hühner, die auf das Nachbargrundstück laufen, nicht zu den „ähnlichen Einwirkungen" i. S. v. § 906 BGB mit der Folge, daß der betroffene Nachbar es nicht dulden muß, daß die Hühner auf sein Grundstück hinüberlaufen. Der Nachbar kann die Tiere verjagen und er hat einen Anspruch auf Unterlassung weiterer Beeinträchtigungen, sofern solche zu erwarten sind. Dabei ist jedoch denkbar, daß in ländlichen Gebieten das

Hundehaltung

freie Umherlaufen der Hühner als ortsüblich hingenommen werden muß und daß die Hühnerhaltung in einem Ortsteil mit dörflichem Charakter als nicht rücksichtslos angesehen wird (vgl. VGH Baden-Württemberg Agrarrecht 1986, 86, zur Hühnerhaltung und OLG Oldenburg VersR 1976, 644, sowie Bayer-Lindner, S. 74).
→ Eindringen von Tieren, Kleintiere.

Hundehaltung. (Hundegebell). 1. Hunde sind wie alle übrigen Haustiere so zu halten, daß wesentliche Beeinträchigungen der Nachbarn vermieden werden. Grundsätzlich ist sowohl der Mieter als auch der Wohnungseigentümer zur → Tierhaltung berechtigt. Die Haltung von Haustieren ist vertragsgemäßer Gebrauch der Mietsache, erst bei erheblicher Gefährdung oder Lärmbelästigung kann der Vermieter gem. § 550 BGB die Entfernung des Tieres verlangen (str.).

Das grundsätzliche Recht der Tierhaltung kann unter Wohnungseigentümern nur durch eine im Grundbuch eingetragene Vereinbarung (§ 10 Abs. 2 WEG) ausgeschlossen werden. Einem Mehrheitsbeschluß der Eigentümer oder der Hausordnung muß sich der Tierhalter nicht beugen (KG NJW 1956, 1679; OLG Stuttgart RPfleger 1982, 220). In einer neuen Entscheidung hat das Kammergericht seine Auffassung wiederholt. Danach sei das generelle Verbot der Hundehaltung sittenwidrig, da es auch denjenigen Eigentümer treffe, der seinen Hund ohne Belästigung Dritter halte (KG Berlin, 24 W 2 671/91). Zulässig dagegen sind Beschränkungen der Tierhaltung auf eine bestimmte *Zahl* von Tieren (BayObLGZ 1972, 90).

2. Wann beim Hundegebell eine → wesentliche Beeinträchigung des Nachbarn vorliegt, ist schwierig zu beantworten. Was der Tierhalter als natürliche Lebensäußerung des Hundes empfindet, ist für den anderen störender Lärm. Eine Beurteilung der Tiergeräusche an Hand der → TA-Lärm oder der VDI-Richtlinie 2058 erscheint nicht möglich, da es an einem dauernden oder regelmäßig wiederkehrenden Geräusch fehlt. Allerdings kann gerade in der sog. Geräuscherwartung auf das nächste Bellen eine Belästigung liegen. Eine wesentliche Beeinträchtigung liegt vor, wenn der Lärm nach Art, Dauer und der Tageszeit mindestens 2 Nachbarn erheblich belästigt, wobei es auf das Empfinden eines → Durchschnittsmenschen ankommt. Das häufige Bellen zur Nachtzeit (22 Uhr bis 7 Uhr) ist auch nicht mehr ortsüblich. Grund zum häufigen Bellen kann auch eine nicht artgerechte Tierhaltung sein, so daß im Streitfall auch evtl. Fragen des Tierschutzes zu prüfen sind.

Das OLG Hamm (22 U 265/87) hat den Halter zweier Jagdhunde in einem Wohngebiet verurteilt, es zu unterlassen, Hunde auf seinem Grundstück in der Weise zu halten, daß Hundegebell auf dem

Hundehaltung

Grundstück des Klägers (unmittelbarer Nachbar) länger als insgesamt 30 Minuten täglich, länger als 10 Minuten ununterbrochen und außerhalb der Zeitspannen von 8 bis 13 Uhr und von 15 bis 19 Uhr hörbar ist. Das OLG stellt dabei lediglich auf die Hörbarkeit des Hundegebells ab und nicht auf die Intensität des Bellens, da es dieses als besonders störend für den unfreiwilligen Hörer ansieht. Ob jedes hörbare Bellen eine →wesentliche Beeinträchtigung ist, erscheint allerdings fraglich. Ebenso problematisch erscheinen die aufgestellten „Ruhezeiten". In einem weiteren Fall hatte sich das OLG Nürnberg mit dem von einem Tierheim ausgehenden Hundegebell zu befassen (AZ 9 U 3216/89). Das Tierheim befand sich in einem Wohngebiet. Das OLG verurteilte den beklagten Verein dazu, es in der Zeit von 22 bis 7 Uhr zu unterlassen, durch Hundelärm die Kläger mehr als unwesentlich zu beeinträchtigen. Dabei stellte es auf die Lärmgrenzen nach der →Technischen Anleitung zum Schutz gegen Lärm ab, die in allgemeinen Wohngebieten tagsüber 55 und nachts 40 Dezibel Lärm noch gestattet.

3. Eine *gewerbliche* Hundezucht in reinen Wohngebieten dürfte als nicht mehr →ortsüblich anzusehen sein. Nach einer Entscheidung des OLG Nürnberg (8 U 99/91) ist eine Hundezucht in einem Wohngebiet nicht zumutbar; zu tolerieren hat der Nachbar lediglich 1 bis 2 Hunde je Haushalt. Wachhunde sind nur auf sicherheitsgefährdeten Grundstücken ortsüblich, nicht in reinen Wohngebieten.

4. Hat der Nachbar gegen den Hundehalter ein obsiegendes Urteil erstritten, so entsteht wegen der →Zwangsvollstreckung durch entstellende Presseberichte oft ein falsches Bild. Die schlagwortartigen Überschriften „Hund darf nicht mehr bellen oder 500000 DM Ordnungsgeld sind zu zahlen" sind irreführend. *Wie* der Hundehalter die Minderung des Tierlärms auf das zumutbare Maß erreicht, bleibt ihm überlassen. Oft wird eine bessere Schulung und/oder Beaufsichtigung des Tieres schon zum Erfolg helfen. Auch die Verlegung seines Aufenthaltes kann geeignet sein. Es kann natürlich als letzte Alternative auch die Abschaffung des Hundes in Frage kommen. Ein Ausschluß jeglichen Bellens kann natürlich nie verlangt werden.

Ist der Hundehalter verurteilt worden, durch geeignete Maßnahme wesentliche Beeinträchtigungen durch Hundegebell zu unterlassen und ist für den Fall der Zuwiderhandlung im Urteil Ordnungsgeld/Ordnungshaft *angedroht,* so bestimmt sich im Falle der Zuwiderhandlung das weitere Verfahren nach den §§ 890f. ZPO. Es handelt sich hier um ein Zwangsvollstreckungsverfahren, so daß ein Titel, der mit der Vollstreckungsklausel versehen ist, vorliegen muß. Ferner muß dieser zugestellt worden sein.

Der Gläubiger (früherer Kläger) muß behaupten und beweisen, daß der Hund des Schuldners (früheren Beklagten) an bestimmten

Hundezucht

Tagen in einem Umfang gebellt hat, der als wesentliche Beeinträchtigung zu qualifizieren ist. Das Urteil muß für die Zwangsvollstreckung hinreichend bestimmt (§ 253 Abs. 2 S. 2 ZPO) sein. Nicht nötig ist die Angabe eines bestimmten Schallpegels. Ausreichend ist die Dauer der verbotenen Belästigung durch Bellen, Jaulen oder Winseln (OLG Köln MDR 1993, 1083). Zuständig für dieses Verfahren ist das Prozeßgericht des ersten Rechtszugs, gegen dessen Entscheidung ist sofortige Beschwerde nach § 793 ZPO zulässig.
→ Wachhund, Zwinger.

Hundezucht. Eine Hundezucht (Dackel) mit mehr als 2 Tieren hat das OVG Lüneburg (MDR 1983, 350) nicht zugelassen, weil die Nachbargrenze im konkreten Fall nur 5 m und die Aufenthaltsräume des Nachbarn nur 10 m entfernt waren.

I

Immission. Immissionen i. S. von § 3 → BImSchG sind die auf Menschen, Tiere, Pflanzen oder andere Sachen einwirkende Luftverunreinigungen, Geräusche, Erschütterungen, Licht, Wärme, Strahlen und ähnliche Umwelteinwirkungen.
→ Ästhetische Immissionen, Imponderabilien.

Imponderabilien. (I.). Als I. bezeichnet man die in § 906 Abs. 1 BGB aufgeführten nicht wägbaren Stoffe wie Gase, Dämpfe, Gerüche, Rauch, Ruß, Wärme, Geräusch und Erschütterung, deren Einwirkung nach §§ 1004, 906 BGB auf ein Nachbargrundstück abgewehrt werden kann.

Intimsphäre. 1. Die ständige Beobachtung des Nachbarn durch eine auf dem Nachbargrundstück installierte Videokamera stellt eine schwerwiegende Verletzung des Persönlichkeitsrechts dar und rechtfertigt die Zuerkennung eines Schmerzensgelds (OLG Köln NJW 1989, 720f.).
2. Auch sonstige Fälle des Belauschens oder Fotografierens von Umständen in der Intimsphäre anderer Personen können abgewehrt werden und berechtigen zur Geltendmachung von Schmerzensgeld, wenn nachvollziehbare Gründe für das Verhalten nicht gegeben sind und als Motiv nur eine Belästigung oder (abartige) Befriedigung übrig bleibt.

J

Jalousie. (Rolladen). Die Betätigung der Jalousie (oder des Rolladens) kann im Einzelfall zu einer wesentlichen Beeinträchtigung der Nachbarn führen. Entscheidend hierfür ist nicht allein das Ausmaß des Lärms und dessen kurze Dauer, vielmehr dessen Lästigkeit und Häufigkeit. Betätigt jemand regelmäßig die Jalousie zu Zeiten, die noch zur allgemeinen Ruhezeit gehören, so bringt auch der nur kurzfristige Lärm viele andere unnötig aus dem Schlafrhythmus.

Für den Vermieter besteht gemäß § 550 BGB nach vorheriger →Abmahnung die Möglichkeit der Unterlassungsklage, aber auch andere Mieter können Unterlassung wegen Besitzstörung verlangen (§ 862 BGB).

K

Kabelfernsehen. Der Anschluß an das Kabelfernsehen hat vor allem innerhalb der Gemeinschaft von Wohnungseigentümern zu Problemen geführt, weil nicht alle Eigentümer von den Möglichkeiten zu überzeugen sind, die sich durch den Anschluß an das Kabelfernsehen bieten.

Bei der rechtlichen Behandlung sind zwei denkbare Fälle zu unterscheiden.

1. Ist eine *neue* Antennenanlage vorhanden, so kann nicht durch Mehrheitsbeschluß auf Verkabelung umgestellt werden (OLG Celle WM 1986, 224). In diesem Falle müssen die am Kabelfernsehen interessierten Eigentümer die dafür anfallenden Kosten der Herstellung und der Unterhaltung allein tragen, sie müssen sich aber auch nach wie vor an den Kosten der vorhandenen Antennenanlage beteiligen.

2. Ist die Gemeinschaftsantenne *defekt* und erreichen die Reparaturkosten annähernd die Kosten eines Kabelanschlusses, so ist dessen Herstellung als ordnungsgemäße Instandhaltung bzw. Instandsetzung i. S. des § 21 Abs. V Nr. 2 WEG anzusehen. In diesem Falle genügt ein Mehrheitsbeschluß der Eigentümer (OLG Celle WM 1988, 415).

→Antennenanlage, Parabolantenne.

Kaminluft. Hat der Kamin wegen eines höheren Nachbargrundstückes nicht den nötigen Abzug, so besteht ein Abwehranspruch gegen den Eigentümer des Nachbargrundstückes nicht. Eine Einwirkung i. S. des § 906 BGB liegt nicht vor, es handelt sich vielmehr um eine sog. negative Einwirkung.

Kampfhund

Nach Landesrecht (Staudinger-Gursky § 1004 RdNr. 49) besteht teilweise ein Anspruch, wonach die Befestigung des Kamins ans eigene Grundstück zu dulden ist. Diese Pflicht kann sich auch aus dem →nachbarlichen Gemeinschaftsverhältnis ergeben.

Kampfhund. Die unter Vorbehalt erteilte Genehmigung zur Tierhaltung kann widerrufen werden, wenn der Mieter einen Bullterrier hält. Die Haltung eines sog. Kampfhundes (Bullterrier, Pitbull-Terrier, Mastino Napolitano, Fila Brasiliero) verstößt gegen die Interessen des Vermieters und der Mitbewohner, die Aufnahme eines solchen Hundes stellt eine potentielle Störung des Hausfriedens dar (LG Nürnberg-Fürth 7 S 3264/90).

Katzengeruch. Gegen den Geruch der Exkremente von Katzen kann sich der Nachbar mit Erfolg zur Wehr setzen. In einem reinen Wohngebiet muß der Katzenhalter die Zahl seiner Katzen bis auf 2 reduzieren, wenn dies der ortsübliche Umfang der Katzenhaltung ist (OLG München MDR 1990, 1117, 1118).

Nach einer Entscheidung des Kammergerichts Berlin mußte der Wohnungseigentümer die Anzahl der gehaltenen Katzen auf maximal 4 (von 14!) reduzieren (AZ. 24 W 6272/90).

Katzenhaltung. Nachbarrechtsstreitigkeiten, die auf die Haltung von Katzen zurückgehen, beschäftigen immer wieder die Gerichte. Die Rechtsprechung zur Katzenhaltung ist nicht einheitlich:
– Nach einer Entscheidung des LG Augsburg (NJW 1985, 499, Kritik hierzu von Dieckmann, NJW 1985, 2311f.) hat der Grundstücksbesitzer in einem Wohnvorort nicht nur das Halten von Katzen auf dem Nachbargrundstück, sondern auch Katzenbesuch von Nachbargrundstücken in seinem Garten aus dem Gesichtspunkt des nachbarrechtlichen Gemeinschaftsverhältnisses zu dulden. Das gilt auch dann, wenn die Katze an einer im Garten angelegten Vogeltränke Vögel jagt und zweimal in mehreren Monaten kurz einige Meter ins Haus eingedrungen ist. Begründet wird dies vom LG Augsburg damit, daß das Eindringen einer Katze in das Haus nicht als Besitzstörung i. S. v. § 858 BGB, die zur Besitzstörungsklage nach § 862 BGB berechtige, beurteilt werden könne, denn es handle sich dabei nicht um eine Störung, die eine *andauernde Beeinträchtigung* darstelle. Zwar könne sich das ständige Eindringen einer Katze in den Garten des Nachbarn als Besitzstörung erweisen, aber aufgrund des nachbarrechtlichen Gemeinschaftsverhältnisses müsse eine derartige Besitzstörung geduldet werden. Das Jagen von Vögeln stelle keine Verletzung des Besitzrechtes dar, weil die Vögel der tatsächlichen Gewalt des Grundstücksei-

Katzenhaltung

gentümers entzogen seien und nicht Bestandteile des Grundstücks, sondern herrenlose Sachen darstellen würden.
Die Katzenhaltung sei wegen Ortsüblichkeit zu dulden, wenn in einer Wohngegend die Katzenhaltung mit freiem Auslauf zur Lebenshaltung vieler Familien gehöre. Es könne nicht ein einziger Bewohner eines Vorstadtviertels weitgehend die Katzenhaltung Dritter beeinflussen. Bei Beschädigungen durch die Katzen habe der Grundstückseigentümer die Möglichkeit des Schadensersatzes.
– Demgegenüber hat das AG Passau (NJW 1983, 2885) der vorbeugenden Unterlassungsklage eines Haus- und Grundstückseigentümers stattgegeben, auf dessen Anwesen nachts zwei Katzen aus der Nachbarschaft Vögel gejagt und Kotspuren hinterlassen hatten und darüberhinaus in Wohnräume eingedrungen waren. Das Gericht hat dem Katzenhalter aufgegeben, dafür Sorge zu tragen, daß seine Katzen nicht in das Grundstück des Nachbarn eindringen.
– Das AG Diez (NJW 1985, 2339) hat dem Unterlassungsbegehren der Mieterin eines Hauses entsprochen, die ihre Terrasse und Wohnung vor dem Eindringen der Katzen aus der Nachbarschaft schützen wollte, wobei dieser Fall die Besonderheit aufwies, daß die verklagten Nachbarn 17 Katzen hielten. Dabei vertrat das Gericht die Meinung, daß die von wenigen Katzen ausgehende Beeinträchtigung von Nachbarn hinzunehmen sei. Die von 17 Katzen ausgehende Störung sei aber auch unter Berücksichtigung der örtlichen Verhältnisse eine unzumutbare Störung. Aus den Gründen: „Soweit die Kl. beantragt, die Bekl. zu verurteilen, dafür Sorge zu tragen, daß die von den Katzen ausgehenden Störungen unterbleiben, ist die Klage gemäß § 862 BGB begründet. Zwar bedeutet nicht allein das Betreten der Terrasse durch die Katzen der Bekl. einen störenden Eingriff in das Besitzrecht der Kl. Die relevante Beeinträchtigung liegt vielmehr in der Beschmutzung der Terrasse bzw. der Blumenkästen durch die Katzen. Dabei ist vorliegend entscheidend auf die Anzahl der Katzen abzustellen, die die Bekl. auf ihrem Grundstück hält. Es bedarf keiner näheren Darlegung, daß bei 17 Katzen – eine Anzahl, die man sonst nur in Tierheimen findet – die Beeinträchtigung der Nachbarn wesentlich häufiger erfolgt und daher größer ist, als dies bei normalerweise anzutreffender Katzenhaltung von 1–2 Tieren pro Familie der Fall ist. Während die von wenigen Katzen ausgehende Beeinträchtigung auch von den Nachbarn hinzunehmen ist, erscheint die bei einer Anzahl von 17 Katzen ausgehende Störung auch unter Berücksichtigung der örtlichen Verhältnisse unzumutbar. Soweit sich die Bekl. darauf berufen, daß sie aktiven Tierschutz betreiben, ist ihnen entgegenzuhalten, daß auch im Tierheim nicht alle Katzen unentwegt freien Auslauf haben, sondern vielmehr auf dem

Katzenhaltung

Grundstück des Tierheims gehalten werden, bis sie an Interessenten abgegeben werden. Da bei der Natur der Hauskatzen die Gefahr weiterer solcher Beeinträchtigungen auch in Zukunft besteht, ist der Unterlassungsanspruch begründet."
- Nach einer Entscheidung des OLG Köln (NJW 1985, 2338 f.), die überwiegend Zustimmung findet, erscheint es im Rahmen eines sachgerechten Interessenausgleichs zumutbar, auf die gleichzeitige Haltung *mehrerer Katzen* zu verzichten, mit der Folge, daß ein Katzenliebhaber zwar *in* seinem Haus beliebig viele Katzen halten, aber nur *eine* Katze frei herumlaufen lassen darf.

Das Betreten eines Grundstücks durch Katzen wird durch § 906 Abs. 1 BGB nicht gedeckt. Es besteht hier grundsätzlich ein Verbietungsrecht des Grundstückseigentümers, *selbst wenn die Einwirkung unwesentlich oder ortsüblich ist*. Dieses uneingeschränkte Verbietungsrecht wird jedoch aus dem Gesichtspunkt des nachbarrechtlichen Gemeinschaftsverhältnisses bezüglich der Haltung *einer Katze* als unzulässig angesehen. Der Entscheidung liegt ein Sachverhalt zugrunde, wonach die streitenden Parteien Nachbarn sind, die in einem Vorort in einem Doppelhaus wohnen. Die beklagte Partei hält auf ihrem Grundstück fünf Katzen, die fast täglich über den ca. 1,8 Meter hohen Drahtzaun auf das Grundstück des Nachbarn gelangen und dort ihren Kot hinterlassen und Schäden an Pflanzen und Gartenmögeln anrichten. Auszüge aus den Gründen: „... die Kl. können gemäß § 1004 BGB auf die Haltung der Katzen durch die Bekl. insoweit Einfluß nehmen, als die Haltung von mehr als einer Katze in Rede steht. Im Hinblick auf das nachbarrechtliche Gemeinschaftsverhältnis ist es ihnen jedoch bezüglich der Haltung einer Katze durch die Bekl. verwehrt, von der Bekl. Maßnahmen zur Haltung dieses Tieres zur Vermeidung von Störungen zu verlangen. Die Voraussetzungen des § 1004 Abs. 1 BGB liegen bezüglich der Störung durch sämtliche Katzen vor...

Die Störung der Kl. liegt hier in dem von ihnen substantiiert behaupteten Betreten des Grundstücks durch die Katzen. Dies stellt sich als Beeinträchtigung ihres Besitzes dar, ohne daß es darauf ankommen kann, ob die behaupteten Schäden von den Katzen stammen... Es ist von einem Erfahrungssatz dahingehend auszugehen, wonach das Halten von Katzen im Garten auch tagsüber ein Streunen der Tiere auf andere Grundstücke ermöglicht. Dies liegt in der Natur von Hauskatzen, solange sie auf einem Grundstück freien Auslauf haben...

Die Kl. sind unter dem Gesichtspunkt der §§ 1004 Abs. 2, 906 Abs. 1 BGB nicht zur Duldung der von sämtlichen Katzen der Bekl. ausgehenden Störungen verpflichtet. Nach § 906 Abs. 1 BGB kann die Zuführung unwägbarer Stoffe auf das gestörte Grundstück inso-

Katzenhaltung

weit nicht verboten werden, als die Einwirkungen die Benutzung des Grundstücks nicht oder nur unwesentlich beeinträchtigen. Das Betreten eines Grundstücks durch Katzen stellt jedoch keine Zuführung unwägbarer Stoffe dar; es kann auch nicht als ähnliche Einwirkung i. S. v. § 906 Abs. 1 BGB angesehen werden. Die Rechtsprechung und die Literatur haben eine Anwendung des § 906 Abs. 1 BGB auf Fliegen, Bienen und Tauben und schließlich auch für Ratten und Mäuse bejaht. In allen Fällen war die Überlegung maßgeblich, daß es sich um Eindringen von Körpern unerheblichen Umfangs handelt, deren völlige Fernhaltung tatsächlich nicht durchführbar ist. Dieser Gedanke allein rechtfertigt in derartigen Fällen die Anwendung des § 906 BGB, wonach ortsübliche oder unwesentliche Einwirkungen hinzunehmen sind. Das Eindringen anderer Tiere, wie Hühner, Kaninchen usw., wird durch § 906 Abs. 1 BGB nicht gedeckt. Hier besteht grundsätzlich ein Verbietungsrecht des Grundstückseigentümers, selbst wenn die Einwirkung unwesentlich oder ortsüblich ist...

Im vorliegenden Fall können die Kl. jedoch aus dem Gesichtspunkt des →*nachbarrechtlichen Gemeinschaftsverhältnisses* der Bekl. zumindest bezüglich der Haltung *einer* Katze keine Vorschriften machen. Bei dem von der Rechtsprechung entwickelten Begriff des nachbarrechtlichen Gemeinschaftsverhältnisses handelt es sich in Wahrheit um eine Anwendung des Grundsatzes von Treu und Glauben auf den besonderen Tatbestand des nachbarlichen Zusammenlebens. Aus diesem entspringt für die Beteiligten eine Pflicht zur gegenseitigen Rücksichtnahme, die unter gewissen Umständen die Ausübung eines an sich bestehenden Rechts, auch ohne daß ein Verstoß gegen die guten Sitten vorzuliegen braucht, als unzulässig erscheinen läßt...

Die Grundsätze über das nachbarrechtliche Gemeinschaftsverhältnis sind hier auch mangels Vorliegens der Voraussetzungen des § 906 BGB anwendbar, da dieser Bestimmung nur im Rahmen ihres Regelungsgehaltes abschließende Bedeutung zukommen kann (vgl. BGHZ 38, 61 = NJW 1962, 2341 m. Anm. Westermann, JZ 1963, 407). Außerhalb der Regelung des § 906 BGB verbleibt es bei den Grundsätzen des durch § 242 BGB näher bestimmten nachbarlichen Gemeinschaftsverhältnisses; dies gilt beispielsweise für die nicht unter § 906 BGB fallenden grob-körperlichen Immissionen...

Die Parteien bewohnen in einem Vorortviertel ein Doppelhaus mit Garten, wobei es keiner weiteren Begründung bedarf, daß in derartigen Wohngegenden auch Hauskatzen in Form eines freien Auslaufes gehalten werden. Der Antrag der Kl. zielt nun im Ergebnis auf eine *vollständige Abschaffung sämtlicher Katzen* durch die Bekl. ab, wenn sie die Tiere nicht ständig im Haus halten oder an der Leine

Katzenhaltung

im Garten mit sich führen wollen. Denn bei jeder anderen Art der Haltung würde die Bekl. Gefahr laufen, daß eine Katze von ihrem Grundstück auf das Grundstück der Kl. gelangt; sie würde damit ständig in Gefahr geraten, gegen die von der Kl. geforderte Unterlassung zu verstoßen. Die von den Kl. geforderte Art der Katzenhaltung mag zwar im Zentrum einer Großstadt angezeigt sein; sie entspricht jedoch nicht der üblichen Katzenhaltung in einem Vorstadtwohnviertel mit Grünanlagen. Hier pflegen Katzen entsprechend ihrer Natur auch freien Auslauf zu haben.

Die nachbarliche Rücksichtnahme fordert bei Abwägung der gegenseitigen Interessen der Parteien die Hinnahme der Haltung einer Katze. Eine andere Auffassung würde im Ergebnis dazu führen, daß ein einziger Bewohner eines Vorstadtwohnviertels weitgehend die Katzenhaltung Dritter beeinflussen könnte. Eine derartige Rechtsposition kann auch unter Berücksichtigung seines sich aus seinem Grundstückseigentum ergebenden Verbietungsrechts und unbeschadet etwaiger Schadensersatzansprüche bei Beschädigung seines Eigentums nicht schützenswert sein. Andererseits erscheint es im Rahmen eines sachgerechten Interessenausgleichs zumutbar, auf die gleichzeitige Haltung mehrerer Tiere zu verzichten..."

Diese Entscheidung des OLG Köln macht zutreffend deutlich, daß der gerechte Ausgleich widerstreitender Interessen von Nachbarn im Einzelfall ein Hinausgehen über die gesetzlichen Regelungen des Nachbarrechts erfordern kann, wobei Rechtsgrundlage das sog. nachbarliche Gemeinschaftsverhältnis, das eine Ausbildung von § 242 für den besonderen Bereich des notwendigen Zusammenlebens von Grundstücksnachbarn, aus dem Pflichten zur gegenseitigen Rücksichtnahme entspringen, darstellt. Das Rechtsinstitut des nachbarlichen Gemeinschaftsverhältnisses ist aber nur in zwingenden Fällen anwendbar (BGH NJW 1984, 729), kann dann aber bestehende Rechte (z. B. Ansprüche aus §§ 908, 909, 1004) beschränken oder ausschließen und dafür Ausgleichsansprüche geben sowie Ansprüche auf Handlungen oder Unterlassung geben (Palandt/Bassenge, Anm. 3a, bb zu § 902 BGB).

Zur Duldung von Grenzüberschreitungen durch Katzen s. a. OLG Celle NJW-RR 1986, 821, wonach von mehreren Katzen nur eine (und stets dieselbe) geduldet werden muß und LG Oldenburg NJW-RR 1986, 883 sowie LG Nürnberg-Fürth, Urteil vom 18. 12. 1985, Az.: 11 S 7844/84, wonach die Haltung von *zwei* Katzen zulässig ist.

Kritisch zu der Rechtsprechung, wonach umherwandernde Katzen aufgrund des nachbarschaftlichen Gemeinschaftsverhältnisses (Grundsatz von Treu und Glauben) geduldet werden müssen, äußern sich *Bayer-Lindner* (S. 74): „Es wird dabei argumentiert, daß außerhalb von § 906 BGB wiederum die Grundsätze des nachbarschaftlichen Gemeinschaftsverhältnisses gelten. Es wird dabei aber nicht berücksichtigt, daß § 906 BGB eine abschließende Regelung darstellt, die nur in besonderen Ausnahmefällen, die bei der Haltung von Katzen sicherlich nicht vorliegen, über den Grundsatz von Treu und Glauben erweitert werden soll. Von den Gerichten wird meist entschieden, daß es in Villenvierteln üblich ist, daß Hauskatzen in Form eines freien Auslaufs gehalten werden, während sie im Zentrum einer Großstadt im Haus oder an der Leine gehalten werden. Soweit also die Haltung von Katzen über das nachbarschaftliche Gemeinschaftsverhältnis als zulässig angesehen wird, wird dem Halter auch zugestanden, daß er beliebig viele Katzen halten darf, jedoch die Zahl der frei umherlaufenden Katzen beschränkt. Auch in einer Reihenhaussiedlung ergeben sich noch keine so großen Probleme – trotz des Ärgers mit Katzen durch die Ablagerung von Kot im Garten und Sandkasten und der Tötung von Vögeln –, sofern es sich nur um eine oder zwei von einem Nachbarn gehaltene Katzen handelt. Problematisch werden die ganzen Entscheidungen jedoch, wenn sich nun (fast) jeder der Nachbarn darauf beruft, und somit nicht mehr nur eine oder zwei Katzen die Nachbargrundstücke, und somit auch die Grundstücke der wenigen Nicht-Katzenhalter, durchstreifen. Es ist daher die Entscheidung des LG Passau (NJW 1983, 2885), welche feststellt, daß es keine gesetzliche Verpflichtung zu einer Duldung des Betretens des Nachbargrundstücks durch Katzen gibt, zu begrüßen. Der Halter von Katzen muß also dafür Sorge tragen, daß diese nicht die Nachbargrundstücke betreten."

Nach *Götz* (Meisner-Ring-Götz, Nachbarrecht in Bayern, § 13, RdNr. 3) wird der Abwehranspruch aus § 1004 BGB durch das in § 228 BGB normierte Notstandsrecht (Angriffsnotstand) ergänzt. Das in § 228 BGB normierte Schutzrecht könne auch zu Gunsten der sich im Garten aufhaltenden Singvögel ausgeübt werden. Der Eigentümer des Gartens habe daher aufgrund von § 228 BGB das Recht, die in seinem Garten den Singvögeln nachstellenden Katzen einzufangen und zu verwahren. Er müsse jedoch in jedem Fall die Katzen wieder an den Eigentümer herausgeben. Ein Töten von Katzen, um Singvögel zu schützen, sei in keinem Fall zulässig. Denn von den bestehenden Abwehrmöglichkeiten sei jene zu wählen, die für die Katze am wenigsten schädlich sei. Außerdem müßten die Vorschriften des Tierschutzrechts beachtet werden. Soweit eine Katze aufgrund von § 228 BGB gefangen werde, sei sie ordnungsgemäß zu füttern und zu pflegen. Darüber hinaus habe der durch die Katze Geschädigte einen Schadensersatzanspruch aus § 833 S. 1 BGB und Abwehransprüche aus § 1004 BGB oder 862 BGB, da Katzen keine ähnlichen Einwirkungen i. S. v. § 906 BGB seien. Die Interessen der beteiligten Nachbarn seien im Einzelfall genau zu prüfen und gegen-

Katzenhaltung, Erlaubnis zur

einander abzuwägen. Im Regelfall werde das Herumlaufen von bis zu zwei Katzen zulässig sein. *Götz* vertritt dabei jedoch die Auffassung, daß das Streunen einer Katze auf einem fremden Grundstück eine ähnliche Einwirkung i. S. v. § 906 BGB ist, mit der Folge, daß der Nachbar bei nicht wesentlichen oder zumindest ortüblichen Beeinträchtigungen durch eine fremde Katze eine Duldungspflicht habe. Begründung: „Durchstreift eine Katze gelegentlich ein benachbartes Grundstück, so empfindet dies dessen Eigentümer in der Regel – soweit nicht besondere Vorkommnisse feststellbar sind – nicht als wesentliche Beeinträchtigung. Katzenklagen wären sonst das tägliche Brot von Anwälten und Richtern. Katzen können daher unwesentliche Beeinträchtigungen sein, und fallen deshalb unter den Begriff der ähnlichen Einwirkung. Steht damit fest, daß z. B. beim Besuch einer Katze § 906 BGB anwendbar ist, ist erst aufgrund des konkreten Sachverhalts zu prüfen, ob die Beinträchtigung wesentlich und ortsüblich war. Daß für diese Lösung ein durch die Anwendung von § 906 befriedigter Regelungsbedarf besteht, beweist die relative Hilflosigkeit der Gerichte bei Beeinträchtigungen durch Kleintiere." (Götz, aaO, § 13 Rdnr. 10).

Gursky (Staudinger-Gursky, § 1004, RdNr. 22) weist mit Recht darauf hin, daß wegen der nur flüchtigen Benutzung des Nachbargrundstücks durch Haustiere i. d. R. kein Abwehranspruch, sondern nur ein Unterlassungsanspruch gemäß § 1004 Abs. 1 Satz 2 BGB in Betracht kommt.

Die widersprüchlichen Entscheidungen deutscher Gerichte zum Thema Katzenhaltung und Vogelschutz sind anschaulich dargestellt bei Kaub „Der liebe Nachbar", S. 78 ff. → Eindringen von Tieren, Störer, Tierhaltung.

Katzenhaltung, Erlaubnis zur. Ist im Mietvertrag die →Tierhaltung an die Erlaubnis des Vermieters geknüpft, so gilt dies nicht für Tiere, die ihrer Natur nach keine Störungen hervorrufen (Fische, Goldhamster). Ob dies auch für Katzen zutrifft, ist strittig. Das LG Mönchengladbach hat mit Urteil vom 30. 9. 88 (Az. 2 S 191/88) die Klage des Vermieters auf Entfernung eines ohne seine Erlaubnis gehaltenen *kastrierten Katers* abgewiesen, da durch ihn Störungen der Mitbewohner nicht eingetreten seien (NJW-RR 1989, 145).

Keller. Der Eigentümer des Grundstücks ist grundsätzlich auch Eigentümer der Kellerräume (§ 905 BGB). Diese können aber rechtlich ein eigenes Schicksal haben. Auf Grund alter Rechte werden diese gem. Art. 184 EGBGB als Stockwerkseigentum, Dienstbarkeit oder Erbbaurecht aufrechterhalten. Auch heute kann ein

Kinderlärm

Kellernutzungsrecht noch durch →Grunddienstbarkeit oder beschränkt persönliche Dienstbarkeit bestellt werden.

Kinderlärm. Der übliche, von Kindern verursachte Lärm kann zwar möglicherweise, wie jeder andere Lärm, eine Belästigung des Nachbarn darstellen, er ist jedoch zur Tageszeit keine wesentliche Beeinträchtigung i. S. v. § 1004 BGB. Auch wenn der Kinderlärm als besonders störend empfunden wird, ist er als Lebensäußerung unvermeidbar und gerade auch in einem Wohngebiet der Nachbarschaft regelmäßig zumutbar (BayVGH BayVBl 1984, 499). Schreie und Rufe von Kindern sind Teil ihres Entwicklungsprozesses, so daß Kinderlärm unter einem allgemeinen Toleranzgebot steht (MüKo-Säcker, § 906, RdNr. 44). Das Erzeugen von Lärm ist eine notwendige Ausdrucksform und Begleiterscheinung des kindlichen Spiels und darf nur in sehr engen Grenzen beschränkt werden (evtl. bei gesundheitlichen Schäden). Der von Kinderspielplätzen, Schulen und Kindergärten ausgehende Lärm stellt eine übliche Lärmbelästigung dar (VGH Kassel NJW 1981, 2315f). Insbesondere darf die Erheblichkeit der Lärmbelästigung nicht an der Empfindlichkeit dessen gemessen werden, der keine Kinder hat und/oder Kindern gegenüber negativ eingestellt ist, denn der zum Maßstab erhobene Durchschnittsbewohner ist ein Mensch in einer auch von Kindern bevölkerten Welt (so zutr. Meisner-Ring, § 13 RdNr. 31).

Auch in reinen Wohngebieten ist die Lärmbelästigung durch Kinder am Tage (zwischen 8.00 Uhr bis 18.00 Uhr im Winter und zwischen 8.00 Uhr bis 21.00 Uhr im Sommer) keine wesentliche Beeinträchtigung (vgl. BGH NJW 1962, 2341).

Da Kinderlärm immer ortsüblich ist, müssen Kinderspielplätze auch und gerade in Wohngebieten geduldet werden. Gerade in Wohngebieten müssen Kinderspielplätze errichtet werden, um Gefahren, insbesondere Gefahren aus dem vorbeifahrenden Verkehr, von Kindern abzuwenden. Insbesondere, um aufsichtsbedürftigen kleineren Kindern die Benutzung eines Spielplatzes zu ermöglichen, ist es zwingend notwendig, die Spielplätze nicht in allzu großer Entfernung von den Häusern und Wohnungen anzulegen (vgl. OVG Münster BauR 1973, 371).

Als besonders störend wird häufig die Lärmbelästigung durch Fußballspielen empfunden. Im Bereich von Wohngebieten sind Plätze, die *ausschließlich* zum Fußballspielen bestimmt sind, nicht zulässig (vgl. VGH Mannheim BauR 1984, 151). Das betrifft aber nicht Kinderpielplätze, auf denen auch Ball gespielt werden kann, denn Kinderspielplätze, auf denen das Ballspielen und damit auch das mit dem Fuß betätigte Ballspielen verboten sind, sind keine kindergeeigneten

Kinderspielplatz

und kindergerechten Spielplätze. Spielplätze, die ausschließlich zum Fußballspielen bestimmt sind (sog. Bolzplätze), werden i. d. R. von größeren Kindern benutzt, die nicht mehr einer ständigen Aufsicht bedürfen, so daß es sinnvollerweise möglich ist, diese Bolzplätze nicht unmittelbar im Bereich von Wohngebieten anzulegen. Demgegenüber muß auf jedem kindergeeigneten und kindergerechten Spielplatz die Möglichkeit bestehen, auch Ball zu spielen; dies ergibt sich schon aus den baurechtlichen Richtlinien zur Anlage von Kinderspielplätzen. Diese Richtlinien sind auch als Anhaltspunkte im Rahmen von § 906 BGB heranzuziehen (vgl. Simon, Art. 8 BayBO, RdNr. 12 ff., nach der bei Spielplätzen für Kinder von 6–12 Jahren die Möglichkeit bestehen soll, Kleinfeldfußfall zu spielen).

Die Einhaltung einer Mittagspause oder die Rücksichtnahme auf Nachbarn mit atypischen Arbeitszeiten (Schichtarbeit und Nachtarbeit) kann von Kindern nicht gefordert werden. Die unterschiedlichen Schulzeiten der Kinder und der in einem Industriestaat nicht mehr festlegbare Begriff der Arbeitszeit würden sich viel zu sehr überlagern (Meisner-Ring, § 13 RdNr. 31).

Trotz des grundsätzlich hinnehmbaren Lärms ergeben sich folgende *Einschränkungen*:
– Ist für Ballspiele ein Spielplatz gefahrlos zu erreichen, so darf nicht im Innenhof eines Mietshauses gespielt werden (LG Berlin, 61 S 288/85).
– Auch ist älteren Kindern und Jugendlichen einer Eigentumswohnungsanlage das Aufsuchen eines Bolzplatzes zuzumuten (BayObLG BReg. 2 Z 67/89).
– Zum Zwecke der absichtlichen Störung erzeugter Lärm muß nicht geduldet werden (AG Kiel, 8 C 383/83).
– Auch *fremde* Kinder dürfen lärmen. In einer Mietwohnung dürfen aber nach einer Entscheidung des LG Hamburg nur 3 Kinder aufgenommen werden (7 S 63/82).
– Den Kinderlärm muß auch der dulden, der wegen Nachtarbeit tagsüber schlafen muß (AG Aachen 14 C 318/86).

Kinderspielplatz → Spielplätze.

Kirchengeläute. Fühlt sich ein Nachbar durch Dauer, Häufigkeit oder Lautstärke des Glockengeläutes erheblich belästigt, so muß er evt. Ansprüche nach § 1004 BGB vor den Verwaltungsgerichten geltend machen (BVerwG NJW 1984, 989).

Die Erfolgsaussichten einer Klage sind im allgemeinen gering, sofern die ortsüblichen Zeiten (Morgenläuten im Sommer ab 6 Uhr, im Winter ab 7 Uhr) eingehalten werden (BVerwG aaO).

Gewisse Differenzierungen können sich je nach Herkommen und

Klageantrag

Größe der Gemeinde ergeben. Säcker (MüKo RdNr. 89 zu § 906 BGB) verneint die Ortsüblichkeit des Läutens in Großstädten in der Zeit zwischen 6 und 9 Uhr. Nach einer weiteren Entscheidung des OVG Saarland (Az. 8 R 7/91) dürfen die Kirchenglocken beim nächtlichen Stundenschlag etwas lauter sein als Industrielärm; für den Viertelstundenschlag dürfen aber die Höchstwerte der →TA-Lärm nicht überschritten werden. Das Bundesverwaltungsgericht hat nun mit Urteil vom 30. 4. 1992 (NJW 1992, 2779) entschieden, daß auch beim nächtlichen Stundenschlag der Grenzwert von 60 dB(A) nicht überschritten werden darf, und hat auf die Kirchturmuhr den auch sonst geltenden Rahmen – z.B. für gewerblichen Lärm – angewandt.

Kirmes. Die Öffnungszeiten eines vier Tage dauernden Schützenfestes mit Kirmes, das ohne entsprechende planungsrechtliche Grundlage auf einen von Wohnbebauung umgebenen Platz verlegt wird, darf im Durchschnitt nicht über 24.00 Uhr hinaus festgesetzt werden. Kann diese Zeit an einzelnen Tagen aus zwingenden Gründen nicht eingehalten werden, so ist dafür an den anderen Festtagen ein entsprechender Ausgleich zu schaffen (OVG Münster NVwZ 1984, 531; 1986, 64 ff.).
→Volksfest.

Kläranlage. Führt der Betrieb einer Kläranlage zu unzumutbarer Geruchsbelästigung für die Nachbarn, so können diese Abwehransprüche auf Beseitigung der Anlage oder Unterlassen des Betriebes nicht geltend machen. Die Stillegung einer im Gemeinwohl betriebenen Anlage kann nicht verlangt werden, wenn dadurch eine öffentliche Aufgabe längerfristig nicht erfüllt werden kann (BGH NJW 1984, 1876).

Der Betroffene kann lediglich vom Betreiber im zumutbaren Rahmen Schutzvorkehrungen fordern, die zu einer Minderung der Geruchsbelästigung führen. Ist auch dies nicht möglich, so stellt die Hinnahme des Geruchs für die Nachbarn ein unzumutbares Opfer dar und führt zur Zuerkennung einer Enteignungsentschädigung aus Art. 14 GG (BGH NJW 1976, 1204; 1980, 770).

Klageantrag. Der Klageantrag wirft im Hinblick auf die in § 253 Abs. 2 Nr. 2 ZPO geforderte *Bestimmtheit* bei Ansprüchen auf Beseitigung und Unterlassung nach § 1004 BGB oft Probleme auf.

Sache des Klägers ist es lediglich, die zu beseitigende oder zu unterlassende Beeinträchtigung konkret im Antrag anzugeben. Dagegen ist es Sache des Beklagten, *wie* er das vom Kläger angestrebte Ziel erreicht, er hat ein Wahlrecht unter den gegebenen technischen

Klagebefugnis

Möglichkeiten der Abhilfe, er kann auch – wenn ihm diese Maßnahmen zu teuer sind – etwa seinen Betrieb ganz aufgeben oder verlegen.

Es genügt also z. B. der Antrag des Klägers, den Beklagten zu verurteilen, durch geeignete Maßnahmen zu verhindern, daß das Grundstück des Klägers durch (es folgt die Bezeichnung der konkreten Störung) mehr als unwesentlich beeinträchtigt wird (BGH NJW 1958, 1776; BGH ZMR 1965, 301; BGH WM 1964, 1102).

Eine *bestimmte* Abhilfemaßnahme ist im Klageantrag nur aufzuführen, wenn andere Maßnahmen nicht gegeben sind (BGHZ 29, 314f.; BGHZ 67, 253f. = NJW 1977, 146).

Ob bei Lärmbelästigungen die Angabe der höchstzulässigen Geräuschentwicklung im Klageantrag (und im Urteilstenor) enthalten sein muß, war streitig. Der BGH hat mit Urteil vom 5. 2. 1993 (NJW 1993, 1656f.) klargestellt, daß Klageanträge bei der Unterlassung von Geräuschen/Gerüchen in allgemein gefaßter Art ohne Angabe weiterer Einzelheiten zulässig sind. Zwar dürfe generell die Entscheidung des Rechtsstreits nicht in das Vollstreckungsverfahren (→ Zwangsvollstreckung) verlagert werden (BGH NJW 1991, 296). Die Besonderheiten der immissionsschutzrechtlichen Unterlassungsklage erfordere aber für diese Fälle eine andere Bewertung. Es sei vielfach unmöglich, das Maß unzulässiger Einwirkungen zu bestimmen. Dagegen kann trotz allgemeinen Antrags das *Urteil* bestimmte Grenzwerte festlegen, ohne daß damit über den Antrag i. S. des § 308 ZPO hinausgegangen wird (BGH aaO).

Besondere Anforderungen an den Klageantrag werden auch bei → Vertiefungen eines Grundstücks gestellt.

Besonderheiten bezüglich des Klageantrags ergeben sich dann, wenn sich der Kläger auf ein → Schutzgesetz und auf eine zu seinen Gunsten festgesetzte → Auflage beruft. Hier kann er auf *Einhaltung* der Auflage vor dem Zivilgericht mit der sog. quasinegatorischen Unterlassungsklage (§§ 823 Abs. 2 BGB, 1004 Abs. 1 Satz 2 BGB analog) klagen. Im Rahmen dieser Klage hat der → Störer – anders als bei der auf die §§ 1004, 906 BGB gestützten Klage – kein Wahlrecht dahingehend, wie er die Störung beseitigt. Vielmehr hat der Kläger nun Anspruch auf Erfüllung der Auflage, soweit deren Festsetzungen sich nicht als unverhältnismäßig i. S. des § 251 Abs. 2 BGB (vgl. BGH LM § 1004 BGB Nr. 132) erweisen (BGH NJW 1993, 1580f.).

Klagebefugnis. Gläubiger des Anspruchs auf Beseitigung und Unterlassung nach § 1004 BGB ist der Inhaber des beeinträchtigten Eigentums.

Komposthaufen

Die Ansprüche können aber auch von dinglich Berechtigten geltend gemacht werden, so vom Erbbaurechtberechtigten (§ 1017 Abs. 2 BGB), Grunddienstbarkeitsberechtigten (§ 1027 BGB), Nießbraucher (§ 1065 BGB), Dienstbarkeitsberechtigten (§ 1090 Abs. 2 BGB), Pfandgläubiger (§ 1227 BGB) und Dauerwohnberechtigten (§ 34 Abs. 2 WEG).

Mieter und Pächter genießen als Besitzer den Schutz des § 862 BGB, soweit sie Eigentümer von Pflanzen und Tieren sind, auf die sich die Einwirkungen beziehen, auch den Schutz des § 1004 BGB (RGZ 105, 213, 215).

Kleingärten → Bundeskleingärten.

Kleintiere (K.). K. sind Fliegen, Mäuse, Ratten, Wild, Tauben und ähnliche Tiere. Abwehransprüche setzen hier zunächst voraus, daß der Nachbar → Störer i. S. des § 1004 BGB ist. Dies ist zu bejahen, wenn er willentlich die Bedingungen dafür schafft, daß sich die Tiere auf seinem Grundstück aufhalten, so durch Fütterung der Tauben oder Ablagerung von Mist/Unrat, durch den Ratten, Mäuse oder Fliegen angezogen werden (OLG Köln MDR 1989, 355).

Ist der Nachbar danach Störer, so besteht ein Abwehranspruch dann, wenn die Kleintiere als *ähnliche Einwirkungen* i. S. von § 906 angesehen werden können und wenn von ihnen *wesentliche* Beeinträchtigungen ausgehen.

Die Rechtsprechung hat Fliegen (RGZ 160, 383), Wanzen (OLG Köln in OLGZ 92, 121) und Tauben (OLG Düsseldorf MDR 1968, 841) als ähnliche Einwirkungen angesehen, was man auch für Mäuse und Ratten bejahen kann. Dies gilt nicht für Hühner, Hunde, Katzen (str.), Schafe und Ziegen.

Je nach Lage des Falles wird eine wesentliche Beeinträchtigung vorliegen können, wobei für Ratten als Krankheitsüberträger ein anderer Maßstab gelten muß (Meisner-Ring-Götz, Nachbarrecht in Bayern, 7. Aufl. RdNr. 13 zu § 13).

Hat der Störer seinen Misthaufen/Unrat örtlich so abgelagert, daß er gerade an der Grenze zum Nachbarn steht und könnte bei einer Verlegung die Beeinträchtigung erheblich vermindert werden, so gebietet das → nachbarliche Gemeinschaftsverhältnis eine Verlegung.

Werden Kleintiere durch eine anderweitige → Tierhaltung angezogen, so sind öffentlich-rechtliche Beschränkungen der Tierhaltung in Wohngebieten zu beachten.

Komposthaufen (K.). Fühlt sich der Nachbar allein durch den *Anblick* eines K. gestört, so stehen ihm Ansprüche auf Beseitigung nicht zu. (→ ästhetische Immissionen).

Krähen

Der K. wird also erst dann zu einem Problem, wenn von ihm Geruchsbelästigungen ausgehen.

An der grundsätzlichen Berechtigung zur Anlegung eines K. gibt es keine Zweifel. Generell ist zwar der Abfall nach dem Abfallgesetz zu beseitigen, die Landesregierungen haben aber Verordnungen über die Beseitigung pflanzlicher Abfälle außerhalb von Abfallbeseitigungsanlagen erlassen und ausdrücklich (mit Ausnahme von Rheinland-Pfalz) das Kompostieren von Küchen- und Gartenabfällen für zulässig erklärt (keine tierischen Abfälle).

Führt die Anlegung eines K. zu Geruchsbelästigungen, so ist zu prüfen, ob es sich um wesentliche Beeinträchtigungen i. S. des § 906 BGB handelt.

Die Immissionswerte ergeben sich aus Nr. 3.1.6. und 3.1.7. der →TA-Luft.

Bei wesentlichen Beeinträchtigungen stellt sich das weitere Problem der →Ortsüblichkeit (§ 906 Abs. 2 Satz 1 BGB). Befindet sich das Grundstück in ländlichem Bereich, so sind landwirtschaft-tierische Gerüche ortüblich.

Ist somit die Anlegung eines K. grundsätzlich zulässig, so sollte bei der Standortwahl so verfahren werden, daß auf die Belange des Nachbarn Rücksicht genommen wird.

Besondere Probleme können sich, wie oft, in einer Eigentumswohnungsanlage ergeben. So hatte sich ein Eigentümer das Sondernutzungsrecht an einer 110 qm großen Gartenfläche zuschreiben lassen und einen 64 × 62 cm großen Komposter aufgestellt. Die Mehrheit der Eigentümer hat mit Beschluß des AG Ingolstadt (nicht rechtskräftig) die Entfernung des Komposters durchgesetzt. Die Mehrheit berief sich darauf, daß der Komposter das Erscheinungsbild der Anlage störe, Ungeziefer anziehe und eine Brandgefahr darstelle.

Krähen. Der BGH gewährte in einem Fall, in dem Krähen, die sich auf einer benachbarten städtischen Mülldeponie angesammelt hatten, auf den Äckern eines Nachbarn schwere Schäden verursacht hatten, einen Entschädigungsanspruch (BGH NJW 1980, 770; vgl. auch Palandt-Bassenge, § 906 Anm. 7). Für Entschädigungsansprüche ist stets der Zivilrechtsweg gegeben.

→Mülldeponie.

Kran →Luftraum.

Zur Duldung eines auf der Grundstücksgrenze stehenden Baukrans nach dem Nachbarrecht des Landes Schleswig-Holstein (§ 17) siehe die Entscheidung des LG Kiel in BauR 1991, 380.

Kuhglocken. Auch das nächtliche Geläute von Kuhglocken stellt sich nicht als →wesentliche Beeinträchtigung des Nachbargrundstücks dar, wenn es sich um eine ausschließlich landwirtschaftlich genutzte Gegend handelt (LG Freiburg AgrR 1977, 41). Die vorhandene objektive Beeinträchtigung wird jedenfalls von einem →Durchschnittsmenschen nicht als störend empfunden. Zu Fällen vorliegender Art wird es zunehmend öfter kommen, da die städtische Bebauung wegen der Baulandpreise immer näher an ehemals rein dörfliche Gebiete heranrückt. Hier wie bei anderen Beeinträchtigungen durch die Landwirtschaft (Muhen der Kühe, Gerüche etc.) sind die Erfolgsaussichten für einen Abwehranspruch gering.

Kunden- und Lieferantenlärm (K.-u.L.). Anspruchsgegner des →Beseitigungs- und Unterlassungsanspruchs nach § 1004 BGB ist der →Störer.

Dies ist auch derjenige, der die störende Einwirkung adäquat verursacht. So ist z. B. der *Betriebsinhaber* für den K.-u.L. verantwortlich (BGH NJW 1982, 440f.). Voraussetzung ist aber, daß er in der Lage ist, solche Beeinträchtigungen zu verhindern (BGH NJW 1960, 2335). Kommt es z. B. bei Anlieferung von Ware dadurch zu Beeinträchtigungen der Anwohner, daß nachts LKW mit laufenden Motoren halten, so genügen Schreiben des Betriebsinhabers an die Speditionen mit der Bitte um Anweisung der Fahrer zur Vermeidung künftiger Lärmbelästigungen nicht (BGH NJW 1982, 440f.).

Notfalls muß der Betriebsinhaber nachts durch einen Mitarbeiter die ankommenden LKW auf ihr Verkehrsverhalten überwachen lassen, um so die einzelnen „Störenfriede" unter den LKW-Fahrern zu ermitteln. Dem Betriebsinhaber muß auch zugemutet werden, durch rechtlichen oder wirtschaftlichen Druck gegenüber Speditionen und Lieferfirmen Einfluß auf das Verkehrsverhalten der LKW-Fahrer zu nehmen (BGH NJW 1982, 440f.).

Ebenso wie der Betriebsinhaber ist auch z. B. der *Sportverein* als Betreiber eines Tennisplatzes für den davon ausgehenden Spiellärm verantwortlich (BGH NJW 1983, 751).

Kurort. In Kurorten gelten herabgesetzte Richtwerte für den zulässigen Lärm. So sind nach der →Technischen Anleitung zum Schutz gegen Lärm und nach der →VDI Richtlinie 2058 tagsüber 45 dB (A) und nachts 35 dB (A) zulässig.

Lärm

L

Lärm. Dem Ruhebedürfnis vieler Personen steht in der heutigen Zeit der Wunsch anderer gegenüber, sich in ihrer Freizeit aktiv zu betätigen. Dabei kommt es oft zwangsläufig zu Lärm. Eine weitere Ursache für das Aufeinanderprallen gegenseitiger Interessen ist die benachbarte Lage von Wohn- und Gewerbebetrieben.

Unter Lärm versteht man Geräusche (Schall), durch die ein Nachbar (oder Dritter) gestört oder erheblich beeinträchtigt wird. Bei Geräuschen, die von einer Anlage herrühren, spricht das BImSchG von einer →Emission.

Die Frage des für Nachbarn noch zumutbaren Lärms wird von den Behörden im Zuge von Genehmigungsverfahren verschiedener Art geprüft. Die insoweit zu beachtenden Grenzwerte ergeben sich aus der →TA-Lärm und VDI 2058. Diese stellen auch für den Zivilrichter einen Anhaltspunkt dar, wenn sich ein Nachbar gegen den von einem Dritten erzeugten Lärm wendet (BGH NJW 1966, 1858; BGH WM 1971, 134). Die Grenzwerte der TA-Lärm oder VDI 2058 sind aber keine bindenden Vorschriften für den Zivilrichter, vielmehr entscheidet dieser unter Berücksichtigung des Empfindens eines →Durchschnittsmenschen (BGHZ 69, 105f.). Oft kommt es beim Lärm auch nicht so sehr auf die Lautstärke, vielmehr auf die Lästigkeit des Lärms an (→Hausmusik). Bei der Untersagung eines Spielbetriebs für einen Tennisplatz hat die Rechtsprechung gerade auf den Impulscharakter des Lärms abgestellt (BGH NJW 1983, 751; VGH München BauR 1982, 141 [142]). Dies zeigt, daß auch bei Unterschreiten der Grenzwerte eine →wesentliche Beeinträchtigung i. S. von § 906 BGH vorliegen kann. Bei Überschreiten der Grenzwerte wird diese immer zu bejahen sein (OLG Düsseldorf MDR 1968, 496).

→Alarmeinrichtungen, Autowaschanlage, Durchschnittsmensch, Fluglärm, Hausmusik, Kirchengeläute, Kunden- und Lieferantenlärm, Kurort, Lärmmessung, Laufenlassen von Fahrzeugmotoren, Sachverständigengutachten, Sportlärm, Sonn- und Feiertagsruhe, Störer, TA-Lärm, Tennisplatz, Tierlärm, Verkehrslärm, VDI 2058, Wassergeräusch, wesentliche Beeinträchtigung, unzulässiger Lärm, Volksfest.

Lärmbekämpfung. Zur Selbsthilfe bei Lärmbeschwerden hat die Gesellschaft für Lärmbekämpfung e. V. in Zusammenarbeit mit dem deutschen Arbeitsring für Lärmbekämpfung e. V. und der Bundesvereinigung gegen Fluglärm e. V. die sog. *Lärmfibel* herausgegeben. Die Lärmfibel kann bezogen werden:

Lärmmessung

- Deutscher Arbeitsring für Lärmbekämpfung e. V., Frankenstraße 25, 4000 Düsseldorf 30
- Gesellschaft für Lärmbekämpfung e. V., Theodor-Heuss-Platz 7, 1000 Berlin 19
- Bundesvereinigung gegen Fluglärm e. V., Westenstr. 26, 6082 Mörfelden-Walldorf 1

In dieser Broschüre ist auch die weiterführende Literatur zur Lärmbekämpfung zusammengestellt.

Informationsbroschüren zu Lärmschutzverordnungen der Bundesländer können auch von den zuständigen Länderbehörden und Umweltberatungsstellen bezogen werden.

Lärmmessung. 1. Zur Bestimmung der Geräuschimmision ist der sog. Dauerschallpegel zu ermitteln (hierzu siehe 2.42 TA-Lärm).

Gemessen wird bei angrenzenden Wohngebäuden 0,5 m vor dem geöffneten, vom Lärm am stärksten betroffenen Fenster. Die Meßzeit ist gemäß 2.421.2 TA-Lärm so zu wählen, daß die angezeigten Meßwerte für das Geräusch kennzeichnend sind. In den Fällen, in denen die Einhaltung der Immissionsrichtwerte fraglich ist, soll zu einer Zeit gemessen werden, zu der die an diesem Ort vorherrschende Wetterlage gegeben ist. Liegt eine Schneedecke, ist der Boden gefroren, bestehen außergewöhnliche Windverhältnisse oder liegen sonstige außergewöhnliche Verhältnisse vor, die voraussichtlich das Meßergebnis verfälschen, sollen keine Schallmessungen vorgenommen werden. Bei wechselndem Pegel wird der gesamte Tagesablauf in Beurteilungszeitintervalle eingeteilt, in denen etwa gleiche oder ähnlich verteilte Geräuschimmissionen bestehen.

2. Bei der Erstattung eines Lärmgutachtens für das gerichtliche Verfahren wird der Störer regelmäßig dadurch „vorgewarnt", als der Zeitpunkt der Messung ihm mitzuteilen ist, denn die Parteien haben ein Anwesenheitsrecht bei den Meßterminen des Sachverständigen (Baumbach-Lauterbach-Hartmann, Übersicht 4 vor § 402 ZPO). Ob alle Lärmquellen im sonst üblichen Umfang arbeiten, ist daher genau zu überprüfen (→ Lärmquellen, verschiedene).

3. Neben der Lärmmessung durch Sachverständige, die immer angekündigt erfolgt, kann der durch Lärm beeinträchtigte Nachbar selbst zur Beweissicherung Fakten zusammentragen. Er muß dazu jede Lärmstörung nach Datum, Uhrzeit und Ausmaß/Dauer notieren. Wichtig ist, daß hierzu möglichst Zeugen zugezogen werden, damit dem späteren Kläger nicht vorgehalten wird, er sei überempfindlich und repräsentiere nicht das Empfinden eines →Durchschnittsmenschen, auf den es bei der Beurteilung der Frage, ob eine *wesentliche* Beeinträchtigung vorliegt, ankommt.

Wichtig ist natürlich auch vor Einschaltung eines Rechtsanwalts

Lärmschutz

oder des Gerichts ein Gespräch mit dem →Störer. Vor Erhebung einer Klage muß der Störer zunächst auf sein Verhalten hingewiesen und er zur künftigen Unterlassung von Lärmstörungen aufgefordert werden (→Abmahnung).

Lärmschutz. Der Eigentümer muß auch →wesentliche Beeinträchtigungen dulden, wenn sie →ortsüblich sind und nicht durch wirtschaftlich zumutbare Maßnahmen verhindert werden können (906 Abs. 2 BGB). Dies kann z. B. durch Verlegung der geräuschintensiven Maschinen innerhalb des Betriebes oder durch zeitlich beschränkten Einsatz erfolgen. Wichtig sind hier auch Lärmschutzwälle und Bepflanzungsmaßnahmen.

Eine Betriebsstillegung kommt bei Fehlen geeigneter anderer Maßnahmen nie in Betracht.

Besondere Bedeutung hat der Lärmschutz beim →Verkehrslärm (§ 41 BImSchG) und beim →Fluglärm.

Soweit Straßen dem Bundesfernstraßengesetz unterliegen, sind gemäß § 17 Abs. 4 BFStrG Auflagen zum Schutz vor Lärm vorgesehen. Diese sollen erreichen, daß sich der Betroffene sowohl innerhalb der Räume als auch im Außenwohnbereich seines Grundstücks ohne wesentlichen Lärmbeeinträchtigungen aufhalten kann (BVerwGE 51, 15f.).

Die Auflage steht nicht im Ermessen der Behörde, der Lärmgeschädigte hat hierauf einen Rechtsanspruch, den er vor den Verwaltungsgerichten gegen den Planfeststellungsbeschluß durchsetzen kann (BVerwG DVBl. 1976, 780f.). Beteiligt sich der Nachbar nicht an einem verwaltungsgerichtlichen Verfahren, so kann er zwar später das durch Planfeststellungsbeschluß genehmigte Vorhaben nicht mehr zu Fall bringen, ihm bleiben bei unvorhergesehenen Auswirkungen aber Ansprüche auf Schutzvorkehrungen bzw. Geldausgleich (→Planfeststellungsverfahren).

Handelt es sich um eine Gemeindestraße (für solche ist ein Planfeststellungsverfahren nicht vorgesehen), so muß die Straßenverkehrsbehörde verkehrsbeschränkende Maßnahmen nach § 45 Abs. 1 StVO anordnen, wenn der Verkehrslärm das zumutbare Maß übersteigt.

Maßnahmen gegen Fluglärm gestalten sich schwieriger. Da eine Einstellung des Betriebes im Hinblick auf die Wirkungen der →genehmigten Anlage nicht in Betracht kommt, hilft hier zunächst nur eine teilweise Einstellung (Nachtflugverbot). Der Betroffene selbst kann Schutzvorkehrungen dahingehend verlangen, daß Schallschutzfenster nach VDI-Richtlinie 2719 auf Kosten des Störers eingebaut werden. Damit erreicht er aber nur einen Schutz im Innenbereich von Haus/Wohnung, ist aber z. B. im Garten nach wie vor dem Fluglärm ausgesetzt.

Lärmquellen

Lärmschutzwall. Hat die Baubehörde im Bebauungsplan einen Lärmschutzwall festgesetzt und wurde dieser für den Bauwerber als → Auflage festgesetzt, so hat der Nachbar einen *Anspruch* auf Errichtung des Lärmschutzwalls. Dabei kommt es nicht darauf an, daß ein später erholtes Lärmgutachten die Erforderlichkeit des Lärmschutzwalls verneint (OVG Lüneburg MDR 1993, 447f.). Entscheidend ist vielmehr, daß der Nachbar auf die Einhaltung der zu seinem Schutz getroffenen Auflage vertrauen darf.

Lärmschutzwand. Sowohl bei der Planung von Fernstraßen (§ 17 Abs. 4 FStrG) als auch bei Straßenplanungen durch Bebauungspläne ist Vorsorge zu treffen, daß schädliche Umwelteinwirkungen durch Verkehrsgeräusche so weit wie möglich gesenkt werden (vgl. § 42 Abs. 1 BImSchG). Hat sich die Gemeinde im Bebauungsplan für den Bau einer Lärmschutzwand entschieden, so hat sie sich damit gebunden (BVerwG NVwZ 1988, 351). Der dadurch begünstigte Anlieger hat in diesem Falle mit der Eröffnung des Verkehrs auch einen *Anspruch* auf Errichtung der Schutzmaßnahme (OVG Lüneburg NVwZ 1989, 274). Dies stellt eine Ausnahme vom allgemeinen Prinzip dar, wonach der Einzelne keinen eigenen Anspruch auf Einhaltung einer Planvorgabe hat. Hat sich die Gemeinde wie beschrieben ohne Vorbehalt selbst gebunden, so kann sie später auch nicht einwenden, das Verkehrsaufkommen sei geringer als erwartet (OVG aaO).

Lärmterror. Auseinandersetzungen zwischen Nachbarn steigern sich nicht selten bis zu Straftaten. Diese Verfahren müssen die Beteiligten meist ohne Beteiligung der Staatsanwaltschaft unter sich im → Privatklageverfahren austragen. Es kann jedoch auch zur Erhebung der öffentlichen Klage kommen. So hat das OLG Koblenz (NJW 1993, 1808f.) langanhaltenden Lärmterror als empfindliches Übel i. S. des Tatbestands der Nötigung nach § 240 StGB gewertet.

Lärmquellen. Gehen die Störungen auf veschiedene Lärmquellen zurück und entsteht erst durch das Zusammenwirken eine → wesentliche Beeinträchtigung, so besteht dennoch gegen jeden einzelnen Störer ein → Unterlassungsanspruch. Obwohl die von jedem einzelnen Störer ausgehende Immission für sich allein nur unwesentlich wäre, kann sich der einzelne hierauf nicht berufen (Palandt-Bassenge § 906 BGB Anm. 49).

Werden allerdings Schadensersatz- oder Ausgleichsansprüche geltend gemacht, ist das Maß der Beteiligung der einzelnen Störer zu ermitteln.

Lagerplatz, unaufgeräumter

Lagerplatz, unaufgeräumter → Ästhetische Immissionen.

Landesimmissionsschutzgesetze. Das → Bundesimmissionsschutzgesetz erfaßt den Betrieb von *Anlagen,* die schon auf Grund ihres *bestimmungsgemäßen* Betriebs zu schädlichen Umwelteinwirkungen, Gefahren, erheblichen Nachteilen und Belästigungen für die Allgemeinheit oder die Nachbarschaft führen können (§§ 3, 5 BImSchG).

Nicht Regelungsgegenstand des BImSchG sind Immissionen, die auf *menschliches* oder *tierische* Fehlverhalten zurückgehen. Insoweit besteht für die Länder eine Zuständigkeit zur Regelung in den Landesimmissionsschutzgesetzen.

In diesen finden sich somit z. B. Bestimmungen über das unnötige Laufenlassen von Motoren, das laute Spielen von Radios in der Öffentlichkeit, das Halten von Tieren, das Verbrennen von Gartenabfällen und die Durchführung von gelegentlich (wiederkehrenden) Arbeiten auf einem Grundstück.

Die Landesimmissionsschutzgesetze enthalten neben eigenen Regelungen auch die notwendigen Ausführungsbestimmungen zum BImSchG.

Darüberhinaus enthalten die Landesgesetze auch Ermächtigungen für die Gemeinde, störende Tätigkeiten selbst durch Verordnung zu regeln.

Laub. Der Fall von Laub, Nadeln, Blütenstaub und Zapfen wird in der Regel nur zu einer unwesentlichen Beeinträchtigung des Nachbargrundstücks führen. Führen pflanzliche Einwirkungen zu Reinigungsarbeiten für den Nachbarn auf dessen Terrasse, Vorplatz, Dach oder Dachrinne in größerem Umfang, so kann auch eine wesentliche Beeinträchtigung vorliegen.

Auch diese muß jedoch hingenommen werden, wenn sie → ortsüblich ist. Der Nachbar schuldet dann einen Geldausgleich nach § 906 Abs. 2 BGB, der nach den Kosten des Reinigungsaufwands ermittelt werden kann (OLG Karlsruhe NJW 1983, 2886). Dabei ist jedoch vorweg der Betrag abzuziehen, der als Aufwand bei einer unwesentlichen Beeinträchtigung anfallen würde (OLG aaO; BGHZ 85, 375).

Bei der grundsätzlichen Anwendbarkeit des § 906 BGB auf Laub u. ä. spielt es im übrigen keine Rolle, daß die Beeinträchtigungen auf natürliche Wachstumsvorgänge zurückgehen, da diese jedenfalls insoweit vom Störer beherrschbar sind, als er die Pflanzen entfernen könnte (vgl. LG Wiesbaden NJW 1979, 2617; aA LG Suttgart NJW 1980, 2087).

Leiterrecht

Zu beachten ist jedoch, daß gegen den Überfall von Laub, Samen, Früchten, Nadeln und Zapfen weitere Ansprüche außer den erwähnten Ansprüchen nach den §§ 1004, 906 BGB bestehen können. Die erwähnten pflanzlichen Einwirkungen sind nämlich in den meisten Fällen nur deshalb möglich, weil die betreffenden Pflanzen zu dicht an die Grenze gesetzt sind. In solchen Fällen hat der Nachbar neben den wegen des Problems der Wesentlichkeit/Ortsüblichkeit fraglichen Ansprüchen aus den §§ 1004, 906 BGB möglicherweise auch einen Anspruch auf Entfernung/Rückschnitt der Pflanzen, von denen die Einwirkungen auf das Nachbargrundstück ausgehen. Ob eine Abstands*ver*letzung vorliegt, ergibt sich aus dem →Nachbarrecht der Länder.

→Abstand beim Anpflanzen, Grenzabstand von Bäumen und Sträuchern.

Laufenlassen von Fahrzeugmotoren. Das Laufenlassen von Fahrzeugmotoren ist verboten, wenn dies *unnötig* ist (§ 30 StVO). Die Vorschrift dient sowohl der Vermeidung von Lärm als auch von Abgasen.

Ob die Geräusche unnötig sind, hängt von einer Abwägung der Interessen des Fahrers und der Lärmbetroffenen ab, wobei örtliche und zeitliche Gegebenheiten ausschlaggebend sind.

Betriebsbedingtes Laufen im Stand von etwa 1 Minute verletzt § 30 StVO nicht, auch nicht Laufenlassen eines Taxidieselmotors auf *einige* Minuten, um das Fahrzeug zu beheizen.

Dagegen wird nächtliches Laufenlassen eines LKW-Dieselmotors zum Auffüllen des Bremsdruckluftbehälters regelmäßig nicht zulässig sein, da es auch zu anderer Zeit oder an nicht bewohnten Orten erfolgen könnte (VRS 47, 381).

Ebenso muß beim Verlassen eines LKW durch den Fahrer von mehr als 1 Minute der Motor abgestellt werden.

Häufiger Anlaß von Streitigkeiten ist das Laufenlassen des Motors im Stand, um bei winterlichen Verhältnissen die Scheiben abzukratzen. Dieses Verhalten ist nicht betriebsbedingt und damit *verboten*.

Leiterrecht. Unter Leiterrecht versteht man die Befugnis, auf dem Nachbargrundstück Leitern und Gerüste aufzustellen und Geräte und Materialien zu lagern. Mit Ausnahme von Bayern und Bremen besteht in der gesamten Bundesrepublik in der Nachbarrechtsgesetzgebung ein Leiterrecht.

In Ausnahmefällen ist auch in Bayern und Bremen trotz des gesetzlich nicht normierten Leiterrechts aufgrund des →nachbarschaftlichen Gemeinschaftsverhältnisses – genauer aufgrund von § 242 BGB – einem Grundstückseigentümer das Betreten des benachbarten

Leitungsnotweg

Grundstücks gestattet. Dies ist aber nur dann der Fall, wenn nicht § 904 im Notfall ein Betretungsrecht gewährt. Nur in engen Ausnahmefällen kann ein Betretungsrecht über § 242 BGB gewährt werden, weil andernfalls die Entscheidung des Gesetzgebers unterlaufen werden würde, der ein Leiterrecht nicht verankert hat.

Auch wenn ein Ausnahmefall besteht und der Nachbar die Einwilligung dennoch verweigert, kann der angeblich berechtigte Eigentümer nicht im Wege der Selbsthilfe das Grundstück betreten, sondern es muß zuvor die Einwilligung des Nachbarn durch ein gerichtliches Urteil ersetzt werden.

Leitungsnotweg. Der Eigentümer kann unter den Voraussetzungen der §§ 917, 918 BGB sowohl Anbindung seiner Grundstücke über fremden Grund an eine öffentliche Straße verlangen, er kann unter denselben Voraussetzungen aber auch ein fremdes Grundstück zur unterirdischen Verlegung von Leitungen für Wasser, Gas, Strom etc. in Anspruch nehmen.
→ Notwegerecht.

Lichteinfall. Verschlechterungen des Lichteinfalls und der Aussicht durch bauliche Maßnahmen des Nachbarn sind oft Anlaß für nachbarlichen Ärger. Der Nachbar kann z. B. sein Grundstück durch Aufschütten erhöhen und dadurch dem anderen Licht entziehen. Zivilrechtlich gibt es keine Bestimmung, die eine Erhöhung verbietet, diese Maßnahme liegt im Rahmen des → Eigentumsherrschaftsrechts. Die Aufschüttung kann allerdings nach den Bauordnungen der Länder genehmigungspflichtig sein. Die Erhöhung des Grundstücks ist auch nicht als Erstellung einer → gefahrdrohenden Anlage anzusehen (BGH NJW 1974, 53 f.).

Errichtet der Nachbar auf seinem Grund eine überdimensionierte Mauer oder Bretterwand, so kann deren Beseitigung evtl. nach den Grundsätzen des → Schikaneverbots (§ 226 BGB) verlangt werden.

Bei der Verschlechterung von Licht und Aussicht spricht man von sog. negativen Einwirkungen, die grundsätzlich vom Abwehranspruch des § 1004 BGB nicht erfaßt werden (vgl. auch OLG Düsseldorf NJW 1979, 2618 zur Verbauung der Aussicht und LG Berlin MDR 1969, 52 zur Errichtung einer Sichtblende).
→ Lichtrecht.

Licht, Entziehung von. Die Entziehung von Licht durch Bäume ist grundsätzlich nicht abwendbar, weil es sich um eine *negative* Einwirkung handelt (OLG Düsseldorf NJW 1979, 2618).

Lichtimmissionen →Scheinwerfer, Straßenleuchten

Lichtrecht. Die Beeinträchtigung des →Lichteinfalls ist oft Anlaß zu Streit. Durch das Lichtrecht soll gesichert werden, daß die eigenen Fenster vom Nachbarn nicht verbaut werden und dadurch Licht entzogen wird. Ein derartiges schon gegebenes Recht kennt das Bürgerliche Gesetzbuch nicht, es war früher im Landesrecht enthalten.

Wer sich heute Licht und Aussicht ungestört erhalten will, muß sich durch Vereinbarung einer →Grunddienstbarkeit absichern und diese im Grundbuch eintragen lassen. Die Grunddienstbarkeit kann nämlich auch den Inhalt haben, daß der Nachbar kein Gebäude über eine bestimmte Höhe und in einem bestimmten Abstand von der Grenze errichtet.

Lichtreflex. Ein Hauseigentümer darf die Außenwand seines Hauses (strahlend) weiß anstreichen, auch wenn dadurch bei Sonnenlicht ein Nachbar in seiner Wohnung geblendet wird. Bei diesen Einwirkungen handelt es sich nicht um Beeinträchtigungen, die von § 906 BGB erfaßt werden, weil sie nicht grenzüberschreitend sind (OLG Düsseldorf 9 U 68/90). →Einwirkungen.

Lichtreklame. Neben den in § 906 Abs. 1 BGB gesondert aufgeführten Einwirkungen können auch „ähnliche" Einwirkungen anderer Art abgewehrt werden. Hierzu zählt auch der Einfall von Licht auf Grund einer Lichtreklame. Führt die Lichtreklame zu einer Beeinträchtigung und wäre dies durch eine Verlegung der Anlage zu Lasten des Störers an eine andere Stelle vermeidbar, so ist dieser Umstand im Rahmen der Prüfung, ob eine wesentliche Beeinträchtigung vorliegt, zu berücksichtigen (HansOLG MDR 1972, 1034; vgl. auch OLG Frankfurt BB 1970, 731).

Luft, Entziehung von. Die Entziehung von Luft durch Bäume ist grundsätzlich nicht abwendbar, weil es sich um eine *negative* Einwirkung handelt (OLG Düsseldorf NJW 1979, 2618).

Luftraum. Nach § 905 BGB erstreckt sich das Eigentum am Grundstück auch auf den Raum über der Oberfläche.

Der Eigentümer kann jedoch Einwirkungen nicht verbieten, die in solcher Höhe oder Tiefe vorgenommen werden, daß er an der Ausschließung kein Interesse hat (§ 905 Satz 2 BGB).

Jedes schutzwürdige – auch ästhetische – Interesse begründet ein Verbietungsrecht, auch wenn es nur mit der künftigen Nutzung des

Manöver

eigenen Grundstücks belegt wird (RGZ 59, 116/118; BGH WM 1981, 129/130; BGH NJW 1981, 573/574).

Nach einer Entscheidung des OLG Düsseldorf (MDR 1989, 993 f.) muß ein Grundstückseigentümer nicht dulden, daß der Ausleger eines Baukrans, der auf dem Nachbargrundstück gewerblich von einem Bauunternehmer eingesetzt ist, in einer Tiefe bis 4,95 m über seinen Grund ausschwenkt. Auch objektiv nicht gegebene Befürchtungen eines Schadens sind geschützt und rechtfertigen ein Interesse an der Verbietung.

Etwas anderes kann gelten, wenn ein Kran zu Bau- oder Instandsetzungsarbeiten *vorübergehend* eingesetzt wird, da dies durch das sog. →Hammerschlags- und Leiterrecht gedeckt sein kann.

Fühlt sich der Eigentümer durch Anlagen (Leitungen, Reklametafeln, →Drahtseilbahn) im Luftraum gestört, so kann er nach § 1004 BGB Unterlassung/Beseitigung verlangen, falls sein Verbietungsrecht nicht nach § 905 Satz 2 BGB eingeschränkt ist.

Weitere Duldungspflichten ergeben sich aus öffentlich-rechtlichen Vorschriften.

So gestattet § 1 Luftverkehrsgesetz die Inanspruchnahme des Luftraums durch Luftfahrzeuge; ferner kann die Post Leitungen nach § 12 Telegraphenwegegesetz verlegen.

Andere Versorgungsunternehmen – auch wenn sie im öffentlichen Interesse tätig werden – können sich nicht schon auf Grund Gesetzes auf ein Benutzungsrecht berufen (BGH NJW 1976, 416, 1092).

In Fällen dieser Art muß bei Fehlen eines dinglichen Rechts oder einer Gestattung ein Enteignungsverfahren betrieben werden (§ 11 Energiewirtschaftsgesetz), falls der Eigentümer nicht als Kunde des Versorgungsunternehmens auf Grund der Allgemeinen Bedingungen des Unternehmens erweiterte Duldungspflichten hat.

→Drahtseilbahn, Kran.

M

Manöver →Bundeswehr, Hoheitliche Gewalt, Tiefflüge.

Mietwohnung →Besitz, Hausordnung.

Militärische Anlagen. Die Vorschriften des →Bundesimmissionsschutzgesetzes gelten grundsätzlich auch für Anlagen der Landesverteidigung. Bei *ortsfesten* Anlagen nach § 3 Abs. 5 Nr. 1 und 3 BImSchG kann jedoch der Bundesminister der Verteidigung ein Abweichen vom BImSchG und den hierzu erlassenen Rechtsverordnun-

Müllbehälter

gen aus zwingenden Gründen der Verteidigung zulassen. Dies ist auch möglich zur Erfüllung zwischenstaatlicher Verpflichtungen, wobei in beiden Fällen der Schutz vor schädlichen Umwelteinwirkungen zu berücksichtigen ist (§ 60 Abs. 1 BImSchG).

Bei *ortsveränderlichen* Anlagen ist ein Abweichen von den Anforderungen an den Immissionsschutz gemäß § 60 Abs. 2 BImSchG jederzeit möglich, soweit dies zur Erfüllung des Verteidigungsauftrags nötig ist. Hier ist eine gesonderte Entscheidung des Bundesministers der Verteidigung wie in Abs. 1 nicht erforderlich.

Militärflughafen. Lärmgeplagte Hausbesitzer in der Nähe von Militärflughäfen können nach einer Grundsatzentscheidung des BGH (NJW 1993, 1700f.) hoffen. Durch das Urteil wurde zunächst die Haftung dem Grunde nach festgestellt, wegen der Schadenshöhe müssen sich die Vorinstanzen noch befassen. Zu ersetzen ist der Minderwert des Grundstücks, sofern Schallschutzeinrichtungen wirkungslos sind.

Motoren. Zu beachten sind auch nachbarrechtliche Vorschriften in den Immissionsschutzgesetzen der Länder. So verbietet z. B. Art. 12 Bay. ImSchG das unnötige Laufenlassen der Motoren. →Laufenlassen von Motoren.

Müll. Der Anblick von Müll auf Nachbargrundstücken ist, sofern eine Geruchsbelästigung nicht vorliegt, eine vom Einzelnen nicht abwehrbare →ästhetische Immission.

Der Eigentümer eines mit Müll beladenen Grundstücks ist aber, auch wenn der Müll von Dritten unberechtigt abgelagert wird, Abfallbesitzer i. S. von § 3 Abs. 1 AbfG. Als solcher ist er auch →Störer und zur Beseitigung der Störung verpflichtet. Er hat den (wilden) Müll der abfallbeseitigungspflichtigen Körperschaft bereitzustellen (§ 3 Abs. 1 AbfG) und den übrigen Abfall (§ 3 Abs. 3 AbfG) selbst zu beseitigen (BVerwG NJW 1989, 1295). Anordnungen gegen den Besitzer aufgedrängten Abfalls können ermessensfehlerhaft sein, wenn der Verursacher des Ablagerns von Müll ermittelt werden kann (BVerwG aaO).

Müllbehälter. Das Aufstellen von Müllbehältern im Freien kann sowohl zu unzumutbarer Geruchsbelästigung (OLG Koblenz MDR 1980, 578) führen als auch bei ungenügender Abdeckung andere Tiere wie Fliegen und Ratten anziehen, die sich auch auf das Nachbargrundstück ausdehnen können. Das Gebot der Rücksichtnahme unter Nachbarn erfordert es, Müllbehälter so zu plazieren, daß die Auswirkungen nicht gerade zum Nachbarn hin zur Entfaltung kommen.

Mülldeponie

Schafft der Nachbar solchermaßen die Vorbedingungen für die schädlichen Einwirkungen, so ist er auch → Störer i. S. des § 1004 BGB.

Mülldeponie. Zuführungen von Immissionen durch den Betrieb einer gemeindlichen Mülldeponie können nicht untersagt werden, da dies zur Stillegung des im Gemeinwohls tätigen Betriebes führen würde (BGH NJW 1976, 1204; 80, 770).

Anstelle eines Unterlassungsanspruchs ist in Fällen dieser Art ein Entschädigungsanspruch in Geld gegeben (enteignender Eingriff = BGH NJW 1971, 32). Dieser setzt voraus, daß die Immissionen über das Maß hinausgehen, das ein Eigentümer nach § 906 BGB zu dulden hat (BGH NJW 1975, 1406).

Der BGH (NJW 1980, 770) hat einen Entschädigungsanspruch in dem Fall bejaht, daß durch eine Deponie Krähen und Möwen angelockt würden, welche an der Aussaat eines Landwirts Schäden angerichtet hatten.

Musik → Hausmusik.

N

Nachbarklage. Der Nachbar kann die Durchsetzung nachbarrechtlicher Ansprüche selbst in die Hand nehmen und zivilrechtlich gegen den Dritten vorgehen, dem eine öffentlich-rechtliche Genehmigung erteilt worden ist (→ Privatrecht und Öffentliches Recht). Der Nachbar kann sich aber auch gegen die dem Dritten erteilte Genehmigung (Verwaltungsakt) wenden und gegen die zuständige Behörde (§ 78 Abs. 1, 2 VwGO) mit der sog. Nachbarklage vorgehen. Dieser Klage geht die Durchführung eines → Widerspruchsverfahrens gemäß §§ 68 f. VwGO voraus. Die Klagefrist läuft 1 Monat nach Zustellung des Widerspruchsbescheids ab.

Zur Begründetheit der Klage ist nötig, daß bei der Genehmigung → nachbarschützende Vorschriften verletzt wurden. Die Nachbarklage hat grundsätzlich aufschiebende Wirkung (§ 80 Abs. 1 VwGO). Ausnahmen gelten hier (zeitlich begrenzt) in den neuen Bundesländern und bei ausschließlicher oder überwiegender Nutzung zu Wohnzwecken (→ Widerspruch).

Ist nach erfolgreicher Klage die Genehmigung aufgehoben worden, so ist in vielen Fällen der Nachbar damit noch nicht am Ziel. In einer nicht unerheblichen Anzahl von Fällen hat nämlich der Dritte Arbeiten bereits ausgeführt, weil etwa die Behörde den sofortigen Vollzug der Genehmigung nach § 80 Abs. 2 Nr. 4 VwGO angeordnet hatte oder gegen einen Weiterbau trotz Widerspruchs nicht rechtzeitig eingeschritten war.

Nachbarliches Gemeinschaftsverhältnis

Hier stellt sich die Frage, ob der Nachbar einen Anspruch auf Einhreiten der → Behörde hat, damit diese von den gesetzlichen Möglichkeiten der Beseitigung von Bauwerken Gebrauch macht (→ Schwarzbau). Diese Frage wird unter dem Begriff Folgenbeseitigungsanspruch in der Rechtsprechung behandelt. Dieser Begriff ist gesetzlich nicht definiert, er wird aber in § 113 Abs. 1 Satz 2 VwGO erwähnt.

Der Folgenbeseitigungsanspruch ähnelt dem § 1004 BGB. Er beinhaltet die Beseitigung einer Beeinträchtigung durch die Behörde, wenn die Störung dieser zugerechnet werden kann und wenn es sich um Verletzung → nachbarschützender Vorschriften handelt.

Dabei kann es sich auch um Verstöße gegen das *Bauplanungsrecht* handeln (BVerwG NVwZ 1992, 165 f.).

Ein *Anspruch* auf baupolizeiliches Einschreiten setzt voraus, daß das Eingriffsermessen der Behörde auf Null geschrumpft ist, so daß als einzige Entscheidung ein sofortiges Einschreiten übrig bleibt.

Nachbarliches Gemeinschaftsverhältnis (n. G.). Der Grundsatz von Treu und Glauben (§ 242 BGB) gilt auch auf dem Gebiet des Nachbarrechts und begründet die Pflicht zur gegenseitigen Rücksichtnahme. Dadurch können sich Einschränkungen hinsichtlich des grundsätzlich bestehenden → Eigentumsherrschaftsrechts nach § 903 BGB ergeben, die jedoch auf Ausnahmefälle zu beschränken sind (BGH NJW 1958, 1580; BGHZ 28, 225).

Anzustreben ist ein gerechter Ausgleich widerstreitender Nachbarinteressen, ohne daß ein Beteiligter dem anderen etwas verwehrt, was für diesen wichtig ist, für den Betroffenen aber ohne größere Beeinträchtigung hinnehmbar wäre.

Aus dem Institut des n. G. kann sich somit eine Beschränkung oder ein Ausschluß von Ansprüchen nach § 1004 Abs. 1 S. 1 BGB ergeben, es können Ausgleichsansprüche an deren Stelle treten oder Ansprüche auf Vornahme oder Unterlassung von Handlungen gewährt werden (Palandt/Bassenge, Anm. 3 a, bb zu § 903 BGB). Soweit es um die Zuführung unwägbarer Stoffe geht, kommt daneben das Institut des n. G. nicht zur Anwendung (BGHZ 38, 61).

Aus der Rechtsprechung sind folgende Einzelfälle zu nennen, bei denen das n. G. als Grundlage geprüft wurde:
1. Aufstellen eines Baugerüsts zum Zwecke der Garagenausbesserung (OLG Hamm NJW 1966, 599)
2. Aufstellen von Baumaschinen auf Nachbargrund (LG Hannover MDR 1962, 480)
3. Duldung von Reklameschildern im Luftraum (OLG Hamburg MDR 1969, 576)
4. Duldung von fremden Katzen auf dem eigenen Grundstück (sehr strittig – so aber OLG Köln NJW 1985, 2338)

Nachbarn, unerwünschte

5. Duldung geringfügigen Grenzüberbaus mit Bauwerk, das kein Gebäude i. S. des § 912 BGB darstellt (AG Nürtigen NJW-RR 1986, 504)
6. Ausbauchung einer Giebelmauer (BGH NJW 1958, 1590)

Nachbarn, unerwünschte. In vielen Fällen befürchten Anwohner eine Störung, wenn ein Bauvorhaben in ihrer Nähe entstehen soll und dieses als *Wohnheim* für Studenten, Asylbewerber oder Aussiedler genutzt werden soll. Heime solcher Art sind auch im Wohngebiet grundsätzlich baurechtlich zulässig (OVG Münster, NJW 1992, 3236; VG Hamburg, NJW 1992, 3236; OVG Münster 10 B 551/92). Gegen spätere (tatsächliche) Belästigungen muß im Einzelfall mit den Mitteln des Polizei- und Ordnungsrechts sowie mit den Ansprüchen des zivilen Nachbarrechts vorgegangen werden; ein vorbeugender Anspruch auf Unterlassen der Errichtung solcher Bauvorhaben besteht nicht.

Nachbarrecht der Länder. Durch landesgesetzliche Vorschriften kann das Eigentum oder Miteigentum weitere *Einschränkungen* erfahren. Art. 124 EGBGB ermöglicht den Erlaß dahingehender landesrechtlicher Vorschriften auf dem Gebiet des Nachbarrechts. Hiervon haben alle Bundesländer Gebrauch gemacht.

Derzeit besteht folgende Gesetzeslage:
Baden-Württemberg: G. v. 14. 12. 1959 (GBl. 171) i. d. F. vom 6. 4. 1964 (GBl. 151)
Bayern: AGBGB v. 20. 9. 1982 (GVBl. 803)
Berlin: G. vom 28. 9. 1973 (GVBl. 1654)
Bremen: AGBGB 24
Hamburg: §§ 86–89 BauO v. 10. 12. 1969 (GVBl. 249)
Hessen: G. v. 24. 9. 1962 (GVBl. 417)
Nordrhein-Westfalen: G. v. 15. 4. 1969 (GVBl. 190)
Niedersachsen: G. v. 31. 3. 1967 (GVBl. 91)
Rheinland-Pfalz: G. v. 15. 6. 1970 (GVBl. 198)
Saarland: G. v. 28. 2. 1973 (AmtsBl. 210)
Schleswig-Holstein: G. v. 24. 2. 1971 (GVBl. 54)
Neue Bundesländer: →DDR, ehemalige

Nachbarschützende Vorschrift. Wendet sich der Nachbar gegen die einem Dritten erteilte öffentlich-rechtliche Genehmigung (z. B. Baugenehmigung, Gaststättenkonzession, Anlagengenehmigung nach dem BImSchG etc.), so kann er diese mit →Widerspruch und →Nachbarklage nur erfolgreich zu Fall bringen, wenn er dadurch in seinen eigenen Rechten verletzt worden ist. Dies ist der Fall bei Verletzung von nachbarschützenden Vorschriften.

Nachbarschutz und Eigentum

Ist die Genehmigung aus sonstigen Gründen rechtswidrig, die den Nachbarn nicht berühren, so kann er der erteilten Genehmigung nicht entgegentreten. Ob eine nachbarschützende Vorschrift vorliegt, ist indiziell daraus zu ersehen, daß der Nachbar oder seine Interessen in der Vorschrift selbst erwähnt sind (BVerwG NJW 1967, 1770). Die Auslegung im Einzelfall entspricht den Überlegungen, die bei der Prüfung des Schutzgesetzcharakters nach § 823 Abs. 2 BGB vorzunehmen ist. Handelt es sich um eine nachbarschützende Vorschrift, so ist diese zugleich Schutzgesetz i. S. von § 823 Abs. 2 BGB (BGH NJW 1976, 1888). Unter Berücksichtigung dieser Grundsätze werden z. B.
als nachbarschützende Vorschriften angesehen:
– die Vorschriften über die →Abstandsflächen von Gebäudeaußenwänden zu anderen baulichen Anlagen
– die Vorschriften über Standfestigkeit einer baulichen Anlage
– die Vorschriften über Brandschutz und Brandwände
– die Vorschriften über die Lage von Stellplätzen und Garagen
– § 5 Abs. 1 Satz 1 BImSchG, wonach Anlagen so zu errichten sind, daß schädliche Umwelteinwirkungen für die Allgemeinheit und Nachbarschaft nicht hervorgerufen werden können
– § 4 Abs. 1 Nr. 3 GastG (strittig)
– die Sperrzeitenregelung des § 18 Abs. 1 Satz 2 GastG
keine nachbarschützende Wirkung haben die Vorschriften über
– die Anforderung an die bauliche Gestaltung einer Anlage
– die Festsetzung der Firstrichtung
– die Dachgeschoßnutzung
– die Mindestgröße des Baugrundstücks
– Natur- und Denkmalschutz
– die Vorsorgepflicht gegen schädliche Umwelteinwirkungen gemäß § 5 Abs. 1 Nr. 2 BImSchG (BVerwGE 65, 313, 320).

Nachbarschutz und Eigentum. Eine →Nachbarklage kann auch mit der Begründung erfolgreich sein, daß die Erteilung der Baugenehmigung das grundgesetzlich geschützte Eigentum des Nachbarn (Art. 14 GG) *schwer und unerträglich* treffe (BVerwG NJW 1970, 203). Dabei kommt es nicht darauf an, ob der störende Betrieb und das Wohnhaus in demselben Baugebiet liegen. Probleme dieser Art treten bei Wohnbebauung in der Nachbarschaft von Industriebetrieben oder Freizeitanlagen auf. So ist der Betrieb einer Schrottschere neben Wohnhäusern unzulässig (BayVGH in BayVBl. 1973, 267), ebenso der einer Minigolfanlage (BayVerwG BayVBl. 1973, 78). Probleme ergeben sich auch bei neuen Gebäuden, die erheblich höher sind als der vorhandene Bestand. Probleme der vorerwähnten Art werden sich meist einfacher schon dadurch lösen lassen, daß der beeinträch-

Nachbarunterschrift

tigte Nachbar sich auf Verletzung des → Rücksichtnahmegebots beruft.

Nachbarunterschrift. 1. Die Nachbarunterschrift im Baugenehmigungsverfahren hat weitreichende Auswirkung. Setzt der Nachbar seine Unterschrift unter die Bauvorlage, so beinhaltet dies sein Einverständnis mit dem beabsichtigten Bauvorhaben seines Nachbarn. Dies gilt auch bei Abweichungen vom Plan, wenn sie geringfügig sind und sich nicht unmittelbar nachteilig für den Nachbarn auswirken. Die Baugenehmigungsbehörde prüft zwar selbständig den Bauantrag trotz der Nachbarunterschrift und kann den Antrag auch ablehnen. In der Regel wird dies aber nicht der Fall sein. Mit einer evtl. Ablehnung durch die Behörde wird auch die Wirkung der Nachbarunterschrift hinfällig, so daß der Bauherr erneut die Unterschrift seiner Nachbarn benötigt. Wird nach Erteilung der Nachbarunterschrift die Baugenehmigung erteilt und möchte sich der Nachbar nun gegen die Baugenehmigung wenden, so sind → Widerspruch und → Baunachbarklage wegen Fehlens der Klagebefugnis nach § 42 Abs. 2 VwGO und fehlenden Rechtsschutzinteresses unzulässig (BayVGH BauR 1980, 55).

Mit der Nachbarunterschrift verliert der Nachbar auch seine Abwehransprüche gegen Emissionen, die sich auf Grund plangerecht erbauten Vorhabens ergeben (VGH Mannheim, BauR 1979, 222).

Die Zustimmung durch die Nachbarunterschrift bindet auch den Rechtsnachfolger, allerdings nur im Rahmen grundstücksbezogener Normen (OVG Münster, NJW 1985, 644).

2. Unterschreibt der Nachbar die Bauvorlage nicht, hat aber der Bauantragsteller mit ihm eine Vereinbarung geschlossen, in der sich die Beteiligten in nachbarrechtlichen Fragen entgegenkommen, so ersetzt diese Vereinbarung die Nachbarunterschrift nicht. Aus der Vereinbarung kann sich aber ein Anspruch des Bauherrn gegen den Nachbarn auf Unterschrift unter die Bauvorlage ergeben, der ggf. vor dem Zivilgericht zu verfolgen ist. Dabei muß die Vereinbarung dahingehend überprüft werden, ob sie nur für ein bestimmtes Genehmigungsverfahren gelten sollte oder ein konkretes Bauvorhaben betrifft.

3. Die Nachbarunterschrift bewirkt dagegen keinen Verzicht auf zivilrechtliche → Abwehransprüche, denn die Baugenehmigung befindet nur über die Zulässigkeit des Bauvorhabens aus *öffentlich*-rechtlicher Sicht (BayObLG BayVBl. 1960, 227 f. und NJW-RR 1991, 19).

4. Ob die Zustimmung zum Bauvorhaben des Nachbarn in Form der Nachbarunterschrift frei widerrufen werden kann, ist strittig. Nach Auffassung des Bayerischen VGH hat die Nachbarunterschrift nur verfahrensmäßige Bedeutung und soll frei widerrufbar sein.

Gegenteiliger Auffassung ist das OVG Saar (BauR 1979, 137), das den Charakter einer öffentlich-rechtlichen Erklärung betont, die nach

Naturschutz

Zugang bei der Baubehörde (vgl. hierzu § 130 Abs. 1 Satz 1 BGB) bindend ist.

Bei Willensmängeln kommt dagegen immer eine Berufung auf Irrtum bzw. arglistische Täuschung in Frage (§§ 119, 123 BGB).

Nacktbadeplatz. Abwehransprüche des Eigentümers oder Besitzers nach den §§ 1004, 862 BGB gegen sog. ästhetische Immissionen sind nicht gegeben. Der Anblick oder Ausblick auf einen Nacktbadeplatz ist keine →Einwirkung i. S. des § 906 BGB (RGZ 76, 130).

Deswegen kann mit Ansprüchen des Nachbarrechts nicht vorgegangen werden (BGHZ 95, 307).

Naturkräfte. Besteht die vom Nachbar beanstandete Beeinträchtigung in natürlichen Ursachen, so ist fraglich wer →Störer im Sinne des § 1004 BGB ist. Nach h. M. ist § 1004 BGB nicht anwendbar, wenn die Beeinträchtigung ausschließlich auf Naturkäfte zurückgeht. Hat ein menschliches Verhalten die Einwirkung der natürlichen Ereignisse aber erst ermöglicht oder gefördert, so geht sie auch mittelbar auf den Nachbarn zurück und wird diesem zugerechnet. Ist der Nachbar z. B. Eigentümer eines natürlichen Teiches und sammeln sich hierin Frösche, deren Quaken eine nicht unwesentliche Beeinträchtigung darstellt, so ist der Nachbar nicht Störer. Die bloße Eigenschaft als Eigentümer reicht zur Bejahung der Störeigenschaft nicht aus. Legt aber der Nachbar in seinem Garten einen Teich an, so schafft er selbst die Vorbedingungen für die Beeinträchtigung und ist Störer (RG JW 1910, 654). Auch wer durch Füttern von →Tauben diese anzieht, ist Störer (LG Berlin MDR 1966, 146).

Naturschutz. Die Geltendmachung nachbarrechtlicher Ansprüche kann auch an Vorschriften des Naturschutzes scheitern. Durchschneidet z. B. die Grenze einen Baum (→Grenzbaum nach § 923 BGB), so kann der Beseitigungsanspruch daran scheitern, daß das Fällen des Baumes aus Vorschriften des Naturschutzes nicht zulässig ist. Auch beim Anspruch auf Beseitigung von Schwalbennestern und Beseitigung eines Teiches hat die Rechtsprechung den besonderen Schutz von Tieren und Pflanzen durch Naturschutzbestimmungen betont und ein Beseitigungsverlangen abgelehnt (LG Bad Kreuznach NJW 1986, 1115; LG Hanau NJW 1985, 500). Dies hat der Bundesgerichtshof in einer grundlegenden Entscheidung nun bestätigt. Danach kann gegen Froschlärm nicht vorgegangen werden, da die Frösche nach § 20f Abs. 1 Nr. 1 BNatSchG i.V. mit § 1 Anlage 1 BArtSchVO geschützt sind. Die von ihnen ausgehenden Einwirkungen sind nicht rechtswidrig, so daß auch ein →Ausgleichsanspruch in Geld analog § 906 Abs. 2 S. 2 BGB nicht besteht. Allerdings sind

Nießbrauch

Ausnahmegenehmigungen von den naturschutzrechtlichen Vorschriften möglich, welche dann eine Verurteilung des Störers (= derjenige, der den Teich angelegt hatte) unter dem Vorbehalt einer behördlichen Ausnahmegenehmigung ermöglichen.

Nießbrauch. Der Nießbraucher hat das umfassende Recht auf Ziehung der Nutzungen eines Grundstückes oder beweglicher Sachen und Rechte (§§ 1030–1089 BGB).

Der in § 1004 BGB dem Eigentümer zugeordnete Abwehranspruch steht gemäß § 1065 BGB auch dem Nießbraucher zu.

Im Gegensatz zur → Grunddienstbarkeit steht dem Nießbraucher das umfassende Nutzungsrecht unter Ausschluß jeder anderen Nutzung zu, während der Dienstbarkeitsberechtigte nur das Recht hat, ein Grundstück in einzelnen Beziehungen zu nutzen.

Normenkontrolle (abstrakte) → Bauplanungsrecht und Nachbarschutz.

Notstand. Wer eine fremde Sache beschädigt oder zerstört kann rechtmäßig handeln, wenn er sich auf Notstand (§§ 228, 904 BGB) berufen kann.

Beim Notstand nach § 228 BGB muß durch die zerstörte oder beschädigte Sache eine Gefahr ausgehen, zu deren Abwehr die Handlung erforderlich ist. Der Schaden darf nicht außer Verhältnis zur Gefahr stehen. Leben und Gesundheit stehen dabei regelmäßig höher als der Wert einer Sache. Hat der Handelnde die Gefahr verschuldet, so ist er zum Schadensersatz verpflichtet (§ 904 Satz 2 BGB).

Einen weiteren Fall des Notstands regelt § 904 BGB. Danach kann auf fremdes Eigentum eingewirkt werden, auch wenn die abzuwendende Gefahr nicht durch das fremde Eigentum hervorgerufen wird.

So kann fremder Grund betreten und dabei die fremde Gartenanlage beschädigt werden, wenn nur vom fremden Grund aus die Abstützung einer einsturzgefährdeten Mauer möglich ist.

§ 904 BGB setzt voraus, daß der drohende Schaden gegenüber der Einwirkung auf fremdes Eigentum unverhältnismäßig groß ist. Der entstandene Schaden ist zu ersetzen (§ 904 Satz 2 BGB).

Notweg. Fehlt einem Grundstück die zur ordnungsgemäßen Benutzung notwendige Verbindung mit einem *öffentlichen* Wege, so kann der Eigentümer von den Nachbarn verlangen, daß sie bis zur Hebung des Mangels die Benutzung ihrer Grundstücke zur Herstellung der erforderlichen Verbindung dulden (§ 917 Abs. 1 BGB).

1. Das Notwegrecht beinhaltet eine Einschränkung des Eigentums, die wegen der damit verbundenen Störungen und der Auswir-

kung auf den wirtschaftlichen Wert des in Anspruch genommenen Grundstücks häufig zu gerichtlichen Verfahren führt. Im Streitfall werden die Richtung des Notwegs und der Umfang des Benutzungsrechts durch *Urteil* festgelegt (§ 917 Abs. 1 Satz 2 BGB). Durch die Zubilligung des Notwegs entsteht dagegen kein neues dingliches Recht, so daß auch eine Eintragung im Grundbuch nicht zulässig ist.

2. Voraussetzung des Notwegrechts ist die fehlende Verbindung eines Grundstücks zu einem öffentlichen Weg. Das Fehlen einer Verbindung wird dabei nicht nur dann bejaht, wenn das Grundstück allseits von anderen Grundstücken umschlossen ist, vielmehr auch dann, wenn nur ein Teil eines Grundstücks einen Anschluß hat, für die Restfläche aber eine Verbindung fehlt und ein 2. Weg zur ordnungsgemäßen Benutzung notwendig ist (BGH NJW 1964, 1321).

Diese Voraussetzung wird in der Regel nur bei großen Grundstücken in Betracht kommen.

Ist zwar ein Weg vorhanden, reicht dieser aber zur ordnungsgemäßen Benutzung nicht mehr aus und sei es deshalb, weil der Eigentümer sein Grundstück wirtschaftlich anders ausnutzen will, so kann sich auch aus der vom Notwegberechtigten selbst herbeigeführten Lage ein Anspruch auf einen 2. Weg ergeben (RG JW 1925, 474 Nr. 18).

Der in Anspruchgenommene kann den Kläger aber zunächst auf alle anderen Verbindungsmöglichkeiten verweisen, die rechtlich und tatsächlich ausgenutzt werden können, so z. B. auf

a) andere Verbindungsmöglichkeiten, auch wenn diese unbequemer sind und Mehraufwendungen verursachen, es sei denn, die Kosten stehen zum Ertrag des Grundstücks in keinem Verhältnis mehr (MüKo-Säcker, Fn. 23 zu § 917 BGB m. w. N.).

b) Andere Wege, bei denen die Benutzung schuldrechtlich gestattet ist oder bei denen ein Recht auf Bestellung eines Wegerechts besteht (RGZ 157, 305, 308; RG JW 1925, 475).

3. Der verlangte Notweg muß weiter zur ordnungsgemäßen Benutzung des Grundstücks erforderlich sein.

Dies setzt zunächst voraus, daß die Nutzung *öffentlich*-rechtlich überhaupt zulässig ist (vgl. BVerwG NJW 1976, 1989).

Im übrigen ist im Rahmen der Frage eine weite Auslegung zuzulassen, um dem Eigentümer die volle wirtschaftliche Nutzung des Grundstücks zu ermöglichen, die auch eine Nutzungsänderung erfaßt.

Umstritten bei der Frage der ordnungsgemäßen Nutzung ist vor allem, ob sie das für den in Anspruch genommenen Nachbarn besonders lästige Befahren mit *Kraftfahrzeugen* umfaßt.

Hierbei ist zwischen gewerblicher und privater Nutzung des Grundstücks zu differenzieren. Die gewerbliche Nutzung wird eher

Notweg

das Befahren mit Kraftfahrzeugen nötig machen, wobei es im Einzelfall auf die sonst ohne Fahrzeug zurückzulegende Gehstrecke, den Umfang und die Häufigkeit des anfallenden Fahrzeugverkehrs und auf das Transportgut ankommt.

Bei privater Nutzung ist die Rechtsprechung uneinheitlich. Zu weitgehend wohl ist die Auffassung, die fehlende Zufahrtsmöglichkeit begründe regelmäßig ein Notwegrecht (so OLG Hamm, NJW 1959, 2310; OLG Köln, OLGZ 1967, 156).

Auch hier wird eine Entscheidung im Einzelfall zu treffen sein, die Rücksicht auf den sonst möglichen Abstellort des PKW und die persönlichen Verhältnisse des Anspruchsberechtigten (Alter, Gesundheit) nimmt (OLG München, OLGZ 1966, 284). Die Notwendigkeit der Zufahrt ist wegen des erheblichen Eingriffs jedenfalls nach strengsten Gesichtspunkten zu prüfen (BGH NJW 1980, 585).

4. Der Notweganspruch beinhaltet das Recht, das belastete Grundstück zu begehen oder evt. zu befahren, nicht jedoch das Abstellen von Fahrzeugen auf fremden Grund (BGH NJW 1960, 93).

Den Notweg hat der Berechtigte anzulegen und zu unterhalten (→ Verkehrssicherungspflicht), bei gemeinsamer Benutzung mit dem Eigentümer sind die Kosten zu teilen.

Der Anspruch auf Duldung des Notwegs verjährt nicht (§ 924 BGB).

5. Ist der Notweg zu dulden, so besteht gem. § 917 Abs. 2 BGB ein Anspruch auf *Notwegrente*. Über den Zeitpunkt des Beginns der Zahlungspflicht besteht Streit. Nach RGZ 87, 425 soll dies der Zeitpunkt der Rechtskraft des Urteils über den Notweg sein, richtig wird aber sein, auf den Zeitpunkt der tatsächlichen rechtmäßigen Inanspruchnahme abzustellen (Staudinger-Beutler, RdNr. 44 zu § 917 BGB).

Maßgebend für die Höhe der Rente ist der Umfang der zu duldenden Beeinträchtigung, wobei zwei Berechnungsmöglichkeiten zur Wahl stehen, nämlich

a) Errechnung auf der Grundlage des Nutzungswerts als anteiliger Mietertrag abzüglich Unkosten (MüKo-Säcker, RdNr. 42 zu § 917 BGB)

b) Errechnung auf der Grundlage des Verkehrswerts auf Verlangen des Rentenberechtigten (LG Köln, MDR 1960, 50).

Beides wird sich regelmäßig nur unter Zuhilfenahme eines Sachverständigen ermitteln lassen. Als ganz groben Anhaltspunkt kann von 10% des Wertes der benutzten Fläche für die Jahresrente ausgegangen werden.

Die Ausübung des Notwegrechts und die Rentenzahlungspflicht

beruhen auf demselben rechtlichen Verhältnis i. S. von § 273 BGB, so daß Zahlung bzw. Duldung bei Vorenthaltung der Leistung verweigert werden können (RGZ 158, 14; BGH MDR 1976, 917).

6. Fehlt einem Grundstück die nötige Verbindung zu einem *öffentlichen* Kanal- oder Versorgungsleitungsnetz, so sind die §§ 917, 918 BGB entsprechend anwendbar (BGH NJW 1981, 1036).

Für Post- und Fernsprechleitungen sieht § 12 TWG vom 18. 12. 1899 (RGBl. I 705) einen Leitungsnotweg vor.

Über das Notwegrecht hinaus regelt das Landesrecht weitere Sonderfälle der Inanspruchnahme von fremdem Grund (→ Hammerschlags – und Leiterrechte, → Schaufelschlagrechte, → Anwenderechte, → Schwengel- und Treppechte).

7. Eine Verpflichtung zur Duldung des Notwegs besteht dann nicht, wenn eine bereits bestehende Verbindung zu einem öffentlichen Weg durch eine willkürliche Handlung (z. B. bauliche Maßnahmen – BGH ZMR 1975, 115, 116) durch den Eigentümer selbst aufgehoben wird (§ 918 Abs. 1 BGB).

Eine weitere Einschränkung der duldungspflichtigen Grundstücke ergibt sich aus § 918 Abs. 2 BGB. Danach kann ein Nachbargrundstück dann nicht in Anspruch genommen werden, wenn das Fehlen der Verbindung die Folge der Veräußerung eines Grundstücksteils ist.

Verliert ein Grundstück durch Teilung seine Belegenheit an einem öffentlichen Weg, so ist dennoch ein Notwegerecht über ein anderes Grundstück gegeben, wenn die Teilung nicht als *willkürliche* Abtrennung vom bisherigen Weg angesehen werden kann und der Weg zur ordnungsgemäßen Nutzung des neuen Grundstücks erforderlich ist (OLG München MDR 1993, 542). Dies ergibt sich zwar nicht aus dem Wortlaut des § 918 Abs. 2 BGB, die Willkürvoraussetzung des § 918 Abs. 1 BGB gilt jedoch inhaltlich auch für die Fälle des § 918 Abs. 2 BGB (OLG aaO); willkürlich in diesem Sinne ist nicht gleichbedeutend mit freier Willensentscheidung, vielmehr ist sie gegeben bei Außerachtlassung der Grundsätze ordnungsgemäßer Wirtschaft und Rücksichtnahme auf nachbarliche Belange.

Notwehr. (N.) N. ist diejenige Verteidigung, die *erforderlich ist,* um einen gegenwärtigen, rechtswidrigen Angriff von sich oder einem anderen abzuwehren (§ 227 Abs. 2 BGB).

Der Angriff kann sich gegen das Leben, die Gesundheit, Freiheit, aber auch gegen das Eigentum richten. Auf dem Gebiet des Nachbarrechts stellt sich die Frage vor allem bei technischen Vorrichtungen zum Schutze gegen Einbruch und Diebstahl. Nicht geboten ist z. B. eine Selbstschußanlage zur Abwehr von Obstdieben sowie Schüsse auf mit geringer Beute fliehende Diebe. Dringt ein Angreifer

Ortsüblichkeit

mit Gewalt in ein fremdes *Haus* oder eine fremde *Wohnung* ein, so keine Einschränkung des Notwehrrechts.

Das Schießen mit Schrot kann dagegen auch zum Schutze geringwertiger Sachen geboten sein. Ein beliebtes Mittel, um auf lästigen Lärm aufmerksam zu machen, ist das Klopfen mit dem Besen. Wer hiervon Gebrauch macht, wird nach einer Entscheidung des LG Kaiserslautern (1 S 161/89) aber selbst zum Störer der Hausgemeinschaft.
→ Selbsthilfe

O

Ortsüblichkeit. 1. Auch *wesentliche* Beeinträchtigungen müssen dann hingenommen werden, wenn das andere (störende) Grundstück ortsüblich benutzt wird und die Beeinträchtigung nicht durch Maßnahmen verhindert werden kann, die Benutzern solcher Grundstücke wirtschaftlich zumutbar sind (§ 906 Abs. 2 Satz 1 BGB). Die Beurteilung einer Beeinträchtigung als *ortsüblich* ergibt sich durch einen Vergleich des störenden Grundstücks mit anderen Grundstücken des Bezirks (BGHZ 15, 146; BGH NJW 1976, 1205).

Entscheidend ist das tatsächliche Gepräge einer Gegend etwa als Industrie- Gewerbe- oder Wohngebiet, wobei auch *einzelne* Betriebe oder Anlagen dann prägend sein können, wenn sie eine beherrschende Ausstrahlung für das Gebiet besitzen (BGHZ 69, 105 – Flughafen).

Entscheidend für die Ortsüblichkeit ist nicht die vorgesehene Zweckbestimmung im Bebauungsplan, vielmehr der tatsächliche Charakter im Zeitpunkt der letzten Tatsachenverhandlung (BGH ZMR 1965, 301).

Die Raumordnungs- und Bauleitpläne ergeben aber wichtige Anhaltspunkte für das Gepräge eines Gebiets.

Wird somit eine Mehrheit von Grundstücken in der Umgebung mit einer nach Art und Umfang etwa gleichen Beeinträchtigung benutzt, so ist dies ortsüblich mit den Rechtsfolgen des § 906 Abs. 2 BGB.

2. Als ortsüblich werden angesehen:
a) Bau- und Baustellenlärm, soweit der Unternehmer technische mögliche Lärmschutzmaßnahmen ergreift (BGH LM § 906 Nr. 14).
b) → Fluglärm von 6–22 Uhr (BGH NJW 1973, 326).
c) → Gaststättenlärm bis 22 Uhr, auch soweit sich die Gaststätte in einem reinen Wohngebiet befindet (vgl. MüKo-Säcker § 906 RdNr. 95).

Parabolantenne

d) Gartenfeste bis 22 Uhr, vor arbeitsfreien Tagen bis 23 Uhr. Voraussetzung ist aber generell eine Rücksichtnahme durch Nachbarn und eine Einschränkung der Anzahl der Feste.
e) → Tierlärm von Haustieren im üblichen Umfang bei Beschränkung der Anzahl der Tiere auf das normale Maß.
f) Tiergeruch und Geruch landwirtschaftlicher Betriebe.
g) → Kirchengeläute ab 6 Uhr (im Sommer) und 7 Uhr im Winter (BayVGH NJW 1980, 1972; BVerwG NJW 1984, 989).
h) → Kinderlärm (BVerwG DÖV 1974, 812).
i) Musik, falls sie nicht berufsmäßig, in Gruppen oder im zeitlichen Übermaß (→ Hausmusik) ausgeübt wird. Hält sich ein Mitmieter beim Musizieren an die in der → *Hausordnung* angegebenen Zeiten für das Musizieren, so scheitern Abwehr/Unterlassungsansprüche an der Ortsüblichkeit (Palandt/Bassenge, 52. Aufl., Rn. 24 u. 30 zu § 906 BGB).
j) → Ruß und Rauch als Folge der Ofenheizung, nicht bei Altpapierverbrennung.
k) Schulsportlärm im allgemeinen Wohngebiet ist ortsüblich, nicht jedoch der Lärm sonstiger Sportanlagen, insbesondere der von Bolzplätzen, Tennisplätzen und Abenteuerspielplätzen.
l) → Verkehrslärm (BGHZ 54, 384).
m) Das Befallen des Nachbargrundstücks mit → Laub, Blättern, Zapfen und Blüten.

P

Papagei. Das schrille Pfeifen eines Papageis stellt auch tagsüber in einer reinen Wohngegend eine mehr als geringfügige Belästigung nach § 12 des Landesimmissionsschutzgesetzes von NRW dar, wenn sich der Tierlärm über Tage äußert und teilweise bis zu 2 Stunden andauert (OLG Düsseldorf NJW 1990, 1677).
→ Tierlärm.

Parabolantenne. → Die Frage der Zulässigkeit des Aufstellens einer Parabolantenne ist differenziert zu sehen, je nachdem, ob es sich um das Errichten durch den *Eigentümer* eines Nachbargrundstücks, den *Mieter* einer Wohnung oder einen *Wohnungseigentümer* in einer Wohnungseigentümergemeinschaft handelt.
1. Der *Eigentümer* eines Grundstücks darf grundsätzlich mit der Sache nach Belieben verfahren (→ Eigentumsherrschaftsrecht). Gegen die optische Auswirkung einer Parabolantenne kann der Nachbar nicht erfolgreich vorgehen (→ ästhetische Immissionen).
2. Der Eigentümer einer *Wohnung* bedarf zur Errichtung einer

Parkettboden

Parabolantenne der für alle baulichen Veränderungen vorgeschriebenen Zustimmung *aller* Wohnungseigentümer gemäß § 14 WEG (BayObLGZ 91, 296 f.; OLG Zweibrücken Az. 3 W 30/92).

3. Hauseigentümer müssen ihren *Mietern* das Aufstellen einer Parabolantenne dann gestatten, wenn das Haus weder eine Gemeinschaftsantenne noch Kabelanschluß hat, wobei die Kosten der Mieter zu tragen hat (OLG Frankfurt, NJW 1992, 2490f.). Ob trotz vorhandenen Kabelanschlusses in Sonderfällen noch eine Parabolantenne verlangt werden kann, ist strittig. So gestattete das LG Mannheim (4 S 41/92) einem Italiener das Aufstellen einer Parabolantenne trotz Kabelanschlusses, weil er nur so italienische Programme empfangen konnte. Das AG Weißenburg verwehrte dagegen einem Türken die Parabolantenne, weil er auch über Kabel wenigstens ein türkisches Programm (statt 4–5 über Satellit) empfangen könne (Az. C 419/91). Das Bundesverfassungsgericht hat zu der Problematik am 10. 3. 1993 (NJW 1993, 1252f.) grundlegend Stellung genommen. Danach darf der Vermieter bei bestehendem Kabelanschluß den Mieter grundsätzlich auf diese Art des Anschlusses verweisen und kann eine optisch störende Parabolantenne verweigern. Eine andere Betrachtung kann sich bei Mietern mit *ausländischer* Staatsangehörigkeit ergeben. Hier kann das Informationsbedürfnis des Mieters dem Interesse des Vermieters als Eigentümer vorgehen (so schon AG Reutlingen NJW-RR 1993, 15).

4. Der ausländische Wohnungseigentümer kann auch unter Berücksichtigung der Entscheidung des BVerfG auf den Breitbandkabelanschluß mit der Möglichkeit des Empfangs *eines* türkischen Programms verwiesen werden, auch wenn die Parabolantenne den Empfang von 4 türkischen Sendern ermöglicht. Der Schutz des Eigentums geht hier dem weiteren Informationsbedürfnis vor (OLG Düsseldorf NJW 1994, 1163f.).

Parkettboden. → Schallschutz im Wohnungsbau.

Partylärm. Grundsätzlich gibt es keinen Rechtsanspruch, auch nur einmal im Jahr in einer Privatwohnung während der ganzen Nacht Diskothekenlärm zu veranstalten. Es gelten ausnahmslos die Lärmvorschriften zur Wohn- und Nachtruhe. Auch anläßlich einer Geburtstagsfeier darf nach 22 Uhr kein Lärm erzeugt werden, der die Nachtruhe zu stören geeignet ist (OLG Düsseldorf NJW 1990, 1676/1677).

→ Gartenfeste, Feiern.

Pfaue. Lärmt ein auf einem Grundstück im Freien gehaltener Pfau nachts ab 3 Uhr stündlich durch heftiges Schreien, so steht dem gestörten Nachbarn ein Anspruch auf Unterlassung dergestalt zu, daß der Pfau vom Halter allnächtlich in der Zeit von 22.00 Uhr bis 7.00 Uhr in einem geschlossenen Raum unterzubringen ist (OLG Frankfurt, abgedruckt in → Lärmfibel).

Planfeststellungsverfahren. Ansprüche auf Beseitigung oder Unterlassung sind ausgeschlossen, wenn der Eigentümer zur Duldung verpflichtet ist (§ 1004 Abs. 2 BGB). Eine → Duldungspflicht kann sich auch aus öffentlich-rechtlichen Vorschriften ergeben (→ Privatrecht und öffentliches Recht). So sehen die Vorschriften des § 14 BImSchG, § 7 AtomG, § 11 LufVG und § 11 WHG den Ausschluß privatrechtlicher Abwehransprüche dann vor, wenn eine behördliche Genehmigung/Bewilligung erteilt worden ist. Das genehmigte *Vorhaben* selbst kann dann mit zivilrechtlichen Ansprüchen nicht mehr zu Fall gebracht werden. Dem Nachbarn verbleiben aber Ansprüche, die sich aus der Benutzung der Anlage ergeben, er kann also gegen → wesentliche Beeinträchtigungen – z. B. durch Lärm oder Staub/Ruß – weiterhin mit Ansprüchen aus § 1004 BGB vorgehen.

Auch soweit andere Vorhaben im Wege eines Planfeststellungsverfahrens durchgeführt wurden – etwa nach dem Bundesfernstraßengesetz oder dem Wasserstraßengesetz – sind privatrechtliche Ansprüche auf Beseitigung oder Unterlassung ausgeschlossen. Der beeinträchtigte Nachbar hat dafür Gelegenheit, sich an den Planfeststellungsverfahren, deren Pläne öffentlich ausgelegt und auf die öffentlich hingewiesen wird, zu beteiligen und dabei seine Einwendungen vorzubringen (BGHZ 54, 384).

Eine Zusammenstellung aller Planfeststellungsverfahren findet sich bei Staudinger-Gursky unter der RdNr. 130 zu § 1004 BGB.

Zu den Rechtswirkungen eines durchgeführten Planfeststellungsverfahrens bestimmt § 75 Abs. 1 VwVfG, daß die Planfeststellung alle sonst nötigen behördlichen Genehmigungen miterfaßt. Gemäß § 75 Abs. 2 VwVfG sind Ansprüche auf Unterlassung des Vorhabens, auf Beseitigung oder Änderung der Anlagen oder auf Unterlassung ihrer Benutzung ausgeschlossen, wenn ein unanfechtbarer *Planfeststellungsbeschluß* vorliegt.

§ 75 Abs. 2 VwVfG beschränkt die Ansprüche der Betroffenen bei nicht voraussehbaren Wirkungen darauf, daß sie Schutzvorkehrungen bzw. Geldausgleich verlangen können. Ansprüche dieser Art sind schriftlich bei der Planfeststellungsbehörde geltend zu machen (§ 75 Abs. 3 VwVfG).

Besonderheiten ergeben sich für die *neuen Bundesländer* sowie im Land Berlin durch das Gesetz zur Beschleunigung der Planungen für Verkehrswege vom 16. 12. 1991 (BGBl. I Nr. 65 Seite 2174f.).

Pferdehaltung

Pferdehaltung. Die Pferdehaltung in Wohngebieten kann wegen des Pferdegeruchs und dadurch angezogener Fliegen zu einer Belästigung der Nachbarn führen. Erste Frage ist, ob das Halten von Pferden *generell* auf Grund öffentlich-rechtlicher Vorschriften zulässig ist (→ Tierhaltung). Eine andere Frage ist, ob der einzelne Nachbar bei Vorliegen einer wesentlichen Beeinträchtigung dagegen vorgehen kann. Letzteres ist Tatfrage und kommt auch auf die Anzahl der gehaltenen Pferde, die Entfernung zum Nachbargrundstück und dessen Nutzung an. So entschied das LG Essen (20 S 175/90) in einem Fall gegen den Pferdehalter, weil dessen Nachbar an warmen Tagen seine Terasse wegen des Pferdegeruchs nicht benutzen konnte.

Pferdemist. Die vorübergehende (mehrere Tage dauernde) Ablagerung von Pferdemist muß in einer ländlichen Gegend hingenommen werden (AG Neuss 36 C 337/89).

Polizei. Bei nachbarrechtlichen Streitigkeiten ist der Nachbar in den meisten Fällen auf die Hilfe der Gerichte, Polizei oder der → Behörden angewiesen. Ein Recht zur → Selbsthilfe besteht nur in wenigen Fällen. Aufgabe der Polizei ist es, Gefahren für die öffentliche Sicherheit und Ordnung abzuwehren. Die Polizei hat dabei die Begehung von Straftaten und Ordnungswidrigkeiten zu verhüten und bereits begonnene Taten zu unterbinden. Dabei trifft sie ihre Maßnahmen nach pflichtgemäßem Ermessen *(Opportunitätsprinzip)*. Bei großer Intensität der Gefahr ergibt sich dabei aber eine Pflicht zum Einschreiten. Daraus folgt aber noch nicht, daß der Einzelne auch einen Anspruch auf polizeiliches Handeln hätte, denn die Polizei wird grundsätzlich im Interesse der Allgemeinheit tätig.

Der Schutz privater Rechte gehört grundsätzlich nicht zu den Aufgaben der Polizei, sondern ist Sache der Gerichte. Nur wenn bei der Gefährdung privater Rechte zugleich ein Straftatbestand verwirklicht wird oder eine Ordnungswidrigkeit vorliegt, liegt auch eine polizeiliche Aufgabe vor.

Viele Streitigkeiten liegen aber unterhalb dieser Grenze und sind aus objektiver Sicht Bagatellfälle. Die Polizei wird in diesen Fällen ihr Ermessen dahingehend ausüben, nicht tätig zu werden und auf die Möglichkeit der Inanspruchnahme gerichtlicher Hilfe hinweisen.

Ist gerichtliche Hilfe aber nicht mehr rechtzeitig zu erlangen und droht daher eine Vereitelung oder wesentliche Erschwerung der Rechte des Betroffenen, so obliegt der Polizei auch der Schutz *privater* Rechte. Wichtig ist polizeiliche Hilfe vor allem bei Lärmstörungen. Hier wird schon das Erscheinen der Polizei meist eine vorübergehende Einstellung des Lärms zur Folge haben. Wichtig ist auch das

Privatklageverfahren

Eingreifen der Polizei bei Maßnahmen, die zu nicht mehr rückgängig zu machenden Ereignissen führen, z. B. bei Abschneiden von Zweigen ohne Vorliegen der Voraussetzungen der Selbsthilfe nach § 910 BGB. Die Polizei kann hier zwar einen streitigen Fall nicht entscheiden, andererseits kann der Baumeigentümer nicht mehr fristgerecht gerichtliche Hilfe (→ vorläufiger Rechtsschutz im Zivilprozeß) in Anspruch nehmen, da die Zweige inzwischen beseitigt wären. Ob die Polizei im Einzelfall tätig werden kann, obliegt ihrem pflichtgemäßen Ermessen. Dies kann natürlich dazu führen, daß bei vorhandenen wichtigeren Aufgaben polizeiliche Hilfe nicht zur Stelle ist.

Priorität. 1. Oft stellt sich die Frage, ob der → Störer sich darauf berufen kann, daß die störende Anlage bereits zeitlich früher bestanden habe und der Gestörte das beeinträchtigte Grundstück erst später und in Kenntnis der Störung (zudem wegen der störenden Anlage billiger) erworben habe. Die Rechtsprechung hat es bisher abgelehnt, aus dem zeitlichen Vorrang der störenden Anlage und der Kenntnis des Geschädigten irgendwelche rechtlichen Folgerungen zu ziehen (RGZ 70, 150, RG JW 1935, 1775; BGH MDR 1969, 744; BGHZ 60, 235; BGH NJW 1976, 1204).

Lediglich für den Fall, daß der Betroffene bereits früher dem Betreiber der störenden Anlage den Grund für die Anlage verkauft hatte, ist dies seinem Anspruch aus § 1004 BGB entgegengehalten worden (RGZ 66, 126).

Ob auch im Normalfall dem Anspruch aus § 1004 BGB der Einwand der unzulässigen Rechtsausübung entgegengesetzt werden kann, ist äußerst fraglich. Dem Grundstückseigentümer kann es wohl nicht verwehrt sein, gegenüber dem Verkäufer einerseits und dem Betreiber der Anlage andererseits seine wirtschaftliche und rechtliche Position voll auszuschöpfen.

2. Kann somit der Störer sich bei Beseitigungs- oder Unterlassungsansprüchen nicht darauf berufen, sein Betrieb mit den davon ausgehenden Immissionen sei zeitlich früher da gewesen als der beeinträchtigte Nachbar, so gilt dies bei → Ausgleichsansprüchen nicht. Übersteigt nämlich die zu duldende Einwirkung eine ortsübliche Benutzung des Grundstücks oder wird dessen Ertrag unzumutbar beeinträchtigt, so steigt die Zumutbarkeitsgrenze, wenn der betroffene Nachbar die beeinträchtigte Nutzung erst zu einem Zeitpunkt vorgenommen hat, in dem er von den bereits erfolgten Einwirkungen Kenntnis hatte (BGH NJW 1977, 894).

Privatklageverfahren Bei nachbarrechtlichen Streitigkeiten kommt es öfter zur Verwirklichung von Straftatbeständen. So kann

Privatrecht und öffentliches Recht

im Falle des unberechtigten Betretens des Nachbargrundstücks der Tatbestand des Hausfriedensbruchs (§ 123 StGB) erfüllt sein, die Beteiligten können sich auch zu Beleidigungsdelikten (§§ 185–187a, 189 StGB) oder zu Bedrohungen (§ 241 StGB) hinreißen lassen. Alle diese Delikte können von dem Verletzten ohne Anrufung der Staatsanwaltschaft als sog. Privatklagedelikte selbst verfolgt werden. Die Staatsanwaltschaft wird in aller Regel die Sache nur selbst verfolgen, wenn dies im öffentlichen Interesse liegt, was selten der Fall ist, da meist der Rechtsfrieden über den Lebenskreis des Verletzten hinaus nicht gestört ist.

Der Verletzte muß dann selbst Privatklage erheben, wobei vor Klageerhebung ein Sühneversuch (vor dem Schiedsmann, der Gemeinde oder dem Rechtspfleger) stattgefunden haben muß (§ 380 StPO). Hiervon kann abgesehen werden, wenn die Betroffenen nicht in demselben Gemeindebereich wohnen.

Das vom Verletzten selbst zu bestreitende Verfahren ist ein Strafverfahren, das mit einer Verurteilung enden kann, die in das Strafregister eingetragen wird.

Kommt es zu einer Hauptverhandlung und sind Rechtsanwälte beauftragt, so können auf die Parteien nicht unerhebliche Kosten zukommen. Diese werden in der Regel auf beide Parteien verteilt, weil es oft zur Einstellung des Verfahrens wegen geringer Schuld des Täters kommt. Ist dies der Fall, so kann das Gericht dem Privatkläger allein die Kosten auferlegen, es kann aber auch die Kosten angemessen verteilen (§ 471 Abs. 3 StPO).

Privatrecht und öffentliches Recht. 1. Nachbarrecht war bei Inkrafttreten des Bürgerlichen Gesetzbuches (BGB) im wesentlichen Privatrecht und befaßte sich dabei vorrangig mit den Ansprüchen des Eigentümers nach § 1004 BGB und den weiteren sich aus den §§ 905f. BGB ergebenden Fragen. Teilweise waren nachbarrechtliche Fragen auch dem Landesgesetzgeber überlassen worden (→ Nachbarrecht Bund/Land). Wegen der grundsätzlichen zivilrechtlichen Fragen wird auf die Stichworte → Abmahnung, Anscheinsbeweis, Ausgleichsansprüche, Beseitigungsanspruch, Besitz, Eigentumsherrschaftsrecht, einstweilige Verfügung, verbotene Eigenmacht, ordentlicher Rechtsweg, Störer, Unterlassungsanspruch, Klageantrag, Klagebefugnis, Verjährung, Wiederholungsgefahr und Zwangsvollstreckung verwiesen.

2. Das Nachbarrecht hat aber heute eine auch erhebliche Bedeutung im öffentlichen Recht. Hier stehen sich nicht die beteiligten Nachbarn unmittelbar gegenüber, vielmehr muß sich der in seinen Rechten beeinträchtigte Nachbar gegen die Behörde wenden, die eine in seiner Auswirkung für ihn belastende Entscheidung getroffen

Raketenlager

hat. Streitfälle dieser Art sind vorwiegende Fälle des Baurechts und Immissionsschutzrechts (→ Bundesimmissionsschutzgesetz).

Aus dieser Zweigleisigkeit ergeben sich schwierige Fragen dazu, welche privatrechtlichen Abwehrrechte dem beeinträchtigtem Nachbarn verbleiben, wenn eine Behörde Vorhaben Dritter genehmigt hat. Zu beachten ist, daß durch Anlagegenehmigungen i. S. von § 4 BImSchG, bei der Genehmigung von Kernkraftwerken und Flugplätzen sowie bei der wasserrechtlichen Bewilligung privatrechtliche Abwehransprüche ausgeschlossen sind (§§ 8, 11 WHG, 7 Abs. 6 AtomG, 11 LuftVG). Ein *Ausschluß* privater Rechte tritt ferner nach Durchführung eines → Planfeststellungsverfahrens ein (§§ 17 Abs. 6. 7 BFStrG, 29 Abs. 4 PBefG, 21 Abs. 3, 22 WaStrG und 75 Abs. 2, 3 VwVfG).

Von diesen Ausnahmen abgesehen werden behördliche Genehmigungen – insbesondere Baurecht – unbeschadet der Rechte der Nachbarn erteilt. Hier kommt dann statt eines Ausschlusses eine Einschränkung der Nachbarrechte in Betracht (→ Nachbarklage, → Baugenehmigung). Eine umfassende Darstellung der Probleme der „Privatrechtsgestaltung durch Anlagengenehmigungen" stellt Peine in NJW 1990, 2442 f. zusammen.

R

Radiogeräusche.. Die Übertragung von Radioprogrammen mittels in der Decke des Freisitzes installierter Lautsprecher ist eine unzulässige Immission, wenn der Nachbar diese Radiogeräusche unfreiwillig mithören muß. Das ist schon dann der Fall, wenn die Radiogeräusche deutlich vernehmbar sind; auf eine bestimmte Lautstärke kommt es nicht an (OLG München MDR 1991, 1064).

Räum- und Streupflicht → Verkehrssicherungspflicht.

Raketenlager. (R.). Die Nachbarschaft zu einem Raketenlager senkt nicht nur regelmäßig den Preis des eigenen Grundstücks, sondern gibt auch zu Befürchtungen Anlaß. Will sich der Nachbar – nicht nur der unmittelbar angrenzende – gegen das R. zivilrechtlich wenden, so ist als Anspruchsgrundlage § 907 BGB zu prüfen. Zu fragen ist, ob ein R. eine → gefahrdrohende Anlage i. S. von § 907 BGB ist.

Dies ist nicht der Fall, da nicht mit *Sicherheit* vorauszusehen ist, daß der Bestand oder der Betrieb der Anlage im normalen Zustand zu Einwirkungen auf das benachbarte Grundstück führen. Diese Gefahr tritt vielmehr erst durch das Hinzutreten weiterer Umstände

(Kriegszeit, technisches Versagen, Bedienungsfehler etc.) auf. Ansprüche auf Beseitigung der Anlage nach § 907 BGB sind somit nicht gegeben (vgl. für den ähnlichen Fall eines Minenlagers RGZ 134, 255/256).
→ Atomkraftwerk.

Rasenmähen. Rasenmähen ist oft für den einen entspannende Freizeitbeschäftigung, für den Nachbarn dagegen ruhestörender Lärm. Mit dem Rasenmäherlärm und den zulässigen Arbeitszeiten befaßt sich die 8. Verordnung zur Durchführung des Bundesimmissionsschutzgesetzes vom 28. 7. 1976 (BGBl. I 2024).

Danach dürfen Motorrasenmäher an Sonn- und Feiertagen nicht und an Werktagen von 19 Uhr bis 7 Uhr nicht betrieben werden. Rasenmäher mit weniger als 60 → Dezibel dürfen allerdings an jedem Tag betrieben werden, nicht jedoch zwischen 22 Uhr und 7 Uhr.

Die Geräusche der Rasenmäher dürfen dabei folgende Emissionswerte nicht überschreiten:
a) Geräte mit bis zu 3 Kilowatt: 68 Dezibel
b) Geräte von 3 bis 7 Kilowatt: 72 Dezibel
c) Geräte über 7 Kilowatt: 77 Dezibel
Die Nichteinhaltung dieser Vorschriften ist eine Ordnungswidrigkeit und rechtfertigt das Einschreiten der → Polizei.

Ratten → Tierhaltung, Ungeziefer.

Rauch. Die Zuführung von Rauch ist eine nach den §§ 1004, 906 BGB abzuwehrende Einwirkung, die verboten werden kann, wenn es sich um eine → wesentliche Beeinträchtigung handelt.

Liegt eine solche vor, so muß sie hingenommen werden, wenn sie → ortsüblich ist und nicht durch zumutbare Aufwendungen verhindert werden kann (§ 906 Abs. 2 Satz 1 BGB). In diesem Falle besteht ein → Ausgleichsanspruch nach § 906 Abs. 2 Satz 2 BGB. Mit der Rauchbelästigung durch eine Hausfeuerungsanlage (Holz, Kohle) befaßt sich eingehend der VGH Mannheim (NJW 1990, 1930f.). Geklagt hatte ein Nachbar, dessen Terrasse 2 m tiefer als die Mündungen der zwei im Abstand von 7–8 m entfernten Schornsteine lag. Mit der Klage verfolgte der Nachbar gegen das beklagte Land den Erlaß immissionsschutzrechtlicher Anordnungen i. S. der §§ 4, 22, 24 BImSchG. Angestrebt wurde eine Erhöhung der Schornsteine um 1,5 bis 2 m. Die Klage blieb entgegen der Entscheidung der 1. Instanz erfolglos, weil eine *erhebliche* Belästigung nicht festgestellt werden konnte. Diese hat das Erstgericht bejaht, weil die geringen Abstände eine solche erhebliche Belästigung nahelegen würden. Die

Rechtsweg

Entscheidung des VGH führt eingehend die Voraussetzungen auf, unter denen der einzelne ein Tätigwerden der Behörde verlangen kann.

Rechtsweg. Störer i. S. des § 1004 BGB ist in vielen Fällen nicht eine Privatperson, sondern auch der Staat oder eine Körperschaft oder Anstalt des öffentlichen Rechts. Welcher Rechtsweg dann beschritten werden muß, ist umstritten.

Folgende Fallgestaltungen sind zu unterscheiden:
1. Stützt sich der *private* Störer auf eine behördliche Genehmigung, so ist der ordentliche Rechtsweg i. S. des § 13 GVG gegeben, es besteht für das Zivilgericht lediglich eine Bindungswirkung an den Verwaltungsakt. Dessen Anfechtung ist vor den Verwaltungsgerichten zu betreiben, die Frage einer etwaigen *Nichtigkeit* gehört jedoch zur Prüfungskompetenz des Zivilgerichts (BGHZ 4, 304).
2. Erfolgt die Störung zwar durch die *öffentliche Hand,* jedoch im Rahmen einer erwerbswirtschaftlichen oder fiskalischen Betätigung, so ist der Zivilrechtsweg gegeben (BGHZ 34, 99).
3. Erfolgt die Beeinträchtigung durch die öffentliche Hand in Ausübung *öffentlicher Gewalt,* so besteht ein Abwehranspruch analog § 1004 BGB (BVerwG NJW 1981, 239/241), der vor den *Verwaltungsgerichten* geltend zu machen ist (BGH NJW 1978, 1860). Dabei ist auch § 906 BGB grundsätzlich analog anwendbar (OVG Münster NJW 1984, 1984).
4. Kann sich jedoch die öffentliche Hand bei Beeinträchtigungen auf die Wahrung eines überwiegenden öffentlichen Interesses berufen, so müssen auch ansonsten nicht duldungspflichtige Beeinträchtigungen hingenommen werden (so BGHZ 48, 99f. für den Fall der Immisionen anläßlich von Autobahnbaumaßnahmen, so auch schon RGZ 129/135; → Unterlassung).
5. Liegt ein Fall der Duldungspflicht über das sonst zumutbare Maß hinaus vor, so kann Ersatz aus dem Gesichtspunkt des bürgerlichrechtlich Aufopferungsanspruchs oder wegen enteignenden Eingriffs gegeben sein (BGHZ 48, 99f.; BGH NJW 1984, 1877).
6. Strebt der Betroffene weder Abwehr der Einwirkungen noch Geldersatz an, sondern will er die Quelle der Störungen beseitigt haben, so ist der sog. → Folgenbeseitigungsanspruch gegeben (OVG Münster NJW 1984, 1984 m. w. N.). Dieser ist im Verwaltungsrechtsweg geltend zu machen.
7. Aus der Fülle der Rechtsprechung sollen zur Rechtswegfrage genannt werden:
Verwaltungsrechtsweg:
Beeinträchtigung durch Kirchturmläuten (BVerwG NJW 1984,

989). Gemeindlicher Kinderspielplatz (BVerwG NJW 1983, 1710). Straßenbauarbeiten je nach Organisationsform (BGHZ 72, 289/293). Abwehr einer beabsichtigten Justizvollzugsanstalt in der Nachbarschaft (OVG Münster NJW 1985, 2350). Lärm durch Betriebsvorgänge eines Postamtes, wobei künftige Änderungen auf Grund der Umstrukturierung der Post eintreten (VGH München NJW 1990, 2485 f.).
Klage auf Beseitigung einer Telefonzelle wegen des von den Benutzern verursachten Lärms (VGH Mannheim NJW 1985, 2352).
Zivilrechtsweg:
Staubentwicklung im Zuge von Straßenbauarbeiten (BGH NJW 1967, 1857).
Straßenlärm (BGH NJW 1968, 549), soweit dieser nicht unmittelbar durch die öffentliche Hand verursacht wird.
Überläßt eine Gemeinde ihren Schulsportplatz nach Schulschluß örtlichen *Vereinen,* so ist der Verwaltungsrechtsweg nicht gegeben. In Fällen dieser Art fehlt eine *öffentlich*-rechtliche Grundlage, die Stadt verfügt lediglich über ihr Eigentum und wird dadurch zum → Störer.
Bei wesentlichen Beeinträchtigungen durch den → Sportlärm ist gegen die Stadt Unterlassungsklage vor den *Zivilgerichten* zu erheben (LG Aachen NJW 1988, 1098 = NVwZ 1988, 189).

Regenwasser. Ein Abwehranspruch nach § 1004 BGB ist gegen Beeinträchtigungen die ausschließlich durch → Naturkräfte hervorgerufen werden, nicht gegeben. Schafft jedoch der Mensch erst die Bedingungen für Naturkräfte, so ist er → Störer. Dies trifft z. B. zu, wenn der Boden derart verändert wird, daß Regenwasser zum Nachbarn hin abläuft (OLG Koblenz MDR 1975, 403).
→ Wasser.

Reparaturarbeiten. 1. Reparaturen werden dann zum Problem, wenn zu ihrer Durchführung das → Betreten des Nachbargrundstücks erforderlich ist (→ Hammerschlags- und Leiterrecht, nachbarliches Gemeinschaftsverhältnis).
2. Innerhalb der Gemeinschaft von Wohnungseigentümern muß jeder die Inanspruchnahme seiner Wohnung oder anderer im Sondereigentum stehenden Gebäudeteile zur Instandhaltung und Instandsetzung des gemeinschaftlichen Eigentums gem. § 14 Nr. 4 WEG dulden (OLG Hamm DWE 1986, 178). Über die geplanten Maßnahmen ist ein Mehrheitsbeschluß der Eigentümer herbeizuführen (§ 21 Abs. 3 WEG).
3. Innerhalb der eigenen Wohnung kann jeder Eigentümer oder Mieter Arbeiten in eigener Regie oder durch Handwerker durch-

führen lassen. Entsteht bei diesen Arbeiten Lärm, so regelmäßig anläßlich eines Umzugs oder von Renovierungen, so muß dieser als unwesentlich geduldet werden, wenn er während der üblichen Arbeitszeit und mit der nötigen Konzentration bei der Durchführung der Maßnahmen entsteht (BayObLG RPfleger 1982, 268).

→ Hammerschlags- und Leiterrecht, nachbarliches Gemeinschaftsverhältnis, Betreten des Nachbargrundstücks.

Röntgenstrahlen. Röntgenstrahen sind ähnliche Einwirkungen i. S. von § 906 BGB, auch wenn sie vom Menschen nicht unmittelbar wahrgenommen werden können.

Führen sie zu einer → wesentlichen Beeinträchtigung, so besteht ein Abwehranspruch des Eigentümers oder Besitzers (§§ 1004, 862, 906 BGB).

Rohrleitung. Wer eine Rohrleitungsanlage unterhält, haftet auch ohne Verschulden, wenn beim Nachbarn infolge einer Rohrverstopfung ein Feuchtigkeitsschaden entsteht, der auf eine zu geringe Dimensionierung des Abflusses zurückgeht (§ 2 Abs. 1 Satz 1 HaftpflG).

Dies gilt nicht bei Überlastung des Rohrsystems durch einen Wolkenbruch (BGH NJW 1984, 615, 616).

Rücksichtnahmegebot. Die grundsätzliche Zulässigkeit der *Art* der geplanten Nutzung ergibt sich aus den Bestimmungen der → Baunutzungsverordnung. Auch wenn die vorgesehene Nutzungsart generell zulässig ist, kann sich aber im Einzelfall das Gegenteil ergeben, wenn die baulichen Anlagen nach Anzahl, Lage, Umfang oder Zweckbestimmung der Eigenart des Baugebiets widersprechen oder wenn von ihnen Störungen ausgehen können, welche für die übrigen Anwohner unzumutbar sind (§ 15 BauNVO). Das objektive Gebot der Rücksichtnahme für die Planung kann sich so auswirken, daß es für den beeinträchtigten Nachbarn drittschützende Wirkung erhält (BVerwG NJW 1978, 62; BauR 1983, 547; 1986, 542; Dürr in NVwZ 1985, 719). Der Nachbar kann somit Abwehrrechte durch → Nachbarklage geltend machen. Wird z. B. nur wenige Meter von einem Wohnhaus in einem allgemeinen Wohngebiet ein Getränkemarkt errichtet, so kann die Nachbarklage begründet sein, weil der Getränkemarkt nicht nur der Versorgung des Gebietes (§ 4 Abs. 2 Nr. 2 BauNVO) dient und durch den erforderlichen Pkw-Verkehr unzumutbare Störungen hervorruft (OVG Münster NVwZ-RR 1988, 9 = BVerwG NVwZ 1989, 666).

→ Baunutzungsverordnung, Bauplanungsrecht und Nachbarschutz, Nachbarklage, Nachbarschützende Vorschrift, Nachbarschutz und Eigentum.

Ruhezeiten

Ruhezeiten. Als Ruhezeiten haben sich die Zeiten zwischen 13 und 15 Uhr und die Zeit nach 20 Uhr eingependelt. Diese Zeiten sind aber keine starren Vorschriften, sie können insbesondere durch →Hausordnungen variabel gestaltet werden. Keinesfalls gewähren sie außerhalb der Ruhezeiten das Recht zu unbegrenztem Lärm. So muß der Betroffene nach einem Urteil des AG Neuss (3b C 232/88) nicht dulden, daß das 5-jährige Kind eines Mitmieters nach 20 Uhr ihn durch Laufen und Trampeln erheblich belästigt.

Ruß. Die Einwirkung von Ruß fällt unter die in § 906 BGB aufgeführten → Einwirkungen. Abwehr- und → Ausgleichsansprüche bestimmen sich nach denselben Kriterien wie bei der Zuführung von → Staub.

S

Sachverständigengutachten. Bei der Frage, ob eine Einwirkung *wesentlich* i. S. von § 906 BGB ist, wird in den meisten Fällen die Erholung eines Sachverständigengutachtens nötig sein. Die Erheblichkeit einer Einwirkung wird nämlich in erster Linie objektiv durch das Ausmaß der Immissionen zu beurteilen sein, wobei objektivierte Meßverfahren (→ Lärmmessung) zur Anwendung kommen.

Neben den durch Sachverständigengutachten festgestellten Tatsachen kommt es weiter darauf an, wie ein → Durchschnittsmensch die störende Einwirkung subjektiv empfindet, der im Einwirkungsbereich der Immissionen wohnt (BGH NJW 1984, 2207).

Lärmgutachten werden von den Technischen Überwachungsvereinen erstattet, die übrigen Sachverständigen können von den Industrie- und Handelskammern erfragt werden. Zur Vorbereitung eines Prozesses wird es in vielen Fällen nötig sein, selbst ein Gutachten zu erholen. Dieses sog. Privatgutachten kann im Prozeß nur bei Einverständnis des Gegners verwertet werden, was selten vorkommt. Der vor dem Prozeß beauftragte Gutachter muß jedoch auf Antrag als Zeuge vernommen werden. Ein Zeuge kann niemals wie ein Sachverständiger „abgelehnt" werden. Die Zeugenvernehmung macht allerdings die Erholung eines neuen Gutachtens nicht überflüssig.

Für den Bereich von Lärmgutachten empfiehlt sich auch eine Anfrage beim Verein Deutscher Ingenieure (VDI-Kommission Lärmminderung) in Düsseldorf 1, Postfach 1139 bzw. beim Verein Beratender Ingenieure in Essen 1, Zweigerstraße, 37–41.

Es muß jedoch darauf hingewiesen werden, daß der Nachweis einer → wesentlichen Beeinträchtigung nicht allein durch ein Sachverständigengutachten geführt werden kann. Die Frage ist tatrichterlicher Natur, der Richter muß sich selbst zum Streitobjekt begeben und kann sich nicht allein auf den Gutachter stützen (OLG München NJW-RR 1986, 1142; BGH MDR 1992, 876).

Samenflug. Dringt aus einem Nachbargrundstück Unkrautsamen auf ein gärtnerisch genutztes Grundstück, so stellt sich die Frage, ob dessen Eigentümer oder Nutzungsberechtigter Ansprüche auf Unterlassung/Beseitigung nach den §§ 1004, 906 BGB geltend machen kann. Der Unkrautsamen stellt begrifflich eine ähnliche Einwirkung i. S. des § 906 BGB dar.

Die Tatsache, daß der Samenflug auf natürliche Ursachen zurückgeht, steht dem Anspruch nicht entgegen, da diese Auswirkungen durch Entfernen der Pflanzen beseitigt werden könnten (OLG Karlsruhe NJW 1983, 2886).

Dennoch hat eine Klage auf Beseitigung des Unkrauts wenig Aussicht auf Erfolg, es sei denn, die Beeinträchtigung durch Unkrautsamen ist so stark, daß der Eigentümer im Hinblick auf das → nachbarschaftliche Gemeinschaftsverhältnis zum Handeln gezwungen würde.

→ Garten, verwildert.

Sand. Dringt vom Nachbargrundstück Sand auf das eigene Grundstück, so ist fraglich, ob dagegen ein unbeschränkter Abwehranspruch nach § 1004 BGB gegeben ist oder ob Abwehransprüche nur für den Fall eröffnet sind, daß durch den Sand eine → wesentliche Beeinträchtigung i. S. von § 906 Abs. 1 BGB vorliegt. Sand zählt nicht zu den gesondert aufgeführten Einwirkungen nach § 906 BGB, wohl aber zu den ähnlichen Einwirkungen (RGZ 60, 140). Damit ist ein Abwehranspruch nur dann gegeben, wenn durch den Sand die Grundstücksnutzung mehr als unwesentlich beeinträchtigt wird. Auch bei Bejahung dieser Voraussetzung entfällt ein Anspruch auf Beseitigung oder Unterlassung dann, wenn die Beeinträchtigung → ortsüblich ist (§ 906 Abs. 2 Satz 1 BGB).

Schädlingsbekämpfungsmittel. Der Einsatz von Schädlingsbekämpfungsmitteln ist keine Beeinträchtigung gegenüber dem Flug von Bienen, es sei denn bei unmittelbarer Auswirkung auf das Grundstück des Bienenhalters (BGHZ 16, 366).

Schafe. Dringen Schafe auf ein Nachbargrundstück ein, so stellt sich die Frage, ob dadurch eine → wesentliche Beeinträchtigung i. S. von § 906 BGB vorliegt nicht. Schafe zählen nicht zu den in § 906 BGB nicht genannten ähnlichen Einwirkungen. Gegenüber den

Schallschutz im Wohnungsbau

Tierhaltern ist somit der Abwehranspruch aus § 1004 BGB gegeben, ohne daß sich eine Einschränkung aus § 906 BGB ergibt. Dieselbe Rechtslage gilt für Ziegen und Hunde, etwas anderes gilt nur für → Kleintiere.

Schallschutz im Wohnungsbau. Wer es als Bauherr/Käufer noch selbst in der Hand hat, sollte von Anfang an Maßnahmen zum Schallschutz ergreifen, da nachträgliche Einbaumaßnahmen oft unverhältnismäßig teuer sind.

Die noch bestehende DIN-Norm 4109 über den Schallschutz im Wohnungsbau bezüglich der Trennwände, Decken und Fußböden stellt nur Mindestanforderungen. Wer auf ungestörtes Wohnen Wert legt, sollte im Bauvertrag einen erhöhten Schallschutz vereinbaren und dahingehende Fragen an seinen Architekten stellen.

Auch innerhalb der Räume kann der sog. Luftschall noch reduziert werden, wenn er von offenporigem und faserigen Material aufgenommen wird.

Wer an belebten Straßen wohnt, sollte Schallschutzfenster einbauen lassen. Die VDI-Richtlinie 2719 teilt diese in mehrere Klassen ein. Allgemein reichen solche der Klasse 3, es sei denn, man ist z. B. dem → Fluglärm ausgesetzt.

Auch ein Umbau alter Fenster in Schallschutzfenster kommt in Betracht.

Bei Lärmbelästigung durch eine Nachbarwohnung können sog. *Vorsatzschalen* eingebaut werden. Hierbei handelt es sich um Wandverkleidungen aus Gipskarton- oder Spanplatten, mit denen eine Minderung des Lärms um ca. 10 → Dezibel (A) erreicht werden kann.

Wohnungseigentümer können den Fußboden beliebig austauschen (Parkett statt Teppichboden), wenn danach die Anforderungen an DIN 4109 noch erfüllt sind (BayObLG 2 Z BR 113/93). Soweit der Parkettboden bei unsachgemäßer Nutzung (Hüpfen und Springen von Kindern) für den Bewohner der unteren Wohnung zu Belästigungen führt, müssen die Eltern auf die Kinder einwirken.

Weitergehende Auskünfte zum Technischen Schallschutz können erholt werden über die Gesellschaft für Lärmbekämpfung e. V. in Berlin 19, Theodor Heuss-Platz 7 und beim Deutschen Arbeitsring für Lärmbekämpfung e. V. in Düsseldorf 30, Frankenstraße 25.

Scheinwerfer Das (teilweise) Anstrahlen des Nachbargrundstücks durch einen zu Sicherheitszwecken installierten Scheinwerfer muß nicht geduldet werden, soweit durch Ausmaß und Häufigkeit des Anstrahlens eine wesentliche Beeinträchtigung anzunehmen sei (OLG Nürnberg, 8 U 293/91).

Schiedsstelle. Nach dem am 1. 10. 1994 in Kraft getretenen hessischen Schiedsamtsgesetz sind die Beteiligten bei bestimmten Streitigkeiten zunächst verpflichtet, vor Anrufung eines Gerichts, zu einem Schlichtungstermin zu erscheinen. Zu den hierunter zählenden Streitigkeiten zählen auch solche mit nachbarrechtlichem Inhalt. Die Anrufung eines Gerichts ist also erst möglich, wenn der Termin vor dem Schiedsmann erfolglos abgelaufen ist. Im Gegensatz hierzu können die staatlichen → Schlichtungsstellen in anderen Bundesländern nur tätig werden, wenn beide Beteiligten mit dem Schlichtungsverfahren einverstanden sind.

Schikaneverbot. Die Ausübung eines Rechts ist unzulässig, wenn sie *nur* den Zweck haben kann, einem anderen Schaden zuzufügen (§ 226 BGB). Der praktische Anwendungsbereich der Vorschrift ist gering, da die geforderten Voraussetzungen nur selten zu beweisen sein werden. Die Rechtsausübung ist nur dann ausgeschlossen, wenn *jeder andere Zweck* als die Benachteiligung des anderen ausgeschlossen ist. Stellt der Eigentümer auf seinen Grund eine an sich nicht nötige Bretterwand auf, die dem Nachbarn das Licht nimmt, so ist dies dennoch dann nicht schikanös, wenn der Eigentümer die Bretterwand zur Vermeidung eines Blick- und Gesprächskontakts zum Nachbarn errichtet hat und ihm diese Behauptung nicht zu widerlegen ist (RGZ 98, 15, 17).

Sind die Voraussetzungen des § 226 BGB nicht zu beweisen, so muß auf dem Grundsatz von → Treu und Glauben zurückgegriffen werden (§ 242 BGB).

Schlangenhaltung. Werden von eiem Mieter in Terrarien 24 Schlangen (keine Gift- oder Riesenschlangen) gehalten und gehen von diesen weder Geruch noch Lärm aus, so bedarf der Mieter nicht der Genehmigung des Vermieters (AG Köln NJW-RR 91, 10).

Schlichtungsstelle. Nachbarrechtliche Streitigkeiten eignen sich besonders für eine außergerichtliche Erledigung. Ein Prozeß mit einer Entscheidung durch Urteil wird oft die Fronten verhärten, kann nicht unerhebliche Kosten verursachen und fördert teilweise auh die Suche nach anderen Streitpunkten, in denen der Unterlegene erfolgreich zu sein glaubt. Aus diesem Grund sind von einigen Landesjustizverwaltungen Schlichtungsstellen eingerichtet worden. Einzelheiten sind bei den Gerichten der Zivilgerichtsbarkeit zu erfragen, auch sind schriftliche Informationen (in Bayern: „Schlichten statt richten") erhältlich.

Schnee

Schnee. Gegen von einem Dach herabstürzenden Schnee gibt es weder einen vorbeugenden Abwehranspruch nach § 08 BGB, noch einen Schadensersatzanspruch nach § 836 BGB, weil es sich dabei um keine Gebäudeteile i. S. dieser Vorschriften handelt (vgl. BGH NJW 1955, 300, OLG Hamm NJW-RR 1987, 412). Vom Nachbargrundstück herübergewehter Schnee fällt unter die zu duldenden Einwirkungen i. S. v. § 906 BGB.
→ Eisstücke.

Schrebergärten → Bundeskleingärten.

Schützenfest → Volksfest → Kirmes.

Schulsportplatz. 1. Bei dem im Rahmen des Schulbetriebs erzeugten Lärm ist zunächst zu ermitteln, ob eine → wesentliche Beeinträchtigung i. S. des § 906 BGB vorliegt. Hierfür maßgeblich sind nicht nur Intensität und Art des erzeugten Lärms, vielmehr auch dessen *zeitliche Ausdehnung*. Die Tatsache, daß der Schulbetrieb vormittags und nachmittags abläuft, kann dazu führen, daß das Merkmal einer wesentlichen Beeinträchtigung gegeben ist. In Fällen dieser Art hat ja der beeinträchtigte Anwohner bis zum Eintritt des späten Nachmittags keine Gelegenheit, längere Zeit völlig lärmfrei die Ruhe seines Hauses oder seiner Wohnung zu genießen. Der BGH hat daher das Kriterium der zeitlichen Ausdehnung von morgens bis nachmittags dahin gewertet, daß hieraus auf eine wesentliche Beeinträchtigung geschlossen werden kann (BGH NJW 1962, 2341).

Liegt eine wesentliche Beeinträchtigung vor, so ist als nächstes zu prüfen, ob der Lärm des Schulsportplatzes nicht → ortsüblich ist und – soweit Abhilfemaßnahme nicht möglich sind – gemäß § 906 Abs. 2 Satz 2 BGB zu dulden ist. In diesem Falle kann der Betroffene lediglich → Ausgleichsansprüche geltend machen. Der von einem Schulsportplatz ausgehende Lärm wird auch in *Wohngebieten* als ortsüblich angesehen (MüKo-Säcker § 906 RdNr. 101).

2. Oft stellt der Schulträger seine Sportanlage nach Schulschluß örtlichen *Vereinen* zur Verfügung. Wendet sich ein Nachbar gegen den dann erzeugten Lärm, so ist nicht der Verwaltungsrechtsweg eröffnet, da eine *öffentlich*-rechtliche Grundlage fehlt. Vielmehr handelt der Schulträger in seiner Eigenschaft als Eigentümer, so daß der Zivilrechtsweg gegeben ist (LG Aachen NJW 1988, 1098 = NVwZ 1988, 189).

In Fällen dieser Art kann von der Stadt als Schulträger Unterlassung begehrt werden, denn sie ist (auch) → Störer (LG aaO). → Sportlärm.

Schutzgesetz. Schutzgesetz ist eine Norm, die nach Zweck und Inhalt wenigstens *auch* den Schutz von Individualinteressen (im Gegensatz zum Interesse der Allgemeinheit) bezweckt. Kann sich der Nachbar auf ein Schutzgesetz berufen, so kann er vor dem Zivilgericht Ansprüche auf Unterlassung/Schadenersatz in Verbindung mit § 823 BGB durchsetzen. Dies gilt insbesondere dann, wenn sich ein Schutzgesetz durch eine → Auflage zugunsten des Nachbarn konkretisiert (BGH NJW 1993, 1580f.).

Schutzwald. Das Recht des Eigentümers mit seinem Eigentum beliebig zu verfahren (→ Eigentumsherrschaftsrecht) ist durch zahlreiche öffentlich-rechtliche Vorschriften eingeschränkt. So dürfen Anlieger von Autobahnen und Bundesfernstraßen ihre mit Wald und Gehölzen bewachsenen Grundstücke in einer Breite von 40 m nicht verändern, wenn die Straßenbaubehörde diese zum Schutzwald erklärt hat (§ 10 BFStrG).

Sinn dieser Maßnahme ist es, die Straße vor nachteiligen Natureinflüssen wie Sturm, Schneeverwehung etc. zu schützen, die der ordnungsgemäß bewirtschaftete Wald abhält.

Der Eigentümer oder sonst Nutzungsberechtigte kann für hierdurch entstandene Nachteile Entschädigung nach Enteignungsgrundsätzen fordern.

Darüber hinaus können sich aus landesrechtlichen Vorschriften auf dem Gebiet des Straßen- und Wegerechts weitere Duldungspflichten ergeben, so die Gestattung der Aufstellung von Schneefangvorrichtungen und Schutzhecken. Diese Maßnahmen muß der Eigentümer entschädigungslos hinnehmen, da sie im Rahmen der → Sozialbindung des Eigentums liegen.

Zum Schutzwald können Wälder auch auf Grund weiterer landesrechtlicher Bestimmungen, und zwar auch für Grundstücke, die nicht an Straßen angrenzen (vgl. z.B. Art. 10 BayWaldG), erklärt werden. Verändert der Eigentümer einen solchen Schutzwald, so verstößt er gegen ein Schutzgesetz i.S. des § 823 Abs. 2 BGB und ist seinem Nachbarn, der z.B. durch Rodung des Schutzwaldes einen Sturmschaden erleidet, ersatzpflichtig.

Schwarzbau. Errichtet der Nachbar unter Verletzung → nachbarschützender Vorschriften einen nicht mehr nachträglich genehmigungsfähigen Schwarzbau, so hat der Nachbar es in der Regel nicht in der Hand, ein behördliches Einschreiten (Abrißverfügung) zu erreichen. Ein → Anspruch auf behördliches Einschreiten besteht für den Nachbarn nicht, vielmehr steht dies im *Ermessen* der Behörde. Bei Untätigkeit der Behörden kann der Einzelne sich auch nicht auf

Schweinemast

Verletzung des Eigentums (Art. 14 GG) und des Rechtsstaatsgebot (Art. 20 GG) berufen (BVerwG NVwZ 1988, 824; NJW 1961, 793).

Schweinemast. Regelungsgegenstand der →TA-Luft ist auch der Abstand von landwirtschaftlichen Betrieben zu Wohngebäuden.

Wegen der Geruchsbelästigung sind solche in der Nähe einer Wohnbebauung grundsätzlich wegen der schädlichen Umwelteinwirkungen nicht zulässig. Auch bei Abständen unter 500 m ist eine sorgfältige Prüfung anhand der TA-Luft und der VDI-Richtlinie 3471 nötig (OVG Münster, Urteil vom 23. 1. 1986).

Schweinestall. Die von einem Schweinestall ausgehenden Geruchsbelästigungen sind in einem Dorfgebiet dann zumutbar und verstoßen nicht gegen das Gebot der Rücksichtnahme, wenn sich die Geruchsereignisse qantitativ auf unter 3% der Jahresstunden beschränken und qualitativ nicht in besonderer Weise intensiv oder unangenehm sind (VGH Mannheim NVwZ 1993, 1217).

Selbsthilfe. (S.) Nachbarrechtliche Ansprüche können mit wenigen Ausnahmen nicht im Wege der S. verfolgt werden.

Der Anspruchsberechtigte muß sich vielmehr ggf. nach→ Abmahnung an die Gerichte oder – soweit zuständig – an die Polizei wenden.

Ist der Schutz durch Gerichte nicht rechtzeitig zu erlangen, so kann zum Zwecke der Selbsthilfe eine Sache weggenommen, zerstört oder beschädigt werden (§ 229 BGB). So hat es das OLG Karlsruhe (MDR 1992, 438) am 24. 1. 1992 offengelassen, ob der lärmgeplagte Nachbar auch das Kabel einer Verstärkeranlage durchtrennen darf. Der Nachbar hatte zuvor beim Störer (Gastwirt, der im Freien Lautsprecher mit Rockmusik betrieb) erfolglos um Abhilfe gebeten und auch die Polizei benachrichtigt, welche nicht einschritt.

Die geschilderte Vorgehensweise ist daher auf seltene Ausnahmefälle zu beschränken, zumal Gewalt gegen Sachen anschließend leicht zur Gewalt gegen Personen ausarten kann.

Ein weitergehendes Selbsthilferecht räumt § 859 BGB dem Besitzer ein, dem eine bewegliche Sache mittels → verbotener Eigenmacht weggenommen wurde oder dem der Besitz an einem Grundstück entzogen wurde. In Fällen dieser Art kann im unmittelbaren Anschluß an die Wegnahme oder Besitzentziehung des Grundstücks der Besitzer sich des Besitzes wieder im Wege der S. bemächtigen.

So kann z. B. der Besitzer eines Parkplatzes ein unberechtigt abgestelltes Fahrzeug durch ein Abschleppunternehmen entfernen lassen, wenn dies „sofort" i. S. des § 859 Abs. 3 BGB erfolgt, wobei dies auch noch 4 Stunden nach dem verbotenen Abstellen des PKW geschehen darf (LG Frankfurt NJW 1984, 183).

Sozialbindung des Eigentums

Ein Recht zur S. im Nachbarrecht räumt § 910 BGB beim Eindringen von → Wurzeln oder bei herüberragenden → Zweigen ein. Dieses Selbsthilferecht schließt den Beseitigungsanspruch nach § 1004 BGB nicht aus (BGHZ 60, 235).

Sirene → Alarmeinrichtungen

Sondermüll → Abfallbeseitigung.

Sonn- und Feiertagsruhe (S. u. F.). Der Schutz der S. u. F. ist durch Landesgesetze geregelt. Verboten ist ein Verhalten, das akustisch, visuell oder mit Geruchsbelästigung störend auf die allgemeine Feiertagsruhe einwirkt.

Als Beispielsfälle seien erwähnt:
1. Der gewerbliche Betrieb einer → Autowaschanlage, auch in Form des Zurverfügungstellens eines Waschplatzes zum Selbstwaschen.
2. Das Abhalten eines Gebrauchtwagenmarktes an Sonntagen (VGH München NJW 1987, 2604).
3. Die Veranstaltung privater Trödelmärkte (OVG Münster NJW 1987, 2602; NJW 1988, 2258).

Dagegen ist der Betrieb eines Sonnenstudios an Sonn- und Feiertagen erlaubt. Entscheidend ist nicht, ob eine wahrnehmbare Arbeit i. S. der Feiertagsgesetze ausgeübt wird (was beim Sonnenstudio der Fall ist), sondern ob die Arbeit ihrem äußeren Erscheinungsbild nach üblicherweise an Werktagen erledigt wird und ob sie im Zusammenhang mit dem Freizeitverhalten der Bevölkerung steht.

Sonnenstudios, Saunas und Badeanstalten stehen damit als Freizeiteinrichtungen nicht unter dem Schutz der Sonn- und Feiertagsruhe (VG Minden NJW 1987, 2605). Der Sonn- und Feiertagsschutz gibt dem einzelnen keine Abwehransprüche gegen Betätigungen von Nachbarn, welche gegen den Schutzzweck verstoßen. Vielmehr ist es Sache der Ordnungsbehörden, diesen Schutz zu gewährleisten. Dabei geht es um die *öffentliche* Ordnung und nicht um den Schutz privater Interessen (OVG Lüneburg NJW 1990, 1685/86). → Behörde, Polizei.

Sozialbindung des Eigentums. 1. Eigentum verpflichtet, sein Gebrauch soll zugleich dem Wohle der Allgemeinheit dienen (Art. 14 Abs. 2 GG). Garantiert wird gemäß Art. 14 Abs. 1 GG das Eigentum als *Institut,* dessen Inhalt und Schranken durch die Gesetze bestimmt werden.

Eine ähnliche Regelung sieht § 903 BGB für das → Eigentumsherrschaftsrecht vor. Inhaltliche Beschränkungen des Eigentums müssen somit eine ausgewogene Abwägung der Interessen der Eigentümer und der Allgemeinheit enthalten.

Sozialbindung des Eigentums

2. So kann z. B. der Hauseigentümer mit seinem Wohnraum beliebig verfahren, hat er ihn aber einmal vermietet, so hat er kein freies Kündigungsrecht mehr, unterliegt vielmehr den Vorschriften des sozialen Mietrechts. Die Regelung über das Vorhandensein eines sog. *Eigenbedarfs* als Kündigungsgrund nach § 564b II Nr. 2 BGB steht mit der Eigentumsgarantie in Übereinstimmung (BVerfG NJW 1985, 2633). Die berechtigten Interessen des Eigentümers/Vermieters sind gewahrt, da er bei Vorliegen eines wichtigen Grundes (§§ 553f. BGB) kündigen kann.

Das Bundesverfassungsgericht hatte im Februar 1989 Gelegenheit, sich mit der Frage zu befassen, welche *Voraussetzungen* der Vermieter für den Eigenbedarf dartun muß. Danach genügen vernünftige und nachvollziehbare Gründe für die Geltendmachung des Eigenbedarfs. Bei der Prüfung des berechtigten Vermieterinteresses sind entgegengerichtete Interessen des Mieters nicht zur berücksichtigen. Diese Prüfung ist vielmehr ausschließlich im Rahmen der sog. *Sozialklausel* des § 556a BGB vorzunehmen. Schutzschranke des Mieters ist, ob der Vermieter den Eigenbedarf *mißbräuchlich* geltend macht.

Der Mieter ist aber auch dadurch geschützt, daß er der Kündigung widersprechen kann, weil sie für ihn oder seine Familie eine *Härte* bedeuten würde (§ 556a-c BGB).

Auch der Eigenbedarfskündigung kann er folgende Gründe entgegensetzen:

a) Angemessener *Ersatzwohnraum* zu zumutbaren Bedingungen sei nicht vorhanden.
b) Der Mieter habe in die Wohnung mit Wissen des Vermieters größere Geldbeträge zur *Renovierung* und Verbesserung investiert.
c) Die Kündigung sei wegen Krankheit, Behinderung, hohem Alter oder Schwangerschaft eine *Härte*.
d) Die Kündigung führe zu einer unzumutbaren *Umschulung* während des Schuljahres.
e) Die Wohnung liege nahe zu der Wohnung anderer Personen, die zur *Altenpflege* oder *Kinderbetreuung* benötigt würden.

Macht der Mieter diese Gründe 2 Monate vor Ablauf des Mietverhältnisses oder im Prozeß geltend, so wird das Gericht in der Regel den Mietvertrag *befristet* fortsetzen oder aber auch – je nach Lage des Einzelfalls – unbefristet fortsetzen.

3. Zur Abgrenzung von den Eingriffen, die im Rahmen der Sozialbindung entschädigungslos hingenommen werden müssen zur → Enteignung mögen folgende Beispiele dienen:

a) Die öffentlichen Straßen müssen vor Natureinwirkungen (Schnee, Steinschlag etc.) geschützt werden. Um dies zu erreichen, kann durch Gesetz bestimmt werden, daß die Anlieger der Straße auf ihren Grundstücken das Aufstellen von Zäunen, Lawi-

Sperrzeit

nenverbauungen o. a. zu dulden haben. Hierdurch wird ihr Eigentum als solches nicht berührt, die Pflichten liegen im Rahmen der Sozialbindung.
b) Der Eigentümer eines Grundstücks kann auf seinem Grundstück (Vorgarten) keine Werbehinweise durch Plakate oder Schaukästen anbringen. Ein dahingehendes Verbot liegt im Rahmen der Sozialbindung (BVerwG DVBl. 1966, 61).
c) Wird für ein bislang als Ackerland genutztes Grundstück ein *Bauverbot* ausgesprochen, so liegt keine Enteignung vor (BGHZ 64, 361).
d) Wird das Verbot ausgesprochen, bestehenden Wohnraum in gewerblichen Raum umzuwandeln *(Zweckentfremdungsverbot)*, so liegt dies im Rahmen der Sozialbindung (BVerwG NJW 1983, 2893).
e) Abbau- Abriß- und Veränderungsverbote auf der Grundlage der Natur – Landschafts- und Denkmalschutzgesetze stellen sich regelmäßig nur als Beschränkung des Eigentums dar. Enteignung liegt nur dann vor, wenn die bisherige Grundstücksnutzung völlig ausgeschlossen ist oder dem Eigentümer eine naheliegende künftige Nutzung genommen wird (OVG Münster NJW 1986, 1890; BGH NJW 1984, 1172; VGH Mannheim NJW 1984, 1700).
f) Ein gemeindlicher Anschlußzwang für Wasser und Müllabfuhr durch *Satzung* ist auch dann keine Enteignung, wenn dadurch ein schon bestehendes Wasserableitungsrecht des Eigentümers wertlos wird (BGHZ 54, 293).
g) Ist der Eigentümer an die Gas- und Stromversorgung angeschlossen, so muß er gemäß § 8 der AVBGasV – AVBEltV dulden, daß das Unternehmen auf dem Grundstück des Kunden Rohrleitungen verlegt, Verteilungsanlagen baut oder Leitungsträger anbringt. Dies muß der Eigentümer entschädigungslos dulden (Kimminich, NJW 1983, 2785 mwN).

Sperrzeit. Gemäß § 18 GastG werden die Landesregierungen ermächtigt, allgemeine Sperrzeiten für Schank- und Speisewirtschaften festzusetzen und – je nach öffentlichen Bedürfnissen oder besonderen örtlichen Verhältnissen diese zu verlängern, zu verkürzen oder aufzuheben. In der Regel haben die Länder die allgemeine Sperrzeit von 1 Uhr bis 6 Uhr festgesetzt. Geschützt werden hierdurch die Nachtruhe, die Volksgesundheit (Alkohol) und die in den Lokalen tätigen Arbeitnehmer. Die Sperrzeitenregelung hat daher auch →nachbarschützenden Charakter. Der Nachbar hat daher einen Anspruch auf ermessensfehlerfreie Entscheidung auch bei der Prüfung der Frage, ob für eine längere Öffnungszeit des Lokals ein öffentliches Bedürfnis besteht oder besondere örtliche Verhältnisse dafür sprechen. Ein

Spielplätze

Anspruch des Nachbarn auf frühere Schließung des Lokals besteht aber selbst bei erheblichem Überschreiten der Lärmgrenzwerte nicht (BayVGH Gew Arch 1983, 99).
→ Behörde, Kunden- und Lieferantenlärm, Gaststättenlärm, Diskothek.

Spielplätze. Häufiger Anlaß zu nachbarlichem Ärger sind spielende Kinder. Meist geht es um den erzeugten Lärm, zudem auch um die Frage, ob Kinder aus anderen Wohngegenden sich daran auf fremden Boden beteiligen dürfen. Von der Ausgestaltung her sind mehrere Arten von Spielplätzen vorhanden. Wichtig ist hier die Frage, ob der anzulegende Spielplatz baurechtlich überhaupt zulässig ist.

1. Der *private Kinderspielplatz* als Teil eines oder mehrerer Wohnhäuser. Diese hat der Bauherr nach den Bauordnungen der Länder herzustellen, es handelt sich bei ihnen um untergeordnete Nebenanlagen i. S. von § 14 Abs. 1 BauNVO. Kinderspielplätze für kleinere Kinder müssen in unmittelbarer Nähe der Wohnungen liegen, damit die Aufsichtspflichtigen in der Nähe sind und bei Schwierigkeiten aller Art sofort zur Stelle sind. Diese Spielplätze hängen also mit der Wohnnutzung unmittelbar und untrennbar zusammen. Bei der Ausgestaltung der Spielplätze handelt es sich meist um solche mit Sandkasten und Schaukel. Bei der Anlegung von Kinderspielplätzen muß abgewogen werden das Interesse an der Einrichtung gegenüber dem Ruhebedürfnis der Anwohner. Fehlt eine solche Abwägung oder fällt sie einseitig aus, so kann eine Nachbarklage erfolgreich sein (OVG Lüneburg NJW 1985, 217). Dies wird aber nur in seltenen Fällen zutreffen. Die Zulässigkeit der Spielplätze wird für alle Baugebiete bejaht (vgl. die Rechtsprechung der Verwaltungsgerichte in NVwZ 1985, 924; BauR 1985, 535; UPR 1985, 142; UPR 1986, 27). Dabei muß auch der Lärm von Kindern hingenommen werden, die nicht selbst im Bereich des Spielplatzes wohnen (OVG Bremen NVwZ 1989, 272).
→ Kinderlärm.

2. Der → *Abenteuerspielplatz* ist für die Kinder gedacht, für die Sandkasten und Schaukel zu uninteressant geworden sind. Der Abenteuerspielplatz ist besser ausgestattet. Da er auch größeren Kindern dient, kommt es zu stärkerer Lärmentfaltung. Die Zulässigkeit von Abenteuerspielplätzen im reinen oder allgemeinen Wohngebiet (→ BauNVO) ist umstritten (siehe die nachfolgende Rechtsprechung zum Bolzplatz und OVG Münster NVwZ 1983, 356 und 1984, 530).

3. Der *Bolzplatz* dient vor allem Jugendlichen und Heranwachsenden und führt zu erhöhtem Lärm. Die Zulässigkeit von Bolz-

Spielplätze

plätzen ist wie die der Abenteuerspielplätze in Wohngebieten umstritten. Ob sie mit der für ein Wohngebiet charakteristischen Wohnruhe zu vereinbaren sind, muß im Einzelfall entschieden werden. Der Zusammenhang mit dem Wohncharakter ist nicht so untrennbar wie bei Kinderspielplätzen für kleinere Kinder, die der Beaufsichtigung bedürfen. Älteren Kindern kann das Aufsuchen von Anlagen in einiger Entfernung zugemutet werden, solche Anlagen stehen den Kindern auch durch Vereine/Schulen zur Verfügung. Das OVG Nordrhein-Westfalen hält daher im reinen und allgemeinen Wohngebiet Bolzplätze für unzulässig (BauR 1984, 152/153; a. A. OVG Rheinland-Pfalz NVwZ 1985, 768/769). Das Bundesverwaltungsgericht hat nun die Zulässigkeit von Bolzplätzen neben reinen Wohngebieten für zulässig erklärt, wenn das →Rücksichtnahmegebot beachtet wird (NVwZ 92, 884).

In jedem Falle – auch bei grundsätzlicher Bejahung der Zulässigkeit – muß der Abenteuer- und Bolzplatz so ausgestaltet werden, daß unzumutbare Belästigungen der Anwohner vermieden werden (→Rücksichtnahmegebot). Die Abwägung der gegenseitigen Interessen darf nicht fehlen oder einseitig ausfallen, ansonsten kann der in seiner Ruhe beeinträchtigte Nachbar erfolgreich Klage vor den Verwaltungsgerichten gegen die erteilte Baugenehmigung erheben (OVG Lüneburg NJW 1985, 217).

4. Neben den privaten Kinderspielplätzen werden solche auch von *Gemeinden* betrieben. Diese Spielplätze sind Erschließungsanlagen i. S. von § 127 Abs. 2 Nr. 4 BauGB. Bei Störung der Nachbarn haben diese einen *öffentlich*-rechtlichen Abwehranspruch analog den §§ 1004, 906 BGB (vgl. OVG Hamburg NJW 1986, 2333; OVG Münster NVwZ 1984, 530; VGH Mannheim NVwZ 1983, 229). Der Abwehranspruch ist durch allgemeine Leistungsklage im Verwaltungsrechtsweg geltend zu machen (VGH München NVwZ 1989, 269; BVerwG NJW 1974, 817).

Werden die Spielplätze entgegen ihrer Zielsetzung (Spielplatz für Kinder bis 10 Jahren, Verbot lärmender Ballspiele, Spielbetrieb zwischen 8 bis 12 und 14 bis 19 Uhr) benutzt, so für das Fußballspiel, für ältere Heranwachsende und bis in die späten Abendstunden, so ist dies der Gemeinde als Betreiberin nicht zuzurechnen (VGH München NVwZ 1989, 269). Die Gemeinde ist in den Fällen mißbräuchlicher Nutzung nicht →Störer. Anders ist es nur, wenn die Gemeinde erst den Anreiz zum Mißbrauch schafft und sich dadurch das Verhalten Dritter zurechnen lassen muß (vgl. OVG Münster DVBl. 1986, 687/688).

5. Soweit sich Einschränkungen der Nachbarrechte aus den Gesetzen über die Beschränkung von Nachbarrechten gegenüber Betrieben ergaben, die für die Volksgesundheit und Volksertüchtigung

Spielstraße

bedeutsam sind, sind diese Gesetze aus den Jahren 1933 und 1935 inzwischen aufgehoben worden (vgl. Art. 38 des Gesetzes vom 16. 12. 1986, BGBl. I 2441).
→ Schulsportplatz, Tennisplatz.

Spielstraße. Nach § 42 StPO (Zeichen 35) können Straßen zu verkehrsberuhigten Zonen erklärt werden. Hier können Fußgänger die Straße in ihrer ganzen Breite benutzen, auch sind Kinderspiele überall erlaubt. Dennoch sollte bei Vorhandensein eines Spiel- oder Bolzplatzes in der Nähe dieser aufgesucht werden, um die durch die Kollision von Fußgänger und Autoverkehr vorhandene Gefahr zu reduzieren und den Lärm für die Anrainer gering zu halten.

Sportlärm. Beim Sportlärm kann die Frage, ob eine → wesentliche Beeinträchtigung gegeben ist, nicht allein den Vorschriften der → TA-Lärm und → VDI 2058 entnommen werden. Maßgebend ist hier neben dem meßbaren Lärm die vom Betroffenen empfundene Lästigkeit des Lärms (BGH LM § 906 Nr. 36). Dies zeigt sich besonders deutlich bei Geräuschen, die von einem → Tennisplatz ausgehen, deren Impulscharakter als störend wahrgenommen wird. Die Frage einer wesentlichen Beeinträchtigung ist tatrichterlicher Natur (BGH NJW 1968, 1133). Dieser hat sich am Empfinden eines → Durchschnittsmenschen zu orientieren. Wird der Lärm vorwiegend im Gartenbereich des betroffenen Grundstücks wahrgenommen, so soll eine wesentliche Beeinträchtigung nicht vorliegen (OVG Münster DWW 1976, 137).

Liegt eine wesentliche Beeinträchtigung vor, so stellt sich die weitere Frage, ob der Lärm durch eine → ortsübliche Nutzung des anderen Grundstücks herbeigeführt wird und nicht durch wirtschaftlich zumutbare Maßnahmen (→ Zumutbarkeit) verhindert werden kann (§ 906 Abs. 2 Satz 1 BGB). Bei neu angelegten Sportplätzen wird sich das Problem nicht mehr ergeben, weil diese in reinen Wohngebieten nicht mehr errichtet werden. Die Bauflächen sind ihrer Art nach in der BauNVO gegliedert, die Vorschriften der §§ 1 bis 15 BauNVO sind sog. → nachbarschützende Vorschriften. Insbesondere bei Tennisplätzen in allgemeinen Wohngebieten hat die Rechtsprechung diese für unzulässig erachtet (→ Tennisplatz).

Die Ausübung von Sport als Vereins- oder Freizeitsport – auch auf Anlagen in öffentlicher Hand – führt zu einer Vielzahl nachbarlicher Konflikte. Abwehransprüche sind dann vor den Verwaltungsgerichten geltend zu machen, wenn Betreiberin die Öffentliche Hand ist, auch wenn sie den Platz Vereinen oder Freizeitsportlern überläßt (BVerwG NJW 1989, 1291). Als Anspruchsgrundlagen kommen die §§ 1004, 906 BGB *analog* in Betracht, daneben kann auch auf den

Sportlärm

öffentlichrechtlichen →Folgenbeseitigungsanspruch oder auf die Art. 2 Abs. 2 Satz 1 und 14 Abs. 1 Satz 1 GG zurückgegriffen werden (BVerwG aaO). In allen Fällen ergeben sich vom Beurteilungsmaßstab dafür, was an Sportlärm hingenommen werden muß, keine Abweichungen. Der Sportplatz ist so zu benutzen, daß Geräusche, die nach Art, Ausmaß oder Dauer geeignet sind, erhebliche Belästigungen für die Nachbarschaft herbeizuführen, zu verhindern, soweit sie nach dem Stand der Technik vermeidbar sind und, soweit das nicht der Fall ist, auf ein Mindestmaß zu beschränken sind (§§ 22 Abs. 1, 3 Abs. 1 BImSchG). Das BVerwG hat in seiner Entscheidung als erhebliche Lärmbeeinträchtigungen eines schon lange vor dem Sportplatz ansässigen unmittelbaren Anliegers angesehen:
- die Benutzung von Startschußpistolen und Megaphonen wegen der dabei erzeugten Spitzenwerten von 68 bis zu 100 Dezibel auf dem Grundstück des Klägers,
- das Fußballspielen an Sonn- und Feiertagen sowie an Werktagen nach 19 Uhr wegen Spitzenwerten von 72 bis 76 Dezibel,
- das gezielte Torschußtraining bei Spitzenwerten von 62,8 Dezibel.

Nicht beanstandet wurde das Fußballspielen an Samstagnachmittagen. Das BVerwG stellt heraus, daß die zwar förderungswürdige Sportausübung nicht vom Gebot der Rücksichtnahme auf nachbarliche Belange befreit. Neuer Maßstab für die Beurteilung der von *Sportanlagen* ausgehenden schädlichen Umwelteinwirkungen durch Geräusche ist die 18. VO zur Durchführung des Bundesimmissionsschutzgesetzes (Sportanlagenlärmschutzverordnung). Diese Verordnung (BGBl. I, 1588) ist in Kraft seit 27. 10. 1991. Auf der Grundlage des § 23 BImSchG werden nun
- Immissionsschutzwerte festgesetzt,
- das Verfahren zur Ermittlung und Beurteilung des Lärms geregelt,
- Schutzmaßnahmen vorgeschlagen.

Anwendbar ist die Verordnung auf Sportanlagen, die nach dem BImSchG keiner Genehmigung bedürfen, also Fußballstadien, Sport- und Tennisplätze, Schwimmbäder, Turnhallen, Eislaufbahnen, Kegel- und Bowlingbahnen.

Nicht anwendbar ist die VO auf Kinderspielplätze und Freizeitsport auf Wegen und Plätzen. Ein kleiner Bolzplatz als Teil eines Kinderspielplatzgeländes ist keine Sportanlage im Sinne der Verordnung (OVG Berlin MDR 1994, 169f.).

Die im einzelnen festgesetzten Immissionsrichtwerte dürfen nur kurzzeitig überschritten werden. Ihre Beurteilung und Ermittlung ergibt sich aus dem Anhang zur Verordnung.

Für Sportanlagen können *Betriebszeiten* festgelegt werden.

Zur Erfüllung der Pflichten zur Eingrenzung des Lärms hat der Betreiber

Sprengstoffabrik (Munitionsfabrik)

- insbesondere an Lautsprecheranlagen und ähnlichen Einrichtungen technische Maßnahmen zu treffen,
- technische und bauliche Schallschutzmaßnahmen, wie z. B. die Verwendung lärmgeminderter Ballfangzäune oder die Errichtung von Schallschutzwänden, zu ergreifen,
- Vorkehrungen zu treffen, daß Zuschauer keine lärmerzeugenden Instrumente wie z. B. druckgasbetriebene Lärmfanfaren verwenden sowie
- An- und Abfahrtswege und Parkplätze durch Maßnahmen betrieblicher und organisatorischer Art so zu gestalten, daß schädliche Umwelteinwirkungen durch Geräusche auf ein Mindestmaß beschränkt werden.

Werden die Richtwerte der Sportanlagenlärmschutzverordnung überschritten, so ist von einer →wesentlichen Beeinträchtigung im Sinne des § 906 BGB auszugehen (BGH NJW 1983, 751; 1990, 2465), weil diese Werte dem „Umweltstandard" entsprechen, von dem der Tatrichter auszugehen hat.

Die Regeln der Verordnung sind zwar in erster Linie im *öffentlichen* Recht anzuwenden; sie sind aber auch zur Beurteilung zivilrechtlicher Nachbarkonflikte heranzuziehen (Schmitz, NVwZ 1991, 1126f.; Dury, NJW 1994, 302f.). Diese bisher in der Rechtsprechung strittige Frage ist durch die Neufassung des § 906 BGB i. d. Fassung des Art. 2 § 4 Sachenrechtsbereinigungsgesetz (BGBl. I 1994 Nr. 63) ab 1. 10. 1994 gelöst.

Nunmehr liegt nach § 906 BGB eine unwesentliche Beeinträchtigung *in der Regel* vor, wenn die in Gesetzen oder Rechtsverordnungen festgesetzten Grenz- oder Richtwerte von den nach diesen Vorschriften ermittelten oder bewerteten Einwirkungen nicht überschritten werden. Gleiches gilt für Werte in allgemeinen Verwaltungsvorschriften, die nach § 48 BImSchG erlassen worden sind und den Stand der Technik wiedergeben. Dabei orientieren sich die maßgeblichen Richtwerte grundsätzlich an den Festsetzungen des *Bebauungsplans* im Einwirkungsbereich der Sportanlage (OLG Zweibrükken, NJW 1992, 1242f.). Nur wenn die tatsächliche Nutzung erheblich vom Bebauungsplan abweicht, ist erstere maßgebend (§ 2 VI 1, 3 SportanlagenlärmschutzVO).

→Fußballplatz.

Sprengstoffabrik (Munitionsfabrik). Die Nachbarschaft zu einer Sprengstoff- oder Munitionsfabrik wird als bedrohlich empfunden, auch wenn man nicht in unmittelbarer Nachbarschaft wohnt.

Der Nachbar (im weiteren Sinne) kann sich dann gegen Errichtung und Betrieb der Anlage wenden, wenn es sich um eine →gefahrdrohende Anlage i. S. des § 907 BGB handelt. Voraussetzung des

Staude

Anspruchs ist, daß durch den Betrieb mit *Sicherheit* unzulässige Einwirkungen auf sein Grundstück ausgehen, die Folge des *normalen* Zustands und der *ordnungsgemäßen* Benutzung der Anlage sind. Dies ist nach dem heutigen Stand der Technik und Arbeitssicherheit nicht mehr der Fall (Anders noch das RG in RGZ 101, 102f. und RG JW 1923, 289).

→ Atomkraftwerk, Raketenlager.

Staub. Die → Einwirkung durch Staub fällt unter die Zuführungen i. S. von § 906 BGB. Sie muß geduldet werden, wenn sie die Benutzung des Grundstücks nicht oder nur unwesentlich (→ wesentliche Beeinträchtigungen) beeinträchtigt. Hierfür entscheidend ist das Ausmaß der Immission und das Empfinden eines → Durchschnittsmenschen. Eine *wesentliche* Beeinträchtigung liegt immer dann vor, wenn durch den Staub ein Öffnen der Fenster nicht möglich ist oder wenn es beim Öffnen zu Staubablagerungen in der Wohnung kommt.

Im übrigen kommt es bei der Frage der Wesentlichkeit auch entscheidend auf die Art der Grundstücksnutzung an. So können Staubniederschläge die Benutzung eines Wohngrundstücks wesentlich und die eines gewerblich genutzten Grundstücks nur unwesentlich beeinträchtigen (OLG Hamm BB 1972, 1074).

Liegt eine wesentliche Beeinträchtigung vor, so ist bei → Ortsüblichkeit auch diese zu dulden, wenn sie nicht durch wirtschaftlich zumutbare Maßnahmen verhindert werden kann (§ 906 Abs. 2 Satz 1 BGB). In diesen Fällen hat der Beeinträchtigte → Ausgleichsansprüche nach § 906 Abs. 2 Satz 2 BGB.

Zur Frage der Wesentlichkeit der Einwirkung siehe auch Nr. 3.1.3 und 3.1.4 der → TA-Luft.

Beachte ferner bei Rauch, Ruß und Staub die Grenzwerte nach der 1., 2., 3., 7. und 13. Bundesimmissionsschutzverordnung sowie weitere Verwaltungsvorschriften und die immissionsschutzrechtlichen Vorschriften der Länder (vgl. zu allem: MüKo-Säcker, Fn. 110 zu § 906 BGB)

Staude. Im Gegensatz zu Bäumen und Sträuchern ist für Staudengewächse kein Grenzabstand vorgeschrieben; ein Strauch ist ein Holzgewächs, dessen Stamm sich schon von der Wurzel an in mehrere über der Erde als Einzelsträucher erscheinende Äste teilt. Sträucher sind z. B. Forsythien, Flieder und Holunder. Staudengewächse sind daran zu erkennen, daß bei ihnen alle über dem Boden befindlichen Teile im Herbst absterben. Stauden sind z. B. Malven oder Rittersporn. Himmbeere und Brombeere sind sog. Halbsträucher, die den Sträuchern gleichgestellt sind; bei ihnen handelt es sich um Holzge-

Steinbruch

wächse, bei denen die Zweige, die Früchte getragen haben, im Herbst absterben, während die anderen verholzen (Meisner-Ring, § 18 RdNr. 2).

Steinbruch → Steine → feste Körper → Einwirkungen.

Steine. Steine und andere größere → feste Körper zählen nicht zu den → ähnlichen Einwirkungen i. S. des § 906 BGB.

Dringen Steine etwa infolge von Arbeiten in einem → Steinbruch auf ein fremdes Grundstück ein, so kann sich eine Duldungspflicht in Ausnahmefällen aus dem Gesichtspunkt des → nachbarschaftlichen Gemeinschaftsverhältnissen ergeben (BGHZ 28, 225f.).

Störer. Anspruchsgegner bei der Geltendmachung von Ansprüchen auf Beseitigung oder Unterlassung von Beeinträchtigungen ist der Störer (§ 1004 Abs. 1 BGB). Störer ist immer der unmittelbar Einwirkende, aber auch der, auf dessen Willen die Beeinträchtigung mittelbar zurückgeht, wenn er sie verhindern kann (→ Kunden- und Lieferantenlärm).

Störer kann auch der Vermieter oder Verpächter neben dem Mieter sein, der Anspruch besteht dann wahlweise gegen jeden.

Ob auch der *Arbeitnehmer,* der im Zusammenhang mit seiner Arbeit eine Beeinträchtigung hervorruft, neben dem Unternehmer als Störer anzusehen sein wird, ist strittig (bejahend: BGH DB 1979, 544).

Das Eigentum an einer Sache allein macht den Eigentümer noch nicht zum Störer.

Verantwortlich ist dagegen auch der Bauherr für den durch das Bauunternehmen verursachten Lärm (BGH NJW 1962, 1342).

Neben dem Halter von Tauben ist auch der Störer, der die Tauben durch ständiges Füttern heranzieht und seßhaft macht (LG Berlin MDR 1966, 146; → Kleintiere).

Dies gilt auch für den, der fremde Katzen füttert, die anschließend ein Nachbargrundstück betreten. Hierfür trägt der, der die Katzen füttert, Mitverantwortung. Von ihm kann zwar nicht verlangt werden, daß er Maßnahmen trifft, daß die fremden Katzen nicht mehr den Grund des Nachbarn betreten (→ Klageantrag), ihm kann jedoch das *Füttern* fremder Katzen verboten werden (OLG Köln MDR 1989, 355).

Störer ist auch der Eigentümer oder Besitzer eines Grundstücks, auf das von Dritten unerlaubt Müll verbracht wird (BVerwG NJW 1984, 817; NJW 1989, 1295). Als Eigentümer und „Abfallbesitzer" i. S. von § 3 Abs. 1 AbfG ist er zur Bereitstellung bzw. Selbstbeseitigung verpflichtet, falls die Verursacher nicht zu ermitteln sind.

Sturmschaden

Straßenlärm → Verkehrslärm.

Straßenleuchten. Zu den ähnlichen → Einwirkungen i. S. des § 906 BGB zählen auch die sog. Lichtimmissionen. Fühlt sich der Anlieger dadurch gestört, so kann er seine Ansprüche auf dem Verwaltungsgerichtsweg (§ 40 VwGO) gegen die Gemeinde, das Land oder die Bundesrepublik (je nach dem, wer verantwortlicher Betreiber der Leuchtanlage ist) geltend machen. Anspruchsgrundlage sind die §§ 1004, 906 BGB analog, nicht § 22 Abs. 1 Satz 1 BImSchG (VGH München, NJW 1991, 2660f.). Dennoch geben die Vorschriften des BImSchG Anhaltspunkte dafür, was zu dulden ist (VGH aaO). Danach dürfen die Lichtimmissionen nicht zu gesundheitlichen Schäden führen oder eine erhebliche Belästigung darstellen. Die aus Gründen der öffentlichen Sicherheit installierte Straßenbeleuchtung muß jeder hinnehmen. Soweit Lichtstrahlen durch das Rollo dringen, wurde die Benutzung von Vorhängen als zumutbar angesehen (VG München, 8 B 87.037 80). Ist der schutzwürdige Außenwohnbereich eines Grundstücks in unzumutbarer Weise von Lichtimmissionen einer Straßenlaterne betroffen, so kann der Grundstückseigentümer von dem Betreiber der Straßenbeleuchtung eine Abschirmeinrichtung verlangen, sofern der Betreiber dies mit geringem Aufwand errichten lassen kann (OVG Lüneburg NVwZ 1994, 713).

Streitgenossen, notwendige (n. St.). Die notwendige Streitgenossenschaft ist ein Begriff des Zivilprozeßrechts (§ 62 ZPO) und betrifft im wesentlichen die Frage, wann mehrere Personen gemeinsam klagen müssen oder zu verklagen sind. Angestrebt wird durch die n. St. eine einheitliche Entscheidung.
  Macht z. B. der Kläger einen Anspruch auf einen → Notweg geltend, so muß er seine Klage gegen sämtliche Miteigentümer richten, anderfalls die Klage als unzulässig abgewiesen wird (BGH NJW 1984, 2210). Ebenso muß das Bestehen einer → Grunddienstbarkeit allen Miteigentümern gegenüber festgestellt werden (BGH NJW 1962, 633).
  Dagegen kann sich der Kläger im Rahmen einer Beseitigungs- oder Unterlassungsklage nach § 1004 BGB bei einer Mehrheit von → Störern auch isoliert gegen nur einen wenden.
  → Lärmquellen, verschiedene

Sturmschaden. Für Sturmschäden, die durch entwurzelte Bäume entstehen, muß der Eigentümer der Pflanzen nicht einstehen. Mit dieser Entscheidung setzte der Bundesgerichtshof (AZ. V ZR 250/92) einen Schlußstrich unter die Folgen des Sturms „Wiebke". Der

Sühneversuch

BGH verneinte damit den geltend gemachten nachbarlichen → Ausgleichsanspruch. Die außergewöhnlichen Ereignisse seien hier nicht als Störung zurechenbar.

Sühneversuch → Privatklageverfahren.

T

Tauben. Führen Tauben durch ihr Gurren oder durch Beschmutzen von Gebäuden oder Grundstücken zu einer Beeinträchtigung des Nachbarn, so wird sich dieser an den Tierhalter wenden. Dieser ist → Störer i. S. des § 1004 BGB. Bei Wildtauben ist ein Tierhalter nicht vorhanden, hier ist Anspruchsgegner derjenige, der durch das Füttern der Tauben diese anzieht (LG Berlin MDR 1966, 146; → Naturkräfte). Dringen Tauben auf das Nachbargrundstück ein, so besteht kein uneingeschränkter Abwehranspruch nach § 1004 BGB, vielmehr kann eine Duldungspflicht nach § 906 BGB bestehen (→ Kleintiere). Tauben sind nämlich ähnliche Einwirkungen i. S. des § 906 BGB (RG JW 1911, 588). Danach ist Voraussetzung, daß durch die Tauben eine → wesentliche Beeinträchtigung der Grundstücksnutzung hervorgerufen wird. Liegt eine wesentliche Beeinträchtigung vor, so muß auch diese hingenommen werden, wenn sie → ortsüblich ist und nicht durch Maßnahmen, die wirtschaftlich zumutbar sind, verhindert werden können (§ 906 Abs. 2 Satz 1 BGB). Der Lärm von Haustieren bei artgerechtem Verhalten ist im Normalfall ortsüblich (→ Tierlärm). Das Beschmutzen von Nachbargebäuden durch Tauben muß dagegen nicht hingenommen werden.

Taubendreck. Für die Beseitigung von Taubendreck auf dem Balkon ist der *Vermieter* zuständig. Die Reinigungspflicht im Mietvertrag erfaßt nach einer Entscheidung des AG Hamburg (41 C 1766/89) nicht die durch Umwelteinflüsse betroffenen Gebäudeteile wie Balkon, Dach und Gehweg.

Taubenhaltung. Einem Züchter kann zwar auf seinem Grundstück die Zucht als solche nicht verboten werden, wohl aber können ihm mit Rücksicht auf die Nachbarn zahlenmäßige Beschränkungen auferlegt werden. Das OLG Celle (4 U 130/87) legte die zumutbare Höchstzahl auf 20 Tiere fest.

Technische Anleitung zum Schutz gegen Lärm (TA-Lärm). Die TA-Lärm ist eine allgemeine Verwaltungsvorschrift des Bundes vom 16. 7. 1968, veröffentlicht in der Beilage zum Bundes-

Technische Anleitung zum Schutz gegen Lärm

anzeiger Nr. 137 vom 26. 7. 1968. Die TA-Lärm ist bei der Genehmigung von Anlagen von den *Behörden* zu beachten, sie gibt darüberhinaus dem *Zivilrichter* bei Lärmprozessen einen allgemeinen Anhalt (BGH NJW 1966, 1858; BGH WM 1971, 134; BGH NJW 1983, 751). Diese bisher in der Rechtsprechung strittige Frage ist durch die Neufassung des § 906 BGB i. d. Fassung des Art. 2 § 4 Sachenrechtsbereinigungsgesetz (BGBl. I 1994 Nr. 63) ab 1. 10. 1994 gelöst.

Nunmehr liegt nach § 906 BGB eine unwesentliche Beeinträchtigung *in der Regel* vor, wenn die in Gesetzen oder Rechtsverordnungen festgesetzten Grenz- oder Richtwerte von den nach diesen Vorschriften ermittelten oder bewerteten Einwirkungen nicht überschritten werden. Gleiches gilt für Werte in allgemeinen Verwaltungsvorschriften, die nach § 48 BImSchG erlassen worden sind und den Stand der Technik wiedergeben.

Der von einer Anlage ausgehende Lärm wird als Immission bezeichnet, die TA-Lärm stellt sog. *Immissionsrichtwerte* auf. Die Lautstärke wird in der Einheit →Dezibel A (dB (A)) gemessen (→Lärmmessung).

Die TA-Lärm setzt die Immissionsrichtwerte wie folgt fest:

a) für Gebiete, in denen nur gewerbliche oder industrielle Anlagen und Wohnungen für Inhaber und Leiter der Betriebe sowie für Aufsichts- und Bereitschaftspersonal untergebracht sind, auf 70 dB (A)

b) für Gebiete, in denen vorwiegend gewerbliche Anlagen untergebracht sind, auf tagsüber 65 dB (A)
nachts 50 dB (A)

c) für Gebiete mit gewerblichen Anlagen und Wohnungen, in denen weder vorwiegend gewerbliche Anlagen noch vorwiegend Wohnungen untergebracht sind, auf tagsüber 60 dB (A)
nachts 45 dB (A)

d) Gebiete, in denen *vorwiegend Wohnungen* untergebracht sind, auf tagsüber 55 dB (A)
nachts 40 dB (A)

e) Gebiete, in denen *ausschließlich Wohnungen* untergebracht sind, auf tagsüber 50 dB (A)
nachts 35 dB (A)

f) Kurgebiete, Krankenhäuser und Pflegeanstalten auf tagsüber 45 dB (A)
nachts 35 dB (A)

g) Wohnungen, die mit der Anlage baulich verbunden sind, auf tagsüber 40 dB (A)
nachts 30 dB (A)

Technische Anleitung zur Reinhaltung der Luft

Die Nachtzeit dauert von 22 Uhr bis 6 Uhr, sie kann 1 Stunde hinausgeschoben oder vorverlegt werden, wenn dies wegen der besonderen örtlichen oder wegen zwingender betrieblicher Verhältnisse erforderlich und eine achtstündige Nachtruhe des Nachbarn sichergestellt ist.

Technische Anleitung zur Reinhaltung der Luft (TA-Luft). Die TA-Luft vom 27. 2. 1986 stellt eine auf der Grundlage von § 48 des BImSchG erlassene Verwaltungsvorschrift der Bundesregierung dar (GMBl. S. 95). Sie dient dem Schutz der Allgemeinheit und der Nachbarschaft vor schädlichen Luftverunreinigungen. Sie ist zu beachten bei Errichtung und Änderung von Anlagen i. S. von § 6 BImSchG, bei nachträglichen Anordnungen nach § 17 BImSchG sowie bei Anordnungen nach § 20 BImSchG. Dabei sind als *Immission* diejenigen Luftverunreinigungen zu verstehen, die sich auf Menschen, Tiere, Pflanzen und Sachen auswirken, während *Emissionen* die von einer Anlage ausgehende Luftverunreinigung ist.

Außer der TA-Luft sind weitere Grenzwertvorschriften des Bundes und der Länder erlassen worden (→ Staub), die zu beachten sind. Im Streitfall entscheidet das Gericht über die Lästigkeit der Luftverunreinigung aber ohne an diese Grenzwerte gebunden zu sein (BGHZ 70, 102). Diese bisher in der Rechtsprechung strittige Frage ist durch die Neufassung des § 906 BGB i. d. Fassung des Art. 2 § 4 Sachenrechtsbereinigungsgesetz (BGBl. I 1994 Nr. 63) ab 1. 10. 1994 gelöst.

Nunmehr liegt nach § 906 BGB eine unwesentliche Beeinträchtigung *in der Regel* vor, wenn die in Gesetzen oder Rechtsverordnungen festgesetzten Grenz- oder Richtwerte von den nach diesen Vorschriften ermittelten oder bewerteten Einwirkungen nicht überschritten werden. Gleiches gilt für Werte in allgemeinen Verwaltungsvorschriften, die nach § 48 BImSchG erlassen worden sind und den Stand der Technik wiedergeben.

Bei Überschreiten der Grenzwerte ist allerdings eine → wesentliche Beeinträchtigung anzunehmen (OVG Münster NJW 1976, 2360).

Dabei ist nicht Voraussetzung, daß die Grenzwerte *dauernd* überschritten werden. In Fällen von erheblichen Schäden kann sogar eine einmalige Immission zur Bejahung der Wesentlichkeit ausreichen (BGH DB 1958, 1039).

Werden die Grenzwerte unterschritten, so schließt dies die Annahme einer wesentlichen Beeinträchtigung nicht aus. Entscheidend sind nicht die Grenzwerte der TA-Luft allein, über die Wesentlichkeit entscheidet vielmehr der Richter unter Heranziehung des Empfinden eines → Durchschnittsmenschen (BGH NJW 1958, 1393).

Tennisplatz

Telefonzelle. Das Aufstellen von Telefonzellen durch die Bundespost in nur geringem Abstand zu Wohnhäusern ist nur dann zulässig, wenn kein anderer Aufstellort zur Verfügung steht (OVG Koblenz 6 A 16/85).

Tennisplatz. 1. Der von einem Tennisplatz ausgehende Lärm kann zur völligen Untersagung des Spielbetriebs führen (BGH NJW 1983, 751).

Entscheidend ist nicht die Lautstärke des Lärms, vielmehr die Lästigkeit des Lärms mit dem erzeugten Impulscharakter (siehe hierzu VGH München, BauR 1982, 141 (142)).

Bei der Frage des erzeugten Lärms sind die Richtwerte der →VDI – Richtlinie 2058 als Anhaltspunkt verwendbar, die mit den Werten der →TA-Lärm übereinstimmen.

Der vom BGH entschiedene Fall befaßt sich mit einer vom Sachverhalt her wohl seltenen Lage, bei der ein Tennisplatz lediglich 4 m vom Wohnhaus des Klägers entfernt lag. Da Abhilfemöglichkeiten nicht gegeben waren, kam es zum Ausspruch der völligen Untersagung des Spielbetriebs (→Klageantrag).

Der Fall hat zu einer großen Diskussion innerhalb der sporttreibenden Bevölkerung geführt. Nicht nur Tennisplätze, auch viele andere Sportplätze liegen in Wohngebieten. Oft waren die Sportplätze schon vorhanden, ehe die Bebauung mit Wohnhäusern heranrückte. Auf diesen zeitlichen Vorrang kommt es nach der Rechtsprechung nicht an (→Priorität). Auch jeder, der erst nach vielen Jahren in die Nähe eines Tennis- oder Sportplatzes zuzieht, kann sich darauf berufen, der Sportlärm beeinträchtige ihn wesentlich i. S. des § 906 BGB. Zudem hat die völlige Untersagung jeglichen Spielbetriebs kein Verständnis in Sportkreisen gefunden, die darauf gehofft hatten, wenigstens teilweise den Spielbetrieb aufrechterhalten zu können.

2. Rechtliche Probleme bezüglich Tennisplätzen gibt es aber nicht nur, wenn diese erstellt sind und betrieben werden, vielmehr auch bereits im baurechtlichen Genehmigungsverfahren. Nach der Baunutzungsverordnung sind die Flächen in bestimmte Arten der Nutzung zu gliedern. Gemäß § 15 BauNVO sind bauliche Anlagen unzulässig, wenn sie nach Anzahl, Lage, Umfang oder Zweckbestimmung der Eigenart des Baugebiets widersprechen. Ebenfalls sind Anlagen unzulässig, wenn von ihnen Beeinträchtigungen oder Störungen ausgehen können, die innerhalb des Baugebiets unzumutbar sind. Die Vorschrift des § 15 Abs. 1 BauNVO ist vom BVerwG unter Aufgabe der früheren Rechtsprechung als →nachbarschützende Vorschrift (→Nachbarklage) angesehen worden. Der einzelne

Tieffluglärm

kann somit als Nachbar im Baugenehmigungsverfahren schon seine Rechte geltend machen (BVerwG NJW 1984, 138).

Tennisplätze in *allgemeinen* Wohngebieten werden nach § 4 BauNVO nunmehr von der Rechtsprechung als unzulässig angesehen (BVerwG BauR 1985, 662; BVerwG NJW 1986, 393f.; BayVGH BayVBl. 1986, 23). Auf einem Campingplatz in einem Erholungspark (neben dem Schwimmbad) müssen die Geräusche des Tennisspiels im Hinblick auf die Mobilität der Nutzer des Campingplatzes hingenommen werden (OLG Karlsruhe NJW-RR 1989, 145).

Weiterhin zulässig sind sie in sog. *Mischgebieten* gem. § 6 BauNVO, in denen neben Wohnhäusern auch z.B. Gewerbebetriebe wie Tankstellen, Gartenbaubetriebe, Geschäfts- und Bürogebäude errichtet werden können.

Tieffluglärm (T.). Abwehransprüche gegen T. sind vor den *Verwaltungsgerichten* geltend zu machen. Als Anspruchsgrundlage kommt § 1004 Absatz 1 Satz 2 BGB analog in Betracht.

Das →Eigentumsherrschaftsrecht erstreckt sich auch auf den →Luftraum. Auch der Luftraum ist nach § 1 Luftverkehrsgesetz grundsätzlich frei, aber durch luftverkehrsrechtliche Vorschriften beschränkt. Nach § 6 LuftVO darf die Sicherheitsmindesthöhe nur unterschritten werden, soweit es bei Start und Landung notwendig ist. Sicherheitsmindesthöhe ist die Höhe, bei der weder eine unnötige Lärmbelästigung noch im Falle einer Notlandung eine unnötige Gefährdung zu befürchten ist. Nach einer Entscheidung des Verwaltungsgerichts Darmstadt (NJW 1988, 3170f.) beträgt bei strahlgetriebenen Flugzeugen der Bundeswehr die *Sicherheitsmindesthöhe 450 m*.

Tiefflüge unterhalb dieser Grenze sind nur erlaubt, wenn dies zur Herstellung und Aufrechterhaltung der Einsatzbereitschaft zwingend notwendig ist. Dies hat die →Bundeswehr im einzelnen darzutun und zu beweisen. →Fluglärm.

Zur Frage der Klagebefugnis kommunaler Gebietskörperschaften gegen Tiefflüge und des Vorgehens gegen NATO-Partner siehe VG Oldenburg in NJW 1989, 1942f.

Tierhaltung. 1. Das Halten von Katzen, Hunden und sonstigen Kleintieren gehört heute auch im Stadtgebiet zur üblichen Benutzung eines Grundstücks.

Einschränkungen bei der Tierhaltung können sich durch Gemeindeverordnungen ergeben, soweit es um eine ansonsten nicht übliche Haltung von Tieren in Ställen geht. In Fällen dieser Art ist eine Genehmigung für die Tierhaltung nötig, so wenn der Eigentümer oder Besitzer eines Grundstücks etwa Pferde oder andere größere

Tierhaltung

Tiere im Stadtgebiet hält, die in Ställen gehalten werden. So ermöglicht z. B. in Bayern Art. 14 des Bayerischen Immissionsschutzgesetzes gemeindliche Verordnungen, um Dritte vor unnötigen Störungen durch die Tierhaltung zu schützen.

Auch Hamburg hat über das Halten und Beaufsichtigen von Hunden und Katzen eine Verordnung vom 15. 10. 1963 (GVBl. S. 185) erlassen, in der Fragen der Haltung (an der Leine, mit Maulkorb, Hinweisschild auf Wachhund oder bissigen Hund, Mitnehmen von Hunden in Geschäfte, Einfangen frei herumlaufender Hunde) geregelt sind.

In den übrigen Bundesländern existieren Verordnungen, die sich mit Fragen des Tierlärms und ev. gesundheitlichen Beeinträchtigungen befassen.

Nicht zur üblichen Benutzung eines Grundstücks gehört dagegen das Halten *gefährlicher* Tiere. Eine Ordnungswidrigkeit liegt vor, wer ein gefährliches Tier einer wildlebenden Art sich frei umherbewegen läßt oder als Verantwortlicher für die Beaufsichtigung eines solchen Tieres es unterläßt, die nötigen Vorsichtsmaßnahmen zu treffen, um Schäden durch das Tier zu verhüten (§ 121 OWiG).

2. Streit über die Berechtigung zur Tierhaltung gibt es oft im Verhältnis *Mieter – Vermieter*. Hier sind verschiedene Fallgestaltungen möglich.

a) Enthält der Mietvertrag keine besonderen Vereinbarungen, so ist die Haltung der üblichen Haustiere gestattet, so lange dadurch erhebliche Belästigungen der Mitbewohner nicht eintreten.

b) Ist im Mietvertrag die Klausel vorhanden, der Mieter sei zur Tierhaltung berechtigt, so darf er die üblichen Haustiere für die Dauer des Mietvertrags mit dem Recht der Neuanschaffung halten.

c) Haben die Mietvertragsparteien die Tierhaltung an die *Erlaubnis* des Vermieters geknüpft, so ist strittig, ob dieser die Erlaubnis nach freiem Belieben versagen darf oder ob er berechtigte Gründe für seine Verweigerung dartun muß.

Die Rechtsprechung hierzu ist uneinheitlich (LG Berlin ZMR 1975, 217; LG Wuppertal WM 1978, 167; OLG Hamm WM 1981, 53; OLG Karlsruhe WM 1981, 248)

d) Das totale Verbot der Tierhaltung in einem *Formularmietvertrag* ist ein Verstoß gegen das Verbot der unangemessenen Benachteiligung nach § 9 Abs. 1 AGBG. Der Bundesgerichtshof hat mit Urteil vom 20. 1. 1993 (Az. VIII ZR 10/92) ein solches totales Verbot für unzulässig erklärt. Zu beachten ist, daß hiervon nur sog. Formularmietverträge betroffen sind, also solche, die nicht zwischen den Vertragspartnern detailliert ausgehandelt wurden, vielmehr durch Unterzeichnung von Mustern zustandegekommen sind. Ist eine Klausel in einem solchen Vertrag unzulässig, so

Tierhalterhaftung

gelten die *gesetzlichen* Regelungen. Der Vermieter kann auch nachträglich nicht verlangen, daß der Mieter einen neuen (geänderten) Vertrag unterzeichnet. In einem ausgehandelten Vertrag (sog. Individualvertrag) kann die Tierhaltung weiterhin ausgeschlossen werden (OLG Hamburg ZMR 1963, 40).
e) Hält der Mieter Tiere, die ihrer Natur nach keine Störungen hervorrufen (Fische, Goldhamster etc.), so ist eine Einwilligung des Vermieters nicht nötig.
Nicht zu den zu duldenden Kleintieren gehören allerdings Ratten (LG Essen, 1 S 497/90).
3. Wegen der Tierhaltung durch *Wohnungseigentümer* wird auf das Stichwort Hausordnung (5.6) verwiesen.
→Hundehaltung, Schlangenhaltung, Taubenhaltung.

Tierhalterhaftung. Wird durch ein Tier ein Personen- oder Sachschaden verursacht, so haftet der Tierhalter auch ohne Verschulden gem. § 833 Abs. 1 BGB. Handelt es sich um ein Haustier, das dem Beruf, der Erwerbstätigkeit oder dem Unterhalt des Tierhalters dient, ist die Haftung eingeschränkt. Hat hier der Tierhalter bei der Beaufsichtigung des Tieres die nötige Sorgfalt beobachtet oder wäre der Schaden auch bei gehöriger Sorgfalt entstanden, so haftet der Tierhalter gem. § 833 Abs. 2 nicht.
Bei Bienen handelt es sich um keine Haustiere, so daß für Bienenschäden immer gehaftet wird (RGZ 158, 388).
Bienenanflug und die dadurch bedingte Blütenbestäubung sind →ähnliche Einwirkungen i.S. von § 906 Abs. 1 BGB. Ansprüche aus Tierhalterhaftung scheiden aber dann aus, wenn der vom Bienenflug betroffene Grundstückseigentümer keinen Abwehranspruch hat (§ 906 Abs. 2 S. 1 BGB). Hierzu und zur Frage etwaiger Ausgleichsansprüche nach § 906 Abs. 2 S. 2 BGB siehe die Entscheidung des BGH in NJW 1992, 1389f.

Tierlärm. Fühlt sich ein Nachbar durch Tierlärm erheblich belästigt, so ist zunächst zu prüfen, ob die →Tierhaltung als solche gestattet ist. Weiter ist zu beachten, ob die Tierhaltung den Vorschriften des *Tierschutzes* entspricht. In vielen Fällen wird der vom Tier erzeugte Lärm davon herrühren, daß das Tier nicht artgemäß versorgt wird oder nicht die verhaltensgerechte Unterbringung erfährt oder in seinem Bewegungsbedürfnis zu sehr eingeschränkt ist. In Fällen dieser Art können die Tiere dem Halter von der zuständigen Behörde weggenommen werden (§ 2 Tierschutzgesetz).
Bei der zivilrechtlichen Verfolgung von Ansprüchen stellt sich schließlich die Frage, ob durch den Tierlärm die Benutzung des Grundstücks mehr als unwesentlich i.S. von § 906 BGB beeinträch-

Treu und Glauben

tigt wird. Eine →Lärmmessung im üblichen Sinne wird hier wegen der Unregelmäßigkeit des Geräuschs nicht möglich sein. Bei der Frage, ob eine wesentliche Beeinträchtigung vorliegt, ist wieder auf das Empfinden eines →Durchschnittsmenschen abzustellen, ferner auf Häufigkeit und Tageszeit der Störung. Entscheidend ist nicht die Lautstärke als solche, vielmehr die besondere *Lästigkeit* des Tierlärms die sich auch bei zeitweiligen Pausen aus der Geräuscherwartung ergibt. (→Hundegebell).

Liegt eine wesentliche Beeinträchtigung durch Tierlärm vor, so können Ansprüche auf Beseitigung/Unterlassen nach § 1004 BGB dann entfallen, wenn der Tierlärm →ortsüblich ist und nicht durch zumutbare Maßnahmen verhindert werden kann (§ 906 Abs. 2 Satz 1 BGB). Beim Vorliegen dieser beiden Voraussetzungen wird der Anspruchsteller von § 906 Abs. 2 Satz 2 BGB auf →Ausgleichsansprüche in Geld verwiesen.

Entscheidungen zur Frage der Ortsüblichkeit der Tierhaltung:
1. Die *gewerbliche* Hundehaltung in Wohngebieten ist nur eingeschränkt bis zu einem gewissen Alter der Hunde ortsüblich (LG Baden-Baden MDR 1958, 604; OLG Koblenz NJW 1973, 290).
2. Die *Hühnerhaltung* in reinen Wohngebieten ist nicht ortsüblich (LG Stuttgart RdL 1967, 49; LG Augsburg RdL 1983, 264).
3. *Bullenmast* in ländlicher Gegend ist ortsüblich, auch wenn die Bebauung durch Wohnhäuser bis auf 100 m herangerückt ist (VGH München AgrR 1981, 198).
4. *Bienenhaltung* ist im Stadtgebiet nicht ortsüblich (BGH BB 1959, 761; →Bienen).

Tonübertragung. Außer dem Bund (→Bundesimmissionsschutzgesetz) haben auch die Länder Immissionsschutzgesetze erlassen, die →nachbarschützende Vorschriften enthalten (Landes-Immissionsschutzgesetze). So ist es nach Art. 13 des Bayerischen Immissionsschutzgesetzes verboten, Tonübertragungsgeräte oder Tonwiedergabegeräte auf öffentlichen Wegen, Straßen, Plätzen, öffentlichen Anlagen, in freier Natur oder Freibadegeländen zu benutzen, wenn dadurch andere gestört werden. Belästigungen dieser Art haben sich allerdings durch den Fortschritt der Technik weitgehend von selbst dadurch gelöst, daß sich die Musikhörer mittels der Walk-man-Geräte nur noch selbst beschallen.

Trepp- und Schwengelrecht →Betreten von Nachbargrund.

Treu und Glauben. Der Grundsatz von Treu und Glauben gilt auch im Sachenrecht und hat hier seine Ausprägung im sog. →nachbarschaftliches Gemeinschaftsverhältnis erfahren.

Türe im Gartenzaun

Der Grundsatz von Treu und Glauben begründet in der Regel keine eigenen Ansprüche, sondern wirkt sich als bloße Schranke der Rechtsausübung aus (BGH NJW 1984, 730).

Seine Anwendung beschränkt sich auf Ausnahmefälle, deren Besonderheit einen über die gesetzlichen Regelungen der §§ 906 ff. BGB hinausgehenden billigen Ausgleich der widerstreitenden Interessen zwingend geboten erscheinen läßt.

Türe im Gartenzaun. Der Eigentümer eines Grundstücks ist zivilrechtlich grundsätzlich nicht verpflichtet, sein Grundstück durch Grenzeinrichtungen abzugrenzen (→ Einfriedung). Umgrenzt er es jedoch mit einem Gartenzaun und errichtet er dabei eine zum Nachbargrundstück liegende Türe im Gartenzaun, so wird dies als → gefahrdrohende Anlage i. S. von § 907 BGB angesehen (BayOGH 8, 284). Die Türe an der Grenze zum Nachbargrundstück deutet nämlich darauf hin, daß durch die Tür unzulässig das Nachbargrundstück betreten wird oder vom Nachbargrundstück aus das eigene Grundstück betreten werden soll.

Tür- und Fensterrecht. Die Nachbargesetze der Länder (→ Nachbarrecht Bund/Land) sehen Bestimmungen darüber vor, in welchem Abstand Fenster zur Grenze des Nachbargrundstücks angebracht werden dürfen und welche sonstigen Anforderungen zu stellen sind (→ Fensterrecht). Lage und Beschaffenheit von Fenstern sind nachbarrechtlich wegen der Möglichkeit der Einsicht in das fremde Grundstück oft von großer Bedeutung. Diese Einsicht ist allerdings auch durch *Türen* zum Nachbargrundstück möglich. Die Nachbargesetze in Hessen, Nordrhein-Westfalen und Schleswig-Holstein stellen daher Türen den Fenstern und sonstigen Lichtöffnungen gleich. Dies ist in *Bayern* nicht der Fall. Art. 43 AGBGB bestimmt hier jedoch, daß bei Fenstern im Abstand von weniger als 60 cm vom bebauten Nachbargrundstück diese auf Verlangen des Nachbarn so eingerichtet werden müssen, daß bis zur Höhe von 1,80 m über dem hinter ihnen befindlichen Boden weder das Öffnen noch das Durchblicken möglich ist.

U

Überbau. § 912 BGB regelt den Fall, wann der Nachbar ein teilweise auf seinem Grund stehendes (oder in seinen Grund ragendes) Gebäude dulden muß.

Die Duldungspflicht geht auf den Gedanken zurück, daß eine unnötige Vernichtung von Werten aus öffentlichen Interessen vermie-

Überfall

den werden soll. Als Ausgleich für den Überbau wird gem. § 912 Abs. 2 BGB eine Rente gewährt.

Folgende tatbestandliche Voraussetzungen für eine Duldungspflicht des Überbaus müssen vorliegen:
1. Es muß sich um die Errichtung eines *Gebäudes* handeln. Stehen also Mauern, Zäune, Tore etc. teilweise auf fremdem Grund, so kann uneingeschränkt Beseitigung verlangt werden.
2. Der Überbau muß durch den *Eigentümer* ausgeführt oder wenigstens nachträglich genehmigt worden sein (BGHZ 15, 215).
   Wird der Überbau vom Besitzer ausgeführt, ist die Anwendung des § 912 BGB umstritten.
3. Es muß *über* die Grenze gebaut worden sein. Liegt der Bau völlig auf fremden Grund, so ist § 912 BGB unanwendbar.
4. Der Überbau darf nicht vorsätzlich oder aus grober Fahrlässigkeit erfolgt sein, wobei dem Bauherrn das Verschulden des Architekten zugerechnet wird (BGH NJW 1977, 375).
5. Kein sofortiger Widerspruch nach der Grenzüberschreitung durch den Nachbarn. Inwieweit dritte Personen außer dem Nachbar (= Eigentümer oder Erbbau- oder Dienstbarkeitsberechtigte) Widerspruch erheben können, ist strittig.
6. Zur Eigentumsfrage beim sog. Eigengrenzüberbau siehe grundsätzlich BGH NJW 1990, 1791 f.

Überfall. Nach § 911 BGB, der jedoch keine Anwendung findet, wenn das Nachbargrundstück dem öffentlichen Gebrauch dient, gelten Früchte, die von einem Baum oder einem Strauche auf ein Nachbargrundstück hinüberfallen, als Früchte dieses Grundstücks. § 911 BGB ist eine Sondervorschrift gegenüber der Grundsatzregelung der §§ 953 ff. und gilt für Früchte, die über die Grenze fallen. Abweichend von §§ 953 ff. gehören Früchte eines Baumes oder Strauches, die auf ein Nachbargrundstück hinübergefallen sind, dem Eigentümer dieses Grundstücks. Gemeint sind dabei nur die Früchte im engsten Sinne (Palandt/Bassenge, Anm. 1 zu § 911 BGB), wie zum Beispiel Äpfel, Birnen, Zwetschgen, Beeren und Nüsse, nicht aber ganze Äste und Zweige. Die Vorschrift des § 911 BGB berechtigt den Nachbarn aber nicht dazu, die Früchte selbst abzuschütteln oder abzutrennen. Tut er dies, dann erwirbt er kein Eigentum an den Früchten, sondern haftet auf Schadenersatz nach §§ 823 ff. BGB. Für die Anwendbarkeit von § 911 BGB spielt es keine Rolle, ob die Früchte von einem Ast fallen, der in das Nachbargrundstück hineinragt, oder von einem Ast über dem Grundstück des Baumeigentümers. Auch Früchte, die infolge von Unebenheiten des Bodens in das Nachbargrundstück hinüberrollen, werden Eigentum desjenigen, auf dessen Grundstück die Früchte zum Liegen kommen. Gelten

Überhang

Früchte nach § 911 BGB als Früchte des Nachbargrundstücks, kann der Eigentümer des Baumes diese hinübergefallenen Früchte weder herausverlangen, noch darf er das Nachbargrundstück *betreten,* um etwa die gefallenen Früchte an sich zu nehmen. Daran ändert sich auch dann nichts, wenn der Eigentümer des Baumes den Baum selbst geschüttelt hat und die Früchte dadurch auf das Nachbargrundstück gefallen oder gerollt sind.

Bevor die Früchte auf dem Grundstück des Nachbarn zum Liegen gekommen sind, gehören sie aber dem Eigentümer des Baumes oder Strauches, unabhängig davon, ob der Ast, an dem sich die Früchte befinden, in den Luftraum des Nachbargrundstücks hineinragt oder nicht. Um diese Früchte zu ernten, darf der Eigentümer des Baumes auch in den Luftraum des Nachbargrundstücks hinübergreifen, um die Früchte zu pflücken. Er darf jedoch das Nachbargrundstück zum Abernten nicht betreten, während andererseits der Eigentümer des Grundstücks, in dessen Luftraum der fruchttragende Zweig hinüberragt, die Früchte nicht abschütteln darf, ohne rechtswidrig zu handeln (vgl. Bayer-Lindner, S. 119).

Der Grundgedanke des § 911 BGB ist, daß nachbarrechtlichen Streitigkeiten vorgebeugt werden soll, die dadurch entstehen könnten, daß der Nachbar, der Eigentümer des fruchttragenden Baumes ist, zum Abholen seines Fallobstes das Nachbargrundstück betreten muß (vgl. MüKo-Säcker, § 911 RdNr. 1). Durch § 911 BGB ist dem Eigentümer des Baumes sein ansonsten bestehendes Verfolgungsrecht nach §§ 867, 1005 BGB genommen. Derjenige, der sich die von seinem Baum auf das Nachbargrundstück gefallenen Früchte trotzdem zurückholt, handelt rechtswidrig und begeht verbotene Eigenmacht i. S. d. § 858 BGB.

Hat ein *Dritter* den Baum oder Strauch geschüttelt und dadurch das Fallen der Früchte auf das Nachbargrundstück verursacht, wird ebenfalls der Eigentümer des Grundstücks, auf dem die Früchte zum Liegen kommen, Eigentümer der Früchte.

→ Betreten des Nachbargrundstücks.

Überhang. Vom Nachbargrundstück überhängende → Zweige und eindringende → Wurzeln sind oft Anlaß von Streitigkeiten. Das Gesetz gewährt durch § 910 BGB ein Recht zur → Selbsthilfe, falls durch die Wurzeln oder Zweige die Benutzung des Grundstücks beeinträchtigt wird (§ 910 Abs. 2 BGB). Dies ist der Fall, wenn durch die Wurzeln oder Zweige die wirtschaftliche Nutzung des Grundstücks erschwert oder verhindert wird. Nicht genügend ist der Entzug von Nahrung und Feuchtigkeit durch die Wurzeln und Zweige. Vor Durchführung der Beseitigung von Zweigen hat der beeinträchtigte Nachbar dem Besitzer des Nachbargrundstücks eine

Unterlassung

Frist zur Beseitigung zu setzen, diese Voraussetzung entfällt bei der Beseitigung von Wurzeln.

Das Recht zur Selbstbeseitigung nach § 910 BGB ist auch dann gegeben, wenn Ranken, Schlinggewächse und Hecken in den Luftraum des Nachbarn hineinragen.

§ 910 BGB ist dagegen auf einen herüberragenden *Stamm* nicht anwendbar, hier ist der Beseitigungsanspruch nach § 1004 BGB gegeben.

Beachte: Besteht eine Baumschutzverordnung, so ist die Entfernung von Wurzeln ohne Erlaubnis der zuständigen Behörde nicht zulässig.

Umweltschutzgrundrecht. Der Schutz nachbarrechtlicher Ansprüche kann auch auf das Grundgesetz gestützt werden. Dies ist für Art. 14 GG (Eigentum) anerkannt (BVerwG NJW 1969, 1787), gilt aber auch für die durch Art. 2 Abs. 2 GG geschützten Rechtsgüter wie Leben und Gesundheit (BVerwG NJW 1978, 556), wenn auch nicht mit der Eindeutigkeit wie für Art. 14 GG.

Ein allgemeines grundgesetzlich abgesichertes Recht zum Schutz von Eingriffen in die Umwelt gibt es nicht. Dies gilt auch für die Bayerische Landesverfassung (Art. 141 Abs. 1 und 2), die schon lange den Umweltschutz in die Verfassung aufgenommen hat (BayVerfGH 1986, 75f.). Art. 141 beinhaltet zwar ein Grundrecht auf Naturgenuß im jeweiligen Bestand, enthält aber nur objektives Recht, ohne daß der einzelne Bürger hieraus für sich Rechte herleiten kann.

Ungeziefer. Mäuse und Ratten (Palandt-Bassenge § 906 Rz 14), Fliegen (RGZ 160, 381), Wanzen (OLG Köln in OLGZ 92, 121) und andere Kleintiere, die vom Nachbargrundstück her eindringen, sind „ähnliche Einwirkungen" i. S. d. § 906 Abs. 1 BGB, die im Falle einer →wesentlichen Beeinträchtigung den Beseitigungs- und Unterlassungsanspruch gemäß §§ 906, 862, 1004 BGB auslösen können, sofern der Nachbar als →Störer anzusehen ist.

→Kleintiere.

Unkrautsamen. Dem Nachbarn steht gegen den Grundstückseigentümer, der sein Grundstück verunkrauten läßt, ein klagbarer Anspruch, das Eindringen von Unkrautsamen zu unterbinden, nicht zu (LG Stuttgart MDR 1965, 990).

→Garten, verwildert.

Unterlassung. 1. Wird der Besitzer durch →verbotene Eigenmacht im Besitz gestört oder wird das Eigentum in anderer Weise als

Unterlassung

durch Entziehung oder Vorenthaltung des Besitzes beeinträchtigt, so kann neben dem Anspruch auf *Beseitigung* der Beeinträchtigung auch auf *Unterlassung* geklagt werden (§§ 862, 1004 Abs. 1 Satz 2 BGB).

Dabei muß der Eintritt der ersten Beeinträchtigung nicht abgewartet werden, wenn diese nur hinreichend sicher bevorsteht (BGH NJW 1951, 843; → Wiederholungsgefahr).

Die Geltendmachung des Unterlassungsanspruchs ist wegen der damit gegebenen Möglichkeit der *Zwangsvollstreckung* nach § 890 ZPO ein wirksamer Schutz.

Handelt nämlich der Schuldner einer Unterlassungsverpflichtung im Urteil zuwider, so kann er gemäß § 890 ZPO zu einem *Ordnungsgeld* bis zu 500 000 DM oder zu *Ordnungshaft* bis zu 2 Jahren verurteilt werden.

Dies muß dem Schuldner entweder bereits im Urteil oder danach *angedroht* worden sein (§ 890 Abs. 2 ZPO).

2. Der Anspruch auf Unterlassung ist ausgeschlossen, wenn der Eigentümer zur Duldung verpflichtet ist (§ 1004 Abs. 2 BGB). Daß der Eingriff gerechtfertigt ist muß der → Störer beweisen. Dieser kann sich zunächst auf die allgemeinen Rechtfertigungsgründe der → Notwehr (§ 227 BGB), → Selbsthilfe (§ 229 BGB) und → Notstand (§ 904 BGB) berufen. Auch → dingliche Rechte und schuldrechtliche Verträge können eine rechtfertigende Grundlage für sein Verhalten sein (→ Betreten von Nachbargrund).

Soweit die Eigentums- oder Besitzstörung von einer → genehmigten Anlage i. S. des § 14 BImSchG oder von einem lebenswichtigen Betrieb ausgeht, ist der Unterlassungsanspruch eingeschränkt. Dabei gilt dies wegen der Verweisung auf § 14 BImSchG in § 7 AtomG und § 11 LuftVG auch für → Atomkraftwerke und *Flughäfen*.

Unter *lebenswichtigen* Betrieben sind solche zu verstehen, die entweder für die Volksgesundheit besonders wichtig sind wie Krankenhäuser, Kuranstalten oder Kinderspielplätze in öffentlicher Hand. Unter *gemeinwichtige* Betriebe fallen private Energieversorgungsbetriebe, Straßenbahngesellschaften und private Autobusbetriebe (BGH NJW 1984, 1242).

Gehen Störungen auf genehmigte Anlagen, lebens- oder gemeinwichtige Betriebe zurück, so kann der Betroffene nicht Unterlassung (*Einstellung* des Betriebes) verlangen.

Dies ergibt sich für genehmigte Anlagen aus § 14 BImSchG. Danach werden die Abwehransprüche aus §§ 862, 907 und 1004 BGB *ausgeschlossen* und der Betroffene wird auf Ansprüche beschränkt, wonach er vom Störer *Schutzmaßnahmen* verlangen kann und - wenn diese nach dem Stand der Technik nicht durchführbar oder wirtschaftlich unvertretbar sind - auf *Schadensersatzansprüche* verwiesen.

Auch bei sog. *gemeinwichtigen* Betrieben sind die Abwehransprüche dahingehend beschränkt, daß der Anspruch auf *Einstellung* des Betriebes und der auf vorbeugende Unterlassung nicht eröffnet ist (BGH NJW 1976, 416). Verlangt werden kann lediglich die Unterlassung *einzelner* Betriebsvorgänge, nicht die Stillegung insgesamt. Die Unterlassung einzelner Tätigkeiten darf sich dabei im Ergebnis nicht so auswirken, daß dies den Charakter des Betriebes wesentlich verändert oder ihn unzumutbar wirtschaftlich belastet (BGH NJW 1984, 1242).

Führt der eingeschränkte Abwehranspruch nicht zum Erfolg, so kann der Geschädigte nachbarrechtliche Ausgleichsansprüche in Geld verlangen (BGH NJW 1973, 326). Zu entschädigen ist die Beeinträchtigung, die über das nach § 906 Abs. 2 Satz 2 BGB entschädigungslos zu duldende Maß hinausgeht (BGH NJW 1984, 1876).

Beachte: Der Anspruch auf Schutzmaßnahmen muß vor den *Verwaltungsgerichten* geltend gemacht werden, derjenige auf Entschädigung ist wegen § 40 Abs. 2 VwGO der Entscheidung der *Zivilgerichte* vorbehalten (→ Ausgleichsansprüche).

3. Erfolgt die Beeinträchtigung durch *hoheitliche Gewalt* (Manöver, Militärflughafen, öffentliche Schulen, gemeindliche Kläranlage, Deponie, Verkehrslärm der Straße), so besteht auch bei wesentlichen Beeinträchtigungen kein Unterlassungsanspruch. Der Betroffene muß vielmehr den Anspruch auf Schutzmaßnahmen geltend machen, soweit diese vertretbar sind und den Charakter der hoheitlichen Tätigkeit nicht wesentlich ändern (OVG Koblenz NJW 1986, 953). Dieser Anspruch muß im *Verwaltungsrechtsweg* geltend gemacht werden, soweit Abwehransprüche ausgeschlossen sind, weil eine Duldungspflicht besteht, kann im *Zivilrechtsweg* ein Entschädigungsanspruch wegen enteignenden Eingriffs (→ Enteignung) geltend gemacht werden (BGHZ 54, 384; BGH NJW 1986, 1980). →Klageantrag.

Unterlassungsversprechen (U.). Bei der Prüfung der Frage, ob im Rahmen des Anspruchs auf →Unterlassung eine →Wiederholungsgefahr gegeben ist, kommt es auch auf eine Bewertung des U. an.

In einem solchen U. treffen die Beteiligten meist unter Vereinbarung einer Vertragsstrafe eine Regelung, daß der Verletzer sich zur Unterlassung eines bestimmten (störenden) Verhaltens verpflichtet. Hat er dies getan, so ist die sog. Wiederholungsgefahr in der Regel zu verneinen (BGH VersR 1977, 421).

Unterschrift →Nachbarunterschrift.

Unvordenkliche Verjährung

Unvordenkliche Verjährung (u. V.). Durch Zeitablauf können Rechte untergehen, aber auch begründet werden, wie dies für den Fall der u. V. gilt.

Die u. V. setzt voraus, daß der als Recht beanspruchte Zustand 40 Jahre als Recht besessen worden ist und daß weitere 40 Jahre vorher keine Erinnerung an einen anderen Zustand seit Menschengedenken bestanden hat (BGHZ 16, 238; BayObLGZ 82, 406).

Die u. V. gilt nicht für das BGB, wohl aber für die den Landesgesetzgebern vorbehaltenen Rechtsgebiete.

Beschränkungen des Eigentums können somit auch heute noch ohne Grundbucheintrag auf Grund der u. V. bestehen, wenn sie auch im Streitfalle kaum noch beweisbar sein werden.

Voraussetzung ist, daß diese Rechte am 1. 1. 1900 bestanden, wobei diese bei Grundstücken auch ohne Eintragung im Grundbuch fortgalten (Art. 184 Satz 1 EGBGB).

Unzulässiger Lärm. Ordnungswidrig handelt, wer ohne berechtigten Anlaß oder in einem unzulässigen oder nach den Umständen vermeidbaren Ausmaß *Lärm* erzeugt, der geeignet ist, die Allgemeinheit oder die *Nachbarschaft* erheblich zu belästigen oder die Gesundheit eines anderen zu schädigen (§ 117 des Gesetzes über Ordnungswidrigkeiten).

Diese Vorschrift gilt für alle Arten von Lärm, also für nächtliches Geschrei ebenso wie für technische Anlagen.

Bestehen spezielle Vorschriften des Bundes- oder Landesrechts, so gehen sie dem § 117 vor (§ 117 Abs. 2 OWiG).

So erfaßt z. B. bereits das Bayer. Landesimmissionsschutzgesetz den Lärm durch *Motoren* (Art. 12) und *Kofferradios* im Freien (Art. 13). Das Bundesrecht erfaßt z. B. in der Straßenverkehrsordnung den Lärm von *Kfz*-Motoren (→ Laufenlassen von Motoren).

§ 117 OWiG erfaßt alle verbleibenden Fälle. *Ohne berechtigten Anlaß* wird Lärm erzeugt, wenn eine Maschine läuft und der mit ihr arbeitende Maurer z. B. zum Brotzeitholen geht. In einem unzulässigen oder vermeidbaren *Ausmaß* wird Lärm erzeugt, wenn der gesetzlich oder behördlich festgelegte Rahmen überschritten wird, z. B. die Richtwerte der → TA-Lärm.

Unzulässig ist z. B. Hausmusik bei weit geöffnetem Fenster.

Die → Polizei hat Ordnungswidrigkeiten nach pflichtgemäßem Ermessen zu *erforschen* und alle unaufschiebbaren Anordnungen zu treffen, um eine Verdunkelung der Sache zu verhüten (§ 53 Abs. 1 OWiG). Die *Verfolgung* und *Ahndung* von Ordnungswidrigkeiten ist Sache der *Verwaltungsbehörden* (§ 35 Abs. 1 OWiG). Bei *geringfügigen* Ordnungswidrigkeiten kann die Polizei im ersten Zugriff ein Verwarnungsgeld aussprechen (§ 56 Abs. 2 OWiG).

V

VDI – Richtlinie 2058. Die VDI – Richtlinie 2058 befaßt sich mit der Beurteilung des Arbeitslärms in der Nachbarschaft.

Sie ist in der Rechtsprechung als Ergebnis sachverständiger Erfahrung zur Beurteilung von Geräuschimmissionen im Rahmen des § 906 BGB anerkannt (BGH NJW 1968, 1858).

Gemessen wird der sog. Schalldruckpegel in der Einheit Dezibel dB (A). Dabei wird beim Lärm von außen ein Mikrophon 0.5 m vor der Mitte des geöffneten Fensters aufgestellt.

Eine Gefährdung der Nachbarschaft ist im allgemeinen zu verneinen, wenn folgende Immissionsrichtwerte nicht überschritten werden:

a) für Einwirkungsorte, in deren Umgebung sich nur *gewerbliche* Anlagen und ggfs. Wohnungen für Betriebsinhaber oder Personal befinden — 70 dB (A)

b) für Einwirkungsorte, in deren Umgebung sich *vorwiegend* gewerbliche Anlagen befinden — tags 65 dB (A) / nachts 50 dB (A)

c) für Einwirkungsorte, in deren Umgebung weder vorwiegend gewerbliche Anlagen noch vorwiegend Wohnungen untergebracht sind — tags 60 dB (A) / nachts 45 dB (A)

d) für Einwirkungsorte, in deren Umgebung *vorwiegend Wohnungen* untergebracht sind — tags 55 dB (A) / nachts 40 dB (A)

e) für Einwirkungsorte, in deren Umgebung *ausschließlich Wohnungen* untergebracht sind — tags 50 dB (A) / nachts 35 dB (A)

f) für Kurgebiete, Krankenhäuser, Pflegeanstalten soweit sie als solche durch Orts- oder Straßenbeschilderung ausgewiesen sind — tags 45 dB (A) / nachts 35 dB (A)

Bei Geräuschübertragung innerhalb der Gebäude und bei Körperschallübertragung ist nicht nach der Lage des Gebäudes zu differenzieren. Die Richtwerte betragen tags 35 dB (A), nachts 25 dB (A). Gemessen wird in diesen Fällen bei geschlossenen Fenstern und Türen.

Verfahren der Freiwilligen Gerichtsbarkeit. Soweit nachbarrechtliche Streitigkeiten vor den *Zivilgerichten* durchgeführt werden, können diese zur Zuständigkeit der sog. streitigen Gerichtsbarkeit (dann Klageverfahren), aber auch zum Verfahren der Freiwilligen Gerichtsbarkeit (Antragsverfahren) gehören. Letzteres ist insbeson-

Verfahren der Freiwilligen Gerichtsbarkeit

dere bei Streitigkeiten innerhalb der *Wohnungseigentümergemeinschaft* nach dem Wohnungseigentumsgesetz (WEG) der Fall. Es entscheidet das Amtsgericht, in dessen Bezirk das Grundstück liegt (§ 43 Abs. 1 WEG).

Soweit Ansprüche auf die §§ 823, 862, 1004 BGB gestützt werden und zugleich eine Verletzung der Gemeinschaftspflicht vorliegt, ist die Zuständigkeit des WEG-Richters nach § 43 Abs. 1 Nr. 1 WEG gegeben (BayObLGZ 70, 64; OLG Frankfurt OLGZ 84, 120). Nicht zur Zuständigkeit des WEG-Gerichts gehören Streitigkeiten zwischen Wohnungseigentümern und ihren eigenen Mietern oder den Mietern anderer Eigentümer (OLG Karlsruhe OLGZ 86, 129).

Zu den Verfahren nach § 43 Abs. 1 Nr. 1 WEG gehören z. B. folgende Streitfälle:

a) Streitigkeiten über die Benutzung des gemeinschaftlichen Eigentums (Hausaußenwand) als Träger von Reklamezeichen (Leuchtreklame). Nach einer Entscheidung des BayObLG (NJW 1964, 47) gehören Streitigkeiten über die *Beseitigung* von Störungen durch eine Reklameschrift, die von einem Eigentümer angebracht wurde, zum Verfahren der *freiwilligen* Gerichtsbarkeit.
b) Streitigkeiten über die Benutzung des Fahrradkellers (BayObLG NJW 1962, 492).
c) Streitigkeiten über gemeinschaftliche Pkw-Stellplätze (OLG Frankfurt NJW 1965, 2205).
d) Anbringung eines Zaunes zum Nachbargrundstück (OLG Frankfurt MDR 1960, 404).
e) Auflagen bei Störungen, die den Mieter eines Eigentümers durch ein Verhalten eines anderen Eigentümers treffen (OLG Frankfurt NJW 1961, 324).
f) Streitigkeiten zwischen Wohnungseigentümern über die Zugehörigkeit bestimmter Räume oder Anlagen zum gemeinschaftlichen Eigentum als *Vorfrage* für andere Fragen. Geht es allein um die Frage des *Eigentums,* so entscheidet das Streitgericht im Zivilverfahren (BGHZ 73, 302), geht es darum, wer bestimmte Anlagen zu unterhalten oder instandzusetzen hat, so ist dies im Verfahren der freiwilligen Gerichtsbarkeit als Fall des § 43 Abs. 1 Nr. 1 WEG zu entscheiden. Beachte: Unter § 43 Abs. 1 Nr. 1 WEG fallen auch *Schadensersatzansprüche,* sofern sie ihre Grundlage in der Verletzung von Verpflichtungen aus der Gemeinschaft haben. Dies gilt auch für damit konkurrierende Ansprüche aus unerlaubter Handlung nach § 823 BGB (BGHZ 59, 58; BayObLG NJW 1970, 550).

→ Besitz, Eigentumswohnung.

Vergleich (V). Der V. ist ein gegenseitiger Vertrag durch den sich zwei Beteiligte (Parteien) über einen Streit oder eine Ungewißheit im Wege des gegenseitigen Nachgebens einigen (§ 779 BGB). Der V. kann ohne Anrufung eines Gerichts geschlossen werden. In diesem Falle muß bei Nichteinhaltung auf Erfüllung des Vergleichs geklagt werden. Der V. kann aber auch vor Gericht geschlossen werden und ist dann ein *Titel* i. S. des § 794 ZPO, aus dem die Zwangsvollstreckung betrieben werden kann.

Gerade die Streitigkeiten des Nachbarrechts bieten sich für vergleichsweise Lösungen an, da die Beteiligten durch die Lage ihrer Grundstücke oft Generationen lang aneinander gebunden und wechselseitig auch aufeinander angewiesen sind.

Empfehlenswert ist auch, alte und teilweise überholte Berechtigungen und Belastungen auf eine neue, klare Grundlage zu stellen.
→ Schiedsstelle, Schlichtungsstelle.

Verjährung. 1. Ansprüche aus *eingetragenen* Rechten – auch soweit nur ein Widerspruch (Vormerkung genügt nicht – arg. § 886 BGB) eingetragen ist – verjähren nicht (§ 902 Abs. 1, 2 BGB).

Dies gilt nicht für Ansprüche auf Rückstände, wiederkehrende Leistungen oder Schadensersatz (§ 902 Abs. 1 Satz 2 BGB).

2. Der Beseitigungsanspruch aus § 1004 BGB steht zwar dem unter § 902 Abs. 1 BGB fallenden Anspruch aus § 985 BGB nahe, ist dennoch aber kein Anspruch aus einem eingetragenen Recht (BGH NJW 1973, 703f.; str. aA MüKo-Medicus, Fn. 131 zu § 1004 BGB).

Die Verjährungsfrist beträgt 30 Jahre, und zwar zeitlich von der letzten Einwirkung an und dabei fortlaufend ohne Rücksicht auf Wechsel im Eigentum (BGH aaO).

3. Nicht der Verjährung unterliegen Ansprüche auf Unterlassung oder Beseitigung gefahrdrohender Anlagen i. S. von § 907 BGB, Ansprüche bei Gefahr eines Einsturzes (§ 908 BGB), Ansprüche bei Vertiefung eines Grundstücks (§ 909 BGB), der Notweganspruch des § 917 Abs. 1 BGB und des § 918 Abs. 2 BGB, der Abmarkungsanspruch nach § 919 BGB, der Grenzscheidungsanspruch des § 920 BGB und der Anspruch auf Beseitigung des Grenzbaumes und Grenzstrauchs nach § 923 (2) BGB (§ 924 BGB).

4. Ist auf dem dienenden Grundstück eine die Dienstbarkeit beeinträchtigende *Anlage* errichtet worden, so führt die unterlassene Geltendmachung des Beseitigungsanspruchs nach § 1027 BGB zum → Erlöschen der Grunddienstbarkeit. Allerdings muß es sich bei der störenden Anlage innerhalb der 30-jährigen Verjährungsfrist immer um ein und dieselbe gehandelt haben, bei Neuerrichtung läuft eine neue Verjährungsfrist (BGH NJW 1967, 1609).

Verkehrslärm

In all diesen Fällen ist die Tatsache, daß die Dienstbarkeit noch im Grundbuch eingetragen ist, ohne Belang.

Zu beachten ist, daß hier die Verjährung des Beseitigungsanspruchs zum *Erlöschen* des Rechts führt, während ansonsten gem. § 222 BGB der Schuldner nur berechtigt ist, die Leistung zu verweigern. Das Leistungsverweigerungsrecht steht im Belieben des Schuldners und ist von dessen Willen – unabhängig von der Kenntnis seiner Rechte – abhängig, es wird nicht etwa von Amts wegen berücksichtigt.

5. Das *Selbsthilferecht* nach § 910 BGB (→ Wurzeln, Zweige) verjährt nicht, da es sich begrifflich hier nicht um einen Anspruch i. S. des § 194 BGB handelt, nach dem von einem anderen ein Tun oder ein Unterlassen verlangt werden kann. Hier kann dem Selbsthilferecht nur → Verwirkung entgegengesetzt werden.

6. Besondere Probleme ergeben sich beim → Grenzabstand von Bäumen und Sträuchern (→ Abstand beim Anpflanzen). Hier gelten die landesrechtlichen Bestimmungen (Art. 124 EGBGB).

Verkehrslärm. Wird durch den Lärm auf der Straße der Anwohner mehr als unwesentlich i. S. des § 906 BGB beeinträchtigt, so stellt sich die Frage, ob und in welcher Art er gegen wen Ansprüche durchsetzten kann.

Zwar ist gem. § 41 BImSchG beim Straßenbau sicherzustellen, daß keine Verkehrsgeräusche erzeugt werden, die nach dem Stand der Technik vermeidbar sind. Werden dennoch Geräusche erzeugt, die sich als wesentliche Beeinträchtigungen darstellen (maßgeblich für das Ausmaß der Geräusche ist die → TA-Lärm bzw. VDI 2058 Bl. 1), so sind Abwehransprüche gegen den Lärm ausgeschlossen, weil der Anlieger infolge der öffentlich-rechtlichen *Widmung* der Straße zur Duldung verpflichtet ist (BGH NJW 1967, 1857; 1980, 582).

In Fällen dieser Art steht dem Betroffenen aber ein öffentlich-rechtlicher Anspruch auf Enteignungsentschädigung zu. Dieser setzt voraus, daß die Einwirkungen von hoher Hand erfolgen, ihre Zuführung nicht untersagt werden kann und sie das Maß übersteigen, das der Nachbar nach § 906 BGB entschädigungslos hinnehmen muß (BGHZ 64, 220 = NJW 1975, 1406). Liegen diese Voraussetzungen vor, so besteht ein Anspruch auf Geldausgleich in Höhe der Kosten für Schallschutzmaßnahmen. Kann der Lärm durch Schallschutzmaßnahmen nicht auf ein zumutbares Maß verringert werden oder erfordern diese Maßnahmen einen unverhältnismäßigen Aufwand, so kommt auch eine Entschädigung für den durch den Lärm bedingten Minderwert des Grundstücks in Betracht. Die Ansprüche richten sich gegen den durch die Enteignung unmittelbar Begünstigten

Verkehrslärm

(BGH NJW 1954, 753). Dies ist der *Träger der Straßenbaulast* (BGH NJW 1980, 582). Bei der Gesetzesanwendung ist zu beachten, daß die Vorschriften des →BImSchG erst für diejenigen Straßen gelten, die seit 1. 4. 1974 neu angelegt oder wesentlich verändert wurden. Hier sind die §§ 41, 42 und 43 BImSchG einschlägig. Für ältere Straßen gilt wegen der Einwirkungen noch der § 906 BGB.

Grenzwerte für Verkehrsgeräusche (vgl. § 43 BImSchG) sind jetzt durch die 16. Verordnung zur Durchführung des BImSchG festgelegt, und zwar für Wohngebiete auf tagsüber 59 Dezibel und nachts 49 Dezibel (BGBl. I 1990, 1036 f.).

Macht der betroffene Eigentümer wegen des Verkehrslärms geltend, sein Grundstück sei im Wert gemindert, so hat er damit nur unter engen Voraussetzungen Erfolg. Die in erster Linie erforderlichen Schutzmaßnahmen müssen nämlich keinen ausreichenden Schutz bieten, zu teuer sein und die Lärmbeeinträchtigung muß das Grundstück schwer und unerträglich treffen (BGH NJW 1975, 1406). Bei Lärmbeeinträchtigung durch den Bau oder Ausbau einer Bundesfernstraße sind die §§ 17 Abs. 4 Satz 2 und Abs. 6 Satz 2 BFStrG einschlägig (→Planfeststellungsverfahren).

Zu den Voraussetzungen der erfolgreichen Geltendmachung einer Enteignungsentschädigung bei Verkehrslärm hat das BVerfG im Februar 1989 erneut Stellung genommen. Nach der Entscheidung (1 BvR 1301/84) muß eine *schwere* und *unerträgliche* Lärmbelästigung vorliegen; nicht ausreichend ist das Vorliegen einer nur *unzumutbaren* Beeinträchtigung i. S. des BImSchG. Damit wies das BVerfG die Verfassungsbeschwerde eines Hauseigentümers ab, an dessen Haus eine vierspurige Straße vorbeiführt.

Die Anlieger (Erbbauberechtigten) hatten sich zunächst erfolglos mit einem Normenkontrollantrag nach § 47 VwGO gegen den →Bebauungsplan gewandt, der in geringem Abstand eine vierspurige Gemeindestraße neben der Doppelhaushälfte der Kläger vorsah. Der Bebauungsplan sah einen 4 m hohen begrünten Lärmschutzwall vor. Durch Gutachten wurde ein Außenlärm von tagsüber 67 dB(A) errechnet.

Die nach erfolgloser Klage eingelegte Verfassungsbeschwerde blieb ebenfalls erfolglos, da die planende Stadt bei der Aufstellung des Bebauungsplans den Anforderungen der §§ 3 Abs. 1, 41 ff. BImSchG Rechnung getragen habe, so daß eine Beeinträchtigung des Eigentumsgrundrechts nicht vorliege (NJW 1989, 1271 f.).

Sind Straßenanlieger durch Lärm (Abgase) besonders betroffen, so kann auch die *Straßenverkehrsbehörde* Schutzmaßnahmen treffen. Rechtsgrundlage für ein Einschreiten der Behörde ist § 45 Abs. 1 Satz 2 Nr. 3 StVO, wonach eine Sperrung oder Beschränkung (Nachtfahrverbot) angeordnet werden kann. Diese Vorschrift gibt

Verkehrssicherungspflicht

dem Einzelnen nur einen Anspruch auf ermessensfehlerfreie Entscheidung, und zwar auch dann, wenn der Lärm so intensiv ist, daß beim Neubau der Straße Schutzauflagen zugunsten der Anlieger nötig wären (VGH Kassel, NJW 1989, 2767). Mit Erfolg erreichten Anlieger ein Fahrverbot von 22 bis 6 Uhr, weil Motorradfahrer eine im Wohngebiet liegende Imbißstube lärmvoll ansteuerten (VG Gelsenkirchen 14 L 1333/89).

Verkehrssicherungspflicht. 1. Wer einen Verkehr eröffnet – so z. B. durch Bau eines Weges – muß die sich daraus ergebenden Gefahren für Dritte abwenden und die nötigen Schutz- und Unterhaltungsmaßnahmen ergreifen. Die Verkehrssicherungspflicht trifft einmal den Eigentümer, es kann aber auch der Mieter Träger der Verkehrssicherungspflicht sein, so z. B. wenn ihm ein Haus allein überlassen wird.

2. Bei Geh- und Fahrtrechten trifft die Verkehrssicherungspflicht in der Regel den Eigentümer des belasteten Grundstücks und den Inhaber der Grunddienstbarkeit, es sei denn, dieser ist zur Ausübung der Fahrt unter Ausschluß der Mitbenutzung durch den Eigentümer berechtigt. Im Innenverhältnis zwischen dem Eigentümer des belasteten Grundstücks und dem Inhaber der Grunddienstbarkeit haftet letzterer, denn dieser hat die Interessen des Eigentümers zu schonen und Anlagen (Straßen) zu unterhalten (§ 1020 BGB).

3. Nimmt jemand einen Weg als →Notweg in Anspruch, so hat er diesen nicht nur auf eigene Kosten zu erstellen, er ist auch verkehrssicherungspflichtig (LG Hamburg MDR 1957, 98).

4. Aus nachbarrechtlicher Sicht interessant sind vor allem die Fälle der Verkehrssicherungspflicht für Gebäude und Grundstücke. Hierzu seien folgende Fälle aus der Rechtsprechung erwähnt:
a) Eine allgemeine Verpflichtung das eigene Grundstück gegen unbefugtes Eindringen Dritter zu sichern besteht zwar nicht (→Einfriedung); befinden sich aber auf dem Grundstück gefährliche Gegenstände, die erfahrungsgemäß einen Anreiz für spielende Kinder bieten, so besteht eine Haftung, wenn sich diese beim unbefugten Aufenthalt auf fremden Grund verletzen (BGH NJW 1975, 108; →Aufsichtspflicht der Eltern).
b) Der Eigentümer des Hauses muß Dritte vor Gefahren schützen, die sich aus dem Niedergehen von Dachlawinen von seinem Haus ergeben. Durch ein Hinweisschild wird er dieser Pflicht im allgemeinen nicht genügen. Geboten sein kann die Anbringung von Schneefanggittern, wenn nach den örtlichen Verhältnissen und dem Neigungswinkel des Daches mit dem Abgang von Dachlawinen zu rechnen ist. Teilweise ist die Anbringung von Schneefanggittern durch gemeindliche Satzungen vorgeschrieben. Hier

Verkehrssicherungspflicht

haftet der Eigentümer bei Nichtbefolgung nach § 823 Abs. 2 BGB wegen Verletzung eines Schutzgesetzes. Eine Zusammenstellung der Rechtsprechung gibt insgesamt Birk in NJW 1983, 2911.

c) Innerhalb von Gebäuden ist häufige Unfallursache der mangelhafte Zustand des Bodens. Das lose Aufliegen von Treppenläufern oder die Glätte des gebohnerten Fußbodens oder die Winterglätte des Belags durch hereingetragene Schneereste kann häufig zu Unfällen führen. Hier ist zu betonen, daß der Verkehrssicherungspflichtige nicht schon für einen Zustand als solchen haftet, sondern daß ihm vielmehr ein subjektives Verschulden nachgewiesen werden muß. Es kommt also z. B. darauf an, wann er den gefährlichen Zustand erkannt hat oder bei gehöriger Aufmerksamkeit erkennen konnte und welche zumutbaren Maßnahmen in welchem Zeitraum von ihm verlangt werden können.

d) Eine weitere wesentliche Aufgabe im Bereich der Verkehrssicherungspflicht ist die →Räum- und Streupflicht. Verantwortlich hierfür ist derjenige, der den Verkehr eröffnet. Soweit an sich die Gemeinden haften würden, haben diese die an sich ihr obliegende Pflicht teilweise auf die Anlieger abgewälzt. Dies ist zulässig (BVerwG NJW 1966, 170). Eine Haftung der Gemeinde kommt aber dennoch in Betracht, wenn sie die Anlieger nicht zur Erfüllung ihrer Pflichten anhalten (BGH NJW 1966, 2311). Die Grundeigentümer können ihrerseits ihre Pflichten auch wieder auf Mieter, Pächter, Hausverwalter oder Dritte abwälzen, nicht aber ihre Pflicht zur gründlichen Auswahl geeigneter Personen und deren Kontrolle bei der Art ihrer Aufgabenerfüllung (BGH NJW 1985, 484). Bei Gehwegen (Bürgersteigen) genügt in der Regel eine gefahrlose Bahn freizumachen, die zum Vorbeigehen von zwei Fußgängern ausreicht. Dies sind 1 bis 1,50 m (OLG Bamberg NJW 1975, 1787).

Eine breitere Bahn ist nur dann geboten, wenn wegen besonderer Verhältnisse (Haltestelle, Fußgängerübergang, Häusern mit viel Publikums- bzw. Geschäftsverkehr) ein verstärkter Fußgängerverkehr herrscht. Eine zu schmale Bahn würde hier lediglich zu einem gefahrenträchtigen Ausweichen der Fußgänger auf die Fahrbahn führen. Ist allerdings der Gehweg unbenutzbar, so ist an dessen Stelle die angrenzende Fahrbahn in einer Breite von 1 m zu räumen und auf 0,50 m zu streuen (BGH VersR 69, 277). Bei starkem Schneefall muß nicht sofort mit der Beseitigung des Schnees und dem Streuen begonnen werden, weil dies wegen des anhaltenden Neuschnees nicht erfolgreich wäre. Anders, wenn es nur leicht oder mit größeren Abständen schneit. Bei Eisglätte ist häufiges Streuen geboten, bei unerwarteter überfrierender Nässe sind die Anforderungen nicht zu hoch zu setzen.

Vermessungswesen

Vermessungswesen. Das Vermessungswesen und die Herstellung amtlicher Karten ist Aufgabe der Länder. Diese haben unterschiedliche Regelungen getroffen. Zum Teil erfüllen die Aufgaben staatliche Behörden (z. B. in Bayern), andererseits sind auch öffentlich bestellte Vermessungsingenieure tätig (so in Baden-Württemberg). →Grundstück.

Versitzgrube. Versitzgruben und Dunggruben sind →gefahrdrohende Anlagen i. S. von § 907 BGB, die ohne weiteres Zutun schädlich auf das Nachbargrundstück einwirken können. Die Beseitigung solcher Anlagen kann auch dann verlangt werden, wenn sie den landesgesetzlichen Abstandsvorschriften entsprechen oder bestimmte auferlegte Schutzvorkehrungen erfüllt sind, wenn dennoch unzulässige Einwirkungen von ihnen auf das Nachbargrundstück ausgehen (§ 907 Abs. 1 Satz 2 BGB).
→Dunggrube.

Versorgungsleitungen. Der Eigentümer eines Grundstücks kann die Verlegung unterirdischer Rohre auf seinem Grundstück dann nicht verbieten, wenn sie in einer solchen Tiefe vorgenommen wird, daß er an der Verbietung der Einwirkung kein Interesse haben kann (§ 905 Satz 2 BGB, OLG Bremen, OLGZ 1971, 147). Allerdings darf zum Zwecke der Arbeiten dabei nicht die Oberfläche des Grundstücks in Anspruch genommen werden.

Eine Besonderheit besteht für Leitungen zur Versorgung mit Elektrizität und Gas. Hier besteht gemäß § 8 der Verordnungen über allgemeine Bedingungen für die Gas- und Stromversorgung von Tarifkunden (Bundesgesetzblatt I 676 und 684 von 1979) für Kunden und Anschlußnehmer eine besondere Duldungspflicht bezüglich ihrer Grundstücke. Die Eigentümer müssen ihre Grundstücke unentgeltlich zur Weiterführung von Strom und Gas zur Verfügung stellen, die Verlegung von Rohrleitungen und den Einbau von Verteilungsanlagen dulden, ferner können Leitungsträger errichtet und sonstige Schutzmaßnahmen getroffen werden.

Voraussetzung ist, daß das in Anspruch genommene Grundstück an die Strom-/Gasversorgung angeschlossen ist oder diese sonst wirtschaftlich für das Grundstück vorteilhaft ist.

Will das Versorgungsunternehmen das Grundstück eines Kunden zur Duldung des Anschlusses eines Dritten heranziehen, so ist dies regelmäßig dann *nicht* möglich, wenn der Anschluß über das Grundstück des *Anschlußnehmers* möglich ist. Dem steht es gleich, wenn der Anschlußnehmer auf Grund einer Dienstbarkeit eine andere Anschlußmöglichkeit über ein anderes Grundstück ermöglichen könnte

Vertiefung des Grundstücks

(BGH MDR 1992, 582f.). Das Versorgungsunternehmen muß also die Möglichkeit wählen, bei der Eingriffe in das Eigentum unterbleiben und darf nicht die wirtschaftlich für das Unternehmen günstigste Möglichkeit wählen. Eine Pflicht, *öffentliche* Grundstücke vorrangig vor privaten Grundstücken in Anspruch zu nehmen, besteht nicht (BGH MDR 1991, 637f.). Geldansprüche des betroffenen Grundeigentümers bestehen erst dann, wenn der Verkehrswert *erheblich* beeinträchtigt wird (BGH MDR 1991, 638).

Vertiefung des Grundstücks. 1. Das Eigentum am Grundstück erstreckt sich gem. § 905 BGB auch auf den Erdkörper unter der Erdoberfläche. Dennoch kann der Eigentümer Abgrabungen nicht beliebig i. S. des § 903 BGB vornehmen. Das Bürgerliche Gesetzbuch enthält zwar keine Vorschrift über den einzuhaltenden Grenzabstand bei Abgrabungen, jedoch enthalten sowohl die Bauordnungen der Länder als auch die nachbarrechtlichen Landesgesetze dahingehende Vorschriften.

Dagegen soll § 909 BGB die Festigkeit und Standsicherheit des Erdreichs sichern. Eine Vertiefung darf daher nicht dazu führen, daß das Nachbargrundstück die erforderliche Stütze verliert. Als Vertiefung ist nicht nur die Wegnahme von Bodenbestandteilen anzusehen, vielmehr auch der Fall, daß der Boden des Nachbargrundstücks infolge einer druckbedingten Pressung in Bewegung gerät (BGH NJW 1965, 2099).

Unter § 909 BGB fallen auch Senkungsschäden infolge Absenkung des Grundwasserspiegels (so schon RGZ 62, 370), erteilte wasserrechtliche Bewilligungen lassen Ansprüche aus § 909 BGB unberührt (BGH 1972, 527).

2. Sind Vertiefungsarbeiten zu erwarten, so kann der Nachbar Klage auf Unterlassung erheben, wenn die Gefahr einer unzulässigen Vertiefung zu befürchten ist. Der Beklagte kann dann entweder von den Arbeiten Abstand nehmen oder vor der Vertiefung für eine *genügende anderweitige Befestigung* i. S. von § 909 BGB sorgen und sie dann ausführen. Zum Zwecke der Arbeiten zur anderweitigen Befestigung darf der Nachbar das gefährdete Grundstück je nach Lage des Einzelfalls betreten (Staudinger-Beutler, RdNr. 14, 41 zu § 909).

Sind die Arbeiten ausgeführt, so kann Beseitigung der Beeinträchtigung nach §§ 1004, 909 BGB verlangt werden, und zwar nach Wahl des Beklagten entweder als Wiederherstellung des früheren Zustands oder durch eine genügende anderweitige Befestigung.

Beim Klageantrag ist zu beachten, daß zwar dem Beklagten überlassen bleibt, *wie* er die Beeinträchtigung behebt, daß aber der gewollte *Erfolg* – nämlich die zu erhaltende Festigkeit des Bodens – im

Verwilderter Garten

Klageantrag aufzuführen ist (BGH NJW 1978, 1584; BGH WM 1982, 68).

Die Anträge sind daher etwa wie folgt zu fassen:
Unterlassungsklage: Dem Beklagten wird verboten, das Grundstück Fl. St. Nr. 110 der Gemarkung A. so zu vertiefen, daß dem Grundstück des Klägers die erforderliche Stütze entzogen wird, die für die Bebauung mit einem Einfamilienhaus nötig ist, es sei denn, es werden Maßnahmen zur genügenden anderweitigen Befestigung vor der Vertiefung durchgeführt.

Beseitigungsklage: Der Beklagte wird verurteilt, die auf dem Grundstück Fl. St. Nr. 110 der Gemarkung A. ausgehobene Baugrube wieder so aufzufüllen, daß der Boden des Grundstücks des Klägers Fl. St. Nr. 112 der Gemarkung A. die für die Bebauung mit einem 3-Familienhaus mit maximal 1200 cbm umbauten Raums erforderliche Stütze wieder erhält oder für eine genügende anderweitige Befestigung des Grundstücks des Klägers zu sorgen.

Verwilderter Garten → Garten, verwildert.

Verwirkung. Für den Beseitigungsanspruch nach § 1004 BGB gilt die 30-jährige → Verjährung.

Der Beseitigungsanspruch kann schon vorher verwirkt sein, wenn durch Nichtausübung des Anspruchs über längere Zeit ein Vertrauenstatbestand geschaffen worden ist, auf dessen Weiterbestehen der Störer sich billigerweise einrichten durfte (BGH NJW 1957, 1358).

Während es bei der Verjährung auf den Willen des Berechtigten ankommt, ob dieser von der Einrede der Verjährung Gebrauch machen will, kann Verwirkung auch gegen den Willen des Berechtigten nach objektiven Gesichtspunkten eintreten.

An die Voraussetzungen der Verwirkung sind strenge Anforderungen zu stellen, da ansonst die Verjährungsvorschriften ausgehöhlt werden.

Dennoch besteht bei verspätetem Widerspruch gegen ungewollte Tatsachen die Gefahr, daß im Rechtsstreit dieses Verhalten als gegen Treu und Glauben verstoßend ausgelegt wird. Zur Verwirkung im Rahmen der Klage gegen eine erteilte *Baugenehmigung* siehe BVerwG NVwZ 1991, 1182f. Ein Nachbaranspruch auf Einschreiten der Behörde kann entfallen, wenn die Verletzung von Nachbarrechten monate- oder jahrelang widerspruchslos hingenommen wurde (Sarnighausen in NJW 1993, 1628).

Viehtreibrecht. Das Viehtreibrecht ist eine Art des → Geh- und Fahrtrechts. Das Viehtreibrecht berechtigt nicht zum *Weiden* auf der

Volksfest

in Anspruch genommenen Strecke. Wer ein Viehtreibrecht hat, kann nicht selbst das Recht durch Befahren der Strecke ausweiten.

Vögel. Der von Vögeln außerhalb von Häusern und Käfigen erzeugte Tierlärm ist bei häufigem Zwitschern und Kreischen in Wohngebieten nicht mehr ortsüblich (OLG Hamburg MDR 1977, 492).

Stellen →Katzen des Nachbarn fremden Vögeln nach, so darf die Katze zum Schutze der Vögel nicht getötet werden. § 228 BGB (→Notstand) gewährt lediglich das Recht, die Katzen einzufangen und diese zu verwahren.

Volksfest. Bei Belästigungen der Anwohner in der Nähe von Volksfestplätzen ist zunächst zu fragen, wer als →Störer Anspruchsgegner ist. Diese Frage stellt sich, weil oft Gemeinden oder andere öffentlich-rechtliche Körperschaften Veranstalter von Volksfesten sind. Hier stellt sich zudem die Frage, welcher →Rechtsweg für die Ansprüche eröffnet ist. Der Zivilrechtsweg ist auch für Abwehransprüche gegen einen genehmigten Jahrmarkt gegeben (BGH NJW 1964, 1472; str.).

Wendet sich der Nachbar nicht gegen den Lärm, vielmehr vorbeugend schon gegen die Festlegung eines Volksfestes, so ist der Verwaltungsrechtsweg gegeben (OVG Münster NVwZ 1984, 531). Bei der Prüfung der Festlegung eines Volksfestes gem. §§ 60b, 69 GewO hat die Behörde auch zu prüfen, inwieweit eine erhebliche Belästigung der Nachbarschaft gegeben sein wird (OVG aaO).

Die Akzeptanz der Anwohner bei Volksfesten ist noch so gut, daß eine Einschaltung der Gerichte nicht häufig ist. Der zunehmende Einsatz geräuschintensiver Technik kann sich hier nachteilig auswirken. Wird die Blasmusik als solche noch gern hingenommen, so wird dies bei elektrisch verstärkter Musik zunehmend schwieriger werden. Nach einer Entscheidung des OLG Karlsruhe (MDR 1967, 662) soll die Veranstaltung von jährlich 3 geräuschvollen Volksfesten eine →wesentliche Beeinträchtigung i. S. des § 906 BGB sein. Als Besonderheit ist zu beachten, daß im entschiedenen Falle das Volksfest in einem sonst ruhigen Wohngebiet stattfand und sich jeweils über arbeitsfreie Tage erstreckte.

Wegen des vorrangigen Ruhebedürfnisses der Nachbarn müssen bei einem Schützenfest die Musik und die Lautsprecherdurchsagen um 22 Uhr beendet sein (BVerwG 1 C 15/85). Eine darüberhinaus erteilte Sondererlaubnis wurde als nicht gerechtfertigt angesehen. Nunmehr hat sich auch der BGH mit der Lärmbelästigung durch Volksfeste befaßt. Geklagt hatte ein Nachbar, dessen Wohnhaus sich nur 10 bis 20 Meter vom Festzelt entfernt befindet. Dieser hatte be-

Vollmachtsurkunde

antragt, daß nach 22 Uhr Lärm zu unterlassen sei, der 55 Dezibel und/oder einen Spitzenpegel von 65 Dezibel überschreitet. Die Klage hatte in allen Instanzen Erfolg. Abgestellt wurde auf die →Technische Anleitung zum Schutz gegen Lärm, wobei deren Werte deshalb überschritten werden durften, weil die Volksfeste selten stattfinden. Statt der zulässigen 40 Dezibel wurde daher auf 55/65 Dezibel – wie vom Kläger beantragt – abgestellt (BGH NJW 1990, 2465f.).
→Kirmes, Schützenfest.

Vollmachtsurkunde. Kommt es zur Ausführung *einseitiger Rechtsgeschäfte* durch einen Bevollmächtigten (Rechtsanwalt), so ist die Vorschrift des § 174 BGB zu beachten. Danach sind einseitige Rechtsgeschäfte (empfangsbedürftige Willenserklärungen, Mahnungen, →Abmahnungen, Fristsetzungen, Mieterhöhungsverlangen) unwirksam, wenn nicht die Vollmachtsurkunde *im Original* vorgelegt wird und der andere das Rechtsgeschäft aus diesem Grund zurückweist.

Die Zurückweisung ist ausgeschlossen, wenn der Vollmachtgeber den anderen von der Bevollmächtigung in Kenntnis gesetzt hatte (§ 174 Satz 2 BGB).

Vorbelastung der Umgebung. Bei der Prüfung der Frage, ob eine Einwirkung nach § 906 BGB →ortsüblich ist, spielt es grundsätzlich keine Rolle, ob der →Störer sein Gebäude oder seine Anlage zeitlich früher errichtet hatte als derjenige, der Beseitigung oder Unterlassung der Störung begehrt (→Priorität).

Schwierige Probleme ergeben sich, wenn sich der Charakter eines Gebietes ändert, so z. B., wenn ein Baugebiet immer näher an früher stadtferne Betriebe heranrückt oder wenn ein Teil bislang „lästiger" Betriebe um sich zu vergrößern oder wegen besserer Verkehrsanbindung aus der Stadt verlegt werden und damit der Wohncharakter überwiegt. In beiden Fällen können sowohl die neu hinzugekommenen Nachbarn gegenüber dem schon vorhandenen Betrieb als auch die Eigentümer gegenüber den verbleibenden Betrieben Abwehransprüche nach § 1004 BGB geltend machen. Dabei kommt es auf die frühere tatsächliche Lage nicht an (vgl. hierzu: BGH NJW 1967, 1907 und BVerwG NJW 1978, 62). Auch auf dem Gebiet des öffentlichen Planungs- und Baurechts spielt die Frage der Vorbelastung eine große Rolle, wobei keine Rechtssicherheit besteht (zusammenfassend: Sarnighausen in NJW 1994, 1375f.).

Vorläufiger Rechtsschutz im Öffentlichen Recht. Will der Nachbar sich gegen die dem Dritten erteilte Baugenehmigung oder Anlagengenehmigung wenden, so ist oft Eile am Platz, da ansonsten

Vorläufiger Rechtsschutz im Zivilprozeß

durch Fertigstellung des Baus vollendete Tatsachen geschaffen werden. Der Nachbar kann dies zunächst durch Einlegung von →Widerspruch und Anfechtungsklage verhindern, denn beide haben *aufschiebende Wirkung* (§§ 80 Abs. 1 Satz 1, 80a VwGO). Dies bedeutet, daß der Bauherr die ihm erteilte Genehmigung nicht mehr weiter vollziehen darf. Hiergegen kann sich der Bauherr seinerseits mit einem Antrag auf sofortige Vollziehung nach § 80 Abs. 2 Nr. 4 VwGO wenden. Die Behörde ordnet die *sofortige Vollziehung* an und muß diese begründen, wenn sie im öffentlichen Interesse oder im überwiegenden Interesse eines Beteiligten nötig ist. Die Rechte des Nachbarn sind wiederum dadurch gesichert, daß die Behörde oder das Gericht die *Aussetzung* der Vollziehung anordnen kann (§§ 80 IV, 80a III VwGO in der Neufassung vom 19. 3. 1991 = BGBl. I 1991, 686f.). Eine *einstweilige Anordnung* nach § 123 VwGO ist in diesen Fällen nicht zulässig. Diese beschränkt sich vielmehr auf die Fälle, in denen ohne Genehmigung (→Schwarzbau) gebaut wird.

Vorläufiger Rechtsschutz im Zivilprozeß. Nachbarrechtliche Ansprüche rechtfertigen oft von der Materie her eine vorläufige Regelung durch *einstweilige Verfügung* nach den §§ 935, 940 ZPO.

1. Einstweilige Verfügungen sind einmal zulässig, wenn zu besorgen ist, daß durch die Veränderung des bestehenden Zustands die Verwirklichung eines Rechts vereitelt oder wesentlich erschwert wird (§ 935 ZPO). Sie sind auch zur Regelung eines streitigen Rechtsverhältnisses zur Abwendung wesentlicher Nachteile oder zur Verhinderung drohender Gewalt zulässig (§ 940 ZPO). Verfügungsanspruch nach § 935 ZPO ist ein Individual- kein Geldanspruch. Individualansprüche sind z. B. Ansprüche auf Herausgabe oder Unterlassung. Daß solche bestehen, hat der Antragsteller glaubhaft zu machen (§ 920 Abs. 2 ZPO). Dies erfolgt meist durch Vorlage einer eidesstattlichen Versicherung (§ 294 ZPO). Den Antrag auf Erlaß einer einstweiligen Verfügung kann der Gläubiger beim Amtsgericht oder Landgericht selbst zu Protokoll der Geschäftsstelle erklären (§ 920 Abs. 3 ZPO). Er bedarf dazu auch vor dem Landgericht, bei dem sonst eine Vertretung durch Rechtsanwälte zwingend geboten ist, keines Rechtsanwalts (§ 78 Abs. 2 ZPO).

2. Dabei ist zu beachten, daß wegen der vorläufigen Regelung das Ergebnis eines späteren Hauptsacheprozesses nicht vorweggenommen werden darf, so daß z. B. zwar die Einstellung von störenden Bauarbeiten verlangt werden kann, nicht aber die Beseitigung der bereits errichteten Anlagen. Zulässig aber das Verbot der Nachtarbeit (OLG Köln NJW 1953, 1592).

Zulässig auch die Herausgabe einer Sache an den früheren Besitzer, wenn die Sache diesem durch →verbotene Eigenmacht abhan-

Vorläufiger Rechtsschutz im Zivilprozeß

dengekommen ist (OLG Frankfurt BB 1981, 148). Keine Herausgabe kann dagegen der Verkäufer einer Sache gegenüber dem zahlungsunwilligen Käufer geltend machen, da er nur einen Zahlungs- aber keinen Individualanspruch hat. Ein solcher ist aber gegeben, wenn Einstellung störender Arbeiten mit dem Antrag auf Unterlassung begehrt wird. Ein an sich gegebener Anspruch kann im Verfahren der einstweiligen Verfügung auch am Grundsatz der Verhältnismäßigkeit scheitern. So versagte das OLG Köln (MDR 1991, 1065) einen Abwehranspruch gegen einen Sportverein wegen herüberfliegender →Bälle, weil dies im Ergebnis auf die Einstellung des Spiel- und Trainingsbetriebs hinausgelaufen wäre.

3. Schwierigkeiten ergeben sich daraus, daß im Hauptsacheprozeß vom Störer konkrete Maßnahmen nicht verlangt werden dürfen, er vielmehr nur nach seiner Wahl die störenden Beeinträchtigungen verhindern muß (→Klageantrag).

Ob daher im Verfahren der einstweiligen Verfügung konkrete Maßnahmen angeordnet werden können, ist strittig. Dies wird vom OLG Köln (NJW 1953, 1592) unter Hinweis auf § 938 ZPO, der von Anordnungen zur Erreichung des Zweckes spricht, bejaht.

Zu Recht erwähnt das OLG Köln auch die praktischen Vorteile seiner Auffassung gerade für Immissionsprozesse, da ansonsten bei anderer Fassung des Tenors der Kläger erst im Vollstreckungsverfahren nach §§ 888, 887 ZPO seine Rechte verwirklichen könnte und dies unzumutbar lang dauern könne. Einschränkend geht das OLG Köln aber davon aus, konkrete Maßnahmen seien nur insoweit zulässig, als der Störer damit für den Fall des Unterliegens im Hauptsacheprozeß einverstanden sei oder bei denen ein Wahlrecht des Störers ernsthaft nicht bestehe und diese nicht derart weitreichend seien, daß ein Schaden kaum mehr wiedergutzumachen sei.

4. Kommen mehrere als Störer in Betracht, so ist zu beachten, daß zur vollen Zweckerreichung ein Titel gegen alle Personen, die zu Recht im Besitz des störenden Grundstücks sind, nötig ist.

5. Bei Ansprüchen gegen Gewerbe- und Industrieunternehmen ist die sich aus § 945 ZPO ergebende Gefahr des Schadensersatzes zu bedenken, der sich auch aus einer zu weitgehenden Fassung des Unterlassungsgebots ergeben kann (BGH NJW 1981, 2580f., allerdings zu einer wettbewerbsrechtlichen Frage).

Praktisch bedeutsam ist die einstweilige Verfügung bei nachbarrechtlichen Streitigkeiten vor allem bei Herausgabe- und Unterlassungsansprüchen. Für einige Verwirrung sorgt immer wieder die Androhung von Ordnungsgeldern bzw. Ordnungshaft (→Zwangsvollstreckung) bei Abwehr von Hundegebell oder bei Katzen auf Nachbargrund. Hier sei darauf hingewiesen, daß in den gerichtlichen Beschlüssen bzw. Urteilen oft (unnötigerweise) die Höchstbeträge der Ordnungsgelder bzw. Höchststrafen der Ordnungshaft erscheinen, die im Einzelfall nie ausgesprochen werden. Beugt sich jedoch der Schuldner einer einstweiligen Verfügung nicht, so ist der Weg über Ordnungsgeld/Ordnungshaft für den Gläubiger die einzige Möglichkeit sein Ziel zu erreichen (→Zwangsvollstreckung).

W

Wachhund. Bei grundlosem übermäßigen Hundebellen kann eine Störung der öffentlichen Sicherheit und Ordnung vorliegen (→Polizei). Bellt ein Wachhund bis zu 60-mal täglich grundlos, so kann dessen Haltung innerhalb des Hauses während der üblichen Ruhezeiten angeordnet werden.

Die Klage eines Hundehalters gegen eine solche Anordnung, wonach der Hund von 19 bis 8 Uhr und von 12 bis 15 Uhr nicht im Freien gehalten werden darf, blieb vor dem VG Lüneburg daher erfolglos (1 VG A 188/88). Auch das OLG Düsseldorf verurteilte den Halter eines Wachhundes wegen eines Verstoßes gegen das Landesimmissionsschutzgesetzes NRW, weil das Tier übermäßig bellte. Das OLG (AZ 5 Ss (Owi) 170/90 – Owi 87/90 I) führt aus: Wird ein Hund zur Bewachung von Gebäuden eingesetzt, muß der Hundehalter dafür sorgen, daß das Tier nicht auf jedes Geräusch reagiert. Nach einem „Alarmgebell" müsse wieder Ruhe eintreten. Falls dies nicht erreichbar sei, müsse der Hund durch einen anderen ersetzt werden.

Wäscheaufhängen. Das sichtbare Aufhängen von Wäsche im Freien, besonders am Wochenende, ist für den Nachbarn kein erfreulicher Anblick, wenn dieser ihn z. B. von der Terasse aus genießen muß. Gleichwohl scheiden nachbarrechtliche Ansprüche auf Beseitigung oder Unterlassen nach § 1004 BGB aus. Ein Abwehrrecht besteht nur für sog. positive Einwirkungen, die i. S. des § 906 BGB zugeführt werden. Die Wahrnehmung eines unschönen Anblicks auf einem fremden Grundstück ist keine solche Zuführung. Geht das störende Verhalten von einem Mieter auf dem Nachbargrundstück aus, so hat lediglich der Vermieter eine Möglichkeit zur Abhilfe (Hausordnung). Nicht so eng sahen dies die Richter des LG Nürnberg-Fürth (7 S 6265/89). Sie wiesen die Klage des Vermieters gegen das Aufhängen der Wäsche auf dem Balkon ab, weil der Wohnblock ohnehin keinen besonders ästhetischen Eindruck biete.
→ Ästhetische Immissionen

Wäschetrockner. Ist der Fußboden schlecht isoliert und wird deshalb in der darunter liegenden Wohnung der Nachbar durch den

Waschmaschine

Betrieb des Wäschetrockners gestört, sollte er verlangen, daß der Besitzer des Wäschetrockners eine elastische Bodenplatte unter dem Wäschetrockner anbringt und so die Störung beseitigt wird.

Kommt es jedoch zur gerichtlichen Auseinandersetzung ist zu beachten, daß er bestimmte Maßnahmen vom Störer nicht verlangen darf, da die Art der Beseitigung der Störung dem Beklagten überlassen bleibt (→Klageantrag).

Waschmaschine. Ist der Fußboden schlecht isoliert und wird deshalb in der darunter liegenden Wohnung der Nachbar durch den Betrieb der Waschmaschine gestört, sollte er verlangen, daß der Besitzer der Waschmaschine eine elastische Bodenplatte unter der Waschmaschine anbringt und so die Störung beseitigt wird.

Kommt es jedoch zur gerichtlichen Auseinandersetzung ist zu beachten, daß er bestimmte Maßnahmen vom Störer nicht verlangen darf, da die Art der Beseitigung der Störung dem Beklagten überlassen bleibt (→Klageantrag). Nach einem Urteil des AG Solingen (13 C 606/80) wurde die Verlegung der Waschmaschine in die Waschküche angeordnet.

Wasser. 1. Dringt vom Nachbargrundstück Wasser auf das eigene Grundstück, so ist fraglich, ob der Abwehranspruch nach § 1004 BGB durch die Anwendung von § 906 BGB dahingehend eingeschränkt ist, daß dieser nur bei →wesentlicher Beeinträchtigung der Grundstücksbenutzung gegeben ist. Die Beantwortung der Frage hängt davon ab, ob es sich bei Wasser um eine ähnliche Einwirkung i. S. des § 906 BGB handelt, denn hier kommt es auf die Wesentlichkeit der Einwirkung an.

Handelt es sich um Wasser in konzentrierter Form (Zuführung durch einen Wasserstrahl), so ist dies wie bei festen Körpern oder größeren Tieren keine den in § 906 BGB einzeln aufgeführten Einwirkungen vergleichbare ähnliche Einwirkung mehr. Handelt es sich um in der Luft zerstäubtes Wasser, das z. B. in einiger Entfernung zur Bewässerung eines anderen Grundstücks über dieses verteilt wurde und von der Luft zerstäubt auf Nachbargrund weitergetragen wurde, so ist eine ähnliche Einwirkung zu bejahen. Ein Abwehranspruch besteht nur dann, wenn die Grundstücksnutzung wesentlich beeinträchtigt wird, so wenn der Wasserstaub sich zur Terasse des Nachbarn bewegt.

2. Befinden sich im Wasser andere Substanzen wie etwa Pflanzenschutzmittel und werden diese vom Nachbargrund herübergeschwemmt, so liegt wegen des Wasserinhalts eine ähnliche Einwirkung vor und ein Abwehranspruch bei wesentlicher Beeinträchtigung ist gegeben, wenn der Nachbar →Störer ist, d. h., für die

Wesentliche Beeinträchtigungen

Abschwemmung des Wassers verantwortlich ist, wobei die höhere Lage seines Grundstückes noch nicht zur Bejahung der Störereigenschaft ausreicht (BGHZ 90, 266).
   3. →Wasserhaushaltsgesetz, Zugang zu Gewässern.

Wassergeräusch. Die nicht genügende Isolierung von Wasserleitungsrohren führt bisweilen dazu, daß beim Einlaufen von Badewasser und bei Betätigung des Druckspülers der Toilette Geräuschbelästigungen entstehen, die sich als →wesentliche Beeinträchtigungen darstellen. Ob dies der Fall ist, ergibt sich an Hand der Grenzwerte der →TA-Lärm oder der VDI-Richtlinie 2058 Bl. 1 (vgl. auch OLG Düsseldorf MDR 1968, 496 wonach nachts bei Überschreitung von 35 Dezibel nicht gebadet werden darf). →Baden, Duschen.

Wasserhaushaltsgesetz. (WHG). Die Gewässerbenutzung ist zahlreichen Beschränkungen unterworfen, damit das Wasser im Interesse der Allgemeinheit unbelastet zur Verfügung steht. Deshalb bedarf auch der Eigentümer eines Grundstückes oder Gewässers der nach dem WHG oder den Landeswassergesetzen erforderlichen Erlaubnis oder Bewilligung (§ 1a Abs. 3 WHG).

Will sich ein Eigentümer gegen eine für einen Dritten angestrebte Erlaubnis oder Bewilligung wenden, so muß er sich am wasserrechtlichen Verfahren beteiligen und dort seine Einwendungen vorbringen. Ist nämlich dem Dritten eine Bewilligung nach § 8 WHG erst einmal erteilt, so ergibt sich eine Duldungspflicht für die im Rahmen der Bewilligung liegende Benutzung nach § 11 WHG →Wasser, Zugang zu Gewässern.

Weinranken und Weinstöcke →Grenzabstand von Bäumen und Sträuchern.

Wesentliche Beeinträchtigungen. Der Eigentümer eines Grundstücks muß die in § 906 BGB aufgeführten →Einwirkungen und ähnliche Einwirkungen dulden, wenn sie die Benutzung seines Grundstücks nicht oder nur unwesentlich beeinträchtigen. Dieselbe Duldungspflicht trifft neben dem Eigentümer auch den Berechtigten einer Dienstbarkeit, Erbbauberechtigten, Dauerwohnberechtigten und Besitzer.

Bei der Frage der Wesentlichkeit einer Beeinträchtigung sind abzugrenzen die *Belästigungen,* die sich aus dem üblichen Zusammenleben von Nachbarn ergeben gegenüber solchen Beeinträchtigungen, die sich auf die Gesundheit von Personen oder Tieren sowie schädlich auf Sachen auswirken.

Die Wesentlichkeit der Beeinträchtigung wird einmal objektiv

Wesentliche Bestandteile

durch die Feststellung des Ausmaßes ermittelt (→ Sachverständigengutachten, Lärmmessung).

Es wird aber auch subjektiv darauf abgestellt, wie die Immission von einem → Durchschnittsmenschen des von der Immission betroffenen Gebiets empfunden wird. Die neuere Rechtsprechung stellt nun nicht mehr auf den normalen → Durchschnittsmenschen ab, vielmehr auf den verständigen Durchschnittsmensch (vgl. BGH NJW 1993, 925; 1993, 1658).

Die Beurteilung der Frage ist im wesentlichen tatrichterlicher Natur. Es kommt darauf an, wie ein Durchschnittsbenutzer des betroffenen Grundstücks in seiner durch Natur, Gestaltung und Zweckbestimmung geprägten konkreten Beschaffenheit die Störung empfindet (BGH NJW 1982, 440).

Liegt eine wesentliche Beeinträchtigung vor – so immer beim Überschreiten von Grenzwerten der → TA-Lärm oder VDI 2058 oder TA-Luft – so scheitern Abwehransprüche dann, wenn die Beeinträchtigung durch eine ortsübliche Benutzung (→ Ortsüblichkeit) des anderen Grundstücks herbeigeführt wird und nicht durch Maßnahmen verhindert werden kann, die wirtschaftlich zumutbar sind (§ 906 Abs. 2 Satz 1 BGB).

In diesem Fall muß der Betroffene auf die Geltendmachung von → Ausgleichsansprüchen gem. § 906 Abs. 2 Satz 2 BGB verwiesen werden. Sind für Beeinträchtigungen in technischen Regeln oder Verwaltungsvorschriften Richtwerte festgesetzt, so entsprechen sie dem „Umweltstandard", von dem auch der Zivilrichter als Anhaltspunkt auszugehen hat (BGH NJW 1983, 751; 1990, 2465). Diese Regeln sind zwar in erster Linie im öffentlichen Recht anzuwenden; sie sind aber auch für die Beurteilung zivilrechtlicher Nachbarkonflikte heranzuziehen (Schmitz, NVwZ 1991, 1126 f.). Diese bisher in der Rechtsprechung strittige Frage ist durch die Neufassung des § 906 BGB i. d. Fassung des Art. 2 § 4 Sachenrechtsbereinigungsgesetz (BGBl. I 1994 Nr. 63) ab 1. 10. 1994 gelöst.

Nunmehr liegt nach § 906 BGB eine unwesentliche Beeinträchtigung *in der Regel* vor, wenn die in Gesetzen oder Rechtsverordnungen festgesetzten Grenz- oder Richtwerte von den nach diesen Vorschriften ermittelten oder bewerteten Einwirkungen nicht überschritten werden. Gleiches gilt für Werte in allgemeinen Verwaltungsvorschriften, die nach § 48 BImSchG erlassen worden sind und den Stand der Technik wiedergeben.

Wesentliche Bestandteile. 1. Bestandteile einer Sache die voneinander nicht getrennt werden können, ohne daß der eine oder andere zerstört oder in seinem Wesen verändert wird, sind wesentliche Bestandteile. Sie können dann nicht Gegenstand besonderer → dingli-

Wesentliche Bestandteile

cher Rechte sein (§ 93 BGB), die an ihr bestehenden Rechte erlöschen vielmehr (§§ 946 f. BGB).

Zu den wesentlichen Bestandteilen eines Grundstücks gehören die mit dem Grund und Boden fest verbundenen Sachen wie ein Gebäude, aber auch die Erzeugnisse des Grundstücks, solange sie mit dem Boden zusammenhängen. Samen und Pflanzen werden mit dem Aussäen bzw. Einpflanzen wesentliche Bestandteile (§ 94 Abs. 1 BGB).

Zu den wesentlichen Bestandteilen eines Gebäudes gehören die zur Herstellung des Gebäudes eingefügten Sachen (§ 94 Abs. 2 BGB).

2. Die Eigenschaft als wesentlicher Bestandteil eines Gebäudes oder Grundstücks besteht dann nicht, wenn die Verbindung mit Grund und Boden bzw. Einfügung in ein Gebäude nur zu einem vorübergehenden Zweck erfolgt (§ 95 BGB). Dies gilt etwa bei Errichtung eines Behelfsheims oder beim Setzen von Pflanzen auf Pachtgrund. Dies gilt auch für eine Kinderschaukel und einen Sandkasten (BGH MDR 1992, 582).

Errichtet ein Mieter oder Pächter auf dem fremden Grund ein Gebäude, so geht die Vermutung zunächst dahin, daß diese Verbindung von Gebäude und Grundstück nur für den Lauf des Miet- oder Pachtvertrages Bestand haben soll. Diese Vermutung ist widerlegt, wenn sich etwas anderes aus den Vereinbarungen der Vertragsparteien ergibt. Hat nämlich der Vermieter nach Ablauf der Vertragsdauer ein Recht zur Übernahme des Gebäudes, so ist § 95 Abs. 1 Satz 1 BGB nicht anwendbar und der Bau gilt als Daueranlage und ist Bestandteil des Grundstücks (BGH NJW 1956, 1274; BGH NJW 1985, 789).

Werden Gegenstände in das Gebäude eingefügt (Dachgebälk, Heizungsanlagen), so werden sie wesentliche Bestandteile des Gebäudes (§ 94 Abs. 2 BGB). Der Begriff „eingefügt" ist aber nicht wörtlich zu nehmen, da eine vollständige Verbindung der Gegenstände von der Rechtsprechung nicht verlangt wird. Bei einem Heizkessel genügt es schon, daß er zur Installation am passenden Platz im Rohbau gelagert wird (BGH NJW 1979, 712). Die Folgen sind weitreichend, denn der Lieferant des Heizkessels verliert damit sein Eigentum und der Eigentümer des Grundstücks wird auch Eigentümer des Heizkessels (§ 946 BGB). Der frühere Eigentümer erwirbt dafür einen Geldanspruch nach § 951 BGB, trägt aber das Risiko der Realisierung dieses Anspruchs gegen einen möglicherweise zahlungsunfähigen Schuldner.

Die Eigenschaft als wesentlicher Bestandteil ist ferner bejaht worden für besonders angepaßte Einbauküchen, während sie für andere Einbaumöbel, die auch nach einem Umzug anderswo aufgestellt werden können, verneint wurde (BFH NJW 1977, 648). Bei Verle-

Widerspruch

gung raumangepaßter Teppichböden ist ebenfalls die Eigenschaft als wesentlicher Bestandteil bejaht worden, wenn die Verlegung im Auftrag des Eigentümers erfolgte (LG Köln NJW 1979, 1609; aA LG Hamburg VersR 1979, 153).

Widerspruch. 1. Will sich der Nachbar gegen die einem Dritten erteilte Genehmigung (Verwaltungsakt) wenden, so muß er vor Erhebung einer Klage vor dem Verwaltungsgericht zunächst Widerspruch einlegen (§§ 68f. VwGO). Der Widerspruch ist binnen einer Monatsfrist ab Bekanntgabe der Genehmigung bei der Behörde einzulegen, die den Verwaltungsakt erlassen hat. Fehlt bei Bekanntgabe der Genehmigung eine Rechtsmittelbelehrung, kann der Widerspruch binnen eines Jahres eingelegt werden. Mit dem Widerspruch muß der Nachbar vortragen, ihm gegenüber seien →nachbarschützende Vorschriften verletzt worden.

Hat der Nachbar zuverlässige Kenntnis von einer Baugenehmigung und legt innerhalb eines Jahres dennoch keinen Widerspruch ein, so läuft die Frist für die Einlegung des Widerspruchs vom Zeitpunkt der Kenntnis an, und zwar ohne Rücksicht auf eine förmliche Bekanntmachung einer erteilten Baugenehmigung (BVerwG NJW 1974, 1260; VGH Kassel NJW 1981, 2315).

Ist zulässig Widerspruch eingelegt worden, so hat dies für den Dritten, der sich bei der Ausführung eines Vorhabens auf die erteilte Genehmigung stützen wollte, weitreichende Bedeutung. Der Widerspruch hat nämlich aufschiebende Wirkung, d. h. alle weiteren Maßnahmen des Dritten sind nun unzulässig (§ 80 Abs. 1 VwGO), der Verwaltungsakt darf von ihm nicht vollzogen werden (BVerwG NJW 1983, 776f.). Um zeitliche Verzögerungen durch unbegründete Widersprüche zu vermeiden, die erhebliche finanzielle Risiken für den Bauherrn oder Betreiber einer Anlage mit sich bringen, kann allerdings die sofortige Vollziehung des Verwaltungsakts von der für die Genehmigung zuständigen Behörde angeordnet werden (§ 80 Abs. 2 Nr. 4 VwGO). Dabei sind die Interessen des Nachbarn und des Dritten gegeneinander abzuwägen. Der Dritte trägt allerdings die Risiken einer späteren Aufhebung der Genehmigung, wenn er Anlagen schon vorher errichtet (BVerwG NJW 1985, 819).

2. Die aufschiebende Wirkung von Widerspruch und →Anfechtungsklage gilt bis zum 30. 4. 1998 in den neuen Bundesländern nicht (Ziff. 3 des Gesetzes zur Beschränkung von Rechtsmitteln in der Verwaltungsgerichtsbarkeit, BGBl. I 1993, S. 487). Der Nachbar kann seine Rechte jedoch behördlich oder gerichtlich sichern lassen (§§ 80a Abs. 1 Nr. 2, 80a Abs. 3 VwGO).

3. Die aufschiebende Wirkung von Widerspruch und Anfechtungsklage entfällt weiter (in allen Bundesländern), wenn es sich um

Wurzeln

Vorhaben handelt, die *überwiegend Wohnzwecken* dienen (§ 10 Abs. 2 BauGB-MaßnahmenG). Dies gilt für Vorhaben, die nach dem 30. 4. 1993 und vor dem 1. 1. 1998 genehmigt werden. Für Vorhaben ab 31. 5. 1990 bis 30. 4. 1993 gilt dies nur, wenn sie *ausschließlich* Wohnzwecken dienen.

Widmung. Die im Eigentum der öffentlichen Hand stehenden Grundstücke – Straßen – Gewässer können dann von jedermann unentgeltlich benutzt werden, wenn dies auf Grund einer Widmung ausgesprochen wurde. Es besteht sodann →Gemeingebrauch aller und für die Anlieger sog. Anliegergebrauch. Entsprechende Regelungen finden sich in § 7 BFStrG und den landesrechtlichen Straßengesetzen. Wer sich im Rahmen des Gemeingebrauchs hält ist nicht Störer, die Abwehrrechte aus § 1004 BGB sind in diesem Falle ausgeschlossen.

Wiederholungsgefahr. Der Eigentümer oder der Besitzer kann im Rahmen der §§ 1004, 862 BGB nicht nur auf Beseitigung der Störung klagen, er kann vielmehr auch Unterlassung verlangen. Dabei muß er den Eintritt einer Störung nicht erst abwarten, er kann schon dann auf Unterlassung klagen, wenn eine Beeinträchtigung hinreichend sicher bevorsteht (BGH NJW 1951, 843).

Hat bereits einmal eine Beeinträchtigung stattgefunden, so wird die Gefahr weiterer Störungen (Wiederholungsgefahr) vermutet. Die Wiederholungsgefahr ist in diesem Falle vom Störer zu widerlegen. Dies kann er insbesondere durch ein →Unterlassungsversprechen.

Wohnungseigentümer →Besitz →Verfahren der Freiwilligen Gerichtsbarkeit.

Wurzeln (W). Dringen W. eines Baumes oder Strauches von einem Nachbargrundstück ein, so besteht unter den Voraussetzungen des § 910 BGB ein Recht zur →Selbsthilfe, welches das Abschneiden und Behalten der W. umfaßt.

Die W. müssen über die Grundstücksgrenze hinaus in das Nachbargrundstück eindringen, so daß das Eindringen von W. in Kanalanschlüsse nicht von § 910 BGB erfaßt wird (OLG Hamm VersR 1975, 1154). Dringen W. über die Grenze ein, so kann der Eigentümer des Grundstücks (oder sonstige dinglich Berechtigte) *ohne Fristsetzung* (diese ist nach § 910 BGB nur bei überhängenden *Zweigen* erforderlich) zur Selbsthilfe schreiten, wenn die W. die Benutzung seines Grundstücks beeinträchtigen (§ 910 Abs. 2 BGB).

Eine Pflicht zur Information/Fristsetzung kann sich aber aus dem Gebot von Treu und Glauben ergeben, damit der Baumeigentümer

Zapfen

evt. Vorsorgemaßnahmen treffen kann, die durch das Entfernen der Wurzeln nötig sind. Hierdurch können sich nämlich Probleme für die Standfestigkeit des Baumes ergeben (LG Oldenburg ZMR 85, 99). Bei der weiteren Frage, ob durch die Wurzeln die wirtschaftliche Nutzung des eigenen Grundstücks erschwert oder verhindert wird, kommt es auf die derzeitige und bevorstehende Nutzung an. Befinden sich die Wurzeln z. B. in einem als Wiese genutzten Grundstücksteil, so kann Entfernung nicht verlangt werden.

Die frühere Streitfrage, ob der beeinträchtigte Nachbar die Entfernung der Wurzeln auch einem *Dritten* übertragen und dessen *Kosten* verlangen darf, ist nunmehr geklärt. Der BGH hat dem Beseitigungspflichtigen diese Kosten auferlegt, weil er sich eigene Aufwendungen nach den §§ 812, 818 BGB erspart hat (BGHZ 97, 231; Düss NJW 1986, 2648). Voraussetzung dafür ist, daß durch die W. die wirtschaftliche Nutzung des Grundstücks erschwert oder verhindert wird, der Entzug von Nahrung und Feuchtigkeit durch die W. genügt nicht.

Ein Recht zum Betreten des Nachbargrundstücks zum Zwecke der Beseitigung gewährt § 910 BGB nicht.

Wird durch das Abschneiden der W. die Pflanze beschädigt, so trägt der Eigentümer der Pflanze das Risiko.

Trotz des in § 910 BGB normierten Rechts auf Selbsthilfe sollte aber zwischen Nachbarn in Fällen vorliegender Art zurückhaltend davon Gebrauch gemacht und nicht einseitig Fakten gesetzt werden.

Zu beachten sind weiter landesrechtliche Vorschriften, die § 910 BGB einschränken (§§ 23, 24, 34 des Gesetzes über das Nachbarrecht in Baden-Württemberg und Art. 9 der bayerischen Übergangsvorschriften zum BGB v. 9. 6. 1899 betr. Waldgrundstücke). Zu beachten sind weiter ev. Baumschutzverordnungen, welche die Entfernung von W. an eine behördliche Erlaubnis knüpfen.

Z

Zapfen → Laub.

Zaun. Bei der Errichtung von Zäunen ist zu unterscheiden, ob diese nur auf eigenem Grund stehen oder ob sie teilweise auch auf fremdem Grund liegen.

1. Stehen sie ausschließlich auf eigenem Grund, so können sie direkt an der Grenze ohne Abstand zum Nachbargrundstück stehen. Dies ergibt sich zivilrechtlich aus dem → Eigentumsherrschaftsrecht (§ 903 BGB) und öffentlich-rechtlich aus der Tatsache, daß nach den Bauordnungen der Länder ein Grenzabstand nur bei der Errichtung von *Gebäuden* nötig ist.

Zaun

Etwas anderes gilt nur dann, wenn es sich um *lebende* Zäune (Hekken) handelt, da dann die Vorschriften der Länder über den →Grenzabstand von Bäumen und Sträuchern zu beachten sind (→Abstand beim Anpflanzen).

Anders ist die Lage auch dann, wenn es nicht um die Grenze zum Nachbarn geht, vielmehr um die Grenze zu einer öffentlichen Straße. Hier gelten landesrechtliche Vorschriften, welche aus Gründen der *Verkehrssicherheit* (Sichtbehinderung) erlassen sind.

2. Werden zwei Grundstücke durch andere natürliche oder auch künstlich geschaffene Einrichtungen voneinander getrennt, so handelt es sich um eine →Grenzeinrichtung i. S. von § 921 BGB. Voraussetzung ist aber immer, daß diese auf *beiden* Grundstücken steht. Grenzeinrichtung i. S. von § 921 BGB ist auch der *Zaun*. Er unterliegt dann der gemeinschaftlichen Benutzung und ist von beiden Eigentümern zu unterhalten (§ 922 BGB). Einer der Nachbarn darf den Zaun auch nicht einseitig verändern, und zwar auch nicht auf seinem eigenen Grund (BGH NJW 1985, 1458).

3. Grenzt ein *Wohnungseigentümer* eine ihm zur Sondernutzung überlassene Gartenfläche durch einen Zaun ab, so liegt hierin zwar eine bauliche Veränderung i. S. von § 22 Abs. 1 Satz 1 WEG. Diese bedarf aber nicht der Zustimmung der übrigen Eigentümer, soweit diesen kein Nachteil dadurch erwächst (BayObLG RPfleger 1982, 219). Nachteil i. S. von § 14 Nr. 1 WEG kann auch jede nicht nur ganz geringfügige Beeinträchtigung des optischen Gesamteindrucks der Wohnanlage sein.

→Einfriedung.

4. Unter welchen Voraussetzungen Nachbarn *gemeinsam* einen Zaun errichten müssen bzw. wann sich ein Nachbar an den Zaunkosten beteiligen muß, ergibt sich aus dem →Nachbarrecht der Länder:
- BWürtt. §§ 11 f.
- Berlin §§ 21 f.
- Hes. §§ 14 f.
- Nds. §§ 27 f.
- NRW §§ 32 f. (siehe hierzu OLG Düsseldorf MDR 1990, 722). Einen interessanten Fall hatte hierzu der Bundesgerichtshof (NJW 1992, 2569 f.) zu entscheiden. Der Entscheidung lag folgender Sachverhalt zugrunde: Die Parteien sind Eigentümer benachbarter Grundstücke, die sie jeweils mit einem darauf neu errichteten Reihenhaus von der Firma S-GmbH erworben haben. Beide Grundstücke gehören zu einer von dieser Firma geplanten und erstellten Siedlung mit insgesamt 13 Reihenhäusern. Die Verträge des Bauträgers mit den einzelnen Erwerbern nehmen auf die Baubeschreibung Bezug. Darin heißt es: „Die Grundstücksgrenzen der Häuser

Ziervögel

sind durch eine Heckenbepflanzung gekennzeichnet."Geplant hatte der Bauträger Buchenhecken in Höhe von einem Meter. Die Bekl. ließen den Vorgarten ihres Hauses nicht durch eine Hecke, sondern durch eine zwei Meter hohe Mauer einfrieden. Mit Schreiben an die Bekl. vom 6. 3. 1987 verlangte die Kl. den Abriß der Mauer an der gemeinsamen Grenze und Einfriedung durch eine Buchenhecke. Die Kl. hat beantragt, die Bekl. zur Beseitigung der entlang der gemeinsamen Grenze verlaufenden Mauer zu verurteilen. Das LG hat die Klage abgewiesen, das OLG hat ihr stattgegeben. Die Revision der Bekl. führte zur Aufhebung und Zurückverweisung. In den Gründen führt das Gericht u. a. aus: Verlange ein Nachbar vom anderen eine Einfriedung an der gemeinsamen Grenze, so müssen diese *ortsüblich* sein (§§ 32, 35 NRW NachbG). Diese Ortsüblichkeit könne *nicht* durch die *Planung* des Bauträgers bestimmt werden. Zu ermitteln sei vielmehr der tatsächliche Zustand im maßgeblichen Vergleichsgebiet im Zeitpunkt der letzten mündlichen Verhandlung in der Tatsacheninstanz. Liege eine in sich abgeschlossene Siedlung vor, so könne das Vergleichsgebiet auch auf die in Sichtweite liegenden Grundstücke beschränkt werden.
- RPfalz §§ 39 f.
- SchlH. §§ 25 f.
- Saarl. §§ 43 f.

Ziervögel. Das Halten von 80 Ziervögeln in einer 60 qm großen Wohnung soll nach einer Entscheidung des AG Schöneberg (10 C 152/89 = LG Berlin 29 S 185/89) für sich allein keinen Grund zur fristlosen Kündigung darstellen. Nach dem Inhalt der Entscheidung haben sich die Mitmieter weder durch Lärm noch Gerüche gestört gefühlt. Auch eine Beeinträchtigung der Substanz der Wohnung wurde verneint. Es erscheint indes fraglich, ob bei den gegebenen tatsächlichen Größenordnungen noch von einem vertragsgemäßen Gebrauch der Wohnung die Rede sein kann.

Zimmerlautstärke →Hausmusik.

Zufahrt zum Grundstück. Wer ein Grundstück bebauen will, muß der Baubehörde gegenüber eine gesicherte Anbindung seines Grundstücks an öffentlichen Straßen nachweisen. Dabei kann er sich nicht auf ein erst noch zu erstreitendes →Notwegerecht berufen. Ob nämlich dieses außer einem Zugang zum Grundstück die Möglichkeit einer Zufahrt beinhaltet, ist höchst strittig und kommt auf die Lage des Einzelfalls an. Ist die öffentliche Straße z. B. weit entfernt vom Haus und ist der Bewohner des Hauses eingeschränkt gehfähig, so kann er eine Zufahrt beanspruchen. Allgemein gilt dies aber nicht.

Zumutbarkeit

Wird die (einzige) Zufahrt zum Grundstück durch Zuparken genommen, so hat der Grundstückseigentümer einen Abwehranspruch aus § 1004 BGB (→ verbotene Eigenmacht, Selbsthilfe).

Zugang zu Gewässern. Nach § 23 Wasserhaushaltsgesetz (WHG) darf jeder oberirdische Gewässer in einem Umfang benutzen, wie dies nach Landesrecht als →Gemeingebrauch gestattet ist, soweit Rechte Dritter nicht entgegenstehen.

Nach § 24 WHG bedarf der Eigentümer oder Berechtigte einer Erlaubnis oder Bewilligung zur Benutzung eines oberirdischen Gewässers nicht, wenn die Benutzung für den eigenen Bedarf erfolgt, wenn andere nicht beeinträchtigt werden und wenn weder die Wassereigenschaft noch die Führung des Wassers beeinträchtigt wird (Eigentümeranliegergebrauch). Der in § 23 WHG normierte Gemeingebrauch setzt aber voraus, daß überhaupt eine Möglichkeit des Zugangs zum Wasser besteht. Ein Anspruch hierauf läßt sich aus § 23 WHG nicht ableiten. Ein Recht auf Betretung des Uferstreifens gibt es lediglich in Bayern (Art. 141 Abs. 3 Bayerische Verfassung, Art. 22 BayNatSchG).

Zumutbarkeit. 1. Nach § 906 Abs. 2 Satz 1 BGB müssen auch wesentliche Beeinträchtigungen hingenommen werden, wenn sie durch eine ortsübliche Benützung (→ Ortsüblichkeit) des anderen Grundstücks herbeigeführt werden. Dies gilt jedoch nicht, wenn die Beeinträchtigung durch Maßnahmen verhindert werden kann, die dem Störer wirtschaftlich zumutbar sind.

Nach welchen Kriterien sich der Begriff der wirtschaftlichen Zumutbarkeit bestimmt, ist umstritten. Nach der Rechtsprechung des BGH ist auch beim Beseitigungsanspruch nach § 1004 BGB der in den §§ 251 Abs. 2, 633 Abs. 2 Satz 2 BGB enthaltene Gedanke als allgemeiner Rechtsgedanke heranzuziehen (BGHZ 62, 388, 391; BGH DB 1974, 673; BGH NJW 1977, 908).

Bei der Frage einer eingeschränkten Beseitigungspflicht sollen Art und Grund des Verschuldens Grundlage der Prüfung sein (BGH DB 1974, 673), nicht abschließend entschieden ist, ob die Vergünstigung einer eingeschränkten Beseitigungspflicht auch dem vorsätzlichen Störer zugute kommt (BGH NJW 1970, 1180, 1181; BGH NJW 1974, 1552, 1553).

2. Der →Störer kann selbst entscheiden, wie er wesentliche und ortsübliche Beeinträchtigung vermindert. Geht z. B. der Lärm oder Geruch auf eine veraltete Anlage zurück, so wird man von ihm verlangen können, daß er diese auf den neuesten Stand der Technik bringt, wenn dadurch nicht die Rentabilität seines gesamten Betriebes gefährdet ist (BGH NJW 1977, 146). Geht die wesentliche Beein-

Zwangsvollstreckung

trächtigung darauf zurück, daß der Betrieb auch nachts voll läuft, so wird entweder eine teilweise Einstellung von Maschinen oder ein Absehen von Nachtarbeit in Frage kommen. Dies darf natürlich nicht zur Existenzgefährdung des Betriebs führen. Könnte innerhalb eines Betriebsgrundstücks eine störende Anlage an einen Ort verlegt werden, von dem aus sich die Einwirkungen vermindern würden, so ist auch dies zu erwägen. Verlangt werden also sowohl technische als auch betriebsorganisatorische Maßnahmen. Wirkt sich z. B. der →Gaststättenlärm besonders nach Mitternacht aus, so ist eine frühere Schließung zu verlangen, es sei denn, dies würde dem Charakter der Gaststätte (z. B. bei einer Nachtbar) völlig widersprechen.

Bei der Frage, was für den Störer zumutbar ist, kommt es im übrigen nicht darauf an, wie die Verhältnisse des gerade in Anspruch genommenen Störers sind. Hätte man es nämlich mit einem wirtschaftlich ganz schwachen Betrieb zu tun, könnte man nie Schutzmaßnahmen verlangen, da dieser sich jeweils auf die Gefährdung der Existenz berufen würde. Maßgeblich ist, was einem Durchschnittsbetrieb mit gleicher Produktion zugemutet werden könnte (OLG Karlsruhe BB 1965, 690).

Zwangsvollstreckung. 1. Ist der Beklagte zur *Beseitigung* einer Beeinträchtigung verpflichtet, so ist der →Klageantrag (und der Urteilstenor) so zu fassen, daß er diesen Erfolg durch *geeignete Maßnahmen* herbeiführt. *Wie* er dies bewirkt, ist Sache des Beklagten. Der Kläger hat hier eine Einwirkungsmöglichkeit erst in der Zwangsvollstreckung (§§ 887, 888 ZPO). Kommt der Beklagte dem Urteilsspruch nicht nach, so kann der Kläger die Handlung auf Kosten des Beklagten vornehmen lassen (Ersatzvornahme). Handelt es sich um eine unvertretbare Handlung, so wird der Schuldner dazu durch Ordnungsgeld/Haft angehalten.

2. Ist der Beklagte zur →Unterlassung verpflichtet, so kann er hierzu durch Ordnungsgeld/Ordnungshaft angehalten werden (§ 890 ZPO). Dies ist dem Schuldner im Urteil oder danach anzuordnen (§ 890 Abs. 2 ZPO). Die Höhe des Ordnungsgeldes sorgt oft für Verwirrung und zu entstellenden Presseberichten, wenn von einem Ordnungsgeld von 500000 DM z. B. für den Fall weiterer Lärmbelästigung durch einen Hund die Rede ist. Wenn auch dies das höchstzulässige Ordnungsgeld ist und in der gerichtlichen Entscheidung aufgeführt ist, so kommt es dennoch nicht zu dessen Verhängung im Einzelfall.

3. Voraussetzung der Verhängung eines Ordnungsgeldes bzw. von Ordnungshaft ist, daß die Voraussetzungen der Zwangsvollstreckung vorliegen, also Titel, Vollstreckungsklausel und die Zustellung an den Schuldner. Verstößt *danach* der Schuldner gegen eine

im Titel enthaltene Unterlassungsverpflichtung, so muß dies der Gläubiger in einem Anschlußverfahren behaupten und ggf. durch Zeugen/Sachverständige beweisen, ehe auf seinen Antrag ein Strafbeschluß verhängt wird. Hiergegen ist sofortige Beschwerde (§ 793 ZPO) zulässig.

Es ist also streng zu trennen das vorausgegangene Grundverfahren zu dem anschließenden Vollstreckungsverfahren. Zu beachten ist noch, daß die Unterlassungsverpflichtung nicht nur in Teilen enthalten sein kann, es kommen alle anderen Titel in Frage, die zur Zwangsvollstreckung geeignet sind, vor allem auch Prozeßvergleiche.

Voraussetzung ist ferner, daß die Strafe entweder im Titel selbst oder danach durch selbständigen Beschluß *angedroht* worden sein muß (§ 890 Abs. 2 ZPO).

Voraussetzung einer Bestrafung (das Geld verfällt der Staatskasse) ist ein *Verschulden* des Schuldners. Dieses kann fehlen, wenn das Unterlassungsgebot nicht eindeutig formuliert ist (Köln OLGZ 76, 250). Dies wird sich bei der obligatorischen Anhörung des Schuldners ergeben (§ 891 ZPO).

4. Ein weiteres Problem ist, ob der Titel für die Zwangsvollstreckung hinreichend *bestimmt* ist. Dies ist auch bei Urteilen der Fall, bei denen kein bestimmter Schallpegel angegeben ist, in denen vielmehr nur auf die Dauer der Geräusche (z. B. Bellen, Winseln oder Jaulen eines Hundes) abgestellt wird (OLG Köln MDR 93, 1083). Ob gegen das Gebot im Urteil verstoßen wurde, ist im Vollstreckungsverfahren zu entscheiden (OLG München MDR 90, 442).

Zweige. Herüberragende Zweige sind oft Streitpunkt unter Nachbarn oder werden – weil die Nachbarn aus anderen Gründen nicht harmonieren – dazu gemacht.

§ 910 BGB gewährt einen Anspruch auf → Selbsthilfe durch Abschneiden und Behalten der Zweige, sofern diese die Benutzung des Grundstücks des Nachbarn beeinträchtigen.

Die wirtschaftliche Nutzung muß durch die Zweige erschwert oder verhindert werden, der Entzug von Nahrung und Feuchtigkeit genügt nicht.

Das Recht zur Selbsthilfe setzt voraus, daß dem Nachbarn zuvor eine *angemessene Frist* zur Beseitigung der Zweige gesetzt wurde, erst danach darf der Eigentümer des beeinträchtigten Grundstücks die Beseitigung selbst durchführen oder deren Beseitigung durch den Nachbarn klageweise nach § 1004 BGB geltend machen (BGH NJW 1973, 703).

Bei der Fristsetzung ist im übrigen auf die Wachstumsperiode Rücksicht zu nehmen, innerhalb dieser etwa bei tragenden Obstbäumen Beseitigung nicht verlangt werden kann.

Zwinger

Zu beachten sind landesrechtliche Einschränkungen in Baden-Württemberg.

Die frühere Streitfrage, ob der beeinträchtigte Nachbar die Entfernung der Zweige auch einem *Dritten* übertragen und dessen *Kosten* verlangen darf, ist nunmehr geklärt. Der BGH hat dem Beseitigungspflichtigen diese Kosten auferlegt, weil er sich eigene Aufwendungen nach den §§ 812, 818 BGB erspart hat (BGHZ 97, 231; Düss NJW 1986, 2648).

→Abstand beim Anpflanzen, Grenzabstand von Pflanzen und Sträuchern, Wurzeln, Überhang.

Zwinger. Größere Hundezwinger dürfen ohne Genehmigung nicht gebaut werden. Einem Hausbesitzer verweigerte der VGH Stuttgart (3 S 3825/88) die Genehmigung für einen Zwinger für zwei Schäferhunde, da nur einer für die Nachbarschaft zumutbar sei.

→Hundehaltung.

Bau- und Mietrecht im

Textausgaben

MietG · Mietgesetze
BGB-Mietrecht, Miethöheregelungsgesetz, Neubaumietenverordnung und Zweite Berechnungsverordnung, Wohnungsbindungsgesetz, Zweites Wohnungsbaugesetz, Wohngeldgesetz und -verordnung, Heizkostenverordnung u.a.
(dtv-Band 5013, Beck-Texte)

BauGB · Baugesetzbuch
mit Verordnung über Grundsätze für die Ermittlung des Verkehrswertes von Grundstücken, Baunutzungsverordnung, Planzeichenverordnung, Raumordnungsgesetz u.a.
(dtv-Band 5018, Beck-Texte)

VOB · VOL · HOAI
Verdingungsordnung für Bauleistungen A und B, Verdingungsordnung für Leistungen A und B, Honorarordnung für Architekten und Ingenieure
(dtv-Band 5034, Beck-Texte)

Rechtsberater

Schmidt-Futterer/Blank
Mietrecht von A–Z
(dtv-Band 5044, Beck-Rechtsberater)

Bub
Wohnungseigentum von A–Z
Antworten auf alle Fragen des Wohnungseigentums.
(dtv-Band 5054, Beck-Rechtsberater)

Alheit/Heiß
Nachbarrecht von A–Z
(dtv-Band 5067, Beck-Rechtsberater)

Schabel
Architektenrecht von A–Z
(dtv-Band 5069, Beck-Rechtsberater)

Bub/Schmid
Grundstücke – erwerben, besitzen, belasten und verkaufen
(dtv-Band 5082, Beck-Rechtsberater)

Werner/Pastor
Rechtsfragen beim Bauen
(dtv-Band 5095, Beck-Rechtsberater)

Seuß · Die Eigentumswohnung
(dtv-Band 5096, Beck-Rechtsberater)

Schmidt-Futterer/Blank
Miete und Pacht
(dtv-Band 5099, Beck-Rechtsberater)

Schiebel · So finanziere ich Haus und Wohnung
Die Kunst Vermögen zu bilden.
(dtv-Band 5222, Beck-Rechtsberater)

Dornbusch/Jasper/Piltz
Steuervorteile durch Haus- und Wohnbesitz
Anschaffung – Besitz – Veräußerung.
(dtv-Band 5240, Beck-Rechtsberater)

Schiebel · Bausparen
Hilfe zur Selbsthilfe
(dtv-Band 5279, Beck-Rechtsberater)

Hauth · Vom Bauleitplan zur Baugenehmigung
Bauplanungsrecht, Bauordnungsrecht Baunachbarrecht
(dtv-Band 5615, Beck-Rechtsberater)

Schmitz · Was tun bei Wohnungskündigung?
Alles was ich wissen muß zu Kündigungsschutz und Beendigung eines Mietverhältnisses.
(dtv-Band 50615, Beck-Rechtsberater)

Wirtschaftsberater

Pauk/Lüdecke
Schlüsselfertiges Bauen
Der einfache Weg zum Eigenheim
(dtv-Band 5857, Beck-Wirtschaftsberater)

Deutscher Taschenbuch Verlag

Man kann ja nicht alles wissen

Creifelds
Rechtswörterbuch

Der Klassiker
unter den juristischen Wörterbüchern erläutert über 10.000 Begriffe aus allen Rechtsgebieten. Dabei bleibt das Lexikon stets ebenso präzise wie leicht verständlich.

Interessierte Bürger finden zuverlässigen Rat, Juristen rasche Orientierung. Vor allem aber ist das Werk auch ein idealer Begleiter für Bürger und Juristen in den neuen Bundesländern.

Schließlich ist der *Creifelds* eine hervorragende Lernhilfe für alle **Jura**-Studenten: Er informiert bei allen unbekannten oder unklaren Begriffen in kürzester Zeit über Definition, rechtliche Einordnung und Zusammenhänge.

Hinweise auf **Fundstellen** in Rechtsprechung und Spezialliteratur geben zusätzliche Informationen. Dazu kommen wichtige Begriffe aus den Grenzbereichen von Recht, Wirtschaft und Politik, deren Rechtsgrundlagen hier dargestellt sind.

Der **Anhang** enthält nützliche Übersichten, so etwa zu Gesetzgebung, Gerichtswesen, Rechtsmittelzügen, gesetzlicher Erbfolge und Rentenversicherung.

Begründet von Dr. Carl Creifelds, Senatsrat a.D., München.
Herausgegeben von Prof. Dr. h.c. Hans Kauffmann, Ministerialdirigent und Leiter des Bayerischen Landesjustizprüfungsamtes a.D., München.
Bearbeiter: Dr. Dieter Guntz, Vors. Richter am OLG München, Paul Henssler, Steuerberater, Leiter der Akademie für Wirtschaftsberatung, Bad Herrenalb, Prof. Dr. h.c. Hans Kauffmann, Ministerialdirigent und Leiter des Bayerischen Landesjustizprüfungsamtes a.D., München, Prof. Friedrich Quack, Richter am BGH, Prof. Dr. Jochem Schmitt, Freie Universität Berlin, Walter Weidenkaff, Ministerialrat, München

Aktuell:
Im Vordergrund der Neuauflage steht die Einigung Deutschlands. Ein weiterer Schwerpunkt liegt auf der Vielzahl der neuen Gesetze, wie zum Beispiel: ● Steueränderungsgesetz 1992 ● Erstreckungsgesetz ● Gesetz zur Änderung des Asylverfahrens ● Rechtspflegeanpassungsgesetz ● Schwangeren- und Familienhilfegesetz ● Gerätesicherheitsgesetz ● Vermögensgesetz ● Gesundheitsstrukturgesetz ● Bundeswahlgesetz ● 4. Mietrechtsänderungsgesetz ● Gesetz zur Änderung des Urheberrechtsgesetzes.

12., neubearbeitete Auflage. 1994
XV, 1491 Seiten. In Leinen DM 78,–
ISBN 3-406-38190-1

Kurz: Der *Creifelds* bringt alles Wesentliche klar, knapp und immer höchst informativ.

VERLAG C. H. BECK · 80791 MÜNCHEN